개체라는 문어이가

T H E O R Y

O F T H E

O B J E C T

객체란 무엇인가 : 운동적 과정 객체론
Theory of the Object

지은이	토머스 네일
옮긴이	김효진
펴낸이	조정환
책임운영	신은주
편집	김정연
디자인	조문영
홍보	김하은
프리뷰	권두현·임지연·전성욱
초판 인쇄	2024년 4월 29일
초판 발행	2024년 5월 1일
종이	타라유통
인쇄	예원프린팅
라미네이팅	금성산업
제본	바다제책
ISBN	978-89-6195-346-7 93100
도서분류	1. 현대 철학 2. 사변적 실재론 3. 신유물론 4. 과학기술 철학 5. 인식론 6. 양자물리학
값	28,000원
펴낸곳	도서출판 갈무리
등록일	1994. 3. 3.
등록번호	제17-0161호
주소	서울 마포구 동교로18길 9-13 2층
전화	02-325-1485
팩스	070-4275-0674
웹사이트	www.galmuri.co.kr
이메일	galmuri94@gmail.com

일러두기

1. 이 책은 Thomas Nail, *Theory of the Object*, Edinburgh : Edinburgh University Press, 2021을 완역한 것이다.
2. 외국 인명과 지명은 원어 발음에 가깝게 표기하려고 하였으며, 널리 쓰이는 인명과 지명은 그에 따라 표기하였다.
3. 인명, 지명, 책 제목, 논문 제목 등 고유명사의 원어는 맥락을 이해하는 데 원어가 꼭 필요하다고 생각되는 경우를 제외하고는 본문에서 원어를 병기하지 않았으며 찾아보기에 수록하였다.
4. 영어판에서 이탤릭체로 강조된 것은 고딕체로 표기하였다. 단, 영어판에서 영어가 아니라서 이탤릭으로 강조한 것은 한국어판에서 강조하지 않았다.
5. 단행본과 정기간행물에는 겹낫표(『』)를, 논문에는 홑낫표(「」)를 사용하였다.
6. 글쓴이 주석과 옮긴이 주석은 같은 일련번호를 가지며, 옮긴이 주석에는 *라고 표시했다.
7. 원서의 대괄호는 ( )를 사용하였고, 옮긴이가 덧붙인 내용은 [ ] 속에 넣었다.
8. 각 텍스트의 본문 속 인용문 중 기존 번역이 있는 경우 가능한 한 기존 번역을 참고하였으나 전후 맥락에 따라 번역을 수정했다.
9. 한국어판 지은이 서문으로 옮긴이의 서문을 갈음한다는 옮긴이의 뜻에 따라 별도의 옮긴이 후기는 싣지 않는다.

차 례

1 편

안 다 정 개 체

2 편

개 체 들 의 역 사

:: 그림 차례

이 책 『객체란 무엇인가』에서는 과학에 관한 과정 이론이 전개된다. 이 책에서 제시된 관점에서 바라보면, 과학은 과정들의 양적 양태들에 집중하는 앎의 방식이다. 과학은 각각의 순환 사이에서 드러나는 차이의 정도들을 측정하고 정렬한다. 하나의 흐름이 어떤 영역 주위를 순환함에 따라 과학은 그것의 상대적인 안정성, 크기, 그리고 속력을 측정한다. 그 흐름은 얼마나 멀리 나간 다음에 귀환하는가? 그것은 얼마나 빨리 순환하는가? 그것은 얼마나 여러 번 순환하는가? 인간이 사물을 주로 양量의 관점에 바라볼 때, 나는 이것을 '객체'라고 일컬었다. 과학은 객체들에 관한 연구이다.

객체는 정적 형태 또는 본질이 아니라 오히려 독립적인 이산적 물체인 것처럼 다루어지는 준안정한 사이클이다. 『객체란 무엇인가』에서 나는 이 테제가 어떻게 해서 폭넓게 이해되는 대로의 과학들과 수학의 기초인지를 보여주려고 노력했다. 과학자들은 사물들을 이산적 양들로 간주함으로써 더 큰 양과 더 작은 양 사이의 비율과 더불어 그것들의 의존 관계 또는 '인과성'을 관찰하고 측정할 수 있게 된다. 실험 과학은 비교적 예측 가능하게 반복될 수 있는 '통제'의 준안정성에 의존한다. 과학적 지식은 보편적이지도 않고 비역사적이지도 않으며 오히려 반복되는 물질적 패턴들에 의해 보존되고 전달된다. 아니, 조금 더 정확히 말하자면, 바로 그 점이 이 책에서 내가 논증하려고 시도한 것이다. 과학적 지식은 제도, 서적, 장비, 그리고 대단히 안정된 객체 장field들의 수행적 반복을 필요로 한다.

지식이 운동적이고 수행적인 것이라면, 과학적 관찰은 사태의 재현이 아니다. 과학적 관찰은 중립적이지도 않고 객관적이지도 않다. 관찰은 관찰되는 객체들을 지식의 장에서 조율하는 일종의 운동적 행위이다. 따라서 관찰은 지식의 장으로부터 영향을 받는 동시에 지식의 장에 영향을 미친다. 관찰은 지식의 장의 일부이고 무언가를 행한다. 이것은 객체들의 과학적 장들이 임의적이거나 불확실한 것들이라는 의미는 아니다. 그것은 단지 그 장들이 준안정적이라는 것과 객체들 사이에 나타나는 차이의 정확한 단위들을 측정하기 위해 그것들이 비교적 동일하게 유지되도록 뒷받침하는 일단의 과정이 필요하다는 것을 뜻할 뿐이다. 과학은 그것의 질서 지어진 객체들의 지역적 안정성을 보존하는 앎의 과정이다.

그런데 과학적 지식의 한 가지 위험한 점은 그것이 세계 전체를 객체들로 환원하려고 시도할 수 있다는 것이다. 객체들은 세계의 실재적 차원일 수 있지만, 그것들은 단지 세계의 가능한 한 가지 양태일 뿐이다. 자연은 이산적 객체들이 아니라 비결정적 과정들로 이루어져 있다. 게다가 과학적 환원주의의 한 가지 결과는, 일부 과학자들이 그 밖의 모든 지식이 객체들에 관한 과학적 지식으로 환원될 수 있다고 주장했다는 점이다. 운동적 관점에서 바라보면, 이 관념은 여타의 모든 앎의 방식을 위태롭게 하는 것이다. 철학은 이것을 경계할 수 있거나, 아니면 공모하고 심지어 독자적인 환원을 창출할 수 있다. 그런데 자연의 모든 차원을 한 가지 지식의 장으로 환원하려는 어떤 시도도 물질 일반의 다양성과 소산에 처참한 결과를 가져오게 된다. 그것은 앎의 방식과 존재 방식을 축소하는 것이다.

과학은, 다른 모든 지식과 마찬가지로, 형이상학적 사변과 환원주의를 멀리할 때 가장 생성적이고 소산적이다. 어느 지식의 장에서 생겨나는 혁신은 종종 다른 지식의 장들에서 비롯되고 현재 알려진 것의 한계 너머에서 유래한다. 과학에서 견지되는 보편성, 총체성, 그리고 환원에 관한 관념들은 과학적 지식을 위태롭게 하는데, 왜냐하면 그 관념들은 존재하지 않는 경계들을 가정하기 때문이다. 과학이 널리 퍼지고 나머지 우주의 흐름과 동행하려면, 그것은 새로운 다양한 객체와 순환 패턴을 창출해야 한다. 일반적으로, 또한 과학은 우리의 행성 지구에 가장 적합한 소산과 움직임[1]의 패턴들을 예상하고 기록하는 데 대단히 유용할 수 있다. 과학은 인간이 번성하는 데 도움이 될 수도 있고, 아니면 인간이 소멸하는 데 이바지할 수도 있다.

2023년 11월 29일
토머스 네일

---

1. * 이 책에서 movement는 움직임, motion은 운동으로 번역했다.

:: 감사의 글

나는 이 프로젝트를 지원하고 고무해준 여러 사람에게 신세를 졌다. 늦은 밤에 크리스토퍼 N. 갬블 및 조시 해년과 함께 하버드 굴치Harvard Gulch 공원 여기저기를 거닌 철학 산책은 나에게 대단히 소중했다. 그 공원에서 여러 해 동안 우리는 이 책의 다양한 측면을 자세히 논의했다.

나는 이 프로젝트의 여러 가지 면에서 나를 도와준 연구 조교들 ─ 애덤 로치, 케빈 버스커저, 그리고 제이콥 터커 ─ 에게 감사한다.

나는 이 책을 검토하고 건설적인 의견을 제시해 준 익명의 동료 평가자들에게 감사를 표하며, 또한 이 책이 출판되도록 이끌어준 점에 대해 나와 작업한 에든버러 출판사의 모든 관계자에게, 특히 캐럴 맥도널드에게 감사한다. 또 나는, 앤드루 커크의 원고 편집 작업에 대해 감사의 마음을 전하는 동시에, 올해 갑자기 세상을 떠난 내 친구이자 원고 편집자인 댄 토머스에게 그의 탁월하고 꼼꼼한 교정과 제안에 대해 감사의 마음을 전하고 싶다.

또한 나는 마이클 J. 아르돌린, 마르코 J. 네이선, 그리고 캐서린 로버트가 여러 장을 한 줄 한 줄 검토한 후에 제시한 의견의 혜택을 누렸다. 마이클 에퍼슨 역시 친절하게도 크리스토퍼 N. 갬블과 내가 저널 『리좀즈』*Rhizomes*를 위해 공동으로 편집한, 이른바 「블랙홀 유물론」이라는 관련 시론에 대하여 요청한 검토 의견을 제시해 주었는데, 이 시론은 이 책의 3편에서 고찰되는 여러 주제와 관련되어 있다. 나는 무엇보다도 다이애나 불과 라오니 파두이의 새해 카드로부터 '양자 반흔'이라는 흥미로운 현상에 관해 알게 되었다. 그 두 사람에게 감사한다.

또한 이 책을 출판하는 데 재정적 지원을 제공해 준 점에 대해 덴버 대학교에 감사를 표한다.

마지막으로, 나는 내 가족, 특히 아내 케이티에게 이 프로젝트를 지속적으로 지원하고 부분적으로 방향을 제시해 준 점에 대해 감사하고 싶다. 이런 물질적 조건이 없었더라면 이 작업은 가능하지 않았을 것이다.

객체들의 세계

우리는 객체들의 시대에 살고 있다. 오늘날에는 인간 역사의 어느 때보다도 더 많은 수의 객체와 더 많은 종류의 객체가 존재하며, 그리고 객체들은 너무나 놀라운 속도로 계속해서 증식하고 있다. 지금까지 과학은 실재의 거의 모든 차원을 이런저런 종류의 객체로 변환하는 데 성공했다. 지금까지 과학은 지구의 거의 모든 구석에 대한 지도를 제작하고 목록을 작성했다. 지금까지 과학은 유전자 코드, 물, 공기, 씨앗, 그리고 사회적 돌봄처럼 이전 세대들이 상품화하려고 결코 생각해 본 적이 없는 사물들로 상품을 제작했다. 이제 우리는 기술적 혁신 덕분에 거의 모든 것을 1과 0으로 이루어진 디지털 객체로 형태를 변환할 수 있다. 오늘날 '객체'를 구성하는 것의 범위는 제한이 없는 것처럼 보인다. 이런 점에서 객체는 실재의 본성 자체와 동의어가 된 것처럼 보인다.

그런데 또한 우리 시대는 유동의 시대이다. 아원자 입자에서 우주 전체에 이르기까지 우리가 안정적이라고 생각한 모든 것은 운동 중에 있는 것으로 판명되었다. 우주의 가속에서 양자장의 요동에 이르기까지 자연의 어느 것도 정적이지 않다. 우주는 모든 방향으로 가속 팽창하고 있다. 한때 아인슈타인이 부동의 유한한 우주라고 생각한 것은 더욱더 유동적인 것으로 판명되었다.[1] 게다가 이런 가속은 공간과 시간조차도 예전에

---

1. Lee Smolin, *The Trouble with Physics*, 151. "아리스토텔레스로부터 그 시점까지 우주

우리가 생각한 대로의 선험적 구조가 아니라 오히려 펼쳐지는 우주에서 지속적으로 창발하는 과정임을 뜻한다.[2]

심지어 실재의 가장 작은 층위에서도 이전에 우리가 고체이자 깨뜨릴 수 없는 기본 입자라고 간주한 것을 현재의 물리학자들은 진동하는 양자장의 창발적 면모라고 믿는다.[3] 이 양자장의 움직임은 한때 뉴턴이 이해한 대로 "시간상으로 변화하면서 공간을 가로지르는 운동"으로 더는 이해될 수 없다. 어떤 객체가 어디에 있고 그것이 어떻게 움직이고 있는지는 동시에 확실히 결정될 수 없다.[4] 정적 입자들로 구축된 정적 우주라는 오래된 패러다임은 죽었다. 자연 전체는 영원한 유동 상태에 있다.

객체들이 그런 과정들로 이루어져 있다고 아는 것이 객체에 관한 우리의 이해를 어떻게 바꾸는가? 예를 들면 양자장은 어떤 고전적 의미에서의 객체도 아니고 어떤 상대론적 의미에서의 객체도 아니다. 양자장은 단일한 장소에 있지 않고, 어떤 고정된 특성도 갖추고 있지 않다. 심지어

는 언제나 정적인 것으로 여겨졌다. 우주는 유일신에 의해 창조되었을 것인데, 만약 그렇다면 우주는 그 이후로 변화하지 않았음을 뜻한다. 아인슈타인은 이전 두 세기 동안 가장 창의적이고 성공적인 이론 물리학자였지만, 그 역시 우주를 영원하고 불변적인 것으로밖에 구상할 수 없었다. 우리는 아인슈타인이 진짜 천재였다면 그는 자신의 편견보다 자신의 이론을 더 믿고서 우주의 팽창을 예측했었을 것이라고 말하고 싶은 유혹을 느낀다. 하지만 더 생산적인 교훈은 바로 가장 대담한 사상가에게조차도 수천 년 동안 견지된 믿음을 포기하는 것이 대단히 어려운 일이라는 점이다."

2. 1929년 이전에는 알베르트 아인슈타인을 비롯한 대다수 물리학자가 우주를 부동의 시공간적 구체라고 믿었다. 그런데 1929년에 에드윈 허블은 우주가 모든 방향으로 팽창하고 있음을 보여주는 실험 증거를 산출했다. 1988년 무렵에 후속 증거는 우주가 가속 팽창하고 있음을 보여주었다. 이런 사실로 인해 운동 자체에 대한 우리의 이해 방식도 연장적인 것(A에서 B로의 운동)에서 전체 과정의 강도적 변화로 바뀌게 된다. 양자 중력에 관한 더 많은 정보에 대해서는 16장을 보라.

3. 모든 물리학자가 공간 또는 시간이 창발적 특성이라고 믿는 것은 아니지만, 많은 물리학자가 그렇게 믿고 있다. 다양한 양자 중력 이론이 있지만, 지금까지 실험적으로 입증된 것은 전혀 없다.

4. Sean Carroll, *Something Deeply Hidden*, ch. 1. [숀 캐럴, 『다세계』, 1장.]

우리는 양자장을 직접 관찰할 수 없다. 우리는 단지 양자장 상호작용의 흔적을 계측기로 기록할 뿐이다. 모든 객체의 관찰 가능한 충위 아래에는 보이지 않는 실로 우리 자신의 충위와 얽히는 과정들이 있는 것처럼 보인다.[5] 내 생각처럼 마땅히 우리가 이것을 진지하게 여긴다면 객체에 관한 우리의 구상 전체가 바뀌어야 한다.

양자장의 가장 낮은 에너지 상태조차도 영이 아니고 정적이지도 않으며 오히려 비결정적으로 요동한다 — 이 상태에 있지도 않고 저 상태에 있지도 않다.[6] 이런 양자 '진공' 요동의 본성은 어쩌면 오늘날 우주론과 기초물리학이 직면하고 있는 단 하나의 가장 불가사의한 난제일 것이다. 이런 요동은 우리 우주를 가속시키고 있는 암흑 에너지를 비롯하여 모든 객체의 핵심에 깊이 자리하고 있다.[7] 이처럼 비결정적인 양자 요동은 비가시적인 자연의 엔진이며, 이제는 우리가 그것을 철학적으로 진지하게 여겨야 할 때이다.

우리는 객체들로 넘쳐 나는 세계에 살고 있지만, 현대 물리학의 가장 혁명적인 발견은 객체성의 토대가 결코 객체가 아니라 과정이라는 것이다. 이런 매혹적이고 기이한 사태가 이 책을 고무한 동기이다 — 이 책의 목표는 운동적 과정 객체론을 제시하는 것이다.

새로운 객체론

이것은 객체에 관한 책이자 객체 출현의 역사에 관한 책이다. 이 책은 하나의 이론서이지만 과학적 지식의 역사뿐만 아니라 새로운 객체의 창

---

5. '양자 얽힘'에 관해서는 16장을 보라.
6. Carroll, *Something Deeply Hidden*, ch. 12 [캐럴, 『다세계』, 12장]. 또한 Karen Barad, "Transmaterialities"를 보라.
7. A.B., "Using Maths to Explain the Universe."

출도 진지하게 고려한다. 특히 나는 과정에 더 많이 의거하여 객체를 이해하고자 하는 현대 과학과 수학에서 전개된 최근의 발전에 고무되었다. 이 책은 이런 발견들의 더 광범위한 개념적 결과의 일부를 보여주려고 한다.

예를 들면 비결정적인 양자 요동의 현존은, 만약 그것이 참이라면 자연에는 어떤 정적 본질도, 형상도, 실체도 존재하지 않음을 뜻한다. 그런데 서양 과학과 철학의 역사에서는 안정한 객체들이 연구의 초점이었기에 이런 사태는 한 가지 흥미로운 의문을 제기한다. 이산적인 객체들이 아니라면 서양의 과학, 수학, 논리, 그리고 기술은 지금까지 무엇을 연구하고 있었던가? 더욱이 과학적 관찰이 언제나 그 대상에 영향을 미쳤다면 이것은 객체성에 관한 우리의 이해를 어떻게 바꾸는가? 한 객체가 다른 객체들과 주체들에 의해 끊임없이 수정되거나 변환된다면 객체란 무엇인가? 이 책의 주요 동기는 이런 관찰자-의존성을 진지하게 여기고서 객체들을 창출하고 유지하는 데 관여하는 감춰진 과정들과 수행들을 탐구하는 것이다.[8] 그것은 과학의 과정철학이다.

그런데 몇몇 양자역학 해석이 나를 고무시키지만, 이 책의 이론은 양자 객체론이 아니다. 나는 양자 과학 또는 여타 종류의 과학으로 모든 객체를 설명하려고 시도하지 않을 것이다. 나는 그런 작업이 가능하지도 않고 바람직하지도 않다고 생각한다. 또한 나는 몰역사적이거나 보편적인 객체론을 제시하려고 시도하지 않을 것이다. 철학은 학문의 여왕이 아니다. 이론은 언제나 특정한 관점을 지니고서 어딘가에 또 어느 시점

---

8. 과학과 마찬가지로 역사적 분석은 선형 과정이 아니다. 그것은 단순히 수정주의적이지도 않다. 그것은 되먹임 고리이다. 일단 새로운 사건들이 발생하면 이 사건들은 이전에 비가시적이거나 주변화되었던 과거의 차원을 회복할 새로운 관점을 제공한다. Bruno Latour, "A Textbook Case Revisited — Knowledge as a Mode of Existence"에서 제시된 '소급적 증명'이라는 개념을 보라. 또한 역사적 방법론에 관해서는 Thomas Nail, *Being and Motion*, chs. 1~3 [토머스 네일, 『존재와 운동』, 1~3장]을 보라.

에 처해 있다. 최신 과학들 또는 철학들이 우리에게 객체들 자체의 불변하는 본질에 대한 무매개적 접근권을 부여하지는 않는다. 그것들은 결론이 아니라 오히려 현재의 철학에 대한 출발점과 같다.

한 권의 철학서로서 이 책의 목표는 우리가 매우 다양한 객체-만들기 행위를 회집하고 이해하는 데 도움을 줄 몇 가지 종합적 개념을 소개하는 것이다. 이 책에서 제시되는 관념들은 우리가 객체를 규정하고 측정하고 정렬하고 언급할 때 우리가 행하고 있는 것에 대한 전체상을 합성하기 위한 것들이다.

과학 전문가들은 틀림없이 자신의 특정 분야에 대한 논의가 너무 빨리 지나가 버리거나 너무 피상적임을 깨달을 것이다. 역사가들은 엄청난 규모의 시간과 지리를 네 가지 종류의 객체들로 다루고 조직하는 수법이 너무나 개괄적이어서 유용하지 않음을 알아챌 것이다. 철학자들은 자신의 취향에 어긋나게도 역사가 너무 많이 다루어짐을 깨닫고서 더 개념적인 장들을 벗어나지 않고 싶어 할 것이다. 이것들은 타당한 분과학문적 관심사이다.

그런데 이 책의 강점은 그것의 종합적이고 체계적인 특성에 자리하고 있다. 나는 본연의 역사적 분석을 수행하지도 않고 순수 철학을 수행하지도 않을 것인데, 오히려 역사적 자료를 정리하여 더 광범위한 개념적 결론을 생성할 것이다. 이 책은 역사, 철학, 그리고 과학을 가로질러 서로 관련지음으로써 각각의 분과학문이 대개 독자적으로 제시하는 것보다 더 큰 그림을 추구하는 데 관심이 있는 독자들을 위한 책이다.

탐구의 가장 광범위한 충위에서 나는 객체의 창발을 위한 일반 조건에 관해 더 많이 알기를 바란다. 내가 손으로 쥐고 있는 케첩 병 같은 평범한 객체의 현존과 지속을 가능하게 하는 것은 무엇인가? 자세히 살펴봄에 따라 우리는 이 병이 객체들이 더 광범위하게 만들어지는 방식의 역사와 분리될 수 없음을 깨닫게 된다고 나는 생각한다. 이 책에서 나는 과거가 사라지지 않고, 오히려 꽃의 접힌 꽃잎처럼 현재 속에 은밀히 말려 들어가 있음을 보여주고자 한다. 여기서 내가 의도하는 바는, 과거가 의미가 있는 이유는 그것이 현재를 초래하기 때문이 아니라 오히려 과거 패턴들이 현재에서도 여전히 실제로 또 정말로 활동적이기 때문이라는 점을 보여주는 것이다. 우리가 현미경으로 케첩을 살펴본다고 해서 이 패턴들을 찾아내지는 못할 것이다. 또한 우리가 케첩의 어느 특정한 용기의 창출을 살펴본다고 해서 그 병을 이해하지는 못할 것이다. 우리에게는 그 병에 내재하는 객체 패턴들에 대한 더 심층적이고 역사적인 설명이 필요하다.

물리학과 우주론이 옳다고 가정하면, 자연 속에는 운동과 과정 중에 있지 않은 것이 전혀 없다. 그렇다면 우리는 이런 상황이 우리의 객체론에 대하여 더 일반적으로 의미하는 바를 진지하게 재고해야 한다. 아무것도 정적이지 않고 관찰과도 전적으로 무관하지 않다면, 지금까지 학자와 과학자 들이 흔히 정반대로 가정한 과학과 기술의 역사를 이해하는 데 미치는 더 광범위한 해석적 영향은 무엇인가?

물론, 과학과 기술을 넘어서 세계 전체 역시 객체들로 이루어져 있다. 인간은 객체를 만드는 유일한 존재자가 아니다. 더 일반적인 의미에서 객체는 운동 중인 물질의 준안정한 구성체일 따름이다. 적어도 내가 보기에는 그렇다. 객체는 우주 에너지 소산의 맴돌이 ─ 공간의 차가운 암흑으로 가는 도중에 일시적으로 계류하는 것 ─ 이다. 그런데 이런 정의는 매우 다양한 객체를 포함하기에 나는 단 한 권의 책에서 그것을 역사적으로 다룰 수 없다. 이 책 『객체란 무엇인가』는 인간의 과학사에서 이루어진 객체의 증식에 집중한다.9

---

9. 우주와 지구의 역사에 관한 더 광범위한 고찰에 대해서는 Thomas Nail, *Theory of the Earth*를 보라.

또한 나는 이 책이 움직임movement의 관점에서 정치, 존재론, 예술, 자연, 그리고 과학을 재고하는 더 큰 철학적 기획의 일부임을 특히 언급해야 한다.[10] 나는 움직임처럼 단순한 것이 서양 전통에 속한 철학자와 과학자 들에게 매우 엄청난 난제들을 제기했다는 사실이 무한히 매혹적임을 깨닫는다. 서양 문명의 위대한 정신들이 진짜 부동의 것을 찾아내는 데 자신의 삶을 헌신한 까닭은 무엇인가? '부동의 원동자'라는 아리스토텔레스의 관념, 고정된 '점'이라는 아르키메데스의 관념, '확고부동한' 확실성이라는 데카르트의 관념, 신성한 시계공이라는 뉴턴의 관념, 그리고 심지어 블록 우주라는 아인슈타인의 관념은 모두 이런 거대한 노력의 일부이다. 그런데 이런 중대한 탐구를 고무한 것은 무엇인가? 그리고 그것이 오늘날 우리에게 미치는 영향은 무엇인가? 이 책은 이런 물음에 응답하는 한 가지 관점을 제시한다. 구체적으로 이 책은 지금까지 과학적 지식과 수학적 지식이 객체들을 통해 이런 물음에 응답한 방식에 관심이 있다.

그런데 나는 이 책이 서양 전통에서 나타난 과학 또는 모든 위대한 과학자의 완전한 역사라고 말할 의도는 없다. 『객체란 무엇인가』라는 책이 독특하게 기여하는 바는 그것이 과학의 역사와 객체의 형성에 대한 운동지향의 과정 해석을 제시한다는 점이다. 이것이 호소력이 있는 관점인 이유는 지금까지 과학과 수학이 객체들을 이산적이고 안정한 것들로 간주하는 경향이 있었기 때문이다. 움직임은 전형적으로 무언가 다른 것에 의해 설명되는 것이다. 왜 그럴까? 그런데 운동motion을 무언가 다른 것으로 환원하지 않은 과학적 객체들의 역사는 어떤 모습일까? 나는 과학에서 다루어진 운동에 대해 다르지만 결코 완전하지는 않은 한 가지

---

10. Thomas Nail, *The Figure of the Migrant*; Thomas Nail, *Theory of the Border*; Nail, *Being and Motion* [네일, 『존재와 운동』]; Thomas Nail, *Theory of the Image*; Nail, *Theory of the Earth*.

설명을 제시하고 싶다. 내 설명이 지닌 참신성의 본질적인 측면은 움직임에 집중하는 것인데, 이것으로 나는 여러 어려운 쟁점에 유용한 실마리를 던지기를 희망한다.

더 구체적으로 나는 역사에서 객체 형성을 특징짓는 운동의 네 가지 유의미한 패턴을 식별했다. 각각의 패턴은 어떤 장기적인 역사 시기(선사, 고대, 중세/초기 근대, 그리고 근대)와 연관되어 있다. 이것들은 필연적이지도 않고 보편적이지도 않으며 발전적이지도 않은 시대들 또는 패턴들이다. 또한 그것들은 어떤 선형 도식에도 매끈하게 들어맞지 않는다. 그것들은 모두 역사 전체에 걸쳐서 다양한 정도로 뒤섞인다. 그런 혼합물을 추적하는 것은 엄청난 과업이고, 따라서 이 책에서 나는 주로 각각의 역사 시기 동안 지배적이었던 객체 패턴에 집중할 것이다.

게다가 나는 내가 제안하는 객체론이 선험적 범주들에서 비롯되지 않고, 오히려 역사적으로 출현한다는 점을 강조하고 싶다. 이것이 뜻하는 바는, 내게는 객체뿐만 아니라 객체론의 역사 역시 운동적 과정이라는 점이다. 이런 태도는 이 책이 그 이론을 역사를 통해서 시연함으로써 보여줄 수 있을 따름임을 뜻한다. 이 책은 그 자체로 자신이 서술하는 객체들의 혼종적 역사를 포함하는 하나의 역사적 객체이다.

물론, 과학 실천은 정치적·심미적·존재론적 차원들에서 나름의 영향을 미친다. 이 차원들은 분리될 수 없고, 지금까지 많은 훌륭한 저작은 그런 얽힘을 보여주었다.[11] 그런데 그것들의 얽힘에 집중함으로써 우리는 역사적 넓이를 간과하는 경향이 있는데, 어쨌든 단 한 권의 책만으로는 얽힘과 더불어 역사적 넓이를 제대로 다룰 수 없기 마련이다. 움직임의 철학에 관한 나의 다른 책들과 마찬가지로 이 책에서도 나는 영역들

---

11. Karen Barad, *Meeting the Universe Halfway*; Bruno Latour, *Reassembling the Social*; Donna Haraway, *Staying with the Trouble* [도나 해러웨이, 『트러블과 함께하기』].

의 얽힘보다 역사적 넓이를 선택했다.[12] 나는 미래에 이런 역사적 패턴들의 정치적·심미적·존재론적·과학적 차원들의 얽힘을 보여주는 더 종합적인 책을 저술할 계획이다.

그런데 이 책에서 나는 객체 창조의 실천으로서의 과학에 초점을 맞출 것이다. 이것은 과학이 행하는 전부가 아니라 오히려 과학의 주요 활동의 한 가지 측면이거나 또는 그 활동을 이해하는 한 가지 방식이다. 과학사를 해석하는 가장 일반적인 두 가지 방법은 과학자들이 기존의 형태들을 '발견'하거나 또는 객체들을 도구적으로 이용할 따름이라는 것이다. 오히려 이 책은 과학이 자연과 함께 객체들을 공共-창조하고 정렬한다는 다른 관점을 제시한다. 그것은 과학에 대한 내재적이고 수행적이며 비非-인간중심적인 과정철학이다.

그다음에 여기서 나는 그리스 낱말 테오리아θεωρια의 '움직임, 보냄, 또는 과정'이라는 의미에서의 객체'론'theory을 제시한다. 이 책 『객체란 무엇인가』는 움직임의 과정을 서술하는 과정이다. 그런데 움직임이 무엇을 뜻하는지, 이론적 렌즈로서의 그것과 관련하여 정말로 참신한 것은 무엇인지, 우리가 움직임의 개념을 빌려서 극복할 수 있는, 현존하는 객체론들의 두 가지 주요 문제가 무엇인지 더 자세히 살펴보자.

정적 객체의 관념을 극복하기

희망컨대 나의 운동지향 접근법이 극복할 수 있는 첫 번째 문제는 객체가 정적인 것이라는 관념이다. 이런 '정적 객체론'은 몇 가지 판본이 있는데, 각각의 판본은 내가 생각하기에 대처할 가치가 있는 문제점들이

---

12. 루크레티우스와 맑스에 관한 다른 책들에서, 그리고 앞으로 출판될 다른 책들에서 나는 넓이 대신에 깊이를 선택했다.

있다. 이 정적 이론들을 먼저 살펴본 다음에 그 쟁점들을 고찰하면서 앞으로 나아갈 다른 길이 있는지 알아보자.

객관주의

첫 번째로 살펴볼, 그리고 어쩌면 가장 설득력이 있는 정적 객체론은 이른바 '객관주의'이다. 이 이론에 의하면 객체는 인간이 발견하기에 앞서 현존하는 시공간의 자폐적인 정적 블록이다. 객관주의자의 경우에 객체는 인간에 의해 '발견'될 때까지 자리를 잡고서 기다리고 있는데, 어쩌면 수백만 년 동안 변하지 않은 채로 있을 것이다. 발견의 행위, 도구, 그리고 조건은 객체에 관한 어떤 것도 바꾸지 않는다. 이 견해에 따르면 과학자의 활동, 환경 그리고 도구는 명료한 객체상을 드러내는 데 도움이 되거나 또는 방해가 될지도 모르지만, 그것들은 객체의 일부가 아니다.

이런 이론에서는 과학적 탐구 대상으로서의 객체가 관찰 기기, 환경, 또는 관찰자에 아무 영향도 미치지 않는다. 객체는 발견하는 관찰자만큼이나 움직이지 않거나 불변인 채로 남아 있다. 시간이 흐름에 따라 객체에 관한 우리의 이론은 바뀌거나, 또는 객체는 인간에게 다른 것을 뜻하게 될 것이다. 하지만 객체는 우리가 그것에 관해 어떻게 생각하든지 간에 여전히 본질적으로 불변인 채로 있게 된다. 이 견해에 따르면 객체의 불변성이 바로 경험적 검증과 반증을 가능하게 하는 것이다.

예를 들면 언어는 그것이 안정한 경험적 객체에 의해 정확히 검증될 수 있는 한에서만 객관적 의미를 지닌다. 관찰자가 객체를 움직이거나 변화시킨다면 언어와 객체 사이의 상관관계 전체가 갑자기 불안정해진다 — 움직이는 모래 위를 미끄러진다. 과학사가들이 일단의 고정된 자연적 객체에 대한 우리의 점증하는 지식에 관한 발전적·진화적·진보적 이야기를 하고 싶어 하는 것은 우연의 일치가 결코 아니다. 과학과 여타의 지식 분야에서 진보의 관념은 점진적으로 검증되거나 반증될 수 있는 객체들의 불변하는 영역에 의존한다.

이런 종류의 객관주의에 대한 극단적인 일례는 자연이 불변하는 기하학적인 수학적 형상들로 이루어져 있다는 견해이다. 이 형상들은 앎과는 무관하게 불변인 채로 남아 있기에 객관주의적 수학과 논리는 정적이고 영원한 "자연의 언어"를 발견했다고 주장한다.[13]

구성주의

내가 살펴보고 싶은 두 번째 정적 객체론은 이른바 '구성주의'이다. 이 이론에서 객체는 한 관찰자 또는 관찰자들 집단의 고정된 심적 상태이다. 구성주의자는 시행착오를 통해서 진전하는 대신에 오히려 어느 주체가 어떤 객체에 관해 생각하는 것과 그 객체 사이의 모든 대응은 전적으로 임의적이라고 생각한다.

객체가 관찰자의 고정 관념들이나 개념들에서만 생겨나는 것이라면 객체 자체의 현실적 면모들에 관한 지식에 대한 근거는 전혀 있을 수 없다. 객체가 무엇이든 간에 구성주의자는, 우리가 접근할 수 있는 것은 오직 우리의 사유들, 낱말들, 그리고 행위들뿐이라고 말한다.

예를 들면 어느 과학자가 어떤 사태를 관측할 때 구성주의자는 그 과학자가 자신의 모든 문화적·역사적·언어적·도구적·제도적 편견을 불러일으킬 수밖에 없다고 지적한다. 이런 문화적 믿음은 사물 자체에 전

---

13. "철학〔즉, 자연철학〕은 우리의 응시에 지속적으로 개방된 이 거대한 책 ― 나는 우주를 뜻한다 ― 에 쓰여 있지만, 우리가 그 책이 쓰인 언어를 파악하고 문자들을 해석하는 법을 먼저 익히지 않는다면 그것은 이해될 수 없다. 그 책은 수학이라는 언어로 쓰여 있고, 따라서 그 문자들은 삼각형, 원, 그리고 그 밖의 기하학적 도형들인데, 이것들이 없다면 인간은 그 책을 한 자도 이해할 수 없다. 이것들이 없다면 우리는 어두운 미로에서 헤매고 있을 것이다." Galileo Galilei, *Discoveries and Opinions of Galileo*, 237~8.

적으로 부수적인 것이다. 그러므로 관찰자는 결코 사물 자체와 마주칠 수 없다. 그 이유는 마주침과 관찰자의 현존이 객체가 경험되는 방식을 형성하기 때문이다. 따라서 구성주의자의 경우에 과학적 객체는 언제나 인간의 구조들에 고정된 국소적이고 맥락적이고 집단적이고 사회적인 구성물이기에 과학자의 비교적 안정한 관찰 맥락과 별개로 인식 가능한 현존을 갖추고 있지 않다.

또다시 역사가들이 과학적 관념들, 사상가들, 그리고 텍스트들의 관점에서 과학사를 저술하는 경향이 있는 것은 우연의 일치가 아니다. 구성주의자들은 다른 객체들과 비인간 과정들을 비롯하여 자신의 지식을 가능하게 한 가변적인 물질적 조건을 분석하는 것보다 인간이 객체에 관해 생각하는 바를 특별히 중시하는 경향이 있다.

이와 같은 두 가지 정적 이론과 관련된 문제를 논의하기 전에 그것들에 대한 최근의 두 가지 대안 이론을 살펴보자. 객체 자체를 우리에 대한 객체와 일치시키고자 하는 문제를 벗어나는 한 가지 방식은 애초에 그런 분리를 도입하지 않는 것이다. 모든 것이 객체일 따름이라면 어쩔 것인가? 그렇다면 우리는 주체를 대단히 복합적인 유형의 객체로 간주할 수 있을 것이다. 따라서 다음의 두 이론은 세계를 주체와 객체 들로 분할하는 대신에 오히려 세계를 객체들과 그 관계들로 분할한다.

관계적 존재론

이런 접근법의 한 가지 판본은 이른바 '관계적 존재론'이다. 이 견해에 의하면 한 객체는 그것이 다른 객체들과 맺은 모든 관계의 집합에 지나지 않는다. 이런 이론 중 가장 인기 있는 이른바 행위자-네트워크 이론에서는 관계가 일차적이고, 객체는 선재하는 네트워크의 결절점node으로서 생겨난다. 한 객체는 자신이 행하는 것이거나 또는 객체들이 분포된 체계들을 통해서 자신이 작용하는 방식이다.

더욱이 이 견해에 의하면 객체들 사이에 미리 주어진 위계는 전혀 없다. 관계는 언제나 변화하여 달리 될 수 있다. 객체가 어떤 정적 본질도 갖추고 있지 않은 이유는 바로 더 광범위한 네트워크가 객체를 규정하고 분화시키기 때문이다. 객체들은 태어나고 죽지만, 네트워크 패턴들 자체는 그렇지 않다. 왜냐하면 네트워크 패턴들은 모든 객체에 선행하고 그 것들을 넘어서기 때문이다. 그런데 사정이 이렇다면, 네트워크의 변화와 참신성을 낳는 원천이 객체들 자체가 아니라면 무엇인가? 움직이는 객체들이 없다면 네트워크는 어떻게 변화할 수 있는가?

이런 물음에 대한 한 가지 대답은 이른바 '생기론적 신유물론'이라는 또 다른 종류의 관계적 존재론에서 비롯된다.[14] 이 견해에 의하면 관계는 객체의 어떤 물질적 움직임도 없는 상태에서 관계의 '변화'를 창출하는 '생동적'인 '잠재적' 힘이다.[15] 그 옹호자들은 이 견해를 '정적' 객체관이라고 일컫지 않지만, 내가 생각하기에 그것은 잠재적 또는 관계적 변화

---

14. 여기서 특히 나는 Jane Bennett, *Vibrant Matter*[제인 베넷, 『생동하는 물질』]와 Thomas Lemke, "An Alternative Model of Politics? Prospects and Problems of Jane Bennett's Vital Materialism"에서 제시된 베넷의 관계 형이상학에 대한 다음과 같은 비판을 염두에 두고 있다. "구식의 어휘로 서술하면, 베넷은 유물론에 대한 '관념론적' 견해를 지지한다."; "솔직히 말하면, 이런 생동적 유물론에는 물질성이 빠져 있다." 그런 데 또한 Manuel DeLanda, *Assemblage Theory*와 Latour, *Reassembling the Social*을 보라. 이 책에서 나는 다양한 관계적 입장에 대한 철저한 문헌 소개와 비판에 관여하지 않는다. 그 이유는 내가 이미 『존재와 운동』 3장에서 그것들을 다루었으며, 그리고 Christopher N. Gamble, Joshua S. Hanan and Thomas Nail, "What is New Materialism?"에서 상세히 다루었기 때문이다.

15. 여기서 또한 나는 앙리 베르그손, 질 들뢰즈, 그리고 알프레드 노스 화이트헤드 같은 다른 과정철학자들의 저작을 염두에 두고 있는데, 그들의 저작은 나에게 매우 흥미롭고 영감을 주며, 어쩌면 그들이 제시한 이론들은 나 자신의 이론과 가장 가까울 것이다. 그렇지만 나 자신의 '운동적 과정철학'은 철저히 설명하려면 각기 한 개의 장에 온전히 걸쳐서 주의 깊게 고찰하고 평가해야 하는 여러 가지 중요한 주요 논점과 관련하여 그들의 이론들과 각각 달라진다. 여기서 그런 고찰과 평가를 되풀이하는 것은 불필요할 것이다. 왜냐하면 그것은 이미 Nail, *Being and Motion*[네일, 『존재와 운동』]의 3장에서 제시되었기 때문이다.

를 지지하여 운동 또는 운동적 변화를 여전히 삭제한다.[16] 프랑스인 철학자이자 행위자-네트워크 이론의 창시자인 브뤼노 라투르는 '정적' 객체관을 거부하면서 오히려 그것을 "마침내 연속적인 흐름으로서의 건축물을 뒷받침할 수 있을 연이은 정지화면들"에 관한 이론으로 대체하자고 제안한다.[17] 라투르는 "세속적 기회원인론자"라는 칭호를 명시적으로 수용하는데,[18] 그 칭호는 세계가 함께 시간을 관통하는 이산적인 정지화면들로 이루어져 있음을 뜻한다.[19]

그런데 내 접근법과의 차이점들을 고찰하기 전에 마지막으로 움직임에 기반을 두지 않은 또 하나의 객체론을 살펴보자.

객체지향 존재론

이 마지막 이론은 최신 이론이자 앞서 언급된 세 가지 이론과 가장 다르다. 객체지향 존재론에서는 객체와 관계 들이 전부이다. 관계적 객체관과 마찬가지로 이 견해는 객체들이 가변적인 관계들의 네트워크로 연결되어 있다는 점에 동의한다. 하지만 객체지향 존재론의 경우에 객체는 자신의 관계들로 환원될 수 없다. 객체는 "특정한 경계와 단절 지점"을 갖춘 "이산적"이고 "안정한" "미지의" "물자체"이다.[20] 각각의 객체는 "진공 포장되"어 서로 격리되어 있고 자신만의 "특유한"[21] 비밀 또는 "물러서 있는

---

16. 운동 없는 변화에 관한 관념에 대한 비판으로는 Nail, *Being and Motion*, ch. 3[네일, 『존재와 운동』, 3장]을 보라.

17. Bruno Latour and Albena Yaneva, " 'Give Me a Gun and I Will Make All Buildings Move'," 81.

18. Graham Harman, Bruno Latour and Peter Erdely, *Prince and the Wolf*, 44. "그리고 당신은 누군가가 기회원인론자라면(그런데 당신은 지금 저에게 이 아름다운 명칭을 부여하기에 저는 그것을 수용하겠습니다) 줄곧 기회원인론자이어야 한다고 말합니다."

19. Graham Harman, "Buildings Are Not Processes," 117.

20. Graham Harman, *Immaterialism*, 13, 15. [그레이엄 하먼, 『비유물론』.]

21. 같은 책, 16. [같은 책.]

본질"을 내부에 간직하고 있다.[22] 이 이론의 창시자이자 주창자인 그레이엄 하먼은 그것을 주체 없는 칸트주의의 일종으로 서술한다 — 모든 것은 미지의 객체 자체이다.[23]

하먼은 객관주의자들에게 동의하지 않는다. 왜냐하면 하먼은 그들이 객체를 그것의 구성요소들(물질과 입자들)로 환원함으로써 객체를 '아래로 환원한다'고 말하기 때문이다. 또한 하먼은 구성주의적 견해와 관계적 견해도 거부한다. 왜냐하면 하먼은 그것들이 객체를 그 관계들의 네트워크로 환원함으로써 객체를 '위로 환원한다'고 말하기 때문이다. 과학에 의해 제시되는 전형적인 설명은 스스로 구성요소들을 갖춘 어떤 객체가 더 큰 객체의 구성요소일 따름이라고 주장함으로써 그 객체를 '이중 환원한다'고 하먼은 말한다.

객체지향 존재론자는 우리가 객체를 순전히, 그것이 다른 객체들과 맺은 관계들로 규정함으로써 객체 자체를 무언가 다른 것으로 설명한다고 우려한다. 그는 우리가 변동하는 관계들의 외양의 배후에 있는 객체 자체의 '실재적 본질'을 잃어버린다고 우려한다. 이 견해에 의하면 객체를 보호하는 유일한 방법은 객체의 "표현되지 않은 저장고"를 그것이 타자와 맺는 모든 관계로부터 "진공 포장"하는 것이다.[24]

이 이론은 객체의 변화를 어떻게 설명하는가? 하먼은 객체를 두 부

---

22. 그레이엄 하먼이 고안한 용어인 객체지향 존재론(OOO)은 인간 경험 너머의 실재계를 사유하는 것에 대한 이론적 신념을 규정한다. 물질의 실재 그 자체는 결코 인간중심적인 것도 아니고 경험되거나 관계적인 것도 아니라 오히려 언제나 "물러서 있는" 것이다. 이렇게 해서 하먼은 바디우와 마찬가지로 이른바 "새로운 종류의 '형식주의'"를 단언하게 된다. 마찬가지로 티머시 모턴은 무한히 물러서 있는 본질적 형태를 지지하여 "어떤 종류의 기체(基體), 또는 어떤 종류의 포맷되지 않은 물질"에 반대하는 주장을 피력한다. Thomas Lemke, "Materialism Without Matter"를 보라. 또한 Carol A. Taylor, "Close Encounters of a Critical Kind"를 보라.

23. Harman, *Immaterialism*, 27~9. [하먼, 『비유물론』.]

24. Graham Harman, "On Vicarious Causation," 211.

분으로 나눈다. 한 부분은 그 관계들과 더불어 변화하는 반면에, 나머지 다른 한 부분은 "그것을 무언가 다른 것으로 변환하게 할⋯수 있을 감춰진 화산 에너지"를 품고 있다.[25] 이런 까닭에 하먼은 관계적 존재론들이 변화를 설명할 수 없다고 비판한다. "사물이 자신이 현재 맺고 있는 관계들 외에 무언가를 비축하고 있지 않다면 아무것도 절대 변하지 않을 것이다"라고 하먼은 말한다.[26] 이 견해에 의하면 객체의 본질은 모든 변화와 운동의 원천이지만 오직 이따금 그럴 뿐이다. "안정성이 표준이다."[27] 왜냐하면 객체는 대체로 "초연하며 (그리고) 절대 작용하지 않는데, 객체는 그저 현존하고 너무 비관계적이어서 하여간 어떤 활동에도 관여하지 않"기 때문이다.[28]

또한 하먼은 객체의 본질이 "영원한 특질"[29]을 지니고 있지 않고 "일시적"[30]일 수 있다고 주장한다. 하먼은 관계적 이론들이 앞서 내가 언급한 이유로 인해 '정적'이라고 비난한다.[31] 그렇지만 그런 이의 제기에도 불구하고 궁극적으로 하먼은 객체의 감춰진 부분이 세계를 '초월'하고 하여간 어떤 활동에도 관여하지 않음을 인정한다.[32] 내가 이해하기에 움직임은 어떤 종류의 활동이 필요하기에 객체지향 존재론의 궁극적인 입장은 부동성과 정지 상태의 입장이다. 그리하여 하먼이 변화는 "하여간 아

---

25. 내부에는 "세계에 완전히 표현되지는 않는, 개별 사물에만 속하는 폭발적인 저류"가 존재한다. Graham Harman, "Agential and Speculative Realism."

26. Graham Harman, *Prince of Networks*, 187. [그레이엄 하먼, 『네트워크의 군주』.]

27. Harman, *Immaterialism*, 16. [하먼, 『비유물론』.]

28. Graham Harman, "Materialism is Not the Solution," 100.

29. Harman, *Immaterialism*, 47. [하먼, 『비유물론』.]

30. 같은 책, 16, [같은 책.]

31. Harman, "Agential and Speculative Realism."

32. 하먼은 "나는 OOO가 그들(브뤼노 라투르와 알베나 야네바)이 정적 건축이라고 일컫는 것에 대한 모형으로서의 역할을 수행할 것이라고 자진해서 말하고 싶다"라고 진술한다. Harman, "Buildings Are Not Processes," 116.

무 작용도 [하지] 않"는 무언가에서 생겨날 수 있다고 진술하더라도 그런 형이상학적 믿음은 알려진 모든 물리학 법칙에 위배된다.

움직이는 객체들

그렇다면 움직임의 철학은 무엇이며, 그리고 그것은 어떻게 해서 앞서 언급된 네 가지 이론을 극복하는 새로운 돌파구를 제공하는가? 움직임의 철학은 일종의 과정철학이다. 이것은 객체를 정적 형태로 간주하는 대신에 오히려 준안정한 과정으로 간주함을 뜻한다. 어떤 움직임들은 미미하기에 마치 강물 맴돌이처럼 객체가 비교적 안정한 상태로 남아 있을 수 있게 된다. 어떤 움직임들은 더 극적이기에 난류성 폭풍우처럼 객체를 파괴하거나 바꿔 놓을 수 있다.

반면에, 앞서 언급된 네 가지 이론은 객체를 어느 정도 정적인 것으로 규정한다. 그리하여 이들 이론은 객체의 움직임, 참신한 탈바꿈, 그리고 창발을 이론화할 수 없다. 이 네 가지 이론 각각의 한계를 잠시 살펴본 다음에 내 접근법이 어떻게 비교되는지 알아보자.

객관주의와 관련된 문제는 그것이 객체를 발견과 관찰로 인해 변화하지 않는 것으로 간주한다는 점이다. 이 견해는 객체의 역사와 관계, 행위성을 무시하면서 객체를 철저히 수동적인 것으로 간주한다. 그런데 객체가 수동적인 것에 불과하다면 객체들은 어떻게 서로 영향을 미치고 자신과 상호작용하는 관찰자에게 영향을 미칠 수 있는가?

반면에, 구성주의와 관련된 문제는 객체가 인간이 그것에 관해 생각하거나 진술하는 것에 지나지 않는다면 이 경우에도 그것은 자신의 행위성과 다른 객체들에 영향을 미칠 수 있는 역량을 모두 빼앗기게 된다는 것이다. 객체가 스스로 움직이지 못하고 참신성을 생성할 수 없다면 그것은 어떻게 해서 창발하고 변화하는가? 구성주의는 인간이 자신의 세계에 갇힌 채로 남겨 두는, 인간 주체와 자연적 객체 사이의 근본적인 차이를 상정한다.

관계적 객체론들은 이런 분리를 거부하고 객체들이 자신의 관계들을 통해서 작용한다고 인식한다. 그렇지만 문제는 이 관계들이 객체들에 선행하고 객체들을 넘어섬으로써 객체들을 완전히 결정한다는 것이다. 그렇다면 객체의 행위성과 운동은 어디에 있는가? 객체는 참신한 생성적 운동을 그런 관계에 어떻게 도입할 수 있는가? 라투르의 경우에 객체를 구성하는 관계들은 정의상 전적으로 결정적이고 현시될 수 있는 것이다. 관계의 변화는 객체들의 움직임 또는 비결정적 물질성에서 비롯되지 않는다. 변화는 네트워크에서 일련의 돌연한 '정지 화면'처럼 생겨난다.

마지막으로, 객체지향 존재론은 객체를 불변하는 본질, 사회적 구성물, 또는 관계들로 환원하지는 않으려고 하지만, 오로지 객체를 완전히 희생함으로써 그것을 구한다. 결국에 객체의 본질은 궁극적으로 세계를 초월하고 그것이 맺은 모든 관계로부터 차단된다. 핵심 모순은 객체의 본질이 모든 변화의 원천이지만 절대 작용하지도 않고 움직이지도 않는다는 점이다. 그러므로 객체지향 존재론은 궁극적으로 부동성과 정적 변화의 철학이다.[33]

---

33. 라투르와 하먼은 변화가 물질적 운동 없이 불연속적으로 생겨난다고 믿는 '세속적 기회원인론자'들이다. 라투르의 경우에는 불연속적으로 변화하는 것은 네트워크이고, 하먼의 경우에는 불연속적으로 변화하는 것은 객체이다. "이렇게 해서 브뤼노 라투르는 최초의 세속적 기회원인론자이고, 내가 대리적 인과관계라고 부른 것을 정초하는 철학자이다"(Harman, *Prince of Networks*, 115 [하먼, 『네트워크의 군주』]). 또한 하먼은 프랑스인 철학자이자 사변적 실재론의 창시자인 퀑탱 메이야수가 "지금까지 살았던 인물 중 가장 극단적인 기회원인론자"(Graham Harman, *Quentin Meillassoux*, 144)라고 주장한다.
내가 하먼의 변화론을 정적인 것이라고 서술하는 유일한 사람인 것은 아니다. 스티븐 샤비로는 다음과 같이 말한다. "하먼은 변화를 이전에 객체들의 심층에 가라앉아 있던 성질들의 출현에 호소함으로써 설명한다. 그런데 하먼은 이 객체들이 어떻게 해서 생겨나는지, 또는 그것들의 감춰진 특성들이 어떻게 해서 애초에 그곳에 도달하게 되었는

이 네 가지 객체론은 더할 나위 없이 다르다. 하지만 그것들은 모두 움직이지 않는 무언가(본질, 심적/사회적 표상, 평평한 관계성, 또는 전적으로 불활성의 본질)로 객체의 움직임을 설명하고자 한다. 여기서 문제는 네 가지 이론이 모두 주체와 객체 사이의 분열 또는 객체와 관계 사이의 분열로 시작한다는 것이다.

움직임의 철학은 무엇이 다른가? 중대한 차이는 그 철학이 무언가 다른 것으로 움직임을 설명하는 대신에 오히려 모든 것은 운동 중에 있다는 역사적 지식에서 시작한다는 점이다. 이 점과 관련하여 내 생각이 틀릴 수 있을 것이다. 만약에 틀린 것으로 판명되면 나는 패배를 인정하고 새로운 철학적 결과를 탐구할 준비가 되어 있다.

이런 관점에서 나는 객체가 특이하다는 하먼의 의견에 동의한다. 우리는 객체를 그것의 결정적 부분들이나 관계들로 환원할 수 없다. 그런데 내 경우에 그 이유는 객체를 구성하는 물질의 움직임이 근본적으로 비결정적이기 때문이다. 그 최소 규모의 층위에서 물질, 또는 물리학자들이 더 정확히 '에너지'라고 일컬을 것은 '비결정적 요동'이다. 이런 요동은 입자도 실체도 객체도 아니고, 따라서 우리는 그것을 직접 관찰할 수도 없고 인식할 수도 없다. 객체가 비결정적 에너지로 '환원 가능'하다고 말하는 것은 터무니없다. 그런 환원의 핵심에는 어떤 결정적인 '무언가'도

___

지 설명하지 않는다"(Steven Shaviro, "The Actual Volcano," 285). 샤비로는 계속해서 말한다. "이와는 대조적으로 하먼의 존재자들은 자발적으로 작용하지도 않고 결정하지도 않는데, 그것들은 그저 존재할 뿐이다. 하먼의 경우에는 한 존재자의 성질들이 아무튼 이미 사전에 현존하고, 화이트헤드의 경우에는 이 성질들이 즉석에서 생성된다. 앞서 이해된 대로 하먼은 관계를 비본질적인 것으로 무시한다. 하먼의 존재론은 너무 정적이어서 관계를 이해할 수 없다"(같은 글, 287).

OOO의 변화론에 대한 비판에 관해서는 또한 C. J. Davies, "The Problem of Causality in Object-Oriented Ontology"; Lemke, "Materialism Without Matter"를 보라. 나는 OOO의 정적 존재론에 관해 이야기를 함께 나눈 점에 대해 크리스토퍼 N. 갬블에게 감사한다.

자리하고 있지 않다.

움직임은 비결정적이고, 관계는 비결정적 관계이다. 내가 보기에 물질의 움직임은 더 상위의 인과적 설명도 없고 외부의 인과적 설명도 없거나, 또는 적어도 지금까지는 실험적으로 검증된 것도 없고 그에 대한 암시도 없다. 이것은 물질의 움직임을 해명하고자 하는 이론이 전혀 없다고 말하는 것도 아니고, 내가 틀릴 수 없다고 말하는 것도 아니다.[34] 그런데 당분간 나는, 비결정적 움직임의 진행이 우리가 더불어 살아가야 할 자연의 근본적인 면모라는 실제적 가능성을 철학적으로 선택하겠다. 서기전 1세기에 루크레티우스가 물질의 비결정적 클리나멘clinamen을 자기 철학의 핵심에 둔 후에 수 세기 동안 주해자들이 주저했지만, 이제는 이 관념이 강력히 귀환했다. 나는 이 전통을 되살리고자 한다.

객체지향 존재론자는 나의 견해에 어떻게 대응할 것인가? 그레이엄 하먼은 이미 물리학자 캐런 버라드의 저작에 관한 최근의 한 논문에서 양자 비결정성이라는 관념에 응답했다. 그 논문에서 하먼은 다음과 같이 진술한다. "아래로 환원하기는 개별 객체를 너무 얕아서 진실일 수 없는 것으로 간주함으로써 더 작은 사물들의 마이크로 군단으로 대체하거나 또는 비결정적 유동의 원초적 덩어리로 대체하고자 한다."[35] 이것에 대응하여 나는 두 가지 점을 언급할 것이다. 우선, 버라드와 나 자신의 경우에 객체는 '정말로' 요동하는 장일 따름이고, 따라서 객체는 바로 준안정한 장이기에 이것을 저것으로 대체한다는 관념은 터무니없다. 둘째, 우주 전체에는 '원초적 덩어리' 같은 것은 있을 수 없고 비결정적 유동만 있을 뿐이다. 과학사에서 가장 획기적인 사건 중 하나는 물질/에너지가 실체가 아니고 어떤 고정된 선험적 특성도 갖추고 있지 않다는 점을 발견한

---

34. Carroll, *Something Deeply Hidden* [캐럴, 『다세계』]를 보라.
35. Harman, "Agential and Speculative Realism."

것이었다. 덩어리는 미*분화된 것이지만, 비결정적 요동은 모든 차이를 창출하고 유지하는 분화 과정이다. 내가 생각하기에 하먼은 양자 비결정성과 유동을 이해하지 못하고, 이렇게 해서 그가 제기한 이의는 무효화된다.

정지 상태에서 움직임으로 이행하는 것은 출발점의 작은 변화인 것처럼 들릴지 모르지만, 엄청난 차이를 만들어낸다. 이 네 가지 이론 각각은 그 출발 가정에서 독특하게 도출되는 방법이 있는데, 나의 운동지향 객체론도 마찬가지이다. 그러므로 객체들의 움직임, 창발, 그리고 참신성을 이해할 수 있는 객체론을 원한다면 앞서 언급된 이 네 가지 선택지는 작동하지 않을 것이다.

『객체란 무엇인가』는 정지 상태에서 시작하여 움직임과 과정을 설명하고자 하는 대신에 오히려 이 논리를 뒤집는다. 이 책은 양자 유동의 역사적 발견에서 시작하여 안정한 과학적 지식의 창발을 설명하려고 한다.

또한 『객체란 무엇인가』는 앙리 베르그손의 철학처럼 생기력에 기반을 두거나, 또는 알프레드 노스 화이트헤드에 의해 서술된 대로 정적이고 이산적인 섬광 같은 '계기'들에 기반을 둔 구식의 과정 모형들과 구별되는, 한 가지 새로운 종류의 과정철학을 제시한다.[36] 이 세 번째 종류의 과정철학을 지칭하는 나의 용어는 '과정유물론'process materialism 또는 '운동유물론'kinetic materialism이다.

객체가 본질, 관념, 또는 관계가 아니라면, 움직임의 철학의 견지에서 객체란 무엇인가? 우리는 라틴어 ob-('맞서서')+iaci('나는 던진다')에서 비롯된 'object'(객체)라는 낱말의 운동적 기원을 살펴보기만 하면 된다. 객체는 근본적으로 운동적 과정이다. 그것은 운동으로 내던져져서 스

---

36. 나의 과정철학과 베르그손, 화이트헤드, 그리고 들뢰즈의 과정철학들 사이의 차이에 관한 더 자세한 설명은 Nail, *Being and Motion*, ch. 3 [네일, 『존재와 운동』, 3장]를 보라.

스로 되돌아오거나 고리를 이루는 것이다. 객체는 주름이다. 객체는 진공 포장된 이산적인 원자라기보다는 오히려 스스로 접힘으로써 더 복잡한 매듭을 형성하는 연속적인 과정이다. 나의 논점은 로마인들이 이 낱말을 사용하였기에 이 정의를 수용해야 한다는 것이 아니다. 라틴어 어근은 내가 생각하기에 회복시킬 가치가 있는, 객체를 과정으로 간주하는 어떤 선례가 있음을 시사한다. 객체는 시간과 공간의 이산적이거나 정적인 블록이 아니라 오히려 운동적 과정이다.

몰역사적 객체의 관념을 극복하기

이 책이 교정하고자 하는 두 번째 문제점은 객체에 대한 몰역사적 고찰이다. 우리가 '객관주의'적 견해처럼 객체를 선재하는 정적 본질을 갖추고 있는 것으로 규정하면, 객체는 어떤 실재적 변화도 없기에 어떤 실재적 역사도 없게 된다. 자연의 본질적인 법칙과 특성 들은 언제나 동일한 채로 있게 된다. 이 견해에 따르면 지식의 과업은 반증을 통해서, 정합적이고 검증 가능한 정보의 점점 더 정확한 체계를 발전시키는 것이다. 이 견해에 따르면 진보가 가능한 이유는 자연의 법칙과 객체 들이 어떠한 역사도 지니지 않기 때문이다. 보편적 자연법칙들에 대한 탐구는 이런 종류의 몰역사적 객체를 추구한다.

반면에, 우리가 '구성주의'적 견해를 채택하면 객체의 내용이 변화하고, 따라서 객체의 실재적 역사가 존재하는 것처럼 보인다. 그렇지만 사물의 의미가 우리에 대해서 변화하는 만큼이나 사물의 조건은 여전히 인간 이성의 몰역사적 구조에 의해 결정된 정적인 것으로 남아 있게 된다.[37] 이런 까닭에, 예를 들면, 독일인 철학자 임마누엘 칸트에게 정말로

---

37. 엄밀하게 칸트주의적인 주관적 관념론자들과는 달리, 여전히 인간중심주의적이면서

보편적인 유일한 학문은 자연철학 또는 과학이 아니라 인간 이성에 관한 학문이다.

또한 관계적 객체론에 내장되어 있는 형태의 몰역사성이 있다. 이것은 직관에 반하는 것처럼 보이는데, 왜냐하면 관계 이론가들은 종종 역사를 객체들의 창발의 일부로서 상당히 진지하게 간주하기 때문이다. 그런데 잠재적 관계들이 언제나 그것들의 현실적 관계항들에 선재하고 그것들을 초월한다면, 객체들 자체는 전적으로 역사적이지는 않다. 관계들이 객체들을 초월하며, 그리고 객체들이 역사적이라면, 관계들은 역사를 초월한다. 바로 이런 이유로 인해 프랑스인 관계주의 철학자 질 들뢰즈는 역사를 "순수 생성"과 명시적으로 대조한다.[38]

객체지향 철학자의 경우에 객체의 물러서 있는 본질은 어떠한 역사도 없다. 왜냐하면 그것은 다른 객체들과 맺은 모든 관계로부터 '차단'되어 있고 '초연'하기 때문이다. 역사는 객체들의 실재적 움직임, 변화, 그리고 창발과 관련되어 있고 물러서 있는 본질들은 아무튼 작용하지 않기에 객체들은 진공 포장되어 역사로부터 명시적으로 떨어져 있다. 이렇게 해서 이 네 가지 정적 객체론은 모두 몰역사적이기도 하다.[39]

이에 대응하여 나는 단연코 역사적인 접근법을 취한다. 『객체란 무엇인가』는 객체의 출현을 위한 물질적 조건의 역사이다. 영원히 그리고 언제나 객체-창출 과정을 규정하는 한 종류의 객체 또는 운동 패턴은 존

도 현존하는 사회적 구조와 심미적 구조의 근본적인 역사적 변화를 감안하는 사상가들이 있다. Walter Benjamin, "Theses on the Philosophy of History"를 보라. 또한 Theodor Adorno, *History and Freedom*을 보라.

38. Thomas Nail, "The Ontology of Motion"에서 제시된 들뢰즈에 대한 역사적 비판을 보라.

39. 내가 알기에는 과학의 역사도 있고 철학의 역사도 있지만, 객체화의 역사성을 어떤 실재적인 물질적·역사적 과정으로 진지하게 간주하는 '객체 철학'의 역사는 없다. 맑스주의 역사가 가장 근접하지만 객체적인 것보다 사회적인 것을 특별히 중시한다. Nail, *Theory of the Image*와 Thomas Nail, *Marx in Motion*을 보라.

재하지 않는다. 그the 객체에 관한 단일한 이론은 존재할 수 없다. 객체들은 역사가 있기에 상이한 창발 패턴들을 따르는 경향도 있다. 이 책은 객체 일반에 관한 형식적 설명도 보편적 설명도 아니다. 이 책은 특수한 객체들 모두에 관한 설명도 아니다. 이 책은 역사적 출현의 네 가지 주요 패턴에 관한 서술이다. 미래에 새로운 패턴 또는 유형이 출현할 수 있는 이유는 물질이 비결정적이고 창조적이기 때문이다.[40]

결과는 무엇인가?

나의 운동적 접근법으로부터 세 가지 유의미한 기여가 비롯된다. 각각의 기여는 이 책의 주요 부분과 연관된다.

1편 운동적 객체

나의 운동적 객체론이 첫 번째로 이바지하는 바는 그것이 객체들이 생성되고 변화하는 방식을 서술하기 위한 몇 가지 새로운 개념을 제공한다는 것이다. 이 책의 1편에서 나는 역사에서 객체들이 지금까지 어떻게 형성되었는지 설명하는 세 가지 개념을 소개한다. 이 세 가지 개념은 '흐름,' '주름,' 그리고 '장'이다. 요컨대 물질은 비결정적으로 흐르고, 그다음에 준안정한 객체로 접히고 회전하며, 그다음에 다른 객체들과 더불어 장으로 흩어진다. 객체는 바닷물의 흐름들이 파도로 접혀서 충돌하고 해안선을 따라 방울 조각들을 흩뿌리는 방식으로, 또는 실들이 천을 짜는 방식으로 출현한다.

또한 여기서 나는 수, 지식, 준거, 그리고 관찰 같은 과학사의 중요한

---

40. 또다시, 여기서 실행되는 완전한 방법론은 Nail, *Being and Motion* [네일, 『존재와 운동』]에서 찾아볼 수 있다.

개념들에 대한 몇 가지 새로운 운동 기반 해석을 제시한다. 이런 새로운 해석들은 과학과 인식론에 관한 나의 확장된 비非-인간중심주의적 이론을 구성하는 데 도움이 된다. 운동지향 과학론은 객관적 형태에도, 주관적 경험에도, 물러서 있는 본질에도, 존재론적 관계에도 기반을 두고 있지 않고, 오히려 움직임의 역사적·물질적 패턴들에 기반을 두고 있다.

2편 객체들의 역사

내 이론이 두 번째로 이바지하는 바는 그것이 과학과 지식의 역사에 관해 사유하는 전적으로 새로운 방식을 생성한다는 것이다. 그것은 과학의 과정철학에 기여한다. 불행하게도 과학기술학자들이 얼마 동안 지적한 대로 대다수 인문학 연구자는 적어도 지난 50년 동안 과학에 대한 진지한 탐구를 삼가는 경향이 있었다. 인문학자들은 흔히 과학을 단지 질을 양으로 환원할 뿐인 것처럼 간주하면서 무시하거나 일축했다. 신유물론의 강점 중 하나는 그것이 과학을 독특한 이론적 실천으로 더 진지하게 간주한다는 것이다. 이 책은 그런 노력의 일환이다.

나는 현대 객체들이 작동하는 방식에 관한 이해를 추구하면서 역사적 접근법을 택한다. 내가 바라는 바는 각각의 운동 패턴이 이전에 생겨난 패턴들과 결합하여 새로운 혼종 객체를 창출하는 방식을 이해하는 것이다. 객체들이 여전히 창발하고 있기에 정말로 보편적인 객체론은 전혀 없다. 과거 과정들은 오늘날의 객체들 속에 여전히 내재하고 활동 중이며, 미래에 계속해서 변화하고 뒤섞일 것이다. 새로운 종류의 객체가 출현할 때 그것은 이전의 객체를 대체하지 않고, 오히려 흡수하여 전환한다.

내가 과학의 역사를 고찰하는 목표는 객체들의 주요 종류가 네 가지임을 보여주는 것이다. 첫 번째 종류는 내가 '서수적'이라고 일컫는 것인데, 그 이유는 그것이 선형적 순서열을 통해서 전개되기 때문이다. 두 번째 종류는 내가 '기수적'이라고 일컫는 것인데, 그 이유는 그것이 완전체 또는 단위체를 창출하고 조직하기 때문이다. 세 번째 종류의 객체는 고도로 분화된 내부 구조를 갖추고 있기에 나는 그것을 '강도적'이라고 일컫는다. 내가 '잠재적'이라고 명명하는 네 번째 종류는 특정되지 않거나 아직-결정되지-않은 다양한 가능성을 지니고 있다. 여기서 나는 수학과 모든 개별 과학이 이들 네 가지 유형에 거의 매끈히 들어맞음을 보여줄 수는 없지만, 다수의 가장 중요한 객체가 어떻게 그러한지 내가 보여줄 수 있는 한 많은 증거를 제시하려고 최선을 다한다.

2편에서 내가 고찰하는 역사 중 나머지 주요 면모는 내가 이 네 가지 객체 종류를 각 유형의 객체가 어떻게 형성되고 유지되었는지 서술하는 네 가지 각기 다른 운동 패턴과 연결한다는 점이다. 예를 들면 나는 서수적 객체가 출현하려면 사람과 사물 들이 주변부 영역에서 중심부 영역으로, 어떤 '구심적' 패턴으로 움직여야 했다는 점을 보여준다. 기수적 객체가 출현하려면 중심부에서 주변부로 움직이는 분명히 '원심적'인 운동 패턴이 요구되었다. 강도적 객체는 비교적 견고한 '장력적'인 종류들의 움직임을 통해서 형성되었고, 잠재적 객체는 비교적 '탄성적'인 종류들의 운동을 통해서 형성되었다. 이것은 역사를 재단하는 독특한 방식이다. 하지만 우리가 운동을 우선시하면 나는 비인간 객체들이 이전에 생각했던 것보다 훨씬 더 능동적이라는 결론이 당연히 도출된다고 생각한다. 해당 운동 패턴이 객체를 창조하고 재생산하는 데 중요한 역할을 수행한다. 『객체란 무엇인가』는 과학의 역사에서 운동 패턴으로서의 객체의 행위성에 관한 최초의 연구서이다.

역사상 다른 시기에 새로운 패턴들이 이전의 패턴들로부터 출현하지만, 이전의 패턴들은 모두 지속하면서 새로운 패턴들과 뒤섞인다. 21세기에 우리의 객체들은 역사의 구성요소들로부터 회집된 혼종hybrid들이다. 이런 까닭에 우리는 현대 객체들을 이해하기 위해 역사적 접근법이 필요하다.

3편 현대 객체

나의 운동적 이론이 세 번째로 이바지하는 바는 그것이 다양한 현대 과학에서 한 가지 새로운 종류의 객체의 기원을 엿볼 수 있게 한다는 것이다. 역사는 선형적이지도 않고 점진적이지도 않으며, 오히려 공존하고 중첩하는 객체 형성 패턴들을 나타낸다. 현대 객체는 이런 사실을 파악하려는 시도이다. 역사로부터 비롯된 모든 서수적·기수적·강도적·잠재적 종류들의 객체들은 오늘날에도 여전히 작동하고 있다. 양자역학은 고전역학을 대체하지 않았고, 오히려 그것을 흡수하여 완전히 바꿔놓았다.

나는 이런 새로운 종류의 객체를 '고리 객체'라고 일컫는다. 이 객체의 주요 면모들은 그것의 혼종성, 비결정성, 그리고 관계성이다. 오늘날 그런 객체의 현존에 대한 의견은 그다지 일치하지 않는다. 이론 과학의 첨단에는 언제나 실험 연구를 추동하는 경합적 해석과 사변 들이 있다. 이 마지막 부분에서 내가 제시하는 것은 세 가지 현대 과학 ─ 양자론, 범주론, 그리고 혼돈 이론 ─ 의 철학적 종합과 그것들에 대한 운동적 해석이다. 내목표는 이런 과학적 실천들에 이의를 제기하는 것도 아니고 어떤 새로운 예측적 주장을 제시하는 것도 아니다. 오히려 그것들이 모두 비결정적 운동에 기반을 두고 있음을 보여주는, 그 실천들에 대한 참신한 해석을 제시하는 것이다.

◇

이후 세 개의 장에서는 물질적 과정으로서의 객체의 기본 면모들에 관한 고찰이 이루어짐으로써 객체들의 지하 세계로의 여행이 시작된다. 일단 이런 이론적 틀이 자리 잡게 되면, 그다음에 우리는 그것을 과학적

객체들의 역사를 바라보고 마침내 가장 최신의 현대 객체를 이해할 새
로운 렌즈로 사용할 수 있다.

1 편ㄴ

ㅇㄴ ㄷㅇ ㅈㄱ 개ㄱ 체

1장

물질의 흐름

운동적 객체론이란 무엇인가? 그것은 객체를 움직임의 과정으로 해석하거나 이해하는 방식이다. 우리는 객체를 정적인 것처럼 간주하는 것이 때때로 유용하다고 느끼지만, 그런 경우에 우리는 객체를 창출하고 유지하며 변화시키는 것을 간과하는 경향이 있다. 우리는 객체를 과정이 아니라 생산물로 간주하는 경향이 있다. 그렇지만 우리는 이런 점을 간과하게 됨으로써 이 책의 「서론」에서 내가 논의한 이론과 실천에 내재하는 중대한 오류 중 일부를 저지르게 될 수 있다.[1] 이 장과 다음 두 장의 목표는 이런 견해를 뒤집는 것이다.

모든 생산물은 어떤 과정을 전제로 한다. 모든 객체는 어딘가에서 와서 무언가 다른 것으로 용해한다. 객체들은 다양한 형태로 잠깐 지속할 따름이다. 왜냐하면 객체들은 끊임없이 어떤 활동을 겪기 때문이다. 이 책의 1편은 객체를 생산하는 과정의 세 가지 일반적인 면모를 규정하고자 하는데, 이 면모들은 우리가 역사적으로 지금까지 알고 있는 모든 객체에 적용되는 것처럼 보인다. 나는 또다시 독자에게 이것이 보편적 이론이 아님을 주지시킨다. 그 이론은 이 책에서 내가 수행한 특정한 역사적 연구의 산물이다.

---

1. 이런 오류들 중 일부에 관한 서술에 대해서는 Nail, *Theory of the Earth*와 Thomas Nail, *Lucretius II*를 보라.

더불어 나는 객체-생산에 관한 이 세 가지 개념을 '운동학'kinematics 이라고 일컫는다. 그 이유는 그 개념들이 객체를 '운동-중인-측정' 활동 또는 과정으로 규정하기 때문이다. 이것은 객체에 대한 이례적인 관점이다. 또한 그것은 정량적 과학이 객체들을 측정하고 정렬할 때 무엇을 하고 있는지에 관해 생각하는 더 물질적이고 수행적인 방식을 제시한다.

이어지는 세 장의 목표는 객체들을 창출하고 유지하며 정렬하는 세 가지 근본적인 과정을 매우 종합적으로 설명하는 것이다. 이 과정들 중 첫 번째 것을 나는 '흐름'이라고 일컫는다.

흐름이란 무엇인가?

객체는 흐른다. 객체는 세계로 내던져지고, 조형되며, 그리고 또다시 다른 객체들로 용해된다. 그런데 이런 움직임과 흐름의 원천은 무엇인가?

객체는 운동으로 내던져진 물질이다. 사물을 관통하는 에너지의 끊임없는 흐름이 없다면 물질이 안정한 객체로 축적되는 일은 전혀 없다. 에너지의 준평형 상태로의 전이 그리고 준평형 상태로부터의 전이 덕분에 객체가 창발하고 지속할 수 있게 된다. 또한 그 덕분에 객체들이 서로 구별될 수 있게 된다.

물질적 실재의 모든 규모에서 사정은 마찬가지이다. 물질은 흘러야 하는데, 그렇지 않다면 객체가 절대 창발하지도 않고 흩어지지도 않을 것이다. 양자 층위에서 장은 준안정한 입자로 진동한다. 고전 층위에서 원자들은 우리가 분자라고 일컫는 패턴으로 진동하며, 우주에 이르기까지 그러하다. 우리가 알고 있는 한에서 우주에는 높은 에너지 밀도에서 낮은 에너지 밀도로 흐르지 않는 것은 하나도 없다. 우주는 뜨거운 곳에서 차가운 곳으로 확산하는 경향이 있으며, 그리고 이것이 모든 흐름과 움직임, 과정의 원천이다. 그러므로 모든 객체는 흐르는데, 왜냐하면 그것들은 움직이는 물질적 우주의 일부이기 때문이다.

그런데 내가 모든 객체를 가로지르는 물질의 '흐름'이라고 일컫는 것은 하나의 객체가 아니다. 예를 들어 양자물리학의 진공 요동은 객체가 아니다. 이런 요동은 직접 또는 결정적으로 측정되거나 관찰될 수 없기에 내가 보기에 객체가 아니다. 그렇지만 이것은 진공 요동이 무정형의 물질 덩어리임을 뜻하지도 않는다. 흐름은 과정이고, 따라서 과정으로서의 흐름은 결정적인 '무언가'가 아니다. 흐름은 정형의 것도 아니고 무정형의 것도 아니라 오히려 비결정적이다. 모든 물질적 객체가 비결정적 양자 과정들로 이루어져 있다면 모든 객체는 결코 정적인 것으로 완전히 환원되지는 않는다. 그 정체성은 언제나 어느 정도 유동적이다. 심지어 기류 같은 거시적 과정들도 여전히 '흐른다.' 그 이유는 그런 과정들이 어떤 층위에서 운동 중에 있기 때문이다. 물질로 일컬어지는 불활성의 실체는 전혀 없다. 왜냐하면 아무것도 결코 전적으로 가만히 있거나 정적이지는 않고, 양자 층위에서 시간 또는 공간으로 환원될 수도 없기 때문이다.[2]

그런데 객체는 알에서 나오는 닭처럼 흐름에서 나오지 않는다. 우주를 출현시킨 객체들이 전혀 없는 채로 최초의 어떤 순수한 원초적 물질이 존재한 것은 아니었다. 가장 밀도가 높은 고에너지 상태에서도 우리는, 이론적으로 '플랑크 단위'로 측정될 수 있을 유한한 크기를 필시 가졌을 빅뱅에 관해 생각할 수 있다.[3] 플랑크 단위는 수학적으로 측정될 수

---

2. Barad, *Meeting the Universe Halfway*, 422, 주 15를 보라. 또한, "전자, 장의 양자, 광자는 공간의 궤적을 따르지 않고, 오히려 무언가 다른 것과 충돌할 때 한 특정한 장소와 한 특정한 시간에 나타난다. 그것들은 언제 그리고 어디에서 나타날 것인가? 확실히 알 길은 없다. 양자역학은 세계의 핵심에 기본적인 비결정성을 도입한다. 미래는 진정으로 예측 불가능하다…세계는 매우 작은 자갈들로 이루어져 있지 않다. 그것은 진동들의 세계, 연속적인 요동, 언뜻 지나가는 미시사건들의 미시적 군집이다"(Carlo Rovelli, *Reality Is Not What It Seems*, 132~3 [카를로 로벨리, 『보이는 세상은 실재가 아니다』]).
3. Rovelli, *Reality Is Not What It Seems*, 207~9 [로벨리, 『보이는 세상은 실재가 아니다』]를 보라.

있는 가장 작은 물리적 객체이다. 빅뱅에서조차도 흐름과 객체 들은 '동일한' 비결정적 과정의 두 가지 측면으로서 공존했다.

객체는, 배수되고 있는 물에서 소용돌이가 창발하듯이, 자신에 내재적인 물질적 과정을 통해서 생성된다. 객체는 오직 인간 과학자의 마음속에서만 생겨나는 잠정적인 심적 구성물이 결코 아니다. 가장 넓은 의미에서 객체는 인간이 있든 없든 간에 물질이 만들어내는 것이다. 강은 비가 끌개 유역[4]으로 흘러들어 축적됨으로써 산출되는 객체이다. 물이 유역에 더욱더 많이 축적될수록 그것은 유역을 더욱더 깊고 넓게 만들고, 따라서 물이 더욱더 모이는 경향이 있게 됨으로써 하나의 되먹임 고리를 형성한다. 강은 인간이 개입하지 않은 채로 창출된 과정-객체이다.

그런데 인간은 뼈 위에 탤리 표식[5]을 새김으로써 유사한 물질적 축적을 실행할 수 있다. 탤리 표식은 어떤 객체의 '태음 주기'를 측정할 수 있다. 막대들을 쌓고 그것들에 불을 붙이는 행위조차도 '불'이라는 과정-객체를 창출할 수 있다. 이런 식으로 물질의 흐름은 축적되어 비교적 뚜렷한 객체로 안정화된다. 흐름은 객체에 선행하지 않고 객체도 흐름에 선행하지 않으며, 오히려 둘 다 '객체화의 과정'에서 함께 창발하여 변화한다.

객체가 창발하는 이유는 물질이 자신과 마주칠 수 있거나, 또는 자신에 작용할 수 있기 때문이다. 물질은 **흐름**으로써 어떤 식으로든 스스로 분화될 때에만 자신에 영향을 미칠 수 있다. 달리 말해서 물질은 어떤 흐름이 비교적 주기적이거나 분화된 패턴으로 자신에 귀환할 수 있을 때

---

4. * 끌개 유역(basin of attraction)이라는 물리학 용어는 어느 동역학계의 상태들이 궁극적으로 도달하게 되는 영역을 가리킨다.
5. * 탤리(tally)는 고대에 기록하거나 기입하는 데 사용된 뼈 또는 나무 등으로 만들어진 막대기를 가리키고 탤리 표식(tally mark)은 탤리에 새겨진 기호를 가리키는데, 탤리 표식은 간단히 탤리라고 일컬어지기도 한다.

에만 어떤 객체가 된다. 그렇지 않다면 엔트로피 법칙에 따라 물질은 즉시 흩어질 것이다. 그러므로 모든 객체는 어떤 층위에서 연속적인 운동 상태에 있어야 하는데, 그렇지 않다면 정의상 현존할 수도 없고 지속할 수도 없을 것이다.

물질이란 무엇인가?

물질은 실체가 아니라 과정이다. 과정 또는 '흐름'으로서의 물질은 이것도 아니고 저것도 아니라 오히려 비결정적이다.[6] 물질은 전적으로 무정형의 것도 아니고 결정적으로 조형된 것도 아니며 오히려 형태들 사이에서 끊임없이 전환하고 있다. 객체는 물질적이지만, 또한 대양의 파도처럼 이런 변성의 물질 안에서 창발하고 지속하며 흩어진다.

이것은 보편적 정의가 아니라 역사적 정의이다. '물질'은 운동 중에 있는 것을 지칭하는 우리의 역사적 이름이다. 그런데 까다로운 부분은 물질이 과정 중에 있다면 그것 역시 비결정적이라는 점이다. 이렇게 해서 물질의 무엇'임'에 대한 철저히 경험적이거나 형이상학적인 정의를 제시하는 것은 불가능해진다. 왜냐하면 물질은 고정된 존재가 전혀 없기 때문이다. 물질은 언제나 '운동-중인-물질'이다.

그런데 운동이 A 지점에서 B 지점으로 이동하는 객체의 결정적 운동이 아니라면 운동이란 무엇인가? A 또는 B 같은 고정된 지점들도 존재하지 않고 움직이는 자기동일적 객체도 존재하지 않는다면 우리는 어떻게 움직임에 관해 말할 수 있겠는가? 여기서 동시에 발생하는 두 가지 종류의 움직임을 구분하는 것이 유용하다. 첫 번째 종류는 이른바 '연장적' 움직임이다. 이것은 비교적 안정한 객체가 비교적 안정한 한 지점 A에서

---

6. 양자물리학의 비결정론적 해석을 좇는다. 이 책의 16장을 보라.

비교적 안정한 다른 한 지점 B로 움직이는 것이다. 예컨대 우리는 어떤 나비가 이 꽃에서 저 꽃으로 훨훨 날아가는 것을 관찰할 수 있다. 그런데 이른바 '강도적' 움직임이라는 다른 한 종류의 움직임도 있다. 이 다른 종류의 움직임은, 계절이 바뀌는 것처럼, 또는 어떤 웅덩이로 내던져진 자갈 하나가 그 웅덩이 전체를 변환하는 것처럼 AB 전체가 변환될 때의 움직임이다.

이 두 종류의 움직임이 어떻게 동시에 활동적인지 예시하기 위해 물리학의 일례를 살펴보자. 강력한 현미경으로 어떤 원자를 살펴보면 우리는 그 원자가 한 지점에서 다른 한 지점으로 움직임에 따라 그 궤적의 지도를 그릴 수 있다. 이것은 연장적 움직임이다. 그런데 이 원자의 내부에는 전자들도 존재하며, 이 전자들은 비결정적으로 진동하는 에너지 장들로 이루어져 있다. 우리 현미경, 우리 몸, 그리고 자연 전체 역시 이런 동일한 장들로 이루어져 있고 동시에 변화하고 있다. 그리하여 '텅 빈' 공간 속에서 A에서 B로 움직이고 있는 비교적 격리된 자기동일적 입자인 것처럼 보이는 것은 많은 양자장의 동시적인 얽힌 변화이기도 하다. 모든 장이 한꺼번에 바뀌는 경우에 이것은 강도적 운동이다. 이런 점에서 운동은 연장적인 것인 동시에 강도적인 것이다. 그것들은 모든 운동의 두 가지 측면 또는 차원이다.

이런 까닭에 또한 물질은 전적으로 경험적인 것도 아니고 관찰 가능한 것도 아니다. 우리는 객체의 양자 요동을 직접 측정할 수 없고 관찰할 수도 없다. 우리는 그 결과와 변화를 보지만, 단지 객체에 나타나는 가시적 변화로서 간접적으로 볼 뿐이다. 당신 앞에 놓인 뜨거운 커피에서 나선형으로 퍼지고 있는 증기 소용돌이가 그것을 형성하는 유동적인 습기로부터 분리될 수 없는 객체인 것과 마찬가지로 물질의 비非객체적 흐름은 그 객체로부터 분리될 수 없다. 우리가 관찰할 수 있고 '순수 물질'의 본질을 규정하는 궁극적인 실체는 전혀 없고 오직 진동하는 비결정적 흐

름들이 있을 뿐이다.[7]

내가 보기에 물질적 흐름은 에너지와 운동량을 지닌 것이다. 예를 들어 양자장은 관찰 가능한 객체가 아니다. 왜냐하면 양자장의 에너지와 운동량은 비결정적이기 때문이다.[8] 고전 물질과 달리 물질의 장은 전적으로 측정 가능한 것도 아니고 예측 가능한 것도 아니다. 양자장은 창조적이고, 불안정하며, 끊임없는 운동 중에 있다.[9] 양자장은 인과적 법칙을 따르지 않고, 오히려 불규칙적이지만 패턴을 갖춘 진동수들을 갖추고서 확률적으로 움직인다. 모든 물질이 이런 양자 면모를 지니고 있다면 어떤 층위에서는 또 어느 정도로는 모든 물질은 '흐른다.'[10] 그리고 모든 객체가 물질적이라면 객체들은 모두 어느 정도는 흐른다.

마지막으로, 물질의 흐름은 연속적이지도 않고 이산적이지도 않다. 그 이유는 물질이 실체가 아니라 비결정적 과정이기 때문이다. 물질, 공간, 그리고 시간은 흐름 속에서 또 흐름을 통해서 생겨나는 실재의 창발적 면모들이다.

---

7. 또다시 이것은 단지 현재 운동의 존재론적 우위성을 참작한 진술일 뿐이다. 운동과 물질이 언제나 일차적인지 또는 무언가 다른 것이 출현할지에 관한 물음에 대하여 나는 여전히 불가지론적이다. 그런 사변들은 모두 필연적으로 형이상학적이다.

8. "어떤 장의 에너지/운동량을 측정하는 방법은 그 장 속에서 에너지와 운동량의 연쇄적인 '미시적' 움직임이 한 '거시적' 사물이 우리가 관찰할 수 있는 방식으로 영향을 받을 때까지 에너지/운동량의 대규모 움직임의 연쇄 반응을 일으키게 하는 어떤 영리한 실험을 마련하는 것이다. 이것은 기본적으로 실험을 설계하는 일과 전적으로 관련된 것이다"(MIT의 이론 응집물질 물리학 연구원인 브라이언 스키너와의 개인적 소통).

9. Sean Carroll, *The Particle at the End of the Universe*를 보라.

10. 양자장은 그 자체로 관찰될 수 있는 것이 아니라 그것이 창출하는 가시적 효과를 통해서 관찰될 수 있을 따름이다. 질량과 입자를 생성하려면 양자장은 반드시 에너지와 운동량이 있어야 한다. 아인슈타인이 입증한 대로 질량과 에너지는 전환 가능하기에 입자는 자신의 양자장에서 생겨나고 그 장으로 귀환한다. 양자장 에너지는 입자 질량이 되고, 입자는 연속적인 운동량 또는 움직임으로 장 에너지가 된다. 그러므로 양자장 자체는 경험적으로 가시적이지는 않지만 양자장은 입자만큼 물질적이다. 왜냐하면 입자는 장의 흐름에서 접히거나 들뜨는 것에 지나지 않기 때문이다. 그러므로 물질은 언제나 이미 어떤 입자로 그냥 접힌 물질의 흐름이다.

방행이란 무엇인가?

방행[11]은 예측 불가능한 움직임이다. 모든 물질적 움직임은 비결정적 양자 요동으로 개시되지만, 거시적 층위에서도 이들 요동은 객체들의 장 전체에 파문처럼 퍼지는 사소하지 않은 변화를 초래할 수 있다.[12] 모든 움직임은 어느 정도 방행적이다. 이런 까닭에 물질은 직선으로 움직이지도 않고 결정론적인 철칙을 따르지도 않는다. 이천 년 전에 로마 시인 루크레티우스가 진술한 대로 그것은 "비껴난다."[13] 물질의 예측 불가능한 비껴남 덕분에 물질은 새롭고 창의적인 방식으로 수렴하고 발산할 수 있게 된다. 또한 비껴남 덕분에 물질은 우리가 '객체'라고 일컫는 준안정한 패턴에 관여할 수 있게 된다.[14]

방행에 관한 우리의 현대적 이해는 20세기 물리학의 두 가지 중대한 발견 — 아인슈타인의 운동적 물질론(1905년)과 하이젠베르크의 양자 불확정성 원리(1927년) — 에서 비롯된다. 아인슈타인은 매우 단단하고 안정한 것

---

11. * 이 한국어판에서 '방행'(方行)으로 옮긴 'pedesis'라는 영어 용어로 표현된 개념은 신유물론자들이 물질 특유의 속성으로 제시하는 것이다. "방행(pedesis는 '발'[foot]이라는 의미를 지닌 인도유럽조어[PIE] 어근 ped-로부터 유래한다)이란 반-자동적 자기-이동(semi-autonomous self-transport)의 운동이다. 걷고, 뛰고, 도약하고, 춤추기 위해 발은 다소 예측 불가능한 방식으로 움직인다. 운동에 관한 결정론적, 개연적 또는 우연적 이론들과 반대로, 방행이란 바로 반복적으로 그 즉각적 과거와 연결되지만 그것에 의해 결정되는 것은 아니라는 의미이다"(Gamble, Hanan and Nail, "What is New Materialism?," 124 [릭 돌피언·이리스 반 데어 튠, 『신유물론: 인터뷰와 지도제작』, 박준영 옮김, 교유서가, 2021, 323쪽에서 인용됨]). 즉, '방행'은 마찬가지로 예측 불가능하지만 무작위적이고 결정론적이며 확률론적인 '마구잡이 운동'(random motion)과 구분되는 '비결정적인 관계적' 운동을 지칭한다.

12. 이 책의 18장을 보라.

13. Thomas Nail, *Lucretius I*; Nail, *Lucretius II*; Thomas Nail, *Lucretius III*를 보라.

14. 유체 동역학에서 테일러와 쿠에트의 이중 원통형 흐름의 이중 나선 소용돌이와 같은 패턴(Geoffrey I. Taylor, "Stability of a Viscous Liquid Contained between Two Rotating Cylinders").

처럼 보이는 일상생활의 고전 입자가 분자와 원자처럼 방행적으로 움직이는 훨씬 더 작은 객체들로 구성되어 있음을 실험적으로 보여준 최초의 인물이었다. 예컨대 기체는 그 구성 객체들이 액체의 구성 객체들보다 더 빠르고 더 멀리 움직이고 있는 객체이고, 액체는 그 구성 객체들이 고체의 구성 객체들보다 더 빠르고 더 멀리 움직이고 있는 객체라고 아인슈타인은 주장했다. 아인슈타인은 모든 객체가 방행적 운동으로부터 생겨난 준안정한 패턴임을 보여주었다. 아인슈타인은 사물의 형태가 운동-중인-물질의 창발적 면모임을 입증했다.

이런 발견은 우리가 예전에 안정하고 예측 가능한 것으로 간주한 모든 객체의 핵심에 난류를 도입했다. 난류에 관한 최초의 설명 역시 햇빛 속에서 빙빙 도는 먼지 티끌들에 관한 루크레티우스의 서술로 거슬러 올라가지만, 물리학자들은 여전히 난류 운동에 관한 성공적인 예측 이론을 갖추고 있지 않다. 그러므로 난류의 정확한 운동적 구조는 여전히 고전 물리학의 마지막 미해결 문제 중 하나로 남아 있는데, 그 수학적 해법에 일백만 달러의 상금이 걸려 있다.[15]

아직 해결되지 않은 난류 문제는 아인슈타인의 운동적 물질론과 결합하여 한 가지 급진적인 결과를 낳는다. 모든 물질은 운동 중에 있으며, 게다가 모든 운동은 어떤 결정론적 해법도 없는 난류를 나타낸다. 언젠가 하이젠베르크는 신에게 두 가지 물음을 묻고 싶다고 말했다. 첫 번째 것은 "왜 일반 상대성은 그토록 기이합니까?"라는 물음이었다. 두 번째 것은 "난류를 어떻게 설명하시겠습니까?"라는 물음이었다. 그다음에 하이젠베르크는 신이 첫 번째 물음에 대한 답은 알고 있을 것이라고 확신한다고 말했다.[16]

---

15. 클레이 수학연구소(Clay Mathematics Institute, CMI)의 홈페이지 ⟨http://www.claymath.org/millennium-problems/navier-stokes-equation⟩를 방문하라(2021년 3월 4일 접속).

20세기의 두 번째 위대한 운동적 발견은 하이젠베르크가 전자 같은 입자의 위치와 운동량이 동시에 인식될 수 있는 정확성에 대한 근본적인 한계를 보여주었을 때 이루어졌다. 어떤 양자장의 위치가 더욱더 정확히 결정될수록 더욱더 그것은 안정한 입자인 것처럼 보이겠지만 그 운동량은 훨씬 더 불확실해진다. 거꾸로 우리가 운동량을 더욱더 정확히 결정할수록 위치는 더욱더 불확실해진다. 달리 말해서 A에서 B로 이동하는 입자의 정확한 연장적 경로는 근본적으로 불확정적이다.[17]

그렇지만 이것은 운동이 필연적으로 무작위적임을 뜻하지는 않는다. 위치와 운동량은 양자 장치를 둘러싸고 있는 전체에 대한 관계와 반응으로 생겨날 따름이다. 여기서 물질의 움직임과 관련하여 내게 흥미로운 것은 그저 그것이 방행적이라는 점이 아니라 오히려 방행과 난류를 통해서 준안정한 구성체와 객체가 창발된다는 점이다. 모든 움직임이 무작위적이라면 객체가 어떻게 1초 이상 동안 유지될 것인가? 움직임이 전적으로 또 정말로 무작위적이려면 물질 역시 그것을 고정할 어떤 것에 의해서도 영향을 받지 말아야 할 것이다.[18] 이것은 우리가 현재 알고 있는 대로의 물리학 법칙에 어긋나는 것처럼 보일 것이다. 더욱이 우리가 주변에서 보는 높은 수준의 질서와 복잡성을 참작하면 이런 종류의 순수한 무작위성은 있을 법하지 않은 것처럼 보인다.

반면에 방행적 운동은 무작위적이지 않다. 그것은 전적으로 결정론적인 방식은 아닐지라도 다른 운동들에서 비롯된다. 방행적 운동과 무작위적 운동은 둘 다 예측 불가능하지만, 그 이유는 다르다. 무작위적 운

---

16. 그 인용문은 필시 미심쩍지만, 그 정서는 인상적이다.

17. 불확정성과 비결정성에 대한 비(非)인식론적 해석에 대해서는 Rovelli, *Reality Is Not What It Seems*, 132~4[로벨리, 『보이는 세상은 실재가 아니다』]를 보라. 관찰을 실험실의 벽에 한정시키는 보어의 착상을 넘어서는 불확정성에 대한 흥미로운 해석에 대해서는 Barad, *Meeting the Universe Halfway*, 301을 보라.

18. '볼츠만 두뇌'는 19세기 물리학자 루트비히 볼츠만의 이름을 따서 명명된 것이다.

동이 예측 불가능한 이유는 여타 운동이 그것에 영향을 미치지 않기 때문이다. 그런데 방행적 운동이 근본적으로 예측 불가능한 이유는 대단히 많은 운동이 그것에 영향을 미치기 때문이다. 방행의 경우에 그것을 예측 불가능하게 만드는 것은 물질의 상호 관계, 내부작용, 그리고 상호 영향이다. 방행적 움직임은 반응적이고 관계적이기에 또한 그것은 무작위적으로 해체되지 않은 채로 패턴으로 결합하여 안정화될 수 있다. 이런 패턴이 이른바 객체이다. 그것은 어느 정도 안정성과 견고성을 갖춘 준안정한 구조물이다. 그런데 또한 방행은 물질의 흐름이 본질적으로 불안정하고 시간이 흐름에 따라 엔트로피적으로 퍼지는 경향이 있음을 뜻한다. 그러므로 객체는 흩어지는 경향이 있다.

난류는 객체가 예측 불가능하게 창발하고 지속하며 흩어지는 방식에 대한 아름다운 이미지이다. 난류성 유체는 혼돈스러운 것처럼 보이지만 무작위적인 것은 아니다. 특정한 조건 아래서 시간이 흐름에 따라 소용돌이와 가지 모양 같은 패턴이 펼쳐지고 유지되며 궁극적으로 흩어진다. 이런 식으로 객체는 생성되고 사라진다.

물질은 비결정성의 양자 층위에서 방행적일 뿐만 아니라 거시적 층위에서도 방행적이다. 양자장과 레이저광에서 항성과 은하 형성에 이르기까지 난류와 소용돌이가 관찰된다. 양자 소용돌이와 고전 소용돌이는 어쨌든 상이하지만, 그것들 역시 준안정한 형태가 어떻게 해서 과정으로부터 창발하는 경향이 있는지에 관한 공통의 심상을 제공한다. 자연의 모든 층위에서 방행적 움직임은 질서정연한 패턴으로 구체화될 수 있는데, 그런 패턴이 나타나기까지 수백만 년이 걸릴 수도 있지만 말이다.[19] 방행은 언제나 약간의 질서를 생성한다. 그런 질서가 객체이다.

---

19. 또한 카를로 로벨리 등에 의해 제시된 우주 빅바운스(big bounce) 시나리오의 경우에 또는 숀 캐럴 등에 의해 제시된 다중우주의 경우에 나타날 어떤 재귀 패턴의 가능성을 생각하라.

결론

이 장에서 나는 객체가 물질의 흐름을 통해서 창발하고 지속함을 보여주고자 했다. 나는 흐름을, 직접 측정 가능한 어떤 객체로도 환원될 수 없는 에너지와 운동량의 비결정적 과정으로 규정했다. 그런데 그 방행과 난류에도 불구하고 흐름 역시 '객체'라고 일컬어지는 준안정한 패턴으로 접히고 펼쳐진다. 그리하여 강이 자신의 소용돌이 및 맴돌이와 분리될 수 없는 것과 마찬가지로 흐름은 언제나 객체와 공존한다.

'흐름'은 나의 운동적 이론의 첫 번째 개념이고, 따라서 다음 장에서 나는 이와 같은 물질의 방행적 흐름이 비교적 안정한 객체로 접힐 수 있는 방식을 더 명확히 제시하겠다.

2장

수의 주름

객체는 소용돌이처럼 비교적 안정한 패턴 또는 사이클로 '접힌' 물질의 흐름이다. 어떤 흐름이 한 영역 주위를 회전함에 따라 우리는 그 흐름이 시간과 공간에서 나타내는 상대적 안정성, 크기, 그리고 속력을 측정할 수 있다. 그것은 얼마나 멀리 나간 다음에 귀환하는가? 그것은 얼마나 빨리 회전하는가? 그것은 얼마나 여러 번 회전하는가? 내가 보기에 객체는 정적인 양, 형태, 또는 본질이 아니라 오히려 이른바 '준안정한 양'이다. 그리하여 우리는 준안정한 양을 고정된 객체와는 상당히 다르게 측정하고 이해해야 한다. 객체가 과정이라면, 그것은 측정, 양, 그리고 수數에 관한 더 일반적인 우리의 이해에 대하여 무엇을 뜻하는가? 이것이 이 장의 주제이다.

우리가 주변에서 보는 객체가 자기동일적 단일체가 아니라 오히려 고리 같은 것이라면 그것은 왜 그토록 통일되고 안정한 것처럼 보이는가? 어떤 물질의 흐름이 나갔다가 귀환할 때마다 나는 이것을 그 흐름의 '고리' 또는 '주름'이라고 일컫는다. 객체는 동적 평형 또는 운동-중인-안정성과 마찬가지의 정상定常 진동 또는 주름이다. 어떤 객체의 고리 형성 또는 접힘 차원이 그 객체의 '양'인 이유는 그것이 다른 사이클들과 조율됨으로써 '셈하여질' 수 있기 때문이다. 그런데 여기서 셈을 위한 어떤 고정 단위도 객체도 없는 상태에서 셈은 무엇을 뜻하는가? 이 장에서 나는 수의 과정 이론으로 이 물음에 답한다.

앞 장에서 나는 객체들을 구성하는 물질적 과정들 또는 '흐름들'을 서술하는 데 집중했다. 이 장은 그런 비결정적 과정들이 어떻게 해서 서로 양적으로 구별될 수 있고 서로 결합하여 더 큰 복합 객체들을 생산할 수 있는지를 서술한다.

수란 무엇인가?

'수'라는 용어로 내가 뜻하는 바는 객체의 양적 차원이다. 그것은 시간과 공간에서 측정되는 사물의 '양' 또는 '크기'이다. 나는 이것이 수에 대한 통상적인 정의보다 훨씬 더 광범위한 정의임을 깨닫지만, 나는 그 정의가 우리가 이제 간략히 논의할 두 가지 문제를 극복하는 데 도움이 되리라 생각한다. 여기서 내가 서술하려는 수는 1, 2, 또는 3과 같은 자연수에 불과한 것이 아니라, 더 일반적으로 크기의 기본 구조이다. 이런 더 기본적인 구조가 없다면 어떤 수도, 산술도, 심지어 2의 제곱근과 같은 추상적인 수도, 허수도 존재하지 않는다.[1] 모든 수는 내가 더 운동적인 관점에서 재고하고 싶은 더 근본적인 양적 차원을 띤다.

나의 물질적인 운동적 관점에 따르면 양은 인간이 사물들을 세려고 고안한 추상 관념에 불과한 것이 아니다. 양은 실재의 진정으로 창발적인 차원이다. 모든 종류의 사물은 다양한 정도로 왔다갔다 진동한다. 이런 진동 또는 고리의 경로나 모양이 사물들을 서로 구별하게 하는 것이다. 예컨대 어떤 꽃은 여섯 개의 꽃잎을 갖춘 다른 꽃들과는 다른 특정한 길이와 너비를 갖는 다섯 개의 뚜렷한 꽃잎을 산출할 수 있다. 이 꽃잎들의 분자들도 시간과 공간에서 나름의 단단함과 독특한 연장을 유

---

1. 허수조차도 실제적 양에 바탕을 둔 가설적인 추상적 양이고, 따라서 기본 수론에서 비롯된다.

지하는 특정한 진동수로 왔다갔다 진동한다. 바로 앞 장에서 논의된 대로 이런 관념이 아인슈타인의 운동적 물질론의 핵심이다. 요컨대 물질의 움직임에 따라 객체들의 시간과 공간이 형성된다.[2]

그러므로 어떤 객체의 양은 물질의 흐름이 회전하거나 반복하는 방식에 의존한다. 그런데 수에 대한 대부분의 정의는 그것을 인간이 사물을 계속 파악하기 위해 발명한 심적 상징으로 간주하는 경향이 있다. 그런데 애초에 인간은 그런 관념을 어디서 획득했는가? 우리가 이런 인간 관념을 가능하게 만든 물질적 조건을 더 주의 깊게 살펴보기 시작하면 수는 단지 하나의 관념일 뿐이라고 말하기가 훨씬 더 어렵다고 나는 생각한다. 이것이 2편의 프로젝트이다.

유물론적 관점에서 바라보면, 예전에 아일랜드인 철학자 조지 버클리가 말한 대로 수는 "이름에 지나지 않는 것"이라고 말하는 것은 불충분하다.[3] 또한 독일인 수학자 게오르크 칸토어가 주장한 대로 수는 한낱 인간 마음속 관념에 불과하다고 주장하는 것도 불충분하다.[4] 나는 수가 유용한 규약일 따름이라고 생각하지 않으며, 게다가 확실히 나는 수가 물질적 세계 너머 어떤 불변하는 영역에 자리하고 있는 본질이라고 믿지 않는다.

내가 방금 열거한 입장들 – '유명론,' '유심론,' '허구주의,' 그리고 '플라톤주의' – 은 모두 어떻게 또 어떤 조건 아래서 인간이 이런 식으로 수

---

2. 우리는 이 논점을 뒷받침하기 위해 양자 중력에 관한 이론들을 참조할 수 있을 것이다. 한편으로 실험적으로 예증된 것은, 빅뱅, 우주 팽창, 그리고 가속이 모두 시간과 공간은 운동 중에 있고 움직임 속에서 그리고 움직임을 통해서 창발한다는 점을 전제로 하고 있다는 사실이다.

3. George Berkeley, "Letter to Molyneux," 25. 또한 George Berkeley, *Philosophical Commentaries*, entry 763을 보라.

4. Edward Vermilye Huntington and Georg Cantor, *The Continuum and Other Types of Serial Order*, 86.

를 규정하게 되었는지에 관한 더 심층적인 물음을 제기할 뿐이다. 인간의 수론의 역사는 그것이 설명하는 척하는 바로 그것 — 수가 창발된 방식 — 을 전제한다. 비플라톤주의적 입장들에 따르면 수는 인간이 발명한 것이지만, 이 견해는 문제를 더 뒤로 밀어낼 뿐이다. 인간은 도대체 어떻게 셈할 수 있게 되었는가? 플라톤주의자들의 경우에 수의 이상적 현존은 더 일반적인 이상적 형상들의 자명한 현존과 마찬가지로 그저 단언될 따름이다. 그들의 입장은, 수는 하나의 이상적 형상이고 이상적 형상은 비물질적 존재를 지닌다는 것이다. 그러므로 수는 비물질적 존재를 지닌다.

그런데 내가 보기에 이 입장들의 토대에 자리하고 있는 것은 수의 운동적 기초와 수에 관한 다양한 주관주의적 철학 및 형이상학적 철학의 출현을 모두 설명하는 더 물질적이고 역사적인 서술이다. 주름에 관한 이 장의 목표는 물질적인 운동적 수론을 객체의 핵심 면모로서 제시하는 것이다. 이 이론의 완전한 역사적 기초는 후속적으로 2편에서 역사적으로 전개될 것이다.

우선, 적어도 우리는 명백한 사실 — 인간이 셈할 수 있는 유일한 존재자인 것은 아니다 — 을 진술해야 한다. 최근의 여러 연구는 다양한 동물과 곤충이 셈할 수 있고 심지어 산술도 할 수 있음을 보여주었다.[5] 그 생명체들은 1, 2, 그리고 3과 같은 기수를 사용하지는 않을 것이다. 그런데도 여전히 그 생명체들은 이산적인 객체들과 객체들의 크기 변화를 완전히 구별할 수 있는데, 이것은 모든 고등 수학의 토대를 이루는 것이다.

크기를 감각할 수 있는 역량이 없다면 수는 존재하지 않는다. 예를 들어 독거성 말벌 어미는 봉방蜂房마다 알을 하나씩 낳은 다음에 새끼가 알에서 부화했을 때 먹을 수 있도록 특정한 수의 살아 있는 애벌레를 넣어

---

5. Michael Tennesen, "More Animals Seem to Have Some Ability to Count."

둔다. 각각의 봉방에 어떤 종은 다섯 마리의 애벌레를 넣어두고, 어떤 종은 열두 마리의 애벌레를 넣어두며, 어떤 종은 스물네 마리의 애벌레를 넣어둔다. 호리병벌속Eumenes 어미 말벌은 심지어 수컷 알과 암컷 알을 구분함으로써 각각의 성에 맞게 다른 수의 애벌레를 넣어둔다.[6] 모든 포유류, 그리고 대다수 새는 근처에 있는 자기 새끼 수의 변화를 알아챌 것이다. 많은 새는 둘과 셋을 구분할 수 있고 어떤 특정한 수의 알이 사라지면 둥지를 버릴 것인데, 그런 일이 일어나기 전까지는 둥지를 버리지 않을 것이다.[7]

그러므로 수의 토대는 수 감각, 즉 크기 차이를 인식할 수 있는 능력에 자리하고 있다.[8] 모든 객체는 다른 크기들과 비교하여 측정된 크기 또는 양을 갖는데, 만약 물질의 절대적 분열이 존재하지 않는다면 무엇이 한 객체를 다른 객체와 구별하는가? 그 대답은 앞서 서술되었듯이 모든 객체가, 물질이 이 객체들을 통해서 회전하거나 접히는 방식에 의존하여 상이한 성질들을 갖는다는 것이다. 질적 감각이 없다면 크기도 전혀 없고, 따라서 크기의 차이도 전혀 없으므로 수도 전혀 없다. 헤겔이 진술하는 대로,

크기에 관한 이론으로서의 수학이라는 참으로 철학적인 학문은 척도의 학문일 것이다. 하지만 이것은 이미 구체적인 대자연에서만 찾아볼 수 있는, 사물들의 실재적 특수성을 전제한다. 크기의 **외부적** 본성으로 인해 또한 이것은 모든 학문 가운데 가장 어려운 것임이 틀림없을 것이다.[9]

---

6. Tobias Dantzig, *Number*, 3. [토비아스 단치히, 『수의 황홀한 역사』.]
7. 많은 연구가 이미 수행되었고, 새로운 연구들이 셈할 수 있는 동물과 곤충을 계속해서 찾아내고 있다.
8. Stanislas Dehaene, *The Number Sense*.
9. Georg W. F. Hegel, *Hegel's Philosophy of Nature*, 39. [게오르그 빌헬름 프리드리히 헤겔, 『헤겔 자연철학 1·2』.]

크기, 즉 내가 '수'라고 일컫고 있는 것에 관한 이론은 수학이라는 학문이다. 그런데 측정이란 무엇인가? 그것은 별개 과정들의 율동적인 조율이다. 그리하여 측정은 질적으로 상이한 객체들의 현존이 무엇보다도 필요하다. 달리 말해서, 크기 차이에 대한 인간, 동물, 또는 곤충의 감각이 존재할 수 있기 전에 자연은 이미 실재적인 질적 차이와 양적 차이를 갖춘 것이어야 한다. 내 용어로 서술하면 자연은 이미 자기-변용적이거나 또는 '접혀' 있어야 한다. 어떤 의미에서 질적 크기는 자연이 이미 갖추고 있는 것이어야 하는데, 그렇지 않다면 곤충, 동물, 그리고 인간은 상이한 성질들을 서로 조율할 수 없었을 것이다. 달리 말해서 물질은 어느 정도 객체들을 만들고 정렬할 수 있어야 한다.

헤겔이 진술하는 대로 크기의 셈하기는 "이미 사물들의 실재적 특수성을 전제한다." 이것은 셈하는 것과 셈하여지는 것 사이의 차이를 포함한다. 심지어 셈하기라는 과정 자체도 별개의 운동적 행위임이 틀림없다.[10]

이와 같은 '수'와 '셈하기'에 관한 유물론적 정의는 일반적으로 사유되는 것보다 훨씬 더 포괄적인 범위의 객체들을 포함한다. 이 정의에 의거하여 우리는 모든 종류의 진동 과정을 '셈하기' 또는 '측정하기'로 간주할 수 있다. 예를 들어 유기체의 심장박동 조절 기관, 일주기 리듬 세포, 그리고 시계 세포는 화학적 신호를 다른 세포들과 결합된 패턴으로 전달

---

10. 이런 의미에서 우리는 니코마코스의 운동적 유동 수론을 좇아서 가장 작은 수가 이미 3이라고 말할 수 있을 것이다. "세계 속 각각의 사물은 자신의 자연적인 체계적 모나드에 따라 하나이고, 게다가 모든 것은 필요와 물질로 연결된 양자(兩者) 관계에 참여하는 한에서 분리 가능하다. 이렇게 해서 먼저 그것들의 회합은 크기든 수든, 유형의 것이든 무형의 것이든 간에 삼각형일 최초의 크기, 사물들의 원소를 산출했다. 왜냐하면 나름의 독특한 창조적이고 능동적인 역량으로 우유를 뒤덮는 레닛 응유효소와 마찬가지로 양자 관계, 쉬운 움직임과 단절의 원천을 향해 진군하는 모나드의 통합력은 삼자 관계 위에 어떤 한계와 형태, 즉 수를 고정시키기 때문이다. 그리하여 이것이 현실적 수의 시작이다 …".(Louis C. Karpinski and Frank E. Robbins, eds., *Nicomachus of Gerasa*, 117)라는 진술을 참조하라.

한다.[11] 이 세포들은 심장박동과 수면-각성 지속 시간 같은 시간적 측정을 확립하고 몸이 얼마나 크게 성장할 수 있는지를 잰다. 이런저런 식으로 살아 있는 객체들은 주기적 진동의 내부 체계들로 인해 서로 구별된다. 이런 체계들에는 혈액과 신경 활동의 동시화된 흐름과 세포 재생의 속도가 포함된다.

더욱이 결합된 진동들의 생물학적 네트워크 역시 상이한 주기적 궤도들로 왔다갔다 진동하는 분자들로 구성되어 있다. 이 궤도들의 진동수들 덕분에 분자적 객체들은 서로 구별되고 생물학적 세포들의 화학적 통일성이 생겨난다. 게다가 이 분자들도 진동하는 궤도 전자들을 지닌 진동하는 원자들로 구성되어 있다. 이런 식으로 계속 이어진다. 자연 전체가 진동하고 요동하는 물질로 구성되어 있다. 광물조차도 자체 분자들의 결합된 진동 속도를 통해서 분화된다. 고체와 액체, 기체 사이의 상전이는 객체들의 척도, 수, 그리고 양의 물질적 변화이다. 이런 반복하는 진동수가 바로 내가 객체의 '주름'이라고 일컫는 것이다.

진동은 왔다갔다 흔들림으로써, 항상 동일하지는 않지만 특정한 간격 또는 사이클로 나갔다가 귀환함으로써 '계속 셈한다.' 이런 간격은 지속과 연장의 크기를 산출한다. 이런 의미에서 물질의 흐름은 그것이 진동할 때마다 자신을 '셈한다.' 그러므로 이처럼 확장된 운동적 정의에 의거하면 셈하기는 전적으로 심적인 활동인 것은 아니다. 생물학적 체계에서는 수천 개의 시계 세포가 생겨난다. 같은 벽에 걸려 있는 진자시계들도 서로 동조하기 시작할 것이다. 그러므로 우리는 헤겔과 더불어 자연은 '순수한 외화外化'와 '크기'라고 말할 수 있지만, 단 맑스와 더불어 이런 외화는 운동을 통해서 창발할 뿐이라고 말하는 조건에서만 그러하다.[12]

---

11. Steven Strogatz, *Sync* [스티븐 스트로가츠, 『동시성의 과학, 싱크 Sync』]의 2장을 보라.
12. Hegel, *Philosophy of Nature*, 28~40[헤겔, 『헤겔 자연철학 1·2』]을 보라. 또한 Nail, *Marx in Motion*을 보라.

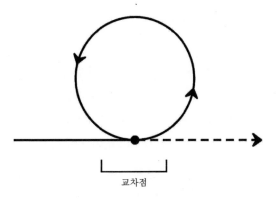

교차점

그림 2.1. 주름과 교차점. 저자의 드로잉.

모든 객체가 물질 흐름으로 구성되어 있다면 주름은 상대적 정지 상태 또는 안정성의 운동적 구조물이다. 주름은 나선형의 폭풍 체계와 같다. 주름은 물질의 흐름을 자신으로 되돌아오도록 방향을 돌림으로써 고리를 형성하는 과정이다. 주름은 자기-변용 또는 '자기-셈'의 과정이다. 객체의 주름은 한낱 흐름의 생산물에 불과한 것이 아니다. 왜냐하면 어떤 최종 생산물도 결코 존재하지 않기 때문이다. 주름은 언제나 운동-중인-접힘이다.

접힘은 차이가 있는 반복이다. 접힘은 정확히 동일하지는 않지만 근사적으로 동일한 고리 형성 패턴으로 반복하는, 유동적 안정성, 즉 항류성恒流性의 상태에서 반복하는 소용돌이 과정이다.[13]

물질의 흐름이 자신과 교차하는 영역은 내가 객체의 '마침점'이라고 일컫는 것이다. 물질의 흐름이 끊임없이 변화하고 고리 주위를 움직이더

---

13. 미셸 세르는 소용돌이에 관해 유사한 이론을 펼친다. "소용돌이는 나선이 점들을 연결하는 것과 마찬가지 방식으로 원자들을 결합한다. 선회 운동은 원자들과 점들을 동등하게 결합한다"(Michel Serres, *The Birth of Physics*, 16). 더욱이 Gilles Deleuze and Félix Guattari, *A Thousand Plateaus*, 361~2 [질 들뢰즈·펠릭스 가타리, 『천 개의 고원』]에서 들뢰즈와 과타리는 "소수자 과학"이라는 이름으로 이것을 전개한다.

라도 그 마침점은 준안정한 소용돌이의 중심처럼 동일한 장소에 남아 있을 수 있다.

나는 물질의 흐름이 자신으로 귀환하는 데 걸리는 시간과 공간을 객체의 '사이클'이라고 일컫는다. 물질의 흐름이 택하는 경로는 객체가 자신을 측정하거나 '셈'하는 방식이다. 각각의 사이클은 어떤 흐름이 자신의 출발점으로 귀환하는 데 얼마나 오래 걸리는지와 얼마나 멀리 나갔다 귀환하는지에 대한 반복적 척도이다.

이런 운동적 정의에 의거하면 객체는 자신과 엄밀히 동일하지는 않다. 객체는 본질이 없다. 왜냐하면 준안정한 구성체로서의 객체는 매번 반복될 때 약간 달라지기 때문이다. 이런 사이클들은 완전한 규칙성 또는 평형을 창출하지 않고, 오히려 '끌개'처럼 작동한다. 끌개는 움직임이 주기적이지만 엄밀히 동일하지는 않게 접근하는 경향이 있는 영역이다. 그러므로 객체는 이산적인 덩어리가 아니라 오히려 물질의 흐름이 로렌츠 끌개[그림 2.2를 보라]처럼 시간이 흐름에 따라 중첩하는 경향이 있는 영역이다.

객체는 단지 거시적 층위에서 근사적으로 동일할 뿐이고, 다른 한편으로 미시적 층위에서는 점점 더 차이가 나게 된다.

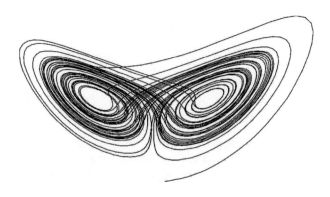

그림 2.2. 로렌츠 끌개. 출처 : https://commons.wikimedia.org/wiki/File:Lorenz_attractor2.svg.

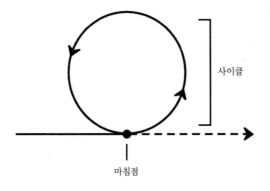

사이클

마침점

그림 2.3. 사이클과 마침점. 저자의 드로잉.

나의 다이어그램이 그 점을 보여줄 수는 없지만, 독자는 어떤 고리를 그 고리 주위를 끊임없이 움직이고 있는 흐름으로 상상할 수 있다. '마침점'은 매번 동일한 장소에 머무르지 않으며 오히려 고리 근처를 돌아다닌다. 이런 점에서 객체는 근본적으로 불안정하며, 기하학적 추상화를 저지한다. 이런 까닭에 컴퓨터로 생성된 프랙탈은 독특하고 관계적인 자연적 프랙탈의 조잡한 근사일 따름이다.

실제 측정은 수도꼭지에서 떨어지는 물방울의 동역학과 매우 흡사하다. 우리가 한 시간 동안 떨어지는 물방울의 수를 셈하기만 한다고 가정하자. 그럴 경우에 우리는 떨어지는 각각의 물방울이 다양한 내부 동역학과 환경과의 관계적 동역학에 의거하여 크기와 빈도가 약간 변화한다는 점을 알지 못할 것이다. 이 현상은 1984년 산타크루즈 소재 캘리포니아대학교의 실험실에서 로버트 쇼와 피터 스콧이 수도꼭지에서 떨어지는 물방울의 불규칙한 주기성에 관한 연구를 수행하면서 시연한 것이다.[14]

모든 인간, 동물, 그리고 식물의 내부에 있는 일주기 리듬 세포조차

---

14. Robert Shaw, *The Dripping Faucet as a Model Chaotic System*.

도 정확히 규칙적인 간격으로 회전하지 않고, 오히려 태양, 온도, 그리고 계절에 반응한다. 그런 영향들이 없다면, 예컨대 인간의 일주기 리듬과 체온은 25시간에서 45시간까지 모든 방식의 상이한 사이클 길이를 산출할 것이다.[15] 사이클은 결코 정확히 반복되지 않고, 따라서 객체는 결코 엄밀히 동일하지는 않다.

최근에 물리학자들은 양자역학에서 유사한 현상을 발견했다.[16] 이제 우리는 얽힌 입자들이 공간으로 흩어지는 대신에 오히려 자신들의 초기 위치들로 주기적으로 '귀향'할 수 있다는 실험적 증거를 갖고 있다. 이 놀라운 현상은 양자 과정이 근본적으로 무작위적이라는 일반적인 해석적 가정에 상반된다. 오히려 입자는 흉터가 남아 있거나 자기 뒤에 빵부스러기의 흔적을 남기는 것처럼 주기적인 패턴들을 창출할 수 있다. 이렇게 해서 그 현상의 공식 명칭은 '양자 반흔'quantum scarring이다.

객체는 언제나 끊임없이 움직이고 있다. 왜냐하면 객체는 외부로부터 새로운 운동을 끊임없이 받고 있는 한편으로 그 운동이 객체를 통과할 때 그 운동 중 일부를 소모하기 때문이다. 그러므로 객체에는 어떤 고정된 마침점도 사이클도 없고, 오히려 목성의 거의 200년이 된 대적점Great Red Spot 또는 북태평양 환류North Pacific Gyre처럼 끊임없이 이동하는 다소 밀집한 주기적인 궤도들 또는 '극한 주기 궤도'limit cycle들이 있을 따름이다. 그리하여 강이 국소적 맴돌이와 소용돌이를 형성하며 되돌아올 때 우리는 같은 강에 두 번 발을 담글 수 있다.[17] 주기적인 주름은 여전히 동일한 채로 있지만, 단 다른 주름들이 그것을 관통하는

---

15. Strogatz, *Sync*, 70~100. [스트로가츠, 『동시성의 과학, 싱크 Sync』.]

16. H. Bernien, S. Schwartz, A. Keesling et al., "Probing Many-body Dynamics on a 51-atom Quantum Simulator." 대중적인 설명에 대해서는 Marcus Woo, "Quantum Machine Appears to Defy Universe's Push for Disorder"를 보라.

17. 그 강은 전자껍질의 주기성처럼 둥글게 말린다.

조건에서만 그러하다. 헤라클레이토스가 서술하는 대로 "동일한 채로 머무르고 있는 강에 담그고 있는 발 위로 다른 물들이 흘러간다."[18] 헤라클레이토스의 경우에 강에 생겨난 각각의 맴돌이는 '같은' 강 내부의 또 다른 강과 같다. 객체의 사이클은 정적 단일체가 아니라 유체 또는 '운동적 단일체'이다. 강에 생겨난 소용돌이와 마찬가지로 사이클은 주기적 끌개 주위의 새로운 물로 매번 새로워지는 미분적 과정의 준안정한 단일체일 따름이다.

셈

또한 수는 하나 이상의 사이클을 포함할 수 있다. 각각의 사이클은 동일한 마침점에서 출발하여 더 크거나 더 작은 삽입 고리를 형성하면서 동일한 마침점으로 귀환한다. 각각의 사이클이 동일한 마침점으로 귀환할 때 그것은 사이클의 자기동일성을 재생산한다. 그것은 동일한 주기성을 지닌 모든 삽입 사이클의 단일성을 재생산한다. 이것은 내가 '셈'이라

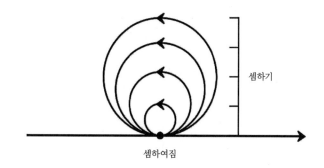

그림 2.4. 삽입과 셈. 저자의 드로잉.

18. Daniel Graham, *The Texts of Early Greek Philosophy*, 159.62 〔F39〕, Ποταμοῖς τοῖς αὐτοῖς ἐμβαίνομέν τε καὶ οὐκ ἐμβαίνομεν, εἶμέν τε καὶ οὐκ εἶμεν.

고 일컫는 것이다.

한 객체가 얼마나 많은 사이클 또는 진동을 갖는지는 또 다른 회전적 객체에 대하여 상대적으로 셈하거나 측정할 수 있을 뿐이다. 이것은 아인슈타인의 '일반 상대성' 이론이 우리에게 말해주는 것이다. 어떤 물체가 중력 중심에서 멀어짐에 따라 그 물체를 구성하는 물질적 진동들은 중력 중심에 더 가까이 있는 다른 물체들에 비해 느려진다. 하지만 각각의 물체는 자신이 더 빨라졌는지 더 느려졌는지 느끼지 못한다. 왜냐하면 그것의 진동들은 모두 똑같은 정도로 느려지기 때문이다. 이것은 인간의 심리로 인해 사정이 그러한 것'처럼 보일' 뿐인 현상이 아니다. 그것은 세계의 실재적인 운동적 상대주의이다. 아인슈타인의 '특수 상대성 이론'은 광속에 가까운 속력으로 움직이는 몸에 대하여 상대적으로 지구 위의 또 다른 몸은 정말로 그 움직이는 몸의 1회 심장박동 간격만큼 지속할 뿐이라고 말해준다.

또 하나의 더 단순한 생물학적 일례에서는 파리를 때려잡으려는 우리의 가장 빠른 손 운동이 파리에게는 쉽게 회피할 수 있는, 그 회피 속도에 비해서 느리게 움직이는 장애물임을 고려하자. 무언가가 크기 차이를 측정할 때 그것은 언제나 측정하는 신체의 고유한 시간적 및 공간적 크기에 대하여 상대적인 차이이다.

요컨대 모든 객체가 운동 중에 있고 모든 운동이 다른 운동들에 상대적이라면 모든 크기는 다른 크기들에 상대적이다. 크기는 어떤 크기를 측정하는 하나의 크기일 따름이다. 이것은 크기가 실재적이지도 않고 정확하지도 않음을 뜻하는 것은 아니다. 크기는 어느 특정하고 정확한 운동적 크기를 진정으로 표현한다.

하나의 크기는 단일하지만 분화된 사이클이다. 여기서 내가 '셈'이라고 일컫고 있는 것은 셈하기의 각 사이클 내부의 운동적 차이를 지칭하는 이름이다. 내가 뜻하는 바는, 2세기 로마 수학자 게라사의 니코마코스가 오래전에 인식한 대로 어떤 특정한 '셈하기'도 언제나 적어도 세 가지의 수행적 차원(셈하여지는 것, 셈하는 것, 그리고 셈)이 있다는 점이다.[19] 이 것은 셈하여지는 것의 실재적 단일성 또는 동일성이 결코 없음을 뜻하지는 않는다. 언제나 다중-**주름**-형성(증식) 또는 다수-**접힘**(다양체화)의 과정이 있다. 셈하기에서는 이산적인 '일자' 같은 것은 전혀 없고, 오히려 일련의 접힘과 펼침의 물질적 과정이 있기 마련이다. 그런데도 일반적으로 우리는 자신이 여타의 것과 무관하게 실재적인 별개의 단위체들을 다루고 있는 척한다.

크기는 그것을 구성하는 물질적 진동들이 근사적으로 동일한 주기적인 궤도로 계속해서 회전하는 한에서만 존속한다. 어느 네모진 얼음덩이 속 분자들이 대충 같은 속도로 회전하는 한에서 그 얼음덩이는 여전히 고체 상태에 있을 것이다. 그렇지만 그 분자들이 더 빠르게 회전하기 시작하자마자 그 얼음덩이는 물로 용해되기 시작할 것이다.

그러므로 셈은 그저 주어진 것이 아니라 수행적이고 제정적인 것이다. 셈은 다른 객체들에 대하여 상대적인 어떤 특정한 운동적 구조가 필요하다. 수는 인간만이 자신의 '마음' ─ 그것이 무엇이든 간에 ─ 속에서 행하는 것이 아니다. 인간 뇌는 단지 물질적인 신경 패턴과 생물학적 패턴의 회전적이고 주기적인 운동으로 인해 셈을 할 수 있을 뿐이다. 뇌 물질은 다양한 지속과 진동으로 끊임없이 발화함으로써 스스로 '셈하'는데, 모든 발화는 우리가 예컨대 1, 2, 3 같은 수에 '관하여' 품을 모든 관념에 선행한다.[20] 그런데 그런 진동은 인간 뇌에 특유한 것이 아니다. 자연 전체가 진동한다.

---

19. Karpinski and Robbins, eds., *Nicomachus of Gerasa*, 117. 또한 Sarah Pessin, "Hebdomads : Boethius Meets the Neopythagoreans," 38~9를 보라.

20. 수 감각에 관한 뇌과학은 Dehaene, *The Number Sense*에 자세히 서술되어 있다.

질과 양

모든 객체는 질과 양이 있다. 그 둘은 물질의 동일한 움직임의 불가분적 차원들이다.[21] 나의 운동적 이론에서 질은 물질의 흐름이 자신과 교차하거나 자신에 영향을 미치는 '마침점'이고, 양은 흐름이 자신의 고리를 완결하면서 거치는 경로 또는 '사이클'이다. 그 둘은 예술과 과학처럼 맞물려 있다. 우리는 더 작은 하위사이클의 수를 셈함으로써 크고 작은 양을 결정할 수 있다.

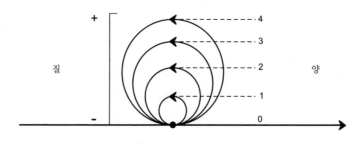

그림 2.5. 질과 양. 저자의 드로잉.

예를 들어 온도 10도는 적어도 아홉 개의 다른 측정 가능한 질적 하위사이클, 즉 온도보다 더 뜨겁다. 이런 식으로 우리는 하나의 사이클을 객체의 마침점과 사이클을 전혀 분리하지 않은 채로 하나의 양으로 셈할 수 있다. 예컨대 현대 물리학은 물질의 양자장으로서의 질적 유동을 수용할 뿐만 아니라 다양한 창발적 층위에서 이루어지는 이들 양자장의 양화 ─ 입자, 원자, 분자, 세포, 동물, 식물, 은하 등 ─ 도 수용한다.[22] 이것이 가능한 유일한 이유는 양이 단일체 또는 '일자'로 여겨지는, 운동-중

---

21. Gilles Deleuze, *Bergsonism*, 74. [질 들뢰즈, 『베르그손주의』.]
22. Richard Liboff, *Kinetic Theory*를 보라.

인-물질의 운동적 사이클에 지나지 않기 때문이다. 양은 운동적 마침점의 전체 사이클로의 팽창 운동과 같은 반면에 질은 사이클의 자기-감각 또는 변용의 단일한 점으로의 수축 운동과 같다. 이런 점에서 양과 질은 객체의 두 가지 차원이다.

연접체conjunction란 무엇인가?

연접체란 객체들의 회집체이다. 달리 말해서 주름들은 함께 고리로 이어지거나 직조되어 하나의 복합 직물이 될 수 있다. 나는 접힌 객체들의 연접체를 '사물'이라고 일컫는다. 개별 주름이 패턴으로서 지속하는 것과 마찬가지로 이 주름들의 직조된 회집체 역시 준안정한 복합체 또는 '사물'로서 지속할 수 있다. 사물은 질적 측면과 양적 측면을 결합한다. 단지 사물의 질적 면모에 관해서 이야기하고 있을 때 우리는 이런 면모를 '이미지'라고 일컫는다.[23] 사물의 양적 측면만을 언급하고 싶을 때 우리는 사물을 '객체'라고 일컫는다.

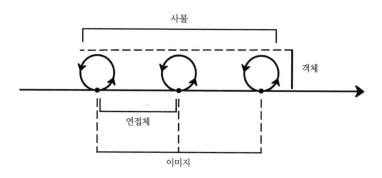

그림 2.6. 연접체, 사물, 객체, 그리고 이미지. 저자의 드로잉.

---

23. 이미지에 관한 본격적인 이론에 대해서는 Nail, *Theory of the Image*를 보라.

예를 들면 의자는 연접체 또는 사물이다. 의자는 우리가 그것의 감각적 '이미지'라고 일컬을 수 있을 고체성, 온도, 질감, 그리고 색상 같은 일련의 질을 함께 엮는다. 또한 의자는 그것을 객체로서 규정하는 특정한 양들 – 네 개의 다리, 하나의 앉는 부분, 두 개의 팔걸이, 어떤 길이, 너비, 그리고 높이의 모든 것 – 의 연접체이기도 하다. 이런 모든 질과 양이 그것들의 연접체에서 지속할 때 그것들은 우리가 의자라고 일컫는 사물을 창출한다. 그렇지만 앞서 언급되었듯이 질과 양은 우리의 상상 또는 어휘에서만 분리될 수 있을 뿐이지 실제로는 분리될 수 없다.

주름들의 모든 연접체는 어떤 주름들을 함께 엮으면서 여타 주름을 배제한다. 이렇게 해서 각각의 사물은 여타 사물과 구별되는 나름의 상대적 차이를 지니게 된다. 예를 들어 어떤 의자는 그 의자가 반복적으로 결합하는 모든 질과 양, 그리고 그것이 결합하지 않는 모든 질과 양 사이의 상대적 차이이다. 어떤 목제 의자는 고체성이라는 결합된 질은 갖추고 있을 것이지만, 온도 500도 또는 아홉 개의 다리의 질은 갖추고 있지 않을 것이다. 그 의자가 반복하지 않는 질과 양의 목록은 그것이 결합하는 것들보다 훨씬 더 방대하다.

일단 어떤 사물이 한 가지 이하의 질을 갖는다면 그것은 더는 사물이 아니게 된다. 그 이유는 어떤 하나의 질이 어떤 사물의of a thing 질로서 나타나려면 그것은 적어도 한 가지 다른 질의 질로서 나타나야 하기 때문이다. 그렇지 않다면 그것은 사실상 복합체 또는 연접체가 아니다. 어떤 질이 그저 질일 뿐이고 무언가의of something 질이 아니라면 그것은 하나의 사물이 아니다. 사물 없는 질은 불쑥 나타나는 덧없는 소음 또는 일련의 색깔과 같다.

다른 객체들과 결합하지 않은 객체의 경우에도 사정은 마찬가지다. 어떤 단일한 질이, 지속하지 않거나 뚜렷한 원천이 없는 채로 불쑥 나타나는 소리 또는 번쩍이는 색깔과 같은 것과 마찬가지로, 어떤 단일한 양은 그 단일성이 불확실하고 즉시 사라지는 부분적 객체 또는 희미한 안개와 같다.

이 모든 것에 내재된 핵심 관념은 사물이 이산적인 실체가 아니라, 그것을 하나의 흐름처럼 관통하는 진행 중인 움직임들로 뒷받침되는 준안정한 과정이라는 것이다. 예를 들면 살아 있는 유기체는 어떤 연속적인 흐름과 에너지 변환 속에서 비교적 안정한 웅덩이 또는 주름일 따름이다. 태양에서 비롯되는 에너지 흐름들은 유기체에서 결합하며, 유기체가 죽을 때 흩어진다. 생명의 주름은 그저 에너지의 운동적 흐름에서 엮인 맴돌이일 뿐이다.

광물의 무기적 신체조차도 운동에너지의 연속적인 변환에서 생겨난 주름들의 비교적 안정한 조합에 지나지 않는다. 화성암, 퇴적암, 그리고 변성암은 단지 지구의 고체에서 이루어지는 끊임없는 변이와 연접의 세 가지 상대적인 단계 - 암석 사이클 - 일 뿐이다. 고체, 액체, 기체, 또는 얼음, 물, 공기는 지구의 유체에서 생겨나는 연접체의 세 가지 상대적인 단계 - 물 사이클 - 이다.

미시적 층위에서 바라보면 모든 유기적 객체와 무기적 객체는 훨씬 더 작은 객체들의 연접체들 - 이 연접체들은 계속해서 더 작은 객체들의 연접체들이다 - 인 더 작은 객체들의 연접체들인데, 그것들은 모두 끊임없이 운동하고 있다. 분자들, 원자들, 그리고 아원자 입자들의 흐름들은 끊임없이 움직이면서 서로 결합하고 있다.[24] 양자 파동들은 감퇴하고, 흐르고, 결합하고, 분리되며, 그리고 존재의 빛나는 해안에서 입자들로 접힌다. 심지어 거시적 층위에서도 이 객체들은 모두 최종 상태를 산출하지 않는다. 모든 것은 믿기 어려운 속력으로 가속하고 있는 우리 우주를 돌아다닌다. 요점은, 만물이 운동적 연접의 생산물이기에 그것들은 이산

---

24. 회절에 관한 철학적 이론에 대해서는 Barad, *Meeting the Universe Halfway*를 보라.

적이지 않고, 오히려 기술적으로 준안정한 상태에 있다는 것이다. 흐름은 사물을 관통함으로써 사물을 지지한다.[25]

　의자와 유기체 같은 사물들을 규정하는 연장, 부피, 모양 같은 이른바 '본질적' 질과 양은 준안정한 연접의 우연한 생산물이다.[26] "의자 또는 생명의 본질은 무엇인가?"와 같은 철학적 의문을 제기할 때 우리는 현존하지 않는 정적인 불변의 해답을 찾고 있다. 사물은 본질을 갖추고 있지 않으며, 그저 연접체일 따름이다. 우리는 주변 세계를 둘러보면서 형태들을 인식한 다음에 그런 모양들이 내가 지금 앉아 있는 의자와 같은 어떤 단일한 객체에 앞서 현존했음이 틀림없다고 잘못 생각한다.[27]

　달리 말해서 함께 엮이는 주름들의 끊임없는 운동적 연접들이 없다면 사물은 전혀 존재하지 않을 것이다. 일관성도 구조도 없이 파편화된 퍼즐 조각들의 세계만이 존재할 것이다. 뜻밖의 열, 번쩍이는 색깔, 돌연한 소리에서는 무작위적인 변화가 생겨난 것처럼 보일 것이지만, 질서정연한 연접체들을 거쳐 회전하지 않는 것은 아무 의미도 없을 것이다.

　물질의 흐름 덕분에 사물들은 계속해서 움직이게 되고, 다수의 주름 덕분에 사물들은 계속해서 안정한 상태에 있게 된다. 그런데 주름들은 연접을 통해서 결합된다. 탁자 위에 있는 상온의 물 한 잔을 생각하자. 이 물 속에는 '얼음'으로 불리는 '사물'이 전혀 없다. 그렇지만 그 유리잔을 냉동고에 넣으면 그것의 분자적 진동들의 사이클들은 느려지기 시작하고 더 밀접히 접힌다. 그것의 결합된 주름들이 모두 느려질 때 물은 얼음으로 변하면서 결정 격자를 직조한다. 수소와 산소의 고유한 진동들이

---

25. Anatoliĭ Burshteĭn, *Introduction to Thermodynamics and Kinetic Theory of Matter*를 보라.

26. 이 점에 관해서는 이미 흄이 논증하였다. Nail, *Being and Motion* [네일, 『존재와 운동』]을 보라.

27. Nail, *Being and Motion* [네일, 『존재와 운동』]을 보라.

모두 우리가 '섭씨 0도'라고 일컫는 양적 크기 아래로 느려지면 그것들은 '얼음'이라는 복합 사물을 형성한다.

사물은 운동적 과정을 통해서 창발하지만, 그 과정은 사물과 분리된 것도 아니고 독립적인 것도 아니다. 흐름은 사물이 생겨나서 사라지게 하는 과정이다. 흐름은 질과 양이 엮이고 접히며 펼쳐지게 하는 날실과 씨실, 벡터이다.

이런 연접 과정은 본질처럼 단박에 귀속되는 것이 아니라 오히려 추가적인 것으로서 '차례로' 진전된다. 연접의 단일한 실체는 전혀 없다. 사물을 구성하는 연접체는 흐름 자체와 마찬가지로 끊임없이 운동하고 있고 언제나 변화 또는 재구성을 겪을 수 있다. 그러므로 어떤 사물의 질과 양의 결정은 결코 최종적이지 않다. 왜냐하면 그 사물을 구성하는 흐름이 엔트로피적으로 끊임없이 빠져나가고 있기 때문이다. 흐름의 과정으로서의 운동적 사물은 어느 특정한 순간에 결합된 일단의 고정된 질이나 양으로 환원될 수 없다.

1세기 그리스의 전기 작가 플루타르코스는 언젠가 그리스인들이 온갖 새로운 재료를 사용하여 끊임없이 고치는 배가 같은 배인지 아니면 다른 배인지 물었다.

테세우스와 아테네의 청년들이 크레타에서 귀환하면서 타고 온 배는 노가 30개였고 아테네인들에 의해 데메트리오스 팔레레오스 시대까지 보존되었다. 왜냐하면 그들은 썩고 낡은 판재를 제거하고서 새롭고 더 강한 목재로 대체하였기 때문이다. 그리하여 이 배는 철학자들 사이에서 확대된 사물에 관한 논리적 물음에 대한 뛰어난 일례가 되었는데, 한 진영에서는 그 배가 여전히 동일한 배라고 주장하는 반면에 다른 한 진영에서는 그 배가 동일한 배가 아니라고 주장한다.[28]

이 장에서 제시된 운동적 관점에서 바라보면 이제 우리는 플루타르코스의 물음에 답하는 제3의 방법을 알 수 있다. 내가 보기에 모든 객체는 테세우스의 배와 같다. 모든 것은 끊임없이 흐르고 접히며 펼쳐진다. 왜냐하면 모든 객체는 물질적이기에 진행 중인 쇠퇴와 연접을 겪기 때문이다. 우리는 테세우스의 배가 [수리를 거친 후에] '같은' 배인지 아니면 '다른' 배인지 말할 수 없다. 그 이유는 정적 형태의 선박이 절대 존재하지 않았기 때문이다.

모든 객체와 마찬가지로 테세우스의 배는 자신의 준안정한 형태를 주기적으로 유지하는 결합된 사이클들로 접힌 물질적 흐름들의 회집체이다. 동일성 같은 것은 전혀 없고, 따라서 '차이'가 또 다른 자기동일적인 것과 구별되는 하나의 자기동일적인 것이라면 차이 같은 것도 전혀 없다.

결론

이 장에서 나는 물질의 흐름이 준안정한 패턴으로 접히거나 회전될 때 객체가 어떻게 창발하는지 보여주고자 했다. 이런 접힘 패턴들은 자신과 교차하는 지점에서 질을 창출하고, 어떤 시공간적 고리를 그리는 지점에서 양 또는 '수'를 창출한다. 나는 수와 양을 인간에게 고유한 어떤 임의적인 심적 구성물 또는 영원한 플라톤주의적 형상으로 간주하는 대신에 움직임에 의거하여 설득력 있는 유물론적 대안을 제시하고자 하였다. 마지막으로, 나는 이런 접힘 사이클들이 함께 엮여서 우리가 세계에서 지각할 수 있는 것이라고 일컫는 준안정한 복합체들을 창출하는 방식을 서술하고자 하였다.

---

28. Plutarch, *The Lives of the Noble Grecians and Romans*, 14.

나는 이와 같은 주름이라는 개념이 객체들이 어떻게 해서 근본적으로 운동 중에 있으면서도 비교적 안정한 것처럼 보일 수 있는지에 대한 그럴듯한 이야기를 전하기를 바란다. 그렇지만 지금까지 제시된 우리의 운동적 이론은 이런 복합 객체들이 자신의 질서를 유지할 수 있는 방식을 여전히 설명하지 못한다. 또한 우리는 이른바 과학적 지식에 관한 이론, 즉 객체들의 질서 또는 복합 패턴에 관한 이론을 여전히 결여하고 있다. 이것이 1편의 마지막 장인 다음 장에서 우리의 운동적 객체론이 수행하려는 과업일 것이다.

3장

지식의 장

과학은 객체에 자리 잡는다.

— 질 들뢰즈[1]

객체들은 다양한 패턴으로 결합되고 정렬될 수 있는 준안정한 과정들이다. 객체들은 정적이지 않기에 객체들의 배열들도 정적이지 않다. 새들이 V자 모양 비행 대열의 전방에서 선회 비행을 하듯이 이 배열들의 모양들은 이동할 수 있다. 새들이 끊임없이 장소를 바꾸더라도 그것들은 집단 비행의 효율성을 증대시키는 어떤 안정한 조직을 유지한다.

나는 객체들의 이런 준안정한 패턴을 '장'이라고 일컫는데, 그 이유는 그것이 시간과 공간을 통해서 펼쳐진 분포이기 때문이다. 물질의 흐름이 실과 같고 그 흐름의 양적 주름들이 날실 및 씨실과 같다면, 장은 자신의 복잡한 질서와 설계를 드러내는 직물 표면과 같다. 직물의 패턴화된 설계는 서로 엮인 많은 실을 가로지르는 창발적 질서에 지나지 않는다. 우리의 운동 세계는 사전에 결정된 구조가 전혀 없고, 오히려 다양한 질서를 결합하고 유지하며 용해하는 경향이 있다. 우주는 애초의 계획도 없고 목적도 없이 스스로 직조되는 직물과 같다.

그런데 왜 나는 이것을 지식의 장이라고 일컫는가? 우리는 '지식'이라

---

1. Gilles Deleuze, *Letters and Other Texts*, 289. [질 들뢰즈, 『들뢰즈 다양체』.]

는 용어를 인간에게만 적용하며 가끔 일부 동물에게 적용하는 방식으로 사용하는 경향이 있는데, 나는 이것이 지식에 관한 너무 협소한 정의라고 생각한다. 왜 그러한가? 글쎄, 운동 중인 물질이 인간을 직조하면서 아무 지식도 없다면, 지식은 어떻게 비非지식에서 창발할 수 있을까? 그것은 무로부터 생성되는 것과 같다. 그것은 터무니없다. 우리가 지식을 물질의 이른바 '창발적 특성'으로 간주하더라도, 물질은 결코 알지 못한다고 말하는 우리의 행위가 정당화되는 것은 아니다. 이것은 지식을 맹목적이고 어리석은 과정의 생산물로 만들 것이다.

자연과 문화 사이 또는 비지식과 지식 사이의 예리한 분열 대신에 나는 어떤 연속체를 따라서 지식에 관해 생각하는 것이 더 유의미하다고 생각한다. 이런 경우에 자연은 인간 신체로 정렬되는 어떤 종류의 물질적 지식 또는 지능을 갖추고 있어야 한다. 이 관점에 따르면 인간 지식은 더 광범위한 물질적 패턴들의 한 가지 사례 또는 표현일 따름이다. 더 구체적으로 물질과 관련하여 '지적'인 것은 그것이 준안정한 패턴, 질서, 그리고 설계로의 움직임을 통해서 자신을 정렬하고 직조하는 방식이다. 예컨대 광물조차도 그것이 자신의 원자와 분자 들을 어떤 결정 격자로 조직하고 유지하는 방식과 관련하여 일종의 물질적인 운동적 지식을 갖추고 있다.

이 책 1편의 목표는 객체, 양, 그리고 지식에 관한 비-인간중심적인 정의를 제시하는 것이다. 그다음에 이런 관점에서 시작함으로써 나는 인간 지식의 역사를, 움직이는 객체들의 더 넓은 세계 속의 한 가지 특정한 계보로서 재구성하고 싶다. 특히 이 장은 더 광범위하게 해석된 과학적 실험법의 운동적 구조를 살펴본다.

이것은 불가사리와 입자 가속기 사이에 아무 차이도 없다는 것을 뜻하지는 않는다. 그것은 단지 그것들 사이에 어떤 본질적 차이도 범주적 차이도 없음을 뜻할 뿐이다. 그것들은 각각 독자적인 일단의 역량과 관계를 갖춘, 상이하게 분포된 객체들의 복합체이다. 여기서 내가 제시하고 있는 '지식의 장'에 관한 일반적인 정의는 분석의 종점이 아니라 오히려 분석의 가장 광범위한 출발점일 따름이다. 여기서 내 목표는 우리가 종종 자연과 문화를 구분하는 임의적인 이원론을 해체하는 것에 불과한 것은 아니다. 이 책의 나머지 부분에서 나는 이 새로운 출발점을 사용하여 역사에서 나타난 다양한 종류의 객체들과 과학 실천을 이해하고 싶다.

객체의 장들은 세계를 직조하지만, 이 장들은 '평평하'지 않고 어떤 식으로도 '동일하'지 않다. 직물과 같은 이 장들은 대양의 파도처럼 넘실거리고 모양을 바꾼다. 객체와 지식을 매우 광범위하게 규정하는 나의 목적은 인간 주체를 제거하는 것도 아니고 인간 특유의 지식 구조를 경시하는 것도 아니다. 오히려 내가 이렇게 하는 이유는 내가 애초부터 자연과 인간 지식 사이의 어떤 '명백한' 분리도 가정하고 싶지 않기 때문이다. 나는 인간 지식의 구조가 누비이불 위의 패턴화된 설계 또는 대양의 파도처럼 역사적으로 창발한 방식을 보여주고 싶다.

우리는 지식을 인간에게만 귀속시킴으로써 철학이 자기조직적인 물질적 체계와 인간 체계 사이의 연속성을 철저히 심문하지 못하도록 부당하게 막아버렸다고 나는 믿고 있다. 지금까지 과학사는 물질을 어리석고 수동적이며 규칙의 지배를 받는 것으로 특징짓는 경향이 있었다. 내게는 이런 경향이 올바르지 않은 것처럼 보인다. 이 책 전체에 걸쳐서 나는 물질이 능동적이고 감수성이 풍부하며 창조적이라고 주장할 것이다. 물질은 뜨거운 영역에서 차가운 영역으로 흐르고 진동하며 자신에 반응하는데, 도중에 객체들의 질과 양을 창출한다. 인간 신체는 이 객체들과 독립적이지 않고 그것들로 이루어져 있다.

인간이 고사리를 그리면 그것은 예술이지만, 물질이 고사리로 성장하면 그것은 예술이 아닌 이유는 무엇인가? 인간이 달력으로 태양일을 파악하면 우리는 이것을 과학이라고 일컫지만, 식물이 태양일을 파악하면 우리는 그것을 기계적 반응이라고 일컫는다. 왜 그러한가? 식물은 종이 위에 연필로 수학 공식을 적지 않을 것이지만, 아무튼 식물은 자신의 프랙탈 가지들로 가장 대담한 비선형 방정식을 수행하지 않는가?[2]

내가 우리에게 필요하다고 생각하는 것은 객체와 지식을 자연 전체가 행하는 무언가로 넓게 규정함으로써 시작하는 근본적인 철학적 틀이다. 그다음에는 그 틀로부터 인간의 과학 실천이 어떻게 창발하는지를 살펴보자. 과학적 지식을 인간만이 행하는 무언가로 규정함으로써 시작한다면 자연의 나머지 부분은 필연적으로 배제된다. 이 장에서 나는 인간 지식이 반복과 순환의 준안정한 패턴들을 통해서 작동하는 방식에 관한 기본적인 운동적 구조를 서술하고 싶다.

순환의 장

객체들의 장은 연동하는 소용돌이로부터 직조된 직물과 같다. 에너지의 흐름은 개별 객체들이 용해하고 새로운 객체들이 자리 잡게 될 때에도 객체들의 특정한 질서를 통해 끊임없이 순환한다. 우리 신체는 테세우스의 배의 부분들처럼 세포들을 끊임없이 교체하지만, 우리는 대략 동일한 모양과 자의식의 감각을 유지한다. 우리는 여전히 일 년 전과 '동일한' 사람인 것처럼 느끼는데, 우리 신체가 순환의 장이기에 우리의 거의 모든 세포가 달라졌는데도 말이다.

장은 일련의 소용돌이 주름을 통해서 어떤 특정한 질서로 직조된 다음에 그 질서를 유지하기 위해 그 과정을 반복하는 흐름이다. 객체들 덕분에 물질의 흐름은 회전을 통해서 지속할 수 있게 되는 한편으로, 순환

---

2. Colin Tudge, *The Secret Life of Trees*를 보라.

의 장 덕분에 모든 객체는 시간이 지남에 따라 자신의 질서를 유지할 수 있게 된다.

장이 없다면 객체는 추상적이고 무질서한 객체와 같다. 예를 들면 우리가 밤하늘을 살펴보면서 어떤 행성을 인식하는 경우에 우리는 어쩌면 이 행성이 여타 행성, 위성, 또는 태양과 아무 관계도 없다고 가정할 것이다. 그렇지만 그 행성의 운동을 추적한다면 우리는 어쩌면 그것이 하늘을 가로질러 일정한 경로를 따르고 때때로 진로를 바꾸어서 역진함을 발견할 것이다. 이런 일이 왜 일어나는가? 그리고 이런 움직임과 여타 행성 사이의 관계는 무엇인가? 이것은 그 행성의 순환의 장에 관한 물음이다.

독일인 천문학자 요하네스 케플러는 '행성 운동의 법칙들'(1609년과 1619년)로 이런 장을 서술한 최초의 인물이다. 처음에는 일정하지 않거나 무작위적인 움직임인 것처럼 보였던 것이 질서정연한 순환 패턴임을 케플러는 알아냈다. 케플러는 덴마크인 천문학자 튀코 브라헤Tycho Brahe라는 자신의 스승에게서 물려받은, 관찰된 행성 운동들의 단편적인 목록으로 시작했다. 그런데 케플러는 화성을 직접 관찰함으로써 모든 행성에서 나타나는 일관되고 반복 가능한 타원 운동을 식별했다. 케플러는 행성 운동의 반복하는 순환의 장을 찾아냈다.

이런 행성적 순환의 장은 언제나 현존하지는 않았고, 오히려 역사적으로 창발했으며, 우리의 진화하는 태양계에서 여전히 창발하고 있다. 또한 케플러 법칙들은 행성 운동과는 별개의 독자적인 순환의 장이 있다. 케플러의 천재성은 그가 행성적 장과 표기적 장 사이의 정확한 조율 체계를 최초로 구축했다는 점에 있다.

순환적 장은 객체들에 반복 가능한 상호관계들을 부여하는 것이다. 준안정한 관계들의 지속은 행성 운동들에 규칙성을 부여했고, 케플러의 수학적 모형은 그 규칙성을 추적하고 예측할 수 있게 했다. 이런 관계들이 반복되지 않는다면 자연은 무작위적일 것이고, 따라서 인간의 과학적 지식은 불가능할 것이다. 장이 없다면 양들과 그 복합체들은 어떤 안정한 패턴도 연결관계도 없을 것이다.

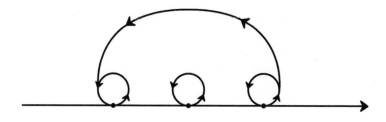

그림 3.1. 순환의 장. 저자의 드로잉.

인식론

지식이란 무엇인가? 나의 물질적인 운동적 이론에서 지식은 복잡한 한 점의 자수 작품처럼 객체들과 그 관계들의 반복적인 조율이다. 이런 의미에서 지식은 세계를 재현하지 않으며 오히려 세계의 일부이다. 지식은 세계가 자신을 직조하고 정렬하는 방식이다. 예를 들면 케플러의 법칙들은 행성 운동을 재현하지 않고, 오히려 특정한 방식으로 행성 운동에 조율하는 독자적인 움직임과 질서가 있다. 행성 운동에 관한 케플러의 관념 또는 이해의 경우에도 사정은 마찬가지이다. 케플러의 몸과 뇌는 그가 행성 움직임들과 조율할 수 있는 신경세포와 전기화학적 흐름들로 이루어진 독자적인 순환의 장이 있다.

이런 의미에서 어쩌면 우리는 '운동적 인식론'을 행위를 통해서 생겨나는 더 수행적인 '노하우'로 간주할 수 있을 것이다. 자전거를 탈 때 우리는 우리 신체의 질서정연한 순환의 장을 그 자전거의 장과 조율하는 방법을 알고 있다. 역으로 그 자전거 역시 어느 인간의 신체와 함께 움직이는 방법을 알고 있는데, 그 이유는 그 신체의 객관적 질서 때문이다.

모든 객체는 운동 중에 있고 어느 정도 행위를 하기에 그것들은 모두 다른 객체들의 맥락 속에서 움직이는 방법을 알고 있다. 노하우의 경우에 식자는 자신이 알고 있는 것으로써 되먹임 또는 순환에 진입한다. 어떤 객체가 무언가 새로운 것을 행할 때마다 그것은 동시에 새로운 것을 행할 방법을 알고 있다. 객체-행위가 분열되지 않은 채로 함께 더 많이 순환될수록 지식의 범위는 더욱더 견고해지고 넓어진다.[3]

자전거 타기와 실험과학 수행하기 사이의 차이는 존재론적 종류 차이가 아니라 순환과 조율의 범위 차이이다. 과학적 실험은 정확히 정렬된 일단의 객체 전체에 관한 노하우에 의존한다. 과학철학자이자 과학사가인 앤드루 피커링이 진술한 대로 "과학적 지식은 기계들, 기기들, 개념적 구조들, 규율된 실천들, 사회적 행위자들과 그 관계들 등의 이질적인 다중 공간에 처해 있는 상호작용적 안정화 사물들에 의해, 그리고 상호작용적 안정화 사물들의 일부로서 유지되는 것으로 이해되어야 한다."[4]

이런 의미에서 지식은 아무것도 재현하지 않기에 한 객체'의' 지식 같은 것은 존재하지 않는다. 지식은 그 객체들에 내재하기에 그것들과 조율할 수 있을 따름이다. 어떤 객체 속에 있지 않은 지식 같은 것도 없고, 역사 너머에 떠도는 지식 같은 것도 없다. 피커링이 말하는 대로 모든 객체는 언제나 '상호작용적 안정화' 상태에 있다. 과학철학자 브뤼노 라투르가 서술하는 대로 지식은 언제나 "사실을 가시적이게 하는 데 필요한 실제적 설정" 전체 속 객체들의 분포에 자리한다.[5]

이런 상황에 대한 일례로서 라투르는 프랑스 과학자들이 람세스 2

---

3. 유물론적 인식론의 흥미로운 이론과 역사에 대해서는 Davis Baird, *Thing Knowledge* 를 보라. 그 저자는 세 가지 유형의 사물-지식 — 모형 지식(정확한 표상, 설명), 작동 지식(규칙적이고 믿음직한 수행), 그리고 캡슐화된 지식(모형 더하기 작동) — 을 서술한다. 상이한 객체는 상이한 지식을 지니고 있다.

4. Andrew Pickering, *The Mangle of Practice*, 70.

5. Bruno Latour, "On the Partial Existence of Existing and Non-existing Objects," 250.

세의 미라에서 '결핵을 찾아낸' 상황의 난점에 관한 아름다운 서술을 제시한다. 라투르에 따르면 프랑스 과학자들이 람세스 2세의 몸에서 찾아낸 것은 '결핵'이라고 일컬어지는 몰역사적 객체가 아니다. 오히려 이 과학자들은 고대 결핵을 현대 결핵에 조율한 준안정한 순환의 장을 찾아내었다. 그들이 찾아낸 결핵 객체는 다른 객체들과 질서정연하게 분포된 한 객체로서 나타났을 따름이다. 우리는 현대 결핵을 실험실, 병원, 전문가, 그리고 엑스선 같은 객체들과 더불어 그것의 역사적·물질적 외양과 분리할 수 없다. 고대 지식의 장과 현대 지식의 장은 다르기에 이것은 '같은' 결핵 객체가 아닌데, 이는 테세우스의 배가 결코 '같은' 배가 아니었던 것과 마찬가지이다. 그런데 고대 결핵은 현대 결핵과 매우 유사한 패턴을 지니고 있어서 우리는 그 둘을 단일한 지식의 장으로 일원화함으로써 "람세스 2세는 결핵으로 사망했다"라고 말할 수 있다.

요컨대 과학적 지식의 물질적·기술적·사회적 조건은 지식 자체의 수행과 분리될 수 없다. 장의 모든 객체는 그 지식의 일부이다. 그러므로 지식은 다른 객체 중 하나의 객체가 아니다. 지식은 질서정연한 객체들의 내재적인 운동적 조율이다. 이것이 사회구성주의가 아닌 이유는 지식을 구성하고 있는 사회라고 일컬어지는 별개의 객체가 전혀 없기 때문이다.

한 편의 직물은 바로 그것의 엮인 실들이기에 장은 결코 객체들에 불과한 것도 아니고 객체들 사이의 관계들에 불과한 것도 아니다. 장은 지속하는 내재적 패턴 전체이다. 순환의 장은 사물들을 가로지르면서 그것들을 결합하고 정렬하는 연속적인 흐름이다. 그것은 사물들이 언제나 서로 상대적으로 함께 움직이는 방식이다. 순환의 경로는 누군가가 그것을 객체들로 채우려고 기다리고 있는 기존의 질서가 아니다. 객체들과 그 질서는 공共-진화하고 공共-창발한다. 왜냐하면 전체 과정 – 흐름, 주름, 장 – 이 비결정적이지만 준안정한 운동 중에 있기 때문이다.

유율에 관한 이론

모든 것은 움직이는데, 하나의 전체로서 움직이는 것이 아니라 하나의 열린 비결정적 과정으로서 움직인다. 이것은 사물의 완전한 질서를 측정할 어떤 단일한 고정점도 없음을 뜻한다. 아인슈타인이 진술한 대로 운동과 그 척도는 둘 다 상대적이다.

'유율fluxion에 관한 이론'은 순환의 장에서 이루어지는 사물들의 상대적 정렬을 이해하기 위한 논리를 제공한다. 내가 정의하는 대로의 '유율'은 해당 장의 움직임에 대하여 상대적인 운동의 정도이다. 유율은 객체들 사이의 조율 정도와 조율 관계이다. 한 객체는 자신의 이웃하는 객체들과 함께 그리고 그것들을 정렬하는 장의 운동에 대하여 상대적으로 '더' 움직이거나 '덜' 움직인다.

예컨대 한 객체가 다른 한 객체에 대해서는 상대적으로 움직이고 있는 것처럼 보이지만, 그 동일한 객체가 또 다른 객체에 대해서는 상대적으로 정지 상태에 있는 것처럼 보인다. 『철학의 원리』에서 프랑스인 철학자 르네 데카르트는 어느 배의 운동을 서술했다. 강변에 대해서는 상대적으로 어떤 배의 승객이 강 아래로 움직이고 있는 것처럼 보인다. 그 배에 대해서는 상대적으로 그 동일한 승객이 그 배에 탄 이웃하는 승객들과 함께 움직이지 않고 있다. 그런데 조류가 그 배를 하류로 끌어당기고 있던 속력과 같은 속력으로 그 배가 바람에 의해 상류로 끌려가고 있다면, 그 배는 강변에 대해서는 상대적으로 움직이고 있지 않을 것이지만 부는 바람과 주변의 물에 대해서는 상대적으로 움직이고 있을 것이다.[6]

요점은 다음과 같다. 모든 것은 움직이고 있는데, 다만 다른 운동들에 대하여 상대적으로 더 움직이거나 덜 움직이고 있을 뿐이다. 나는 어떤

---

6. René Descartes, *The Philosophical Writings of Descartes: Vol. 1*, 228; Part II, Section 13.

장 속에서 객체들의 질서를 규정하는, 객체들 사이의 상대적인 운동적 차이를 '유율'이라고 일컫는다. 지식의 장은 그 속에서 유율들이 서로 관련되는 흐름 또는 연속적인 함수이다.[7]

각각의 객체는 주기 운동을 하는 한편으로 동시에 같은 장 속의 다른 객체들과 관련되어 있다. 그러므로 모든 운동의 장은 복합적이다. 예를 들어 데카르트는 계속해서 다음과 같이 서술한다. 당신이 주머니 시계를 지니고서 어느 배의 갑판을 따라 걷고 있을 때 그 시계의 톱니바퀴는 움직이고 있다. 그런데 이 운동에 추가적으로 그 갑판을 따라 움직이는 당신 신체의 운동이 있다. 당신 신체의 운동에 추가적으로 파도에 이리저리 흔들리는 배의 운동이 있다. 그 운동에 추가적으로 대양 전체의 운동이 있다. 이것에 추가적으로 자전하는 지구 전체의 운동이 있다. 기타 등등.[8]

이 운동들은 모두 동일한 운동의 장에 속한다. 그런데 또한 각각의 운동은 여타 운동에 대하여 상대적으로 더 움직이거나 덜 움직인다. 시계에 대하여 상대적으로 당신의 걸어가는 신체는 덜 움직이고, 당신이 돌아다니고 있을 때 당신의 걸어가는 신체에 대하여 상대적으로 그 배는 덜 움직인다. 더욱이 그 배가 대양의 표면을 가로질러 항해할 때 그 배에 대하여 상대적으로 파도는 덜 움직인다. 기타 등등. 그리하여 이동성 또는 유율의 정도가 상대적으로 점점 더 감소한다. 반대의 관점에서 바라보면 파도는 대양의 표면을 가로질러 움직이고, 그 배는 파도의 표면을 가로질러 움직이고, 기타 등등. 그리하여 이동성 또는 유율의 정도가 상대적으로 점점 더 증가한다.

조율이라는 관념에 대하여 아인슈타인의 특수 상대성 이론이 주요

7. Isaac Newton, *A Treatise of the Method of Fluxions and Infinite Series*.
8. Descartes, *The Philosophical Writings of Descartes: Vol. 1*, 236; Part II, Section 31.

하게 이바지한 바는 시간과 공간 자체가 운동 중인 서로에 대하여 상대적임을 보여준 것이었다. 운동의 장은 시간과 공간을 상대화하는 것이다. 유율의 정도가 증가함에 따라 시간은 느려지거나 '지연'되고, 공간은 어느 주어진 조율의 장에 대하여 상대적으로 '수축'한다. 그러므로 모든 유율의 정도가 시공간의 정도를 결정하는 것이지, 시공간의 정도가 유율의 정도를 결정하지는 않을 것이다. 유율에 관한 이론은 특수 상대성 이론을 좇아서 객체들의 운동에 기반을 둔 시공간에 관한 서술을 제시한다. 유율은 단적으로 어느 주어진 운동적 장에 대하여 상대적인 운동의 정도 차이이다. 다른 한편으로 운동적 장은 우리가 상이한 유율들을 측정하는 상대적으로 고정된 배경이다. 그러므로 장은 나머지 운동의 정도들에 대하여 상대적으로 전혀 움직이지 않는 것이다.

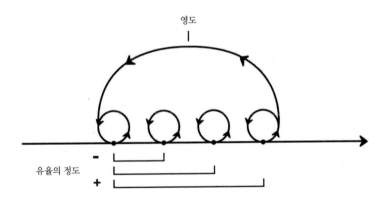

그림 3.2. 유율. 저자의 드로잉.

단백질 접힘 문제

'지식,' '조율,' 그리고 '유율'이라는 세 가지 핵심 개념을 생화학에서 비롯된 구체적인 일례에서 연동시키자. 1962년에 막스 페루츠와 존 켄드루는 적혈구 세포 속 헤모글로빈 같은 구형 단백질의 구조를 결정하는 선구적인 연구로 노벨화학상을 받았다.[9] 그런데 그들의 연구는 구조생물학의 토대를 구축한 한편으로 '단백질 접힘 문제'로 알려진, 단백질 구조가 애초에 어떻게 산출되는지에 관한 더 근본적인 의문도 제기했다.

지금까지 이 분야에서 진전이 이루어졌지만,[10] 오늘날에도 그것이 여전히 미해결의 문제로 남아있는 이유 중 하나는 이런 단백질들을 생산하는 아미노산의 흐름이 근본적으로 확률적이기 때문이다. 아미노산은 방행적으로 흐르면서 서로 꼬이고 교차하며, 그리하여 마침내 '무작위적인 코일'을 형성한다. 그다음에 이 '무작위적인 코일'은 질서정연한 삼차원 단백질의 다양한 구조로 접히게 된다. 이 주름들의 구조들에 따라 이 단백질들은 DNA 복제를 비롯하여 세포의 필수 과업을 수행한다. 모든 흐름과 마찬가지로 이런 '접힘 경로'의 운동역학은 높은 에너지 구조에서 낮은 에너지 구조로 이행한다.[11] 현재 생화학자들은 단백질 데이터뱅크에 8만 개 이상의 단백질 원자 구조를 수집했다.

그런데 두 번째 단백질 접힘 문제가 있다. 때때로 단백질은 매우 무질서한 응집체, 즉 '과립'으로 '잘못 접히'거나 또는 부분적으로 접힌다. 이런 불활성의 단백질 구조들은 상호작용하여 퇴행성 질환과 세포사멸을 유발하는 더 큰 불용성 응집체들을 형성할 수 있다.[12] 과학자들은 그런 퇴행을 알츠하이머병, 헌팅턴병, 그리고 파킨슨병에 연계시킨다.[13] 최근의

9. J. C. Kendrew, G. Bodo, H. M. Dintzis, R. G. Parrish, H. Wyckoff and D. C. Phillips, "A Three-dimensional Model of the Myoglobin Molecule Obtained by X-ray Analysis."

10. Ken A. Dill and Justin L. MacCallum, "The Protein-Folding Problem, 50 Years On."

11. P. S. Kim and R. L. Baldwin, "Intermediates in the Folding Reactions of Small Proteins."

12. T. K. Chaudhuri and S. Paul, "Protein-misfolding Diseases and Chaperonebased Therapeutic Approaches."

한 연구진은 그런 응집체들에 RNA를 첨가함으로써 무질서한 응집 과정이 느려지고 심지어 그런 과정이 촉발되지 못하게 막을 수 있다는 사실을 발견했다.[14]

그런데 우리가 이 과학 분야에 대한 운동적 분석을 수행할 수 있으려면 생물학자들이 과학적 실험 과정을 통해서 이런 결정을 경험적으로 내리는 방식을 먼저 이해해야 한다. 그 과정은 상당히 복잡하고, 따라서 나는 단지 주요 움직임들에만 전념할 것이다. 이 움직임들은 더 일반적인 실험과학의 주요 활동과 그다지 다르지 않다. 이것은 현대 과학이 실험법의 과정을 수행하는 방식이고, 여기서 나는 이런 실천의 운동적 측면들을 하나씩 살펴보고 싶다.

첫째, 과학자들은 잘못 접힌 단백질의 신경퇴행 과정으로 파괴된 뇌 물질의 절편 하나를 준비한다. 둘째, 과학자들은 그 단백질을 분리한 다음에 그것의 유전자 구조를 사용하여 일단의 유사하게 잘못 접힌 단백질을 뇌의 외부에서 재생산한다. 셋째, 과학자들은 복제된 단백질들을 배양기에 넣은 다음에 단백질의 분자량을 측정하는 광산란 기기를 사용하여 그것들의 응집 속도, 성장, 또는 소산을 추적한다. 넷째, 과학자들은 상이한 단백질 응집 단계에 상이한 복제 RNA 사슬을 시험적으로 첨가한 다음에 광산란 기기로 분자량의 차이를 기록한다. 다섯째, 과학자들은 자신들의 데이터를 시각적 그래프로 기록하고 종합하며, 잘못 접힌 단백질 응집체와 전령 RNA 사이의 부정적 상관관계를 서사화하고, 자신들의 논문을 편집한 다음에 출판을 위해 투고한다. 우리는 수많은

13. F. Chiti and C. M. Dobson, "Protein Misfolding, Functional Amyloid, and Human Disease."

14. Erich G. Chapman, Stephanie L. Moon, Jeffrey Wilusz and Jeffrey S. Kieft, "RNA Structures that Resist Degradation by Xrn1 Produce a Pathogenic Dengue Virus RNA."

다른 중간 단계들을 포함시킬 수 있을 것이지만, 지금까지 제시된 우리의 이론적 틀을 시험하는 데는 그런 대강의 서술로 충분할 것이다.

운동적 분석

이제 우리는 이 단계들을 과학적 지식의 장에서 조율된 유율의 정도로서 각각 차례로 검토할 수 있다. 아래에서 논의되는 단계들은 앞서 제시된 실례에 특정한 것이지만, 그 본질적인 요소들은 거의 모든 실험과학과 응용과학에 공통적이다.

시료

내가 살펴보고 싶은 첫 번째 객체는 신경학적으로 퇴행한 뇌의 절편이다. 자연과학과 사회과학을 비롯한 실험과학은 언제나 자신을 구축하거나 자신이 궁극적으로 설명하기 위해 귀환해야 하는 어떤 물질 조각 또는 비교적 새로운 재료로 시작한다. 이런 원료 조각은 그 특유의 질과 양을 지니고 있고, 따라서 앞서 내가 서술한 의미에서의 독자적인 종류의 지식 또는 '노하우'를 갖추고 있다. 이 절편은 같은 뇌의 여타 뇌 절편과 다르고 여타 퇴행한 뇌의 절편과도 다르다. 모든 뇌에 대하여 실험할 수 없기에 과학자들은 선택된 상이한 뇌들이 동일한 인식론적 조율의 장을 뒷받침할 수 있다는 보증이 아니라 그럴 수 있으리라는 희망을 지니고서 한 번에 하나의 뇌에서 하나의 절편을 선택한다.

이것이 과학적 '시료'의 기능이다. 과학자들은 방대한 물질의 장에서 어떤 객체 또는 객체들을 선택하여 지식의 장으로 진입한다. 이 객체들은 자연의 재현이 아니라 오히려 어떤 지식의 장에 대하여 상대적인 반복 가능한 조율의 기선基線 또는 작동 전제이다. 각각의 뇌가 독특하다면 정확한 재현은 기술적으로 불가능하다. 두 개의 뇌 절편은 결코 동일하지 않은데, 특히 잘못 접히는 과정의 역동적인 복잡성을 참작하면 말이다.

지식은 언제나 지역적이고 상황적이고 역사적이며 그것의 물질적 조율의 장에 구속되어 있다. 그 내부에 자신이 정렬된, 구체적인 장에서의 자신의 분포로부터 독립적인 과학적 지식은 전혀 없다. 그러므로 시료는 결코 세계를 재현할 수 없다. 그것은 어떤 계열에서 첫 번째 객체로서 기능할 수 있을 뿐이다. 그 시료가 움직이는 한에서 그것은 독자적인 노하우를 갖추고 해당 장에서 영이 아닌 최소 정도의 지식으로서 기능한다. 그 시료는 모든 후속 운동의 정도가 의존할 기선이다. 이런 시료들을 수집하고 배송하는 데 관여하는 병원, 외과의사, 실험실, 기계, 살균 장비 등의 네트워크 전체가 그 시료 객체와 결합한다. 과학자들이 출판된 논문의 영예를 그런 네트워크에 부여하지는 않더라도 그것들은 여전히 그 시료의 물질적인 운동적 측면이다.

추출

이런 장 속의 두 번째 객체는 '격리된,' '추출된,' 또는 '정제된' 객체이다. 그 시료 자체는 이미 일종의 추출물이다. 왜냐하면 그것은 어떤 방대한 물질적 흐름 네트워크에서 취해지거나 뽑힌 선택물이기 때문이다. 모든 물질 시료로부터 언제나 하나 이상의 상황이 생겨날 것이다. 미처리 시료로부터 하나 이상의 객체가 추출되거나 이 객체들에 초점이 맞추어지는데, 흔히 그 시료의 다른 측면들이 배제되는 결과를 낳게 된다.

우리의 사례에서 잘못 접힌 단백질 응집체들은 뇌 조직에서 추출되어 실험실에서 합성된다. 실험실에서 합성된 단백질들은 시료 속 단백질들과 동일하지 않다. 그 시료 역시 뇌의 여타 절편과 동일하지 않다. 그러므로 새롭게 합성된 실험실 단백질들은 시료 단백질들을 재현하지 않으며 오히려 동일한 장 속에서 그것들과 조율한다. 더 구체적으로 말하자면 그것들의 관계는 운동적 의존성 또는 유율의 관계이다. 시료 단백질이 없었다면 과학자들은 실험실 단백질을 합성할 수 없었을 것이다. 후자의 운동적 행위는 전자의 추출과 상대적 고정화에 의존한다.

물론, 이 두 번째 객체에 포함된 것은 상이하지만 못지않게 복잡한 구성체이다. 실험실, 기계 사용법을 아는 훈련된 연구원들이나 학생들, 그 속에서 단백질들이 성장하는 대장균의 거대한 관들을 교반하는 고가의 장비, 그리고 대단히 많은 '실패한' 또는 불안정한 판본의 단백질들이 모두 그 장의 일부이다. 이 운동들은 최초의 시료에 의존하고 그것을 전제로 하지만, 그것들이 생산하는 것과 생산하는 방법은 그 시료를 재현하지 않는다. 그 생산물은 하위객체들의 특유한 연접을 갖춘 전적으로 다르고 복합적인 운동적 객체이다. 그러므로 그 추출된 객체는 그 시료와의 운동적 의존 관계 속에서 1도의 유율 ─ 상대적으로 훨씬 덜 유동적이고 덜 가공된 시료로부터의 운동적 분리 ─ 만큼 조율된다.

측정

앞서 언급된 대로 모든 물질은 그것이 지속과 크기를 지닌다는 의미에서 이미 스스로 측정하고 있다. 그런데 지식은 척도와 크기 들을 서로 정렬하는 것이다. 예를 들면 어느 단백질은 자신의 접힌 신체의 지속과 연장에서 표현되는 크기를 지니고 있다. 이 신체에 레이저를 비출 때 그 광선은 그 응집체의 분자 밀도와 모양에 따라 다양한 각도로 회절하거나 산란한다. 이것이 이른바 미Mie 산란[15]이다. 과학자들은 특정한 분자들의 알려진 회절 패턴들에 의거하여 그 회절 결과를 사용함으로써 해당 객체의 분자량을 결정할 수 있다.

그러므로 모든 측정은 그 자체로 하나의 운동적 행위이다. 첫째, 측

---

15. * 미 산란(Mie scattering)은 입자의 크기가 입사하는 빛의 파장과 비슷할 경우에 일어나는 산란 현상으로, 그 산란 패턴은 입자의 밀도와 모양에 의존한다.

정은 측정되는 객체에 대한 어느 정도의 운동적 의존성 또는 유율이 필요하다. 이런 의존성이 없다면 측정 행위는 아무 의미도 없다. 측정은 측정되고 있는 것에 의존한다. 그러므로 측정은 언제나 객체들 사이의 관계적인 것이기에 그것들의 조율을 서술하는 결과를 산출한다. 그러므로 측정 도구 자체가 '측정'에 포함되는 또 하나의 객체임이 틀림없다. 측정 도구가 없다면 측정도 없다. 그러므로 모든 측정은 측정자 및 측정 대상과 조율된 제3의 객체를 전제한다. 또한 우리는 실험실 조교, 실험실, 빛을 산란시키고 측정하는 데 필요한 기기들, 추출된 객체, 그리고 측정 대상에서 결과적으로 얻게 되는 수들을 고려해야 한다.

달리 말해서 실험실 연구원도, 레이저 산란기도, 수들도 단백질 응집체를 전혀 닮지 않았는데, 요컨대 그것을 재현하지 않는다. 오히려 전자들은 운동적 의존성의 어떤 특정한 관계 속에서 후자와 조율한다. 여기서 이것은 어떤 단일한 조율일 뿐만 아니라 과학자들이 그 관계를 유의미하게 변화시키지 않은 채로 일관되게 수행할 수 있는 비교적 표준화된 객체들과 절차 사이 의존성의 반복 가능한 조율이기도 하다는 점이 중요하다.

측정은 지식의 장을 위한 요리법과 같다. 과학은 그저 무엇이든 어떤 종류의 조율된 의존성을 산출하기 위해서가 아니라 오히려 지식의 장이 지속하고 확장할 수 있게 할 일단의 안정한 조율과 조율된 객체를 산출하기 위해서 매우 열심히 작업한다. 이것에 대한 부분적인 이유는 어떤 지식의 장이 한 편의 논문이 출판될 때 완결되지 않기 때문이다 — 그것은 순환한다. 지식이 지속하려면 그것은 시간을 가로질러 재현될 수 있어야 한다. 일단 그 장의 흐름이 한계에 도달하면 그 흐름은 자신의 시료와 자연의 다른 시료들로 귀환하여 유사한 의존 관계들에서 유율들의 유사한 분포를 생산할 수 있어야 한다. 표준화된 측정 단위들의 창출은 우리가 그 장에서 창출한 특정한 운동적 관계들에 관한 지침을 제공한다.

그러므로 측정은 아무것도 재현하지 않는다. 오히려 측정은 어떤 특정한 복합 객체(측정자, 측정 대상, 그리고 계측기)를 만들어내기 위한 상세한 서술 또는 일단의 지침을 가리키는 축약어일 따름이다. 달리 말해서 측정은 일종의 화법이다. "우리가 이 도구를 이런 조건 아래서 이 객체에 대하여 이런 식으로 사용하면 그 조율은 그 기기에 이 수를 산출하기 마련이다." 그렇지 않다면 그 장의 주름들의 결합된 진동들은 유율들의 상이한 조율로 진입할 것이다.

가변성

이 장에 속하는 네 번째 객체는 가변적 객체이다. RNA 같은 가변적 객체를 배양기에 주입한 다음에 모든 잘못 접힌 단백질 과립을 다시 측정함으로써 이제 우리는 그 측정의 변화 또는 차이를 기록할 수 있다.

가변적 객체는 두 가지 상이한 척도 집합으로 구성된 차등적 객체이다. 한 가지 척도는 주입 전후의 단백질에 관한 척도이고, 나머지 다른 한 가지 척도는 주입 전후의 RNA에 관한 척도이다. 이런 의미에서 그 변량의 지위는 RNA 주입 이전 단백질에 대한 사전 측정과 주입 이후 대조되는 결과에 의존한다. 이제 선형적이고 소급적인 의미에서는 측정, 추출, 그리고 시료가 모두 새로 첨가된 '독립' 변량에 '의존'하는 것처럼 보인다. 과학자들이 RNA를 주입하면 잘못 접힌 단백질들은 성장이 느려지기 시작한다. 그런데 종속적 가변성과 독립적 가변성 사이의 구분에서 전제된 그 변량의 명백한 선형성과 인과성은 단지 실험 순서가 마무리될 때 소급적으로 나타날 뿐이다.

그런데 RNA는 그 장 속의 모든 이전 객체에 운동적으로 의존한다. 그 장의 모든 사전 객체는 변량의 이른바 독립성을 위한 조건이다. 그리하여 운동적으로 말하자면 우리는, 단백질 추출물이 RNA 주입에 의해 스스로 성장이 느려질 수 있게 하는 원인이나 역능을 갖추고 있지 않다면 RNA가 단백질 추출물에서 생겨나는 변화의 원인일 수 없다고 진술해야 한다.

그러므로 상호작용은 집단적이고 수행적인 운동이다. 우리가 정당하게 이렇게 말할 수 있는 이유는 단백질과 RNA가 상호작용할 때 그것들 사이에 운동적 작용이 존재하기 때문이다. 그것들은 동일한 가변적 관계의 차원들이다. 잠시 뒤에 복잡한 운동적 인과성에 관해 더 언급할 것이다. 당분간 중요한 요점은 가변적 객체가 결코 추출물의 재현이 아니라 오히려 해당 장 전체에 의존한다는 사실을 이해하는 것이다. 변량은 시료뿐만 아니라 시료의 추출 및 그 추출물에 대한 측정도 독자적인 차등적 측정을 위한 조건으로 요구한다.

기록 장치

이 장에 속하는 다섯 번째이자 마지막 객체는 기록 객체이다. 현대 과학은 인식론적 장의 서사적이고 개념적인 객체, 즉 출판된 논문을 특히 중시하는 경향이 있다. 그 이유는 논문이 그것이 의존하는 이전의 조율된 모든 객체와의 관계를 포함하는 계열에서 일반적으로 최종 객체이기 때문이다. 이런 기록 객체에서 우리는 일단의 다른 객체를 찾아내는데, 예컨대 공동연구원들 사이의 집단 토론, 선생-학생 상담, 그래프를 그리고 텍스트를 작성하기 위한 컴퓨터 소프트웨어 프로그램, 동료 심사자들, 저널 편집자들 등의 방대한 사회학적 네트워크가 있다. 요컨대 우리는 데이터를 조직하고 지식을 서사화하며 결과를 출판하는 데 개입하는 모든 물질적·역사적 객체를 찾아낸다.

그런데 논문 역시 무언가의 재현이 아니다. 논문은 어떤 실험실 객체와도, 모든 합성된 단백질과도 전혀 닮지 않았다. 서사적 글과 그래프는 말, 문자, 그리고 수 사이에 확립된 조율을 생산하는 긴 역사가 있다. 이 역사는 2편에서 탐구될 것이다. 요컨대 우리는 역사적 관행에 의해 다른 객체들과 조율된 것으로서의 글과 이미지를 수용한다. 그러므로 논문이나 책은 운동적 객체들의 조율된 분포를 재생산하고 확장하기 위한 조리법 또는 지침을 가리키는 축약어이다. 그것은 보편적 진리가 아니다.

과학 논문은 당신이 우리가 수행한 작업을 하고 싶다면 당신이 당신의 장을 분포시키고 정렬할 방법이 여기에 있다고 말한다. 여기에 어떤 장의 조작 순서, 다른 장들과의 가능한 연결관계들, 그리고 그 장을 현행의 한정된 영역 너머로 확대하고 보존하며 의학적·기술적으로 적용할 수 있을 방법이 있다. 그런데 이론물리학 또는 신경과학 같은 이론과학에서는 기록 장치가 거의 전체 과정에 해당한다. 물질적 시료도 없고, 시험할 추출물도 변량도 없다(어쩌면 다른 실험 연구들이 참조될 수 있겠지만 말이다). 수와 서사가 이론의 수단이자 목적인 이유는 증명이 질서정연한 기록 장치이기 때문이다. 어떤 결론은 그 자체의 출발점의 탄탄한 조건에 의해 결정된다. 그것은 그 특유의 문제에 대한 해법이거나 재료 없는 조리법이다. 이론적 논문에서도 재현은 전혀 존재하지 않는다. 기입물들을 조율하기 위한 규칙 또는 지침이 존재할 따름이다.

물론, 동료평가를 거친 저널 논문과 같은 실험적 기록 장치에도 우리가 내부적으로 조율하는 수, 문자, 그리고 그래프의 독자적인 숫자적·언어적 분포가 있다. 더욱이 그것들은 해당 논문 외부에 있는 객체들에 의존한다. 논문은 해당 장을 재현하기보다는 오히려 그 장에 속하는 여타 객체들의 어떤 조율에 운동적으로 의존하는, 그 장에 속하는 또 하나의 객체일 따름이다. 논문 덕분에 우리는 해당 장을 재생산하고 확장하는 그 장의 첫 번째 객체로 되돌아갈 수 있게 된다.

관찰이란 무엇인가?

어쩌면 우리는 무언가가 어떤 종류의 사물인지 묻기보다는 오히려 그것의 객체들과 그것들의 질서에 관해 물어야 할 것이다. 그것의 운동적 의존성 또는 유율의 정도, 그것의 한계, 그리고 그것의 확장 범위는 무엇인가? 심지어 우리는 정성과학에서 그런 것처럼 양에 부합하는 질에 관해 물을 수도 있을 것이다. 그러므로 순환의 장은 관찰에 관한 매우 상이한 이론을 수반한다.

지식이 운동적이고 수행적이라면 관찰은 어떤 사태의 재현이 아니다. 오히려 관찰은 그것이 해당 장에서 관찰하는 객체들을 조율하는 하나의 운동적 행위이다. 그리하여 관찰은 지식의 장에 영향을 미치고 그 장의 영향을 받는다. 관찰은 어떤 지식의 장이 행하는 것이다. 관찰은 그것의 연계 유율 정도들의 국소적 안정성을 보존하는 과정이다.[16] 관찰과 보존은 둘 다 '지켜보다, 유지하다, 또는 안전하게 지키다'를 뜻하는 라틴어 낱말 servō에서 유래했다. 지켜보기는 유지하는 것과 관련이 있고, 따라서 관찰은 사물에 대한 중립적인 보기 행위가 아니다.

우리는 인간을, 관찰할 수 있는 유일한 종으로 간주하는 경향이 있지만 유물론적 관점에서 바라보면 이것은 사실이 아니다. 예를 들어 양자물리학에서는 한 객체가 다른 한 객체에 광자 또는 다른 입자들로 영향을 미침으로써 그 객체를 '관찰'할 수 있다.[17] 그러므로 관찰은 심적 행위일 뿐만 아니라 자기-감각과 자기-보존의 물질적 행위이기도 하다.

지식의 장에 속하는 모든 객체는 의존성 또는 유율의 특정한 질서를 거듭해서 재생산함으로써 동일한 장에 속하는 다른 객체들을 관찰하고 보존한다. 각각의 객체는 자신에 영향을 미침으로써 자신을 관찰한다. 그뿐만 아니라 또한 각각의 객체는 다른 객체들에도 영향을 미침으로써

---

16. '관찰하다'(observe)라는 낱말은 '섬기다, 지키다, 그리고 보호하다'라는 의미의 인도유럽조어(Proto-Indo-European language, PIE) 어근 'ser'에서 유래하였다.
17. "앎은 세계의 일부가 자신을 또 다른 일부가 알 수 있게 만드는 것의 문제이다"(Barad, *Meeting the Universe Halfway*, 185).

그것들을 관찰한다. 관찰은 어느 객체들의 장 전체가 비교적 안정한 질서를 재생산하는 과정이다.

관찰은 아서 윈프리가 발견한 벨루소프-자보틴스키 화학반응의 아름답게 꼬인 소용돌이 파동들에서 생겨나는 객체들의 운동적 동시화와 같다.[18] 이것은 어떤 분자적 객체들에서 생겨난 변화가 어떤 평형도 이루지 않고 연쇄적으로 반복하여 다른 객체들의 변화를 촉발하는 화학적 진동의 비선형적 패턴이다.

집합적 관찰 또는 보존이 없다면 해당 장에 속하는 각각의 객체는 관련되지 않고 정렬되지 않으며 서로 격리될 것이다. 객체들은 이웃 객체들과 질서정연하게 동조하지 않을 것이고, 따라서 해당 장은 흩어질 것이다. 관찰은 어느 장에 속하는 객체들 사이에 맺어진 자기-관계들의 보존이다.

그런데 이것은 관찰이 언제나 동일한 장을 재생산한다는 것을 뜻하지는 않는다. 그 이유는 벨루소프-자보틴스키 화학반응에서 나타나듯이 장들이 변이하고 변화하고 팽창하고 수축하는 등의 활동을 수행하기 때문이다. 관찰은 하나의 운동적 과정이기에 언제나 변화하고 있다. 그렇지만 관찰은 언제나 결합과 동시화의 준안정한 패턴으로 변화하고 있다. 반딧불이에서 심장박동까지, 생태적 개체군까지, 그것들을 연구하는 실험에 이르기까지 장들은 다소간 비선형적인 준안정한 구성체로 끊임없이 변이하고 있다.

그러므로 과학적 실재론이 엄격히 인간적인 인식론적 문제로 제기될 때 그것은 엉성하게 제기된 것이라고 할 수 있다. 인간은 객체 자체의 참된 본성을 어떻게 인식하는가? '자체'가 인간 지식의 장에 의존하지 않음을 뜻한다면 당연히 객체 자체와 지식의 장 자체가 존재한다. 물질은 자

---

18. Strogatz, *Sync*. [스트로가츠, 『동시성의 과학, 싱크 Sync』.]

기보존적이다. 물질은 알려지거나 현존하기 위해 자신을 관찰할 인간이 필요하지 않다.

관찰은 어떤 중앙집중적 권위 또는 인간 관찰자 없이 조율된 객체들 사이에서 맺어진 관계들의 구조를 보존하고 뒷받침한다. 어떤 장에서 인간 또는 다른 객체들이 추가되거나 퇴출될 때 그 장은 변화한다. 인간이 어떤 객체를 관찰할 때 그 객체가 변화하는 이유는 어떤 불가사의한 인식론적 원격작용 때문이 아니라 오히려 빛의 실재적인 운동적 작용과 운동 자체 때문이다. 무언가를 보기 위해 그것에 빛의 광자를 쏘게 되면 그것이 변화하게 된다. 현미경이든 부유하는 곰팡이든 간에 새로운 무언가가 어떤 장에 합류하게 되면 그 장은 변화하게 된다. 이런 점에서 장은 새로운 관찰자가 도입됨으로써 이전과 다르게 된다.

결론

이 장은 이 책의 1편을 마무리한다. 이 장에서 나는 우리가 운동적 객체들이 어떻게 창발하는지 이해하는 데 도움을 주는 세 가지 개념을 소개했다. 내가 보기에는 객체들도 정적이지 않고 그것들의 질서도 정적이지 않다. 오히려 나는 객체들과 그 관계들을 물질적이고 준안정한 과정들로 간주하는 일종의 과정철학을 제시하려고 노력했다. 이런 비–인간 중심적인 접근법은 수, 지식, 그리고 관찰에 대한 우리의 전형적인 정의들을 확장하는 작업을 포함했는데, 그 결과 우리가 인간의 과학적 실천에 관해 생각하는 방식에 중대한 영향을 미쳤다. 과학사는 물질적 역사의 재현이 아니라 그것의 한 표현이다.

그런데 흐름, 주름, 그리고 장이라는 개념들은 대단히 종합적이다. 왜냐하면 여기서 나는 이 개념들을 그 역사적 맥락에서 추출해야만 했기 때문이다. 나는 그 개념들이 이 책의 독자에게 객체에 관해 생각하기 위한 더 '운동적'인 어휘를 제공하기를 바란다. 이것이 중요한 이유는 지금까지 물질이 언제나 운동 중에 있었더라도 과학사는 운동의 수위성首位性을 무언가 다른 것으로 가리거나 설명하기 위해 매우 열심히 작업했기 때문이다. 과학자들은 온갖 종류의 독창적인 방법을 사용하여 이런 작업을 해내었다. 특히 2편에서 나는 네 가지 핵심적인 역사적 순환의 장과 이 장들이 창출한 객체 유형들을 더 자세히 살펴보고 싶다. 그런데 이 역사에 대하여 내가 독특하게 이바지하는 바는 과학적 실천에서 지배적인 움직임과 순환의 감춰진 장들을 밝혀내는 것이다.

2 편

개체들의 역사

1부

서수적 객체

4장   구심적 객체

5장   선사 객체

4장

구심적 객체

객체들이 움직임을 통해서 창출되고 유지된다면 이런 패턴들 역시 역사가 있다. 1편에서 이해된 대로 객체들은 내가 '장'이라고 일컬은 준안 정한 질서로 다양하게 스스로 분포할 수 있다. 역사에는 그런 장들이 풍 부하다. 이 책의 2편에서는 선사 시대에서 유럽의 근대 시대까지 객체들 의 네 가지 주요한 장이 어떻게 창발했는지에 관한 역사가 서술된다.[1] 더 구체적으로 말하자면 2편에서 나는 운동지향 관점에서 이들 네 가지의 객체 종류가 창발한 역사를 제시하고 싶다.

나는 단순히 객체들의 발명을 열거하고 싶지 않고 사람들이 객체들 에 관해 언급한 바를 요약하고 싶지도 않다. 나는 다양한 객체들의 장을 산출했고 유지한 이동성의 패턴들과 물질적 행위자들을 예시하고 싶다. 나는 객체를 정적 형태 또는 인간의 구성물로 간주하지 않고, 오히려 물 질적인 운동적 과정으로서의 객체에 관해 생각하고 싶다. 특히 나는 지 금까지 과학이 객체들을 어떻게 창출했고 유지했는지에 관한 역사를 살 펴보고 싶다.

세계가 객체들로 가득 차 있다면 과학사만 살펴보는 이유는 무엇인 가? 글쎄, 과학이란 무엇인가? 나는 '과학'을 상당히 광범위하게 양으로

---

1. 나는 어떤 진보, 진화, 또는 서양 전통의 어떤 우월성이 있음을 시사하고자 하는 의도 는 전혀 없다. 서양 전통은 우연히 나와 내 연구를 형성한 전통에 불과하다.

서의 객체들의 창출과 정렬로 규정한다. 원칙적으로 객체들은 자신의 질들, 관계들, 그리고 존재양식들로부터 분리될 수 없다. 질 없는 양도 없고 무언가 다른 것과 관계를 맺지 않은 양도 없다. 그런데 사실상 특정한 인간 집단들은 특정한 객체들이 대체로 또는 유일하게 양들인 것처럼 간주하는 오래된 전통을 발전시켰다.

매우 다양한 다소 추상적인 객체를 비롯하여 이런 추상 관념들은 심원하고 매혹적인 역사가 있다. 사물들을 다양한 정도의 양으로 간주함으로써 온갖 종류의 새로운 지식과 기술의 장이 가능하게 된다. 그렇지만 또한 그런 태도는 몇 가지 다른 요소를 은폐한다. 좋든 나쁘든 간에 과학은 객체들을 새로운 방식으로 제작하고 배열하기 위해 사물들의 양적 차원에 집중하는 인간의 실천이다. 예술은 사물들의 질적 차원에 강렬히 집중함으로써 유사한 작업을 수행하는 경향이 있고, 정치는 사물들 사이의 관계적 차원에 집중함으로써 유사한 작업을 수행하는 경향이 있다.

그리하여 확실히 광범위한 나의 견해에 따르면 과학은 구석기 시대의 탤리 표식에서 현대의 생화학에 이르기까지 창출된 모든 것을 포함한다. 과학은 자연과학과 사회과학뿐만 아니라 기술, 수학, 논리도 포괄한다. 여기서 나의 목표는 과학의 장기 역사를 운동의 관점에서 재서술함으로써 과학이 무시한 모든 것을 서술하는 것이 아니라 오히려 과학이 작동하는 방식에 관한 더 정확한 서술을 제시하는 것이다. 과학의 역사와 철학은 과학이 추상적 양들로 작동한다는 조작적 허구에 지나치게 자주 매혹된다. 오히려 나는 그런 외관상 이산적인 양들이 반복적인 움직임과 패턴들에서 창발한 방식을 보여주고 싶다. 또한 무엇보다도 나는 이 과정에서 객체들의 행위성이 어떤 역할을 수행하는지를 보여주고 싶다.

2편은 네 개의 부분으로 조직되었다. 각각의 부분은 역사의 한 시대와 그 시대 동안 창발하여 지배적이었던 주요한 객체 종류에 바쳐진다.

이런 역사적 부분들의 매 서두에 나는 고찰 중인 객체의 주요 유형과 이 유형을 산출하는 운동 패턴을 규정하는 간략한 서장을 작성했다. 각각의 서장은 해당하는 역사적 연구를 수행한 다음에 더 종합적이거나 개념적인 문체로 저술되었는데, 그 연구의 결과는 해당 서장에 이어지는 후속 장들에서 서술된다. 이 간략한 서장들의 목적은 독자에게 역사적 장들에 관한 기본 관념이나 대강을 미리 제시하는 것이다. 그리하여 독자는 내가 왜 그리고 어떻게 모든 역사적 세부 내용을 그런 식으로 제시했는지를 이해하게 될 것이다.

나는 역사에서 등장한 모든 과학에 관해 저술할 수는 없기에 각 시대의 논리, 수학, 기술, 그리고 자연과학에서 적어도 한 가지의 주목할 만한 사례를 선별하고자 노력했다. 이 역사적 부분들에서 각각의 목표는 포괄적이라기보다는 오히려 종합적이었다. 나는 어느 특정한 시대 동안 이루어진 다양한 과학 실천이 모두 한 가지 유사한 운동의 패턴 또는 장을 따름으로써 어떤 독특한 객체 유형을 창출하고 유지했음을 보여주고 싶다.

각 부분의 서두에 간략한 서장을 제시한 후에 나는 더 풍부하고 역사적으로 더 자세한 두 개의 장을 서술했는데, 예외적으로 첫 번째 부분에는 단 한 개의 장이 있을 뿐이다. 이 장들은 반드시 연대기적으로 조직되어 있지는 않고, 오히려 '숫자,' '동역학,' 또는 '무한'의 발명 같은 당대의 몇 가지 중요한 과학 실천에 기초를 두고서 주제적으로 조직되어 있다. 이 장들은 과학의 역사적 세부를 고찰하기 때문에 더 전문적인 문제로 서술될 수밖에 없다. 지금까지 나는 독자가 전문 지식을 갖추고 있다고 전혀 가정하지 않은 채로 모든 용어를 설명하기 위해 최선을 다했다. 그렇지만 내가 다루고 싶어 했던 범위를 참작하면 이것은 하나의 난제이다.

마지막으로, 이 첫 번째 서장을 개시하기 전에 나는 독자에게 이 역사가 왜 그토록 중요한지를 주지시키고 싶다. 단 한 가지 종류의 객체들이 존재하는 것은 아니다. 여러 종류의 객체들이 존재하는데, 모든 객체는 자신을 생산하고 재생산하는 과정들에 의존한다. 이 네 가지 종류의 객체들과 그 장들이 창발하는 데는 수천 년이 걸렸으며, 그리고 그것들은 사라지지 않았다. 오늘날 우리가 손에 쥐고 있는 객체들은 이런 네 가지 역사적 유형의 혼합물 또는 혼종이다. 현대 생활의 모든 주어진 객체를 이해하려면 우리는 그것들을 처음 생산했고 여전히 생산하는 일반 패턴들에 관하여 얼마간 이해해야 한다. 오늘날의 객체들은 다르지만, 그것들을 만들고 유지하는 운동 패턴들은 다르지 않다. 이런 공통의 역사적 패턴들을 식별함으로써 우리는 오늘날 현대 객체들을 이해하는 데 그것들을 이론적으로 활용할 수 있게 된다. 이것이 3편에서 내가 더 자세히 제시하려고 노력할 내용이다.

하지만 지금은 인간의 역사에서 출현한 첫 번째 객체 종류와 그것을 유지한 운동 패턴을 논의하자.

서수적 객체

첫 번째 종류의 과학적 객체는 구석기 시대(3백3십만~1만 년 전) 동안 출현했고 신석기 시대(서기전 1만~5천 년) 동안 절정에 이르렀다. 나는 이 초기 인간의 객체를 '서수적' 객체라고 일컫는다. 왜냐하면 그것은 어떤 객체들의 순서열 또는 계열의 일부이기 때문이다.

우리는 객체들을 셈할 때 1, 2, 3 같은 숫자를 사용하는 경향이 있지만, 이것이 유일한 셈법은 아니다. 왜냐하면 인간 역사의 대부분 기간에는 숫자가 전혀 존재하지 않았기 때문이다. 초기 인간들은 객체들을 만들고 정렬하여 차례로 셈하였다. "그다음에, 그다음에, 그다음에…" 또는 "첫 번째, 두 번째, 세 번째…." 1883년에 독일인 수학자 게오르크 칸토어가 '서수'라는 용어를 수학에 도입했지만, 이런 종류의 객체의 광범위한 용도는 훨씬 더 오래되었다. 서수적 객체의 사용은 선사 과학의 탄생 시기까지 거슬러 올라가고 객체들의 여타 질서의 토대에 자리하고 있다.

서수적 객체의 발명과 관련하여 나를 특히 매료시키는 것은 초기 인간들이 이 객체들을 서로 조율한 방식이다. 그렇게 함으로써 그들은 사물들에 시공간적 질서를 부여했을 뿐만 아니라 그 순서열들을 연결하여 복합 계열을 생성했다.

인간은 어떻게 세계를 직조된 서수적 계열로 조직하기 시작했을까? 일부 학자는 이런 혁신을 인간 뇌의 진화에 귀속시킨다. 이것은 당연히 적절한 것처럼 보이지만 그 문제를 한 단계 더 뒤로 미룰 따름이다. 나는 서수적 셈하기를 향한 이런 특정한 뇌 진화를 초래한 애초의 물질적 변화가 무엇이었는지 여전히 알고 싶다. 더욱이 우리는 서수적 객체들을 조작하고 조율하려면 뇌의 변화 이상의 것이 필요함이 확실하다는 사실을 인정해야 한다고 나는 생각한다. 그래서 나는 진화적 가설이 내가 알고 싶어 하는 것을 그다지 설명하지 못한다고 생각한다.[2]

그런데 대다수 다른 학자는 여태까지 더 나쁜 사고의 오류를 저질렀다. 인간이 최초로 셈하기 시작한 방식에 관한 질문을 받았을 때 그들은 초기 인간들이 필시 자신의 손가락으로 1, 2, 3을 셈하기 시작했을 것이라고 말한다.[3] 이것은 직관적인 것처럼 들리지만 역사적으로 불가능하다. 1, 2, 3 등의 기수는 서기전 3500년이 되어서야 발명되었다.[4] 이것은 객체들의 매혹적인 혼종성을 가리키는 탁월한 일례이다. 객체들은 일단 출현하고 나면 전적으로 자연적일 뿐만 아니라 현존하지 않았을 때조차

---

2. Dantzig, *Number*[단치히, 『수의 황홀한 역사』]를 보라.

3. Georges Ifrah, *From One to Zero*; Raymond Wilder, *Evolution of Mathematical Concepts*; Dantzig, *Number* [단치히, 『수의 황홀한 역사』]; Peter Rudman, *How Mathematics Happened* [피터 S. 루드만, 『수학의 탄생』].

4. 이 책 2편의 2부을 보라.

도 언제나 현존했던 것처럼 느껴진다.

　그렇지만 서수적 객체들은 진화생물학의 결과도 아니고 심지어 인간의 구현 결과일 따름인 것도 아니다. 이 객체들은 이 장의 주제인 역사적인 물질적 과정들의 결과이다. 특히 이 장과 다음 장에서 나는 서수적 객체들이 선사 시대에 세 가지 주요한 방식─구심적 운동, 순서열, 그리고 일대일 조율─으로 창발하여 전파되었다고 주장한다. 여기서 나는 이 과정들과 그것들의 작동 방식에 관한 대강만을 제시할 뿐이다. 그렇지만 다음 장에서 나는 이 과정들이 선사 시대의 다양한 과학 실천에서 어떻게 확산하는지에 관해 서술한다. 그 역사를 고찰하기 전에 지금은 이 세 가지 과정을 하나씩 살펴보자.

구심적 운동

　서수적 객체들의 창출에 필요한 첫 번째 운동적 과정은 구심적 운동이다. 구심적 운동이란 무엇인가? 여기서 내가 활용하는 용법에 따르면 주변부에서 중심부를 향한 움직임이라면 무엇이든 구심적 운동이다. 왜냐하면 어떤 객체들의 장이 어떤 질서로 정립되려면 아무튼 그 객체들이 먼저 회집해야 한다. 구심적 운동은 다양한 객체를 여러 장소에서 중심부를 향해 한데 모으는 것이다.

　우리는 이런 움직임을 자연의 다양한 측면에서 볼 수 있다. 예컨대 꿀벌들은 산재한 꽃들의 주변부에서 꽃가루를 수집하여 자신의 벌집으로 가져온다. 일단 벌집에 꽃가루가 구심적으로 한데 모이고 나면 꿀벌들은 그것을 육방형의 벌집 구조로 정렬하기 시작한다. 새들과 여타 둥지 동물은 막대, 이끼, 그리고 풀을 주변부에서 수집하여 자신의 중심부 둥지로 가져온다. 인간 신체 역시 이런 식으로 꽤 자연스럽게 움직인다. 생존하기 위해 인간 신체는 어떤 확대된 주변부를 돌아다니면서 식량과 물을 수집한 다음에 자신의 중심부 공동空洞으로 투입해야 한다.

이런 단순한 운동 패턴에 의해 순차적 질서가 전개되기 시작한다. 일부 사물은 중심부로 끌어당겨져서 다른 사물들에 앞서 그곳에 쌓인다. 새는 먼저 더 큰 가지를 쌓은 다음에 더 작은 가지를 쌓고, 그다음에 약간의 마른 잎을 차례로, 순서에 맞게 쌓는다. 여러 사물을 수집하는 바로 그 행위가 필연적으로 일종의 순차적 질서를 수반하는데, 왜냐하면 각각의 사물이 중심부에 쌓이기 때문이다. 그러므로 구심적 운동은 모든 질서정연한 객체들의 장에 대하여 필요한 운동적 전제조건이다.

서수적 객체들의 질서는 다른 객체들과 병렬하는 객체 각각의 위치와 이 객체들을 지지하는 비교적 안정한 중심부에 밀접히 의존한다. 그런데 중심부가 그곳에 정렬된 객체들보다 더 빨리 계속해서 변화한다면 그 질서는 붕괴할 것이다. 이런 점에서 객체들의 질서는 객체들의 이동성과 비교적 안정한 배경 장을 전제로 한다. 객체들 사이의 차이는 사전에 주어지지 않으며 오히려 구심적 움직임을 통해서 구축된다.

그러므로 서수적 객체들의 현존 역시 다양하게 질서정연한 객체들의 유동적인 전경과 안정한 배경 사이의 상대적인 운동적 차이에 의존한다. 예컨대 새는 가지들을 자신의 둥지로 한데 모은 다음에 그 둥지에 알을 낳는다. 알의 수량은 둥지에 있는 가지의 수와 둥지의 크기에 대하여 상대적으로 '많거나 적다.'

한 조각의 뼈 위에 탤리 표식을 새기는 운동적 패턴 역시 구심적이다. 이것을 가능하게 만든 최초의 운동적 사건은 인간 동물의 이족보행으로의 이행이었다. 인간은 두 발로만 직립 보행함으로써 자신의 팔, 손, 그리고 입을 훨씬 더 자유롭게 사용할 수 있게 되었다. 인간은 더 많고 더 큰 객체들을 한데 모아서 자신의 자유로워진 수족으로 더 쉽게 배열할 수 있었다. 예를 들면 동물 뼈와 예리한 돌은 입보다 손으로 나르기가 훨씬 쉬운 두 가지 매우 상이한 모양과 크기의 객체이다. 이것들은 오래가는 표식이나 눈금을 새기는 데 필요한 바로 그 두 가지 객체이다.

인간은 자신의 손으로 뼈와 돌을 동일한 장소에 수집한 후에 어떤 유사한 구심적 운동으로 그것들을 결합했다. 뼈는 돌로 새겨진 표식들을 정렬하고 관련짓기 위한 비교적 안정적인 장의 역할을 수행했다. 새김 표식들이 보존되고 순서에 따라 서로 구분될 수 있게 한 것은 비교적 매끈하고 아무 표식이 없는 뼈 표면이다. 돌은 뼈를 내리누르고, 표면을 따라 표식을 새기고, 들어 올려졌는데, 이런 과정이 반복되었다. 각각의 새김은 구심적 사이클로 거듭해서 움직였다.

이렇게 해서, 그리고 다음 장에서 논의될 다른 방식들로써, 서수적 객체들은 구심적 운동을 통해서 창발했다.

순서열

서수적 객체들을 창출하기 위한 두 번째 방법은 순서열을 사용하는 것이다. 우리가 다양한 객체를 주변부에서 축적의 중심부를 향해 점차로 수집함에 따라 그 과정은 객체들 사이에 일련의 시간적이고 공간적인 차이를 정립한다. 우리는 필연적으로 일부 객체를 다른 객체들에 앞서 수집한다. 다른 객체들은 전혀 수집되지 않은 채로 여전히 주변부에 남아 있다.

예를 들면 장작을 한 더미로 쌓는 단순한 구심적 행위는 객체들의 순차적 질서를 창출한다. 우리가 모으는 첫 번째 장작은 그 더미의 바닥에 그리고 중심을 향해 자리할 것이다. 나중의 장작들은 꼭대기에 쌓여서 그 더미의 바깥으로 구를 것이다. 그 더미의 규모는 장작들이 축적됨에 따라 확대될 것이고 장작들이 흩어짐에 따라 축소될 것이다. 객체들은 언제나 공간상으로는 '더 적거나 더 많은' 것으로서, 시간상으로는 '이전 또는 이후'의 것으로서 순서대로 정렬된다.

그런데 구심적으로 수집된 계열에서 첫 번째 객체가 존속한다는 점이 또한 중요하다. 첫 번째 객체가 존속하는 경우에만 그것과 후속 객체들 사이의 차이가 있을 수 있다. 달리 말해서 첫 번째 객체는 그 뒤를 잇는 두 번째 객체에 대하여 '첫 번째'의 것이 될 따름이다.

어떤 순서열에서 첫 번째 객체의 역설은 다음과 같다. 그것이 유일한 객체라면 첫 번째 객체는 어떤 '순서열'에서 '첫 번째'의 것이 될 수 없다. 그 순서열에서 후속 객체들이 있을 때만 비로소 '첫 번째' 객체는 소급하여 첫 번째가 된다. 그런데 '첫 번째' 구심적 객체가 중요한 또 다른 이유는 그것이 수집된 객체들과 미수집된 객체들 사이의 차이를 규정하기 때문이다. 첫 번째 객체는 수집된 중심이고 여타의 것은 그렇지 않다. 달리 말해서 '첫 번째' 객체는 후속 순서열 전체의 토대이지만 그것만으로는 아직 하나의 순서열이 결코 아니다. 그래서 기이하게도 비非순서열이 순서열의 토대이다.

또한 어떤 순서열의 전체 구조는 상대적이고 상황적이기에 각각의 후속 서수적 객체는 이전의 모든 객체와 관련된다. 예컨대 '세 번째'는 '첫 번째'와 '두 번째'가 없다면 독자적으로는 아무 의미가 없다. 그러므로 후속 서수적 객체들은 첫 번째 객체에의 추가물이라기보다는 오히려 그것의 차원 또는 측면과 유사하다. 이것은 기이하게 들릴 것인데, 왜냐하면 우리는 매우 흔히 기수에 의거하여 생각하기 때문이다. 그런데 서수적 순서열은 다른 종류의 객체이다. 여기에 서수적 객체의 철학적 핵심이 자리하고 있다. 이전의 객체들이 없다면 나중의 객체들은 '나중의' 것이 아닐 것이고, 후자가 없다면 전자는 '전자'일 수 없을 것이다.

서수적 순서열의 또 다른 매혹적인 기이함은 각각의 후속 객체가 처음 객체보다 더 커짐에 따라 처음 객체는 소급해서 가장 최근의 추가물에 대하여 상대적으로 더 작아지게 된다는 점이다. 이런 점에서 순서열은 상대적 지위의 끊임없는 비평형 상태를 창출한다. 연쇄적인 새로운 추가물들은 각각 그 순서열에서 여타 객체의 상대적 지위를 변화시킨다. 달리 말해서 각각의 새로운 서수적 객체는 전체 계열과 정말로 분리되어 있지 않고, 오히려 계열 전체를 변환시킨다. 순서열에서 각각의 객체는 기수 1, 2, 또는 3이 아니라 오히려 어떤 내재적 질서의 한 가지 차원 또는 측면이다. 예를 들면 우리가 바위를 어떤 더미에 추가할 때 아래에 쌓인 모든 바위는 그 더미에서 이전보다 약간 '더 깊은' 것이 된다.

마찬가지로 어떤 순서열에서 마지막 객체도 역설적이다. 우리는 언제나 어느 순서열에 객체를 추가하여 상대적 계열 전체를 변화시킬 수 있다. 그런데 각각의 새로운 서수적 객체가 계열을 변화시킨다면 계열은 언제나 유동적이다. 그리하여 중심부와 주변부 사이의 구분은 정적이지 않다. 우리가 언제나 또 하나의 객체를 추가할 수 있다면 중심부는 불가피하게도 이전보다 더 확대될 수 있다. 또한 이것은 주변부가 언제나 이전보다 더 축소될 수 있음을 뜻한다. 그러므로 순서열은 근본적으로 불안정하다.

서수적 순서열의 또 다른 두드러진 측면은 그것의 근본적인 양면성이다. 어떤 계열에서 첫 번째 객체와 마지막 객체를 제외하고 모든 객체는 여타의 서수적 객체보다 '더 적은' 동시에 '더 많다.' 두 번째 바위는 첫 번째 바위보다는 더 많지만 세 번째 바위보다는 더 적다. 어떤 서수적 순서열에서 그 양면성을 해소할 수 있을 모든 객체의 총체 또는 총합은 전혀 없다.

프랑스인 신경과학자 스타니슬라스 드앤은 초기 인간과 동물의 서수적 셈하기를 물의 흐름들이 한 물통에 모이는 방식과 제대로 비교한다.[5] 사람들은 물의 흐름들을 별개의 개별 객체들로 간주하지 않았고, 오히려 물의 상대적 부피의 변환적 차원으로 간주했다. 초기 인간과 동물은

---

5. Dehaene, *The Number Sense*, 18.

통 속 물의 부피를 다른 부피들과 비교하여 더 크거나 더 적다고 대조할 수는 있지만 유량 또는 부피 차이의 정확한 단위를 셈하지는 않는다.

이런 의미에서 서수성은 동심원들을 닮기보다는 오히려 나선 팔들과 훨씬 더 유사하다. 나선은 시작도 없고 끝도 없다. 나선에는 중심부 또는 주변부에 비교적 더 가까이 있거나 그로부터 비교적 더 멀리 있는 '팔들'이 있을 따름이다. 서수적 순서열의 경우에도 사정은 마찬가지이다. 한 물통으로 흘러드는 물처럼 각각의 새로운 나선 팔은 별개의 팔이 아니라 전체 나선의 확대 또는 변환이다. 서수적 순서열과 마찬가지로 나선의 움직임 역시 중심부와 주변부의 동시적 변환이다.

일대일 조율

서수적 객체들의 세 번째 면모는 그것들의 독특한 조율 방법이다. 우리는 두 개 이상의 순서열을 '일대일' 조율 과정을 통해서 서로 조율할 수 있다. 예컨대 두 개의 계열, 바위의 계열과 배의 계열이 있다고 생각하자. 그것들을 두 줄로 나란히 정렬하면 우리는 순서대로 한 개의 바위를 한 개의 배에 대응시킬 수 있을 것이다. 우리는 '얼마나 많은' 바위 또는 배가 있는지는 알지 못할 것이지만, 그 과정이 끝나면 바위의 계열이 배의 계열보다 더 큰지, 더 작은지, 또는 동등한지는 알 수 있을 것이다. 여기서 우리는 바위가 배를 '재현'하지 않고 배가 바위를 '재현'하지 않음을 알 수 있고, 그 조율 활동이 순전히 '심적'인 사건이 아니라는 점도 알 수 있다. 그 두 순서열은 여전히 질적으로 상이하며, 그리고 그것들을 물리적으로 나란히 대응시키는 구체적인 운동적 행위를 통해서 서로 관련된다.

특정한 객체들은 낮과 밤, 각성과 수면, 먹기와 배변, 숨 들이쉬기와 내쉬기, 위와 아래, 앞과 뒤, 좌와 우의 사이클로 진동한다. 이족보행 신체가 왼쪽 다리와 오른쪽 다리를 번갈아 움직일 때 그것은 오른쪽 팔과 왼쪽 팔도 흔든다. 심지어 양면 석기 손도끼 같은 초기의 인조 도구들도 도끼의 각 면에 타격을 번갈아 가함으로써 제조되었다. 인간은 팔을 들어 올렸고, 한 돌을 다른 한 돌로 타격했고, 그런 타격을 반복했고, 그 돌을 뒤집었고, 팔을 다시 들어 올렸고, 한 돌을 다른 한 돌로 다시 타격했으며, 그리고 반복했다. 이런 진동하는 사이클들은 모두 차례로 번갈아 오기에 어떤 서수적 순서열이 있다.

수백만 년에 걸쳐서 인간은 이 사이클들의 순서열을 조율하기 시작했다. 이족보행 덕분에 초기 인간은 몸짓과 음성 언어와 도구 제작 순서열들을 반복 가능하고 전달 가능한 기법으로 조율할 수 있게 되었다.[6]

탤리는 아무것도 재현하지 않더라도, 탤리 표식이 발명됨으로써 인간은 점점 더 다양한 객체를 조율할 수 있게 되었다.[7] 오히려 그것은 두 가지 이상의 서수적 계열을 조율하기 위한 기법이다. 더 구체적으로 말해서 그것은 바위의 계열과 배의 계열처럼 첫 번째 계열의 한 객체가 두 번째 계열의 다른 한 객체와 운동적으로 대응되는 '일대일 조율'을 만들어 낸다. 그 두 계열은 '일대일'로 조율한다.

이런 탤리 표식들과 조율의 원인이 되는 운동적 패턴은 무엇인가? 손이 올라가고, 한 점 위에 내려오고, 선을 새기고, 다시 올라가며, 그리고 반복된다. 이런 손 움직임들은 사이클들의 서수적 순서열을 형성한다. 그 계열에서 각각의 사이클은 태양 사이클, 달 사이클, 행성 사이클, 그리

---

6. 이 내용은 Nail, *Theory of the Image*에서 더 깊이 논의된다.
7. 맥신 쉬츠-존스턴은 이족보행 인간 운동에 의거하여 시도한, 셈하기에 관한 가장 흥미로운 설명 중 하나를 제시한다. 불행하게도 쉬츠-존스턴의 결론은 세계 자체의 더 기본적인 주기성에 근거를 두고 있지 않고 여전히 인간 신체에 근거를 두고 있다. 나의 논증은 정반대이다. 세계가 주기적이기에 비로소 인간의 주기성은 그것에 동조할 수 있다. 그러므로 셈하기가 인간 신체화의 투사물인 것이 아니라 오히려 인간 신체화가 이미 애초에 물질적 셈하기와의 동조성의 표현이다. 인간 신체가 자연적 동조에서 비롯되는 것이지, 자연적 동조가 인간 신체에서 비롯되는 것은 아니다. Maxine Sheets-Johnstone, *The Roots of Thinking*을 보라.

고 삶과 죽음 사이클 같은 다른 계열들의 사이클들과 조율될 수 있다.

이것은 사실상 놀라운 발견이었다. 돌을 쥔 손을 들어 올리고 뼈 위에 내리는 움직임의 단순한 수행이, 다른 객체들의 사이클들의 계열과 일대일 대응될 수 있는 사이클들의 순서열을 기록한다. 프랑스 고고학자 앙드레 르루아-구랑은 올바르게도 탤리 새김의 이런 운동적 수행을 리듬으로 서술한다. "아무리 파악하기 어려워도 이 표식들은 의도적인 반복을 나타내고, 결과적으로 리듬을 나타낸다."[8]

이것은 과학과 수학에 관한 대다수 이론과 역사가 간과하는 것이다. 그것들은 하나의 **생산물로서의** 탤리 표식 자체에 관해서만 생각하는 경향이 있고, 따라서 그 표식을 산출한 물질적 과정들이 그 구조와 의미를 형성하는 방식을 간과한다. 리듬과 순서열은 자연의 도처에 있다. 인간이 만든 서수적 객체의 참신성은 그 리듬들을 복합 사슬로 함께 조율하는 데 있었다.

어떤 순서열도 여타의 순서열과 조율될 수 있지만, 각각의 계열이 질적으로 독특하기에 조율도 독특하다. 이런 사정은 바위의 계열을 배의 계열과 조율하는 경우에 명백하다. 그런데 탤리 표식들도 마찬가지로 특이하다. 각각의 탤리 표식과 그것을 새기는 행위는 독특하다. 모든 기입에 대하여 사정은 마찬가지이다. 어떤 기입도 동일한 방식으로 다시 생겨날 수 없다. 왜냐하면 어느 두 번째 '복제' 기입은 첫 번째 기입 이후에 생겨났을 것이기에 순서적으로 구분되기 때문이다. 그러므로 서수적 객체들은 특이하고 관계적이다.

나는 독자가 이런 일대일 조율이 어떻게 해서 유사성 또는 재현과 관련된 것이 아니라 오히려 조율된 운동적 사이클들과 관련된 것인지 이해할 수 있기를 바란다.[9] 비比, 비율, 그리고 대응이라는 관념들은 후대의

---

8. André Leroi-Gourhan, *Gesture and Speech*, 370.

발명품이고, 따라서 우리는 이 관념들을 역사적으로 소급하여 투사하거나 보편화하지 않도록 주의해야 한다. 서수적 객체들은 그 특이성과 개별성으로 인해 기수들과 철저히 다르다. 한 서수적 객체는 다른 단위체들로 분할될 수 있는 하나의 단위체가 아니다. 어떤 순서열에서 한 객체의 지위는 그 계열 전체를 바꾸지 않은 채로 변화할 수는 없다.[10]

결론

이 짧은 장에서 나는 이 책 2편의 목적과 방향을 서술했는데, 그것은 객체들의 네 가지 주요한 종류 또는 질서의 역사로부터 구축된 객체론을 다듬는 것이다. 나는 선사 시대에 출현한 첫 번째 객체 종류, 즉 서수적 객체의 대강을 소개함으로써 이 네 부분의 역사의 첫 번째 부분을 시작했다. 영국인 철학자 버트런드 러셀이 규정한 대로[11] 서수적 객체에 대한 형식적 정의를 제시하는 대신에 오히려 나는 더 유물론적이고 과정지향적인 정의를 제시하고자 했다. 특히 나는 서수적 객체들이 추상 관념들이 아니라 구심적 운동들, 순차적 사이클들, 그리고 운동적 일대일 조율 행위들의 결과임을 입증했다.

그런데 이제 우리가 더 주의 깊게 살펴보아야 하는 것은 이런 객체 종류를 창출하고 유지한 선사 과학의 모든 역사적 방법이다. 이것이 선사 시대의 장에서 서수적 객체들이 발흥한 사태를 고찰하는 다음 장의 목표이다.

---

9. Sheets-Johnstone, *The Roots of Thinking*, 86.

10. Henri Bergson, *Time and Free Will*, 82를 보라. 만약 다양체가 "무엇이든 어떤 수를 그 자체에 추가될 수 있는 하나의 잠정적인 단위체로 간주할 가능성을 수반한[다면], 결국 그 단위체들은 얼마든지 큰 별개의 수들이지만 그것들을 서로 결합하기 위해 잠정적으로 불가분의 것들로 간주된다."

11. 서수성에 관해서는 Bertrand Russell, *The Principles of Mathematics*의 서론을 보라.

5장

선사 객체

이 장에서는 선사 과학에서 서수적 객체들이 창발한 사태가 고찰된다. 여기서 나의 주장은 이 서수적 객체들이 정적 형태도 아니고 심적 구성물도 아니라는 것이다. 그것들은 바로 앞 장에서 서술된 세 가지 운동적 과정[1]에 의해 창출된 준안정한 상태이다.

이 장에서는 이 과정들이 어떻게 해서 세 가지 주요한 선사 과학 ─ 도구 제작, 기호, 그리고 탤리 ─ 의 핵심에 자리하고 있는지가 입증된다. 여기서 나의 목표는 선사 시대 사람들이 동일한 구심적 패턴을 통해서 다양한 서수적 객체를 고안했음을 예증하는 것이다.

도구 제작

도구 제작은 가장 오래된 인간 활동 중 하나이다. 여기서 나는 도구가 구심적 운동 패턴을 통해서 형성된 서수적 객체라고 주장하고 싶다. 그런데 도구란 무엇인가? 나는 도구가 단일한 객체에 불과한 것이 아니라 오히려 객체들의 질서정연한 계열임을 보여주고 싶다. 더 구체적으로 말하자면 도구는 객체들의 순차적 사슬이다.

프랑스인 고고학자 앙드레 르루아-구랑이 주장하는 대로 "도구는

---

1. '구심적 움직임,' '순차적 사이클들,' 그리고 '일대일 조율들.'

인간뿐만 아니라 무척추동물에서도 발견되고, 따라서 우리의 특권인 인공물에 배타적으로 한정되지 말아야 한다."[2] 넓은 의미에서 르루아-구랑의 주장은 옳다. 움직이는 신체는 이미 일종의 도구이다. 사용자와 도구 사이에 절대적인 구분은 전혀 없고, 오히려 조작적 순서열에서 자신의 위치에 따라 상대적인 차이가 있을 따름이다. 그런데 모든 사용자는 동시에 다른 무언가의 도구이기도 하다.[3] 다양한 질서에서 물질의 흐름들로 직조된 객체와 관계 들이 있을 따름이다.

궁극적으로 나는 우리가 이런 도구적 견지에서 도구를 규정할 수 있다고 생각하지 않는다. 오히려 우리는 도구–객체들의 장 전체의 질서를 살펴보아야 한다.[4] 여기서 내가 제시하는 정의에 따르면 도구는 함께 작동하는 객체들의 서수적 계열 전체이다. 이것은 재료, 제작자, 제작 과정, 제작된 객체, 그리고 그 객체의 용도가 모두 '도구'의 부분임을 뜻한다. 이런 의미에서 도구는 하나의 이산적이거나 정적인 객체가 아니라 오히려 객체들의 준안정한 순환이다.

초기의 도구 제작 순서열 중 일부는 3백4십만 년 전에서 2백5십만 년 전 사이에 시작되었다.[5] 유인원을 닮은 우리의 호미니드 조상인 오스트

---

2. Leroi-Gourhan, *Gesture and Speech*, 237.

3. Graham Harman, *Tool-being*. 나는 도구의 '실재'가 언제나 모든 관계로부터 물러나 있다는 것에 동의하지 않는다. 역으로 나는 관계가 관계항들에 선행한다고 생각하지도 않는다. 관계와 관계항들은 모두 동일한 운동의 장에서 동시에 생겨난다. 더욱이 나의 경우에 물질은 존재론적 결정물이 아니라 오히려 특정적으로 역사적인 존재론적 결정물이다. 역사, 방법, 그리고 과정유물론의 쟁점에 관해서는 Nail, *Being and Motion* [네일, 『존재와 운동』]을 보라.

4. 또한 예술에서 이른바 '도구성'과 대비되는 '기능적 운동미학'에 관한 이론에 대해서는 Nail, *Theory of the Image*를 보라.

5. 오랜 시간 동안, 알려진 석기 중 어느 것도 오스트랄로피테쿠스 아파렌시스와 관련되지 않았고, 따라서 일반적으로 고인류학자들은 석기 인공물의 기원이 대략 2백5십만 년 전까지 거슬러 올라갈 뿐이라고 생각했다. 그런데 2010년의 한 연구는 호미니드 종이 석기로 동물 주검을 잘라냄으로써 고기를 먹었음을 시사한다. 이 발견은 호미니드 사이에서 알려진 가장 이른 석기 사용 시기를 대략 3백4십만 년 전까지 앞당긴다. T. L.

랄로피테쿠스는 어떤 중심부에 자리한 작업장에 돌을 수집하기 시작했으며, 최초의 석기를 제작하기 시작했다. 이런 초기 도구 제작의 운동적 구조는 어떠했는가? 첫째, 그들은 동아프리카 초원의 방대한 주변부에서 두 가지 다른 종류의 바위들을 수집해야만 했다. 그들은 타격할 딱딱한 '망칫돌'과 더 무른 '핵석'이 필요했다. 그 돌들의 순차적 질서가 중요했다. 핵석은 망칫돌보다 더 약해야 했다.

그런데 서수적 순서열에서 첫 번째 객체는 그들이 핵석을 위치시킨 단단하고 평평한 한 떼기의 땅이었다. 도구를 제작할 호미니드들은 다양한 주변 지역으로부터 이 중심지로, 작업을 하기 위해서 모여들었다. 그들은 바닥의 평평한 표면, 그 위에 더 무른 바위, 그리고 그 위에 더 딱딱한 바위를 두는 특정한 질서를 갖춘 서수적 객체들의 독특한 순서열을 창안했다. 망칫돌을 움켜쥔 호미니드 신체는 그 순서열의 끝에 자리했다. 도구 제작은 이 네 가지 객체 모두를 특정한 계열로 정렬하는 구심적 수집 행위를 필요로 했다.

이 객체들을 일단 이런 순서열로 한데 끌어모은 호미니드들은 도구 제작의 질서를 반복적으로 순환시키기 시작했다. 구체적으로 그들은 망칫돌을 움켜쥔 팔을 들어 올렸고, 그것을 내려쳤으며, 그리고 반복했다. 팔은 신체의 도구이고, 망칫돌은 팔의 도구이다. 도구 제작의 운동적 구조는 사이클들의 반복되는 순서열이다. 땅, 핵석, 망칫돌, 팔, 그리고 신체는 모두 그 과정에서 연행entrainment된다. 돌, 신체, 그리고 뇌는 모두 어떤 서수적 순서열에 편입되는데, 여기서 각각의 객체는 작동하여 서로를 변환시킨다. 신체는 바위를 형성하고, 돌의 무게는 신체의 근육을 형성한다. 또한 바위 유형들과 신체 움직임들의 특정한 계열은 뇌를 형성했

Kivell and D. Schmitt, "Independent Evolution of Knuckle-walking in African Apes Shows that Humans did not Evolve from a Knuckle-walking Ancestor."

는데, 그리하여 뇌는 도구 제작법을 알게 되었고 그것을 개선했다.

이런 서수적 '타격 사이클' 덕분에 인간 인지와 도구 제작이 나란히 공-진화할 수 있게 되었다. 각각의 새로운 도구는 어느 운동적 장 전체의 한 가지 측면일 따름이다. 이런 점에서 인간의 정신과 신체가 기술을 변환시키는 동시에 도구 제작과 기술은 인간의 정신과 신체를 변환시켰다.

연행

연행連行은 여러 운동이 단일한 흐름으로 합쳐지거나 뒤섞일 때 생겨난다. 이것은 서수적 순서열의 구심적 질서화 과정에서 발생하는 것이다. 예를 들어 어떤 유기체의 일주기 리듬은 밤과 낮의 이행에 연행된다. 강의 퇴적은 높은 고도에서 낮은 고도로의 물의 흐름에 연행된다. 어느 집의 한 벽에서 왔다갔다 움직이는 진자들 역시 그 진자 운동들을 서로 연행할 것이다. 연행 현상은 차등적이고 이질적인 과정들이 차례로 정렬된 하나의 되먹임 고리로 한데 엮이는 방식을 서술한다.

서수적 객체들은 사이클들의 순서열로 연행되고, 연행된 사이클들은 서로 변환시킨다. 또한 이것은 르루아–구랑이 "조작적 순서열"chaîne opératoire이라고 일컫는 것이다. 서수적 장에서 인간 신체는, 서로 동조하여 느려지는 일련의 진자처럼 리드미컬하게, 즉 율동적으로 물질적 세계에 연행된다. 조작적 순서열 또는 서수적 순서열은 수동적인 한 조각의 물질(질료)에 하향식 심적 형판(형상)을 적용함으로써 창출되는 것이 아니라 오히려 계열 전체가 자신에 대응하고 자신을 바꾸는 "기능적 가소성"을 통해서 창발한다.[6] 서수적 순서열의 원리들은 "물질을 관장하는 법칙들에서 비롯되고, 그런 까닭에 극히 제한된 정도를 제외하면 인간의

---

6. Leroi-Gourhan, *Gesture and Speech*, 301.

속성으로 여겨질 수 없다."7

예를 들면 배pear 모양의 예리한 돌 손도끼인 아슐리안 양면 석기는 호미니드 뇌에서 생겨나지 않았다. 그것은 플라톤의 신적 장인처럼 수동적인 돌 재료에 단순히 적용된 청사진 또는 관념으로서 시작하지 않았다. 오히려 양면 석기 손도끼는 어떤 하나의 바위를 깨뜨리지 않은 채로 그 바위의 양면에 조심스럽게 타격을 가할 때 모든 객체가 각기 독특한 역할을 수행한, 차례로 조율된 객체들의 장 전체에 속하는 하나의 객체일 따름이다. 타격을 통해서 신체와 뇌는 돌의 모양과 경도에 더 율동적으로 연행된다. 딱딱한 돌은 잘린 면이 더 많은 무른 돌에 연행된다. 호미니드들은 망치질 사이클들의 순서열을 바꿈으로써 새로운 객체를 산출할 수 있었을 것이다.8

그런데 우선 때리기, 자르기, 그리고 깎기의 움직임은 다양한 돌의 물리적 특성들과 율동적으로 연행되어야 했다. 바위를 너무 강하게 때리면 바위가 부서질 수 있었을 것이다. 바위를 충분히 강하게 때리지 않으면 바위가 깎이지 않았을 것이다. 그러므로 도구 제작은 순서열들, 사이클들, 반복들, 그리고 객체들의 장 전체의 연행이 필요했다. 도구 제작은 청사진과 같기보다는 오히려 임기응변과 유사했다.

먼저 나타나는 것은 도구-객체의 형상 또는 심적 청사진이 아니라 오히려 주변부로부터 바위들을 수집하여 순서대로 연행하는 구심적 운동이다. 호미니드 신체와 뇌의 역량은 특정한 유형들의 돌들이 부서지고

---

7. 같은 책, 303.

8. 다양한 실례를 동원한 본격적인 설명에 대해서는 Gary Tomlinson, *A Million Years of Music*, 309를 보라. "초기 단계들의 인간이 사용한 조작 기법 중 하나는 오랫동안 반복되는 율동적인 타격 움직임들의 응용이었다. 사실상 그것은, 쪼개진 자갈들로 만들어진 도끼들과 장시간의 망치질로 산출된 다면체의 구형 객체들을 유일한 생존 흔적으로 남긴 오스트랄로피테쿠스에 의한, 인간 지위의 성취를 특징짓는 독특한 조작이다. 제작 기법은 처음부터 충격-가하기 몸짓의 반복에서 생겨난 율동적인 설정 — 동시에 근육적이고 시각적이며 청각적인 설정 — 에서 발전되었다."

사용될 수 있는 방식들과 공-진화했다. 도구를 제작할 때 객체들의 행위성과 호미니드 신체의 행위성이 모두 작동했다.

도구들을 조율하기

모든 도구는 다른 서수적 계열들과 조율될 수 있는 하나의 서수적 계열이다. 예를 들어 여러 가지의 조율된 계열이 아슐리안 양면 석기를 형성한다. 첫 번째 계열은 구심적 수집과 아래에서 위로의 순차적 정렬 — 땅, 핵석, 그리고 망칫돌 — 이다. 두 번째 계열은 인간 팔 운동들의 순차적 사이클 — 들어 올리고, 타격하고, 반복하고, 핵석을 뒤집고, 반복한다 — 이다. 그다음에 세 번째 계열은 앞의 두 계열을 조율한다. 팔은 망칫돌을 들어 올리는 대신에 양면 석기를 뻗어서 동물, 가지, 또는 열매를 타격한다. 이제 우리는 도구 사용 순서열 전체가 다른 수단에 의한 도구 제작의 연속 또는 반복임을 이해할 수 있다.

도구가 사전에 주어진 목적에 유용한 기구라는 관념은 소급적이다. 우리가 그것을 사용하기 전에 어떤 객체가 무엇을 할 수 있는지 어떻게 알 수 있겠는가? 우리는 다양한 방식으로 그 객체를 사용함으로써 시작해야 할 것이다. 그다음에 어쩌면 우리는 이들 방식 중 하나를 선호할 것이고 계속 그렇게 사용할 것이다. 우리는 그런 식으로 계속 사용하면서 자신이 원했던 것이 더 개선되는지 또는 더 악화되는지 알아내기 위해 다양하게 실험한다. 이렇게 해서 우리는 객체들의 독특한 행위성으로 이리저리 반응함으로써 도구 사용법을 익히게 된다. 이런 '상향식' 설명과 관련하여 불가사의한 것은 전혀 없다. 그것은 객체들의 순서열에 의한 임기응변이다.[9]

양면 석기 손도끼의 경우에 호미니드들은 타격 사이클과의 조율에

---

9. Karl Marx, *Grundrisse*, 81~9. [칼 맑스, 『정치경제학 비판 요강 I』.]

의거하여 임기응변적으로 사용했다. 그들은 자신들이 무엇을 만들 수 있을지를 알아내기 위해 양면 석기를 망칫돌처럼 사용하여 다른 객체들을 타격했다. 그 결과는 우리의 호미니드 조상이 선호했고 어떤 용도를 찾아낸 온갖 종류의 상이한 모양의 객체들이었다. 편익은 임기응변과 반복을 거쳐 과정이 마무리될 때 드러났고, 마침내 객체는 그 선택된 용도에 부합하는 비교적 안정한 형태를 띠었다. 우리는 이런 다듬어진 객체들을 '그릇,' '목제 말뚝,' '곤봉,' 그리고 '오두막'이라고 일컫는다.

인간은 각각의 도구-계열을 사용하여 더 많은 도구를 제작하였으며, 그리고 각각의 새로운 도구는 도구들이 할 수 있는 것의 장 전체를 새로운 도구에 대하여 상대적으로 변화시켰다. 이렇게 해서 도구 제작은 바로 앞 장에서 서술된 서수적 객체들의 계열처럼 작동한다. 마침내 신석기 인류는 도구 제작 활동과 점점 더 관련된 도구들을 제작하기 시작했다. 예를 들면 수동 연마 기계는 '팔-올리기, 타격하기, 반복하기' 사이클을 기계의 움직임에 편입했다. 이 경우에 인간의 팔은 기기의 원동력으로서 새로운 사이클을 나타낸다. 기술의 역사는 다양하지만, 그 핵심에는 순서열의 운동적 조율이 자리하고 있다.

초기 인간들은 도구 제작 순서열들을 '구심적 전달'이라고 일컬어질 수 있을 것을 통해서 조율했다. 즉, 그들은 특정한 장소들에서 도구들을 함께 제작했다. 초기 인간들은 주변부에서 객체들을 선별하여 중심부로 옮겼을 뿐만 아니라, 인간 신체들 자체도 집결지에 모여야 했다. 이렇게 해서 인간은 또 다른 배열들을 임기응변적으로 마련하고 습득하며 조율했다. 인간은 기술을 사회적으로 그리고 이와 같은 일대일 조율의 구조를 통해서 습득했다. 한 노인이 망칫돌을 쥔 손을 들어 올리면 한 젊은이 역시 손을 들어 올리고, 그 노인이 어떤 특정한 세기로 타격하면 그 젊은이도 그렇게 하는데, 그 순서열의 각 세부가 노인과 젊은이 사이에 일대일로 대응하여 반복될 때까지 이어진다.[10]

우리는 오늘날 브라질의 턱수염 카푸친 원숭이가 같은 일을 하는 것을 볼 수 있다. 이 원숭이들은 나무 열매들을 수확하고, 그것들이 건조될 때까지 기다리고, 그것들을 구덩이가 팬 돌구멍에 집어넣고, 그다음에 그것들이 부서져 까질 때까지 딱딱한 바위로 때린다. 그 원숭이들이 이 작업을 정확한 순서대로 행하지 않는다면 그 과정은 작동하지 않으며, 그 도구-순서열은 식량을 산출하지 못하게 된다. 어린 원숭이들이 나이 든 원숭이들 주위로 같은 바위에 모여서 동일한 일대일 조율을 실천한다. 그 기법을 습득하기까지 여러 해가 걸리지만, 궁극적으로 그 어린 원숭이들은 그것을 습득하여 다른 원숭이들과 공유한다. 이렇게 해서 도구-순서열은 신체의 생물학적 매개를 거쳐 역사를 가로질러 재생산되고 전달된다.

기호

기호들과 더불어 도구로 새겨진 다양한 표식은 선사 시대 과학과 지식의 중요한 부분이지만, 지금까지 이론화 대상이 된 적은 거의 없다. 여기서 나는 이런 기호들 역시 구심적 운동 패턴을 통해서 산출된 서수적 객체들임을 보여주고 싶다. 그런데 기호란 무엇인가? 나의 바람은 기호란 구심적으로 수집된 표식들의 질서정연한 계열임을 보여주는 것이다.

주지하다시피 최초의 비非구상적 기호는 전기와 중기 구석기 시대(서기전 30만~20만년) 동안 출현했다. 이 시기는 후기 구석기 시대(서기전 3만 5천~1만년)에 구상 예술이 등장하기 오래전이다. 이 점을 참작하면 나는 비교적 소수의 학자가 초기 인간들에 의해 고안된 이 기호들의 방대한 다양성에 주목했다는 사실에 놀라움을 금치 못한다. 이 무늬들에

10. Tomlinson, *A Million Years of Music*, 33.

는 점, 선, 화살표, 사각형, 원, 삼각형, 나선, 곡선, 갈지자 무늬, V, Y, M 그리고 P 모양, 여러 다른 무늬가 포함되어 있다.[11]

V, M, 그리고 평행선 같은 일부 초기 기호는 프랑스의 페흐 드 라제 Pech de L'Azé에서 출토된 아슐리안 시기 갈비뼈 위에 새겨져 있었다. 이 기호들은 수십만 년 후 신석기 시대까지 지속되었다.[12] 이 상이한 기호들이 비교적 소수(대략 32가지)라는 점, 그것들이 아프리카에서 유럽까지 지리적으로 거의 편재한다는 점, 그리고 그것들이 아슐리안 시기에서 신석기 시대까지 지속된다는 점을 참작하면 이 무늬들이 초기 인간 지식에서 긴요한 역할을 수행했다는 것은 확실하다.[13]

불행하게도 지금까지 이 기호들은 낙서 또는 장식 무늬로 무시당하거나 일축당했다. 이 무늬들을 '낙서' 또는 '장식 무늬'로 서술하는 것은 그것들이 설명할 가치가 없는 무의미한 단편임을 뜻한다. 그런데 왜 다른 기호들이 아니라 이런 일단의 기호였던가? 그것들은 어떻게 그리고 왜 수십만 년 동안 선택되었고 모였으며 재생산되었는가? 그것들을 낙서라고 일컫는 것은 이런 물음들에 대답하는 것이 아니라 그 물음들을 일축하는 것이다.

더욱이 이 기호들이 낙서 또는 장식 무늬였다면 왜 시간이 흐름에 따라 더 방대한 범위의 지리적 변이와 시간적 변이가 나타나지 않았을까? 서른두 개의 상이한 기호는 비교적 적다. 무작위적인 낙서와 무의미한 장식 무늬는 훨씬 더 다양할 것임이 거의 틀림없다.

---

11. 이 기호들의 완전한 유형학에 대해서는 Genevieve Von Petzinger, *The First Signs*를 보라.

12. Marija Gimbutas, *The Living Goddess*, 43.

13. 이 상징들의 편재성, 범위, 그리고 지속에 대한 중요한 논거는 Petzinger, *The First Signs*를 보라. 모든 기호가 모든 지역에서 나타나는 것은 아니고, 모든 기호가 한결같이 일반적인 것도 아니다. 일부 기호는 특정 시기와 지역들에 밀집되어 있다. 그 밖의 여러 사실이 있다.

그런데 분명한 것처럼 보이는 점은 이 기호들이 선사 시대의 알파 벳, 글, 또는 그림문자가 아니라는 것이다. 초기 인간들에게는 서른두 개의 그림 문자보다 훨씬 더 방대한 어휘가 있었을 것이다. 또한 대다수 기호는 전혀 구상적이지 않기에 필시 그림 문자가 아닐 것이다. 이 기호들은 글과 그림 문자에 선행하는 훨씬 더 추상적인 표식이다. 르루아-구랑이 올바르게 지적하는 대로 "어쩌면 우리가 절대적으로 확신할 수 있을 한 가지 점이 있는데, 그것은 물질적 기호들로 사유를 표현하는 그래피즘graphism이 실재의 소박한 표상으로 시작한 것이 아니라 오히려 추상화化로 시작했다는 점이다."[14]

기호와 순서열에 관하여

나는 이런 초기 인간 기호들이 그림문자적인 것이 아니라 오히려 '운동문자적'인 것이라고 주장하고 싶다. 이것으로 내가 뜻하는 바는 인간들이 그 기호들을 무언가 다른 것'처럼 보이게' 하기보다는 오히려 어떤 행위들의 순서열의 흔적을 남기도록 의도했다는 것이다. 달리 말해서 기호는 무언가 다른 것에 '관한' 것이 아니라 오히려 신체 운동의 율동적이고 질서정연한 순서열에 의해 남겨진 흔적 같은 것이다. 심적 청사진은 최초의 도구에 선행하지 않은 것과 마찬가지로 이 초기 기호들에도 선행하지 않았다. 기호의 모양과 의미는 동일한 율동적 수행의 두 가지 측면으로서 동시에 창발했다.[15]

각각의 기호에는 얼마나 많은 획 새김이 있는지와 개별적 획 새김이 얼마나 긴지에 따라 나름의 리듬이 있다. 우리는 선사 기호를 정적 객체로 간주함으로써 이 기호들에 묻어 들어가 있는 움직임, 소리, 그리고 순

---

14. Leroi-Gourhan, *Gesture and Speech*, 188.
15. 같은 책, 309.

서열을 놓치게 된다. 여기서 내 주장은 이 기호들이 다른 운동들과 동시에 일대일로 조율된 표식들이라는 것이다. 이것들은 어쩌면 어떤 이야기, 어떤 노래, 어떤 서술, 또는 어떤 춤을 포함했었을 것이다. 각각의 표식을 만들기 위한 획 새김들의 순서열과 표식들 자체의 순서열은 어쩌면 또 다른 수행을 위한 기억 장치처럼 작동했었을 것이다. 초기 인간들은 각각의 획 새김을 어떤 이야기의 한 부분에 조율했었을 것이다. 이렇게 해서 기호들은 이야기를 재현하는 것과 관련되어 있지 않았고, 오히려 이야기에 조율된 서수적 객체들이었다.[16]

인간이 도구를 제작하기 시작한 시기와 같은 시기에 기호를 표식하기 시작한 것은 우연의 일치가 아니다. 두 기법은 모두 동일한 구심적 운동 패턴을 따른다. 인간들은 딱딱한 바위 및 다른 재료들을 주변부에서 수집하여 중심부 동굴에 축적했다. 그다음에 그들은 이 행위를 수천 년 동안 반복했다. 도구를 제작하는 바로 그 신체 운동 패턴이 기호도 제작했다. 팔은 딱딱한 바위를 들어 올렸고, 그것으로 더 무른 바위를 때리거나 문질렀으며, 그다음에 그 순서열을 반복했다. 그런데 기호의 경우에는 이런 서수적 순서열의 결과가 더 많은 도구를 제작할 수 있을 또 하나의 물리적 도구가 아니라 일련의 표식이었다. 각각의 기호는 그 힘, 지속, 빈도, 그리고 각도가 어떤 다른 순서열과 일대일 조율된 몸짓들의 순서열이다.

이런 다른 운동들의 순서열은 무엇이었던가? 확실히 알 길은 없지만, 어쩌면 그것들은 바람에 이리저리 움직이는 나무, 동물 소리, 폐의 팽창과 수축, 동굴 속 메아리, 또는 천둥과 관련되었을 것이다.

---

16. 그러므로 도구 제작에서의 서수성 전개와 도구의 창발에 의거하면 그래피즘은 심지어 유럽의 가장 오래된 표식들에 선행하고 아프리카의 동굴 예술과 휴대용 예술로까지 줄곧 거슬러 올라갈 개연성이 있다. 그렇지만 그래피즘의 편재성이 이렇게 먼 시기까지 거슬러 올라감을 입증하기 위해서는 여전히 연구가 필요하다.

남아프리카공화국의 고고학자 데이비드 루이스-윌리엄스는 동굴의 완벽한 어둠 속에서도 눈은 '눈 속 이미지'를 만들어낼 수 있음을 보여주었다. 눈 내부의 이 이미지들은 선사 기호들의 격자, 선, 지그재그, 점, 나선, 그리고 곡선에 부합했다.[17] 그런데 이 눈 속 이미지들은 빙하시대 동굴들 속에서 발견된 서른두 개의 상이한 기호 전부를 설명하지는 못한다.

내가 보기에 가장 개연성이 있는 것은 이런 눈 속 이미지들이 선사 기호들에 대한 시각적 영감을 제공한 전부는 아니었다는 점이다. 자연의 질서와 순서열, 대칭은 그것들보다 더 추상적인 이 기호들에 대한 영감을 제공한다. 그렇지만 내가 보기에 중요한 점은 동굴 벽에 새겨진 표식들이 눈 속 이미지들의 재현도 아니고 자연적 패턴들의 재현도 아니라 오히려 일련의 다른 운동과 조율된 인간 팔의 리듬들이라는 것이다.

이 기호들을 작성한 사람들은 먼저 자신들의 마음속에 완전한 기하학적 모양을 구상한 다음에 그것을 동굴 벽에 모사하려고 시도하지 않았다. 그들은 아무 질서도 없이 무작위적으로 벽에 새기지도 않았다. 오히려 그들은 다양한 바위와 염료의 재료를 가져다 놓고서 그것들을 다른 계열로 사용할 때 무엇을 해낼 수 있을지 알기 위해 임기응변적으로 시작했다. 그다음에 그들은 일단 자신들이 선호하는 순서열을 찾아내면 그것을 다른 과정과 조율했다. 이렇게 해서 그들은 동일한 율동적 기입 행위에서 동시에 두 가지 순서열을 조율했다.

이족보행이 매우 혁명적이었던 것은 그 덕분에 호미니드의 손과 입이 동시에 자유로워졌기 때문이다. 손을 더 자유롭게 사용하게 됨으로써 호미니드들이 도구와 기호를 제작할 수 있게 된 것과 마찬가지로, 자유로

---

17. David Lewis-Williams, *The Mind in the Cave*를 보라. 또한 Petzinger, *The First Signs*를 보라.

워진 입 덕분에 그들은 온갖 종류의 새로운 소음을 만들어낼 수 있게 되었다. 자연스럽게도 그들은 점진적으로 이 두 가지 새로운 종류의 순서열을 일대일 관계로 조율하였다.[18] 누군가 또는 무언가가 어떤 특정한 몸짓 또는 표식과 더불어 동시에 어떤 특정한 소리를 낸다면, 그 운동과 소리는 일대일 조율이 이루어질 수 있을 것이다. 시간이 흐름에 따라 어떤 소리들의 순서열 전체가 단 하나의 몸짓 또는 기호에 조율될 수 있을 것인데, 정반대의 경우도 가능할 것이다. 이것이 내가 이런 선사 기호들에서 시사된다고 믿고 있는 것이다. 우리는 서수적 순서열들의 재현이 아니라 운동적 조율을 본다.

이 선사 기호들은 보편적인 기하학적 모양들을 나타내고자 하는 시도가 아니다. 그렇게 생각하는 것은 시대착오적일 것이다. 이 기호들에 '선사 기하학' 같은 것이 존재하더라도 그것은 완전한, 불변의 피타고라스주의적 형태와는 아무 관계도 없다. 각각의 기호는 특이하고 가변적이며 수행적이다. 누군가가 그 기호를 그릴 때마다 그것은 반복하면서 그 모양을 약간 바꾼다. 어쩌면 그것은 심지어 자신의 조율된 대응물을 마치 처음인 것처럼 또다시 소환했었을 것이다. 이 기호들의 기하학은 누군가가 그것을 그리는 방식과 장소의 율동적 순서열에 얽매여 있었다.

예를 들어 '점' 기호는 짧은 율동적 분출이 있다. 선은 더 긴 지속이 있고, 십자가형(가위표)은 두 가지 긴 율동적 운동이 있다. 고고학자들 사이에서는 이 기호들을 완전한 생산물로 간주하는 경향이 있다. 하지만 십중팔구 그 기호들은 그 기입의 수행적 맥락 속에서 이해될 수 있을 따름이다. 그런데 우리에게는 이 맥락이 주어지지 않는다.

그렇지만 그것들의 맥락이 무엇이든 간에 그것은 도상 순서열과 소리 순서열을 함께 엮은 운동적 맥락이었음이 거의 틀림없다. 흔히 초기

---

18. 『존재와 운동』에서 나는 말(speech)과 언어(language)의 관계를 더 자세히 고찰한다.

인간들은 동일한 기호를 일렬로 또는 일괄적으로 여러 번 반복하곤 했다. 우리는 이런 상황을 스페인의 그로타 델라다우라Grotta dell'Addaura 동굴과 리파로 디 자 미니카Riparo di Za Minica 동굴에서 볼 수 있는데, 여기서는 개방각, 선, 암혈(구멍), 또는 점이 무더기로, 병렬로, 혹은 교차하는 순서열들로 반복된다.[19] 여기서 율동적인 서수적 구조가 두드러진다. 이 기호들은 알파벳 문자들도 아니고 다른 사물들의 표상들도 아니며 오히려 독자적인 객체들이다. 그것들에는 리듬과 순서열 들이 있는데, 인간들은 그 리듬과 순서열 들에 맞춰 작업하고 조율한다.

물질과 기억

선사 기호들은 신체, 도구, 몸짓, 그리고 소리 사이에 이루어진 조율의 흔적이다. 기호들은 세계를 재현하지 않으며 오히려 일련의 몸짓과 소리 사이에 이루어진 특정한 율동적 조율에 대한 선사 시대 관찰자를 환기한다. 기호들이 새겨진 벽이나 기호들이 새겨진 휴대용 객체는 물질적 기억이다. 그런 기억은 생성된 사물과 사건 들의 순서열에 대해 관찰자를 환기시킨다.

이것은 인간 기억의 세계로의 외화가 아니라 서수적 객체들의 한 계열의 조율이다. 인간의 심적 이미지가 수동적 객체들의 세계로 외화한 것이 기호라는 관념은 비인간 객체들이 이미 독자적인 물질적 기억을 지니고 있다는 사실을 무시한다. 모든 객체는 자신의 물리적 구조에 독자적인 역사의 물리적 흔적을 간직한다. 그런 물리적 흔적을 역시 보유하는 뇌와 몸의 경우에도 사정은 다르지 않다. 이것이 사실이라면 기호 순서열은 인간 기억의 재현이 아니라 두 가지 물질적 기억 사이의 조율이다.

---

19. Petzinger, *The First Signs*, 156~7을 보라.

탤리

탤리는 기호이지만 모든 기호 중 가장 추상적이다. 왜냐하면 탤리들은 초기 인간들이 또 다른 서수적 계열의 지속과 연장을 측정하기 위해 사용했기 때문이다. 앞서 언급된 기호들의 다양성을 참작하면 탤리들은 필시 온갖 종류의 상이한 순서열을 조율했을 것이다. 그런데 탤리들은 그다지 다양하지 않다. 그것들은 선의 변양태들이었다. 이 절에서 나는, 도구 및 기호와 마찬가지로 탤리도 동일한 구심적 운동 패턴과 일대일 조율에 의해 형성된 서수적 객체임을 보여주고 싶다.

탤리는 꽤 명료하지만 구상적이지도 않고 표상적이지도 않다. 그렇다고 해서 그것이 탤리가 전적으로 추상적인 양임을 뜻하지는 않는다. 탤리들은 다른 한 계열의 '수량' 또는 '길이'를 '더 많거나 더 적은' 정도로 보여주는 것을 목적으로 삼는 한 계열이다. 이런 까닭에 탤리 표식들은 앞서 서술된 더 기하학적인 모양의 기호들보다 형태적으로 더 균질하다. 표식이 더 균질할수록 기록자는 표식의 개별성을 덜 강조하고, 따라서 표식의 시공간적 차이가 더욱더 부각된다. 이것에 관한 아름다운 일례는 그 유명한 3천 년 전의 '늑대 뼈'인데, 그 위에는 어떤 초기 인간이 작은 집단들로 정렬된 55개의 비교적 동일한 평행선을 새긴 흔적이 남아 있다. 거의 동일한 표식들이 여러 번 반복되는 상황은 그 기록자가 각각의 선을 단 하나의 다른 객체와의 일대일 관계로 조율했음을 시사한다. 그렇다면 그 반복은 이 다른 객체의 질의 정도와 지속을 표현하는 작용을 한다.

달

어쩌면 달이 측정된 최초의 객체일 것이다. 이 착상의 작은 흔적은 '달'moon이라는 낱말의 어원에 여전히 남아 있는데, '달'은 '월'month을 뜻하는 라틴어 낱말 mensis와 측정을 뜻하는 라틴어 낱말 mensura — 두 낱말의 인도유럽조어 어근은 –me로 동일하다 – 에서 유래하였다. 해와 달리 달은 순차적으로 변화하기에 초기의 기록된 달의 운행 척도는 해의 운행 척도, 즉 하루보다 더 길어질 수 있게 되었다.

자연은 주기적으로 움직이고, 달은 초기에 관찰된 가장 극적으로 가시적인 사이클 중 하나이다. 태양은 더 이진적이다. 잠시 나타나는 일출과 일몰을 제외하면 태양은 밝게 빛나거나 아니면 사라진다. 그런데 달은 밤낮으로 가시적이고 규칙적인 순서로 찼다가 이지러진다. 만월은 기수적 총합이 아니라 이행하는 서수적 계열에서 단 하나의 위치에 해당한다. 결국에 역사적으로는 태양이 모든 객체의 중요한 이미지로서 우세해질 것이지만, 선사 시대에는 달이 여전히 생성에 관한 멋진 서수적 객체였다.

뼈 위에 새겨진 표식들의 모임처럼 달빛은 어떤 구심적 움직임 패턴을 따른다. 달은 햇빛을 주변부에서 수집하여 자신의 중심부 원반에서 반사한다. 달은 지구의 상대적 위치에 따라 햇빛을 더 많이 반사하거나 더 적게 반사한다. 달은 찰 때 더 많이 반사하고 이지러질 때 더 적게 반사한다.

태양이 뜨고 지는 사이클은 한 달에 걸친 달의 더 역동적인 변동을 측정하기 위한 비교적 안정한 배경을 제공한다. 태음월에 대하여 상대적으로 태음일은 언제나 들쭉날쭉한 반면에, 태양일은 매번 반복하여 시작하고 끝이 난다.

또한 선사 시대의 탤리들은 달의 가장 어두운 위상에 해당하는 신월의 지속을 셈하였다. 이것이 매혹적인 착상인 이유는 그것이 본질적으로 보이지 않는 것을 셈하기 때문이다. 이렇게 해서 신월의 서수적 측정은 '영'zero의 전조였다. 어두운 달은 도구 순서열이 요구하는 평평한 표면처럼 빛으로 가득 찰 텅 빈 표면이다. 신월은 서수적 계열의 첫 번째이자 역설적인 객체이다. 신월은 그것이 만월이라는 그 순서열의 극한에 이를 때까지 서서히 빛으로 채워질 어두운 구심적 무대 또는 텅 빈 장소이다.

블랑샤르 뼈는 가장 오래된 태음력 뼈 탤리 중 하나로, 2만 5천 년 전에서 3만 년 전 사이 시기에 제작되었다. 현미경 분석에 따르면 이 작은 4인치 뼈 파편은 누군가가 달의 차고 이지러지는 '전환들'에 대응하여 조금 휘어진 순차적 새김 표식들의 계열을 제작한 사실을 드러낸다. 각각의 표식은 장시간에 걸쳐 한 번에 하나씩 새겨졌다. 미국인 고고학자 알렉산더 마샥이 현미경 분석을 사용하여 그 탤리들이 달의 위상에 따라 집단화되고 휘어진다는 것을 보여주기 전에는 대다수 학자가 이들 표식을 무시했거나 아니면 한낱 무작위적인 '장식 무늬'일 뿐이라고 간주했다.

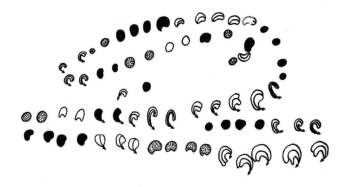

그림 5.1. 블랑샤르 뼈 위에 새겨진 표식들. 출처:Alexander Marshack, *The Roots of Civilization*, 48.

마샥은 여러 가지 태음력 탤리를 유사한 종류들의 표식들로 서술했다. 예를 들면 레봄보 뼈는 시간의 계열에 따라 상이한 날카로움으로 제작된 29 — 태음력 한 달의 날 수 — 개의 새김 표식을 포함하는 개코원숭이 종아리뼈이다.[20] 4만 4천2백 년 전에서 4만 3천년 전 사이 시기에 누군가가 그것을 새겼다. 또 다른 두 개의 탤리 뼈, 즉 이상고 뼈와 그것과 함

---

20. Peter B. Beaumont, "Border Cave — A Progress Report."

께 발견된 '두 번째' 뼈 역시 태음력 탤리일 개연성이 높다. 둘 다 대략 2만 년 전의 것이다. 이상고 뼈에는 (태음력의 달들에 매우 근접한) 60개의 시간상으로 순차적인 탤리를 각각 갖춘 두 개의 열이 있고, 두 번째 뼈에는 29개의 탤리가 새겨져 있다.[21]

의례

탤리 표식들은 여타의 주기적인 순서열을 조율하는 데 사용되는 서수적 객체들이다. 초기 인간들은 탤리들을 사용하여 태음력 순환 주기, 월경 순환 주기, 그리고 계절 순환 주기를 기록하였다. 탤리 표식들은 한 종류의 조율된 객체의 시간에 따른 빈도를 기록했다. 이렇게 해서 그 표식들은 보편적 조율이 아니라 특이한 조율이 된다. 우리는 언제나 어떤 순서열에 하나를 더 추가할 수 있다.

또한 탤리들의 서수적 구조 덕분에 의례 참가를 기록할 수 있게 되었다. 자연적 사이클들은 비교적 규칙적으로 반복되지만, 사회적 사이클들은 훨씬 더 불규칙적이다. 예를 들면 지금까지 고고학자들은 선사 시대 뼈피리에 새겨진 탤리 표식들을 찾아내었다. 이 고고학자들에 따르면 그 새김 표식들은 여러 번 그리고 다양한 도구로 새겨졌던 것처럼 보인다. 그 새김 표식들은 악기의 제작 또는 장식과 어떤 명백한 관계도 없으며, 그리고 그 표식 중 일부는 구멍이 만들어진 후에 새겨졌다. 그러므로 고고학자들은 사람들이 필시 이런 서수적 새김 표식을 그 악기의 의례적 사용과 조율하여 새겼을 것이라고 주장한다. 그 탤리 표식들은 넓은 간격으로 시작하는데, 그 악기의 끝으로 갈수록 간격은 더 좁아진다.

---

21. 마샥은 그가 '자매 뼈'라고 일컫는, 비슷한 표식들이 새겨진 뼈의 발견 상황을 논의한다. "같은 현장, 같은 시기, 그리고 같은 층위에 정확히 같은 형식으로 새겨진, 같은 새의 뼈 하나가 존재했다 … 우리에게 있는 것은 첫 번째 뼈와 같은 형식과 기법임이 명백하다"(Marshack, *The Roots of Civilization*, 159).

이것은 어쩌면 기입자가 탤리를 새길 공간이 점점 동이 났음을 시사할 것이다. 더욱이 한 명 이상의 사람이 그 뼈피리를 연주했을 것이고, 또 다른 사람이 그 악기를 연주할 때마다 그는 그것 위에 '자신의 표식을 새겼을' 것이다.

초기 인간들은 뼈피리의 용도를 사람들이 구심적으로 회집한 의례적 사건들에 조율함으로써 그 피리를 하나의 의례적 객체로 전환했다. 초기 인간들은, 그들이 다른 표식들 주위로 표식들을 한데 모았던 것처럼, 또 그들이 동굴에서 서로 모였던 것처럼, 그 뼈피리의 신체 위에 표식들을 한데 모았다. 여기서 우리는 어떤 구심적 운동이 의례의 구조를 지배했음을 알 수 있다.

여기서 적어도 세 가지의 조율된 서수적 계열 – 피리 연주하기, 표식을 새기는 사람, 그리고 표식의 수 – 이 작동하고 있다. 의례적 탤리들은 뼈피리의 구심적 표면 위에서 이 서수적 계열들을 모두 조율한다.

또한 구석기 시대와 신석기 시대의 구멍 뚫린 바통 또는 뼛조각은 엄청나게 많다. 이 바통들은 목걸이로 착용되었고 장시간에 걸쳐 새겨진, 그 날카로움의 정도가 다양한, 탤리 표식들이 뒤덮여 있었다. 이 바통들 중 일부는 달의 사이클에 직접 조율되었다고 마샥은 주장한다. 사람들은 다른 것들을 "여성, 하늘, 그리고 계절의 주기들, 과정들, 순서열들"에 조율하거나 또는 더 큰 "시간 요소가 포함된" 의례, 의식 사건들과 연계하였을 것이다.[22]

구전설화와 신화의 구조가 대단히 서수적인 것은 우연의 일치가 아니다. 설화는 반복적으로 이야기되고 매번 약간씩 달라지는 소리와 몸짓들의 순서열이다. 의례적 탤리들은 휴대용 목걸이의 형태로 보조 기억장치로서의 역할을 수행했다. 왜냐하면 탤리들과 설화는 모두 서술적 계열

---

22. 같은 책, 283.

이기 때문이다. 이야기꾼에게 다음 줄거리를 환기시키는 표식들은 기억을 불러일으키기 위해 구상적일 필요는 없다. 신화적 서사가 필요로 하는 서수적 형태에 가장 적절한 것은 바로 새김 표식들의 서수적 구조이다.[23]

구전설화 또는 의례의 반복은 각각 최초의 것에 두 번째 또는 세 번째 것을 추가하지 않고, 오히려 최초의 것을 기하급수적으로 반복한다. 이렇게 해서 선사 시대의 신화는 하나의 원처럼 운동하는 것이 아니라, 하나의 반복적인 나선처럼 움직인다. 각각의 새로운 탤리와 이야기는 이전에 반복된 것들의 상대적 의미와 지위를 변화시킨다.

서수적 객체들은 하나의 전체를 형성하지 않으며, 오히려 하나의 미로처럼 종잡을 수 없는 역동적인 과정을 형성한다. 의례는 구심적 운동을 따름으로써 사람들을 행사의 중심부로 회집하여 일련의 사건을 창출한다. 탤리들은 의례의 서수적 구조에 조율되어 새겨진 흔적이다.[24]

결론

이 장에서 나는 선사 시대의 도구 제작, 기호, 그리고 탤리의 실천을 통해서 첫 번째 종류의 서수적 객체들이 창발한 방식을 보여주고자 했다. 독자들 또한 바로 앞 장에서 서술된 서수적 객체들의 세 가지 기본적

---

23. Claude Lévi-Strauss, *Myth and Meaning*, 39~40. [클로드 레비-스트로스, 『신화와 의미』.]

24. Maurice Bloch, "Why Religion is Nothing Special but is Central." 이 시론은 Maurice Bloch, *In and Out of Each Other's Bodies*에 재수록되어 있다. 또한 Michael Silverstein, "Metapragmatic Discourse and Metapragmatic Function," 36을 보고, 지표들의 체계성과 '배치'에 대해서는 같은 글, 43, 47~8, 54~5를, 의례에 대해서는 같은 글, 48을 보라. 지표적 체계성과 의례적 메타화용론에 대한 더 발전된 견해는 특히 Michael Silverstein, "Indexical Order and the Dialectics of Sociolinguistic Life," 201~4를 보라.

면모가 어떻게 해서 이런 구체적인 역사적 실천들을 통해서 창발했는지 이해했기를 바란다.

더욱이 나는 앞서 언급된 증거로부터 선사 시대에는 숫자 같은 기수적 종류의 객체들이 전혀 없었다는 점도 명백해지기를 바란다. 우리는 "한 달에 달moon은 얼마나 많이 회전하는가?"라는 물음에 대한 선사 시대의 대답이 "29와 2분의 1"이 아니라 오히려 "이렇게 많이"임을 잊지 말아야 한다. 이 책의 주요 목표 중 하나는 객체가 보편적 형태가 아니라 오히려 창발적인 운동 패턴임을 보여주는 것이다.

선사 객체들의 물질성과 이동성은 이런 운동 패턴들이 창발하는 데도 중요한 역할을 수행한다. 예를 들면 타격 사이클에 속하는 바위들의 순서열은 인간 뇌의 구성물이 아니라, 더 딱딱하거나 더 무를 수 있는 바위들의 실제 역량의 구성물이다. 마찬가지로 보이지 않는 객체들을 셈하기라는 착상은 인간에게만 귀속되지는 않는다. 달의 특정한 운동과 행위성도 그 착상의 일부이다.

또한 나는 이 장이 서수적 객체와 기수적 객체 사이의 차이점이 형식적이거나 논리적인 것이 아니라 오히려 물질적이고 역사적인 것임을 분명히 했기를 바란다. 그런데 기수적 객체들이 사전에 주어진 실재의 면모가 아니라면 그다음 물음은 이렇다. "기수적 객체들은 도대체 어떻게 해서 서수적 객체들에서 출현했는가?" 새로운 객체 종류의 출현이 한낱 인간의 구성물에 불과한 것이 아니라면 그것을 창출하고 유지하는 데 어떤 종류의 운동 패턴이 필요했을까? 이것들이 기수적 객체들이 고찰되는 다음 부분의 물음들이다.

2 부

기술적 개체

6장

원심적 객체

원심적 객체는 우리가 가장 흔히 생각하는 것이다. 우리는 전형적으로 '정수'를 사용하여 사물을 셈하고 주변 사물들을 이산적인 자기동일적 단일체들로 간주하는 경향이 있다. 이것이 우리의 기본적인 객체관이고, 그리하여 심지어 우리는 지금까지 인간이 언제나 이런 식으로 객체들에 관해 생각했다고 가정한다. 그런데 바로 앞 장에서 내가 보여주고자 한 대로 인간 역사의 99퍼센트 시기 동안 사정은 이렇지 않았다. 사물을 기수적 객체 또는 온전한 단위체로 간주하는 것과 관련하여 보편적인 것도 없고 필연적인 것도 전혀 없다.

기수적 객체와 관련하여 나에게 대단히 매혹적인 것은 그것이 서수적 객체와 상당히 다르다는 점이다. 기수적 객체는 유치원 수학이 그런 것처럼 매우 직관적이라는 느낌이 든다. 그렇지만 기수적 객체는 훨씬 더 추상적이다. 그것은 마치 질이 없는 것처럼 여겨지는 객체이다. 이렇게 해서 우리는 다양한 맥락에서 비교적 균질한 대단히 많은 종류의 객체들을 창출할 수 있게 된다. 세계를 명백히 확고하고 확정적인 방식들로 정렬할 수 있는 기수적 객체들의 역능에 대해서는 논란의 여지가 없다.

그런데 그토록 추상적인 것이 어떻게 해서 매우 특이한 서수적 차이들의 세계에서 창발했는가? 이것이 이 책 2편의 두 번째 부분에서 고찰되는 주제이다. 첫 번째 부분에서 서수적 객체에 대하여 그랬던 것과 마찬가지로 나는 기수적 객체에 관한 이 첫 번째 간략한 장에서 이 객체들의 더 일반적인 구조와 운동 패턴을 서술하고 싶다. 나중에 나는 이런 새로운 객체 종류가 대략 서기전 5000년에서 서기 500년까지 이르는 고대 역사 전체에 걸쳐서 출현한 방식을 더 구체적이고 역사적으로 보여주고자 할 것이다. 구체적으로 나는 숫자, 기하학적 측정, 회계, 그리고 논리가 각각 이 새로운 기수적 객체들의 장을 창출하는 데 어떤 도움을 주었는지를 자세히 살펴본다.

기수적 객체들은 서수적 객체들과는 매우 다른 운동 패턴을 통해서 창발한다. 기수적 객체들은 사물들을 순서열로 한데 모으는 대신에 오히려 수집된 사물들의 집단을 단일하고 균일한 단위체로 간주한다. 그 다음에 인간은 이런 중앙의 단위체들을 사용하여 다른 객체들을 재조직하고 측정한다.

그런데 기수적 객체들은 서수적 객체들을 대체하는 것이 아니라 오히려 그것들을 새로운 방식으로 포착하고 변환하며 재배치한다. 역사적으로 그리고 운동역학적으로 기수적 객체들은 서수적 계열들에서 비롯된다. 그렇지만 궁극적으로 고대인들은 기수적 객체들이 마치 서수적 객체들의 원천이자 토대인 것처럼 그것들을 사용하게 되었다. 이것은 이어지는 장들에서 내가 설명하고자 하는 기수적 객체들의 또 다른 흥미로운 측면이다. 이 새로운 종류의 추상적 객체들은 이 세계를 어떻게 재구성했는가? 이 새로운 세계와 관련하여 이 객체들이 이 세계에 의해 창출되지 않고 오히려 이 세계가 이 객체들에 의해 창출된 것처럼 보이게 만든 것은 무엇인가? 그것은 어떤 생산물이 스스로 산출된 것처럼 보이는, 역사상 진정으로 믿기 어렵고 당혹스러운 순간이다.

기수적 객체란 무엇인가?

게오르크 칸토어는 기수를 일련의 원소가 "하나의 전체로" 뭉쳐진

"응집체"로 규정했다.[1] 이것은 형식적 정의이지만, 그 배후에는 더 흥미로운 이야기도 있다. 인간들은 언제 사물을 자신의 상대적 위치와 맥락에 의해 변하지 않는 균일한 단위체로 간주하기 시작했는가? 어떤 사물이 도대체 아무 질도 갖추고 있지 않은 것처럼 작용하는 일이 어떻게 가능했는가?

나는 그런 일이 어떻게 일어났든 간에 그것은 서기전 3500년경에 고대 메소포타미아에서 일어났다고 믿는다. 이곳은 인간이 최초로 숫자numeral를 발명한 지역이다. 숫자는 오늘날 우리가 사용하는 아라비아 숫자, 즉 1, 2, 3 등과 같은 기수적 객체이다. 숫자는 앞서 내가 더 일반적으로 크기로 규정한 '수'number와 동일하지 않다.

이것이 중요한 구분인 이유는 피타고라스와 플라톤까지 거슬러 올라가는, 수가 기수와 동일하다는 수학에 대한 여전히 지배적인 믿음 때문이다.[2] 1856년에 카를 가우스는 이렇게 적었다. "수학은 만학의 여왕이고, 수론은 수학의 여왕이다."[3] 수론이, 가우스의 경우에 그런 것처럼, 수가 근본적으로 기수적임을 암묵적으로 가정한다면, 기수 역시 수학과 과학의 핵심에 자리하고 있다. 또한 이 전통은 수가 관념적 존재라고 주장한다. 수는 물질적 실재와 독립적인 실재적인 기수적 객체이다.

이것은 기수적 객체들이 적어도 일부 사람에게는 마치 그 객체들이 세계의 생산물이 아니라, 세계가 그 객체들의 생산물인 것처럼 보이게

---

1. Georg Cantor, *Contributions to the Founding of the Theory of Transfinite Numbers*, 85. " '응집체'(Menge)로 우리가 이해하는 바는 우리의 직관이나 사유의 대상인 확정적인 별개의 객체들 m이 하나의 전체로 결합한 집합체(Zusammenfassung zu einem Ganzen) M이라는 것이다. 이 객체들은 M의 '원소들'로 일컬어진다. 이것을 기호로 표현하면 다음과 같다. M = {m}."

2. 이 쟁점에 관한 철저한 고찰은 Simon Duffy, *Deleuze and the History of Mathematics*, 141~4를 보라.

3. Calvin T. Long, *Elementary Introduction to Number Theory*, 1에서 인용됨.

하는 매혹적인 영향을 미쳤다는 완벽한 일례이다. 궁극적으로 이것은 결코 입증될 수도 없고 반증될 수도 없는 형이상학적 관념이다. 오히려 나는 일부 고대인이 기수적 객체들이 그것들의 이미지대로 세계를 창조한 것처럼 세계를 바라보고 세계 속에서 살아갈 수 있게 만든 물질적·역사적 조건을 살펴보고 싶다. 일부 사람에게 그런 형이상학적 관념들이 매우 그럴듯한 것처럼 보이게 만든, 이 기수적 객체들의 구조와 운동 패턴들은 무엇이었던가?

기수적 객체의 출현은 매우 극적이어서 많은 과학사가가 '과학'과 '이성'의 탄생을 기수적 객체 ― 정확히 말하자면 나중에 고전 그리스에서 형식화된 기수적 객체 ― 의 등장과 동일시한다. 이어지는 장들에서 나는 매우 다른 테제를 주장하고 싶다. 기수성은 순전히 수학적인 관념이 아니라 오히려 사물들을 추상적 전체들, 범주들, 그리고 단위체들로 조직하는 역사적인 물질적 운동 패턴이다. 요컨대 나는 서양과학의 역사에서 가장 추상적인 관념이 철저히 물질적이고 역사적이며 실천적인 발명품이라고 주장한다. 기수적 객체들은 추상적이지만, 적어도 내가 보기에 추상 관념은 결코 비물질적이지도 않고 몰역사적이지도 않으며 한낱 인간 관행의 생산물에 불과한 것도 아니다. 일단의 물질적인 운동적 과정 전체가 추상 관념의 창출에 연루된다.

이어지는 장들의 목표는 이런 과정들이 고대 시대 기수적 객체들의 장을 어떻게 창출했고 유지했는지 보여주는 것이다. 요컨대 기수적 객체들은 다른 객체들을 '전체'들로서 재조직하고 측정하며 셈하기 위한 모형을 창출한다. 특히 이 장에서는 기수적 객체들이 고대 세계에서 네 가지 주요 과정 ― 원심적 운동, 구체적 기수성, 추상적 기수성, 그리고 일대다 조율 ― 을 거쳐서 창발하여 전파되었다는 주장이 제시된다. 4장과 마찬가지로 여기서 나는 이 과정들과 그 작동 방식에 관한 대강을 제시할 따름이다. 그렇지만 그다음 두 개의 장에서 나는 이 과정들이 어떻게 고대의 다양한 과학 실천에서 확산하는지에 관해 서술한다. 역사를 다루기 전에 이제 이 네 가지 과정을 차례로 살펴보자.

원심적 운동

내가 원심적 운동으로 뜻하는 바는 태양에서 비롯되는 빛처럼 중심점에서 외부의 모든 방향으로 발산하는 방사상의 움직임 패턴이다. 그런데 그 중심점은 어디에서 비롯되는가? 원심적 운동은 일단의 객체가 이미 어떤 중심점에 한데 모여 있다고 가정한다. 달리 말해서 원심적 운동은 애초의 구심적 운동을 필요로 하기에 객체들의 서수적 계열이 갖추어져 있어야 한다. 일단 어떤 객체들의 서수열이 회집된 이후에야 이 서수열을 하나의 닫힌 전체 또는 '기수적' 전체로 셈할 수 있게 된다. 진행 중인 일련의 객체들이 응집되지 않는다면 어떤 응집체도 있을 수 없다.

칸토어가 진술한 대로 기수적 객체는 "확정적인 별개의 객체들〔원소들〕이 … 하나의 전체로 결합한 집합체"라고 가정하자.[4] 그 경우에 기수적 객체는 별개의 서수적 객체들의 현존을 필요로 한다.

역사적인 물질적 관점에서 바라보면 기수적 객체들이 먼저 출현했다고 말하는 것은 터무니없다. 기수적 객체들이 먼저 출현했다면 그것들은 무엇을 '하나'로서 수집하고 셈했는가? 기수적 객체들에 관해 생각하는 또 다른 방식은 그것들을 수정된 서수적 객체들로 간주하는 것이다. 일단 누군가가 서수적 객체들을 충분히 수집하면 하나는 여타의 것과 구별되는 어떤 특별한 지위를 띠기 시작할 수 있다. 그다음에 이런 두드러진 객체는 그 집단에서 여타의 것에 대한 원형으로 기능하기 시작한다. 여타의 객체는 더는 특이하지 않고 오히려 하나의 더 크고 더 주요한 전체의 '부

---

4. Cantor, *Contributions to the Founding of the Theory of Transfinite Numbers*, 85.

분들'이 된다. 부분들로서의 그것들의 새로운 질서는 그 전체에 의존하는 것처럼 보인다. 그 전체가 없다면 그 부분들은 부분들이 아닐 것이다.

일단 누군가가 서수적 계열의 한 객체를 '기수적' 객체로 지정하면 그것은 이질적인 객체들을 마치 그것들이 어떤 전체의 부분들인 것처럼 측정하고 통일하며 분류하기 위한 도구로서 사용될 수 있다. 기수성의 이런 기본 구조는 고대 세계의 모든 과학에서 다양한 정도로 생겨났다. 이질적인 객체들을 단일체로 통일하는 모든 행위는 기수성의 행위이다. 직각삼각형, 자연적 원소(불, 물, 흙, 공기 등), 또는 비례성 같은 추상 개념들은 모두 전체를 사용하여 그 부분들을 정렬하고 규정하는 기수적 객체이다. 탤리 표식, 기호, 또는 도구와 같은 서수적 객체들은 이런 의미에서의 단일체가 아니라 오히려 특이한 것들의 계열이다.

이 장과 다음 두 개의 장에서 나는 기수적 객체들이 진행 중인 원심적 움직임 패턴에 의해 창출되며 유지된다고 주장한다. 이어지는 두 장에서는 이 객체들을 최초로 생성한 특정한 역사적 과정들을 서술할 것이다. 그런데 이 장에서 나는 이런 운동 패턴이 작동하는 방식의 두 가지 주요 단계를 분명히 하고 싶다. 기수적 객체들은 완전히 형성된 채로 갑자기 출현하지 않았고, 오히려 점점 더 추상화되는 단계들을 거쳐 나타났다.

구체적 기수성

기수적 객체 형성의 첫 번째 단계는 내가 '구체적인' 기수적 객체라고 일컫는 것이다. 그러므로 우리가 혼동하지 말아야 하는 두 종류의 기수적 객체들—구체적인 기수적 객체와 추상적인 기수적 객체—이 있다. 구체적 기수성은 서수적 객체들의 어떤 단일한 기수적 객체로의 통일이다. 구체적인 기수적 객체가 추상적이지 않은 이유는 그것이 여전히 어떤 종류의 집단이기 때문이다. 예를 들면 일단의 꿩 또는 일단의 거위는 한 특정한 종류의 통일된 집단이다. 구체적인 기수적 객체는 여전히 질을 갖춘 양이다.

기수적 객체는 구체적인 것으로서 시작하지만 시간이 흐름에 따라 점점 더 추상적인 것이 된다. 그 과정을 분명히 하는 데 도움을 주기 위해 나는 그것을 네 가지 기본 조치로 분할하였다. 이 조치들 중 세 가지는 구체적인 기수적 객체들에서 일어나는 변화이지만, 네 번째 조치는 추상적이다. 여기서 '추상적'이라는 용어는 사람들이 마침내 객체를 아무 질도 갖추지 않은 양으로 간주했다는 것을 뜻한다. 이런 분할이 중요한 이유는 그것이 이어지는 역사적 장들에서 독자가 이 조치들의 작동 방식을 이해하는 데 도움이 될 것이기 때문이다.

분열

기수적 객체를 창출하는 첫 번째 조치는 중심부와 주변부 사이의 임의적이고 확고한 분열을 설정하는 것이다. 그 분열 조치는 축적된 객체들을 여타 객체들과 분리한다. 서수적 계열은 삶, 죽음, 그리고 재탄생의 끊임없는 사이클처럼 지속적인 불균형 상태에서 언제나 움직이고 자신의 상대적 위치를 변화시키고 있다. 그런데 기수적 객체는 결집된 객체들을 '하나의' 사물로 셈할 수 있도록 어떤 지점에서 순서열을 절단했다.

이렇게 해서 훨씬 더 두드러진 분열이 초래되었다. 예컨대 고대의 기수적 사회에서 일부 식물은 먹기에 건전한 것(곡물)으로 여겨졌고 일부 식물은 그렇지 않았다. 일부 동물은 가축화될 수 있었지만 일부 (야생) 동물은 그럴 수 없었다. 고대 사회가 중앙집중화된 도시에 더욱더 많은 (도구들, 탤리들, 기호들, 사람들, 그리고 동물들의) 서수적 계열을 한데 모음에 따라 도시와 야생 사이의 대조가 점점 더 두드러지게 되었다. 이 것에 대한 초기 실례 중 하나는 여러 가지 농업적 계열을 '성장하는 계절' 같은 하나의 온전한 '단계'로 집단화한 것이었다. 또한 사람들은 달의 연속적인 변화를 네 개의 '상'으로 분할하였다.

위계

기수적 객체를 창출하는 두 번째 조치는 객체들을 다소 우월한 것들로 등급화하기 위해 내부와 외부 사이의 선명한 차이를 사용하는 것이다. 중심부를 향해 집합된 객체들은 주변부에 집합된 객체들보다 위계적으로 우월하다.

역사적으로 이 두 번째 조치는 신석기 사회가 지식을 어떤 선택 집단, 나이가 든 인물 또는 족장에게 집중화하기 시작했을 때 개시되었다. 이 시기 즈음에 의례와 노동은 더 전문화되고 배타적인 것이 되기 시작했다. 성직자와 우두머리가 출현함으로써 기도, 씨 뿌리기, 그리고 의례를 주관할 권리가 서서히 공고화되었다. 신석기 시대 인간들은 노동 분업을 도입하였는데, 비록 그것이 아직 결코 보편적이지는 않았지만 말이다. 인간들은 전문 지식과 기술을 특권이 부여된 장소들과 사람들에게 점점 더 집중시켰다. 도시화의 발흥과 더불어 중요한 중심지는 사원이 되었다. 사원의 어두운 내부는 밝은 외부 세계보다 우월한 독특한 객체로서 기능했다.

후기 신석기 시대에 이루어진 어두운 것과 밝은 것, 파괴적인 것과 창조적인 것, 보이지 않는 것과 보이는 것 사이의 구분은 도시화와 더불어 심화되었다. 수천 년이 흐름에 따라 이 구분들은 선과 악 사이, 보이지 않는 것에 관한 우월한 지식과 보이는 것에 관한 열등한 지식 사이의 위계적 분열이 되었다. 도시 농경의 발흥은 매월 태음력 순서열의 특이성보다 계절들과 하지 및 동지의 '전체 단계'에 점점 더 특권을 부여했다. 이런 위계적 객체들의 발흥은 여전히 매우 구체적이었다. 왜냐하면 그 사태는 질을 갖춘 일부 객체에 여타의 것보다 특권을 부여했기 때문이다.

재조직

기수적 객체를 창출하는 세 번째 조치는 두 번째 조치에서 비롯되었다. 일단 어떤 단일한 객체 또는 일단의 객체가 사회의 중심부에서 체계적으로 특권을 부여받게 되면, 그다음에 그것은 주변부를 재정렬하기 위한 원형으로 사용되었다. 이런 일은 후기 신석기 마을에서 사람들이 곡물을 어떤 단일한 중앙 저장고에 축적했을 때 일어났다. 중앙 저장고에 대한 권한을 가진 사람들은 주민에게 균등한 정량의 곡물을 측정하여 나누어주어야만 했다. 이전 수천 년 동안 그랬던 것처럼, 곡물 비축의 중앙집중화가 이루어지지 않았다면 전문 회계사들, 표준화된 단위들, 그리고 곡물 교환권들은 불필요했었을 것이다.

이렇게 해서 어떤 단일한 기수적 객체는 모든 '부분'이 의존하게 되는 기초가 되었다. 사람들은 균일한 곡물 단위들로 삶을 측정했다.

추상적 기수성

기수적 객체를 창출하는 네 번째 조치는 이 새로운 균일한 단위를 곡물 이외의 것들도 포괄하는 양으로 간주하는 것이었다. 이 마지막 조치는 직관적이지 않고 심지어 부조리한 것에 가깝다. 곡물의 단위가 어떻게 척도의 보편적 단위로 사용될 수 있는가? 그것들이 아무것도 공유하지 않는다면, 어떤 의미에서 사과 한 개, 곡물 한 컵, 그리고 도끼 한 개가 모두 '하나'인가?

여기서 사물에 관해 운동역학적으로 생각하는 것이 도움이 된다. 밝아진 달처럼 어떤 사건이 일어날 때마다 우리가 각각의 사건에 대하여 어떤 독특한 탤리를 새기는 대신에 한 특정한 위치에 하나의 탤리 표식을 남겼다고 가정하자. 그 순서열의 어느 지점에서 우리가 멈추고서 그 모든 사건이 어떤 '달 위상' 또는 '계절'처럼 '하나'의 것이라고 말했다고 가정하자. 기수적 객체는 회전하면서 다양한 하위-사이클을 거치는 하나의 사이클을 완결하는 과정과 같다. 그것은 그 과정의 '부분'으로서 회전하고 있는 동안에 일어난 모든 것을 포함한다. 그것은 여러 하위-사이클을 전개하거나 포괄하는 한 사이클과 같다.

기수적 객체 '하나'가 '모든 것의 하나'를 지칭할 수 있다면 이런 추상적 경험에서 특별한 것이 비롯된다. 우리가 '하나'를 그 자체로 '사물 일반의 하나'로 간주한다면 당연히 우리는 이 '하나'를 어떤 구체적인 특수성도 질도 갖추지 않은 것으로 간주하고 있다는 사실이 도출된다. 이렇게해서 마치 이 일반적인 '하나'는 이전부터 존재했고 그것이 포괄하는 어떤 특정한 객체에 의해서도 불변인 채로 남아 있는 것처럼 보인다. 이것은 우리가 추상적인 기수로 이어진 구체적인 과정 전체를 기수적 객체의 생산물로 소급하여 간주하는 실재적 추상화의 국면이다.

이 과정의 극한에서 그 하나는 심지어 그것이 포괄하는 구체적인 부분들을 창출한 것처럼 보인다. 이것은 피타고라스와 플라톤에 의한 역사적 지배를 발흥하게 한 최종적인 과감한 반전이다. 그리하여 기수적 객체 형성의 네 가지 조치가 완결된다. 이제 그 조율 구조가 서수적 객체들의 조율 구조와 어떻게 다른지 살펴보자.

일대다 조율

기수적 객체들의 마지막 면모는 우리가 그것들을 '일대다 조율'로 배치할 수 있다는 점이다. 기수적 객체들은 서수적 조율처럼 한 객체를 단하나의 다른 객체에 조율하기보다는 오히려 한 객체를 다수의 다른 객체에 동시에 조율할 수 있다. 서사적으로 서술하면 이런 일은 일단의양≠처럼 무언가의 상이한 부분들을 모두 '하나의 양≠'으로 간주할 때 생겨난다.

기수적 객체는 그것의 서수적 부분들을 1, 2, 또는 3으로 셈하는 것이 아니라 오히려 그 각각을 하나의 전체의 유적 부분으로 간주한다. 그러므로 어떤 기수가 그 서수들의 산술적 총합이라고 말하는 것은 터무니없다. 이 정의는 기수적 셈하기를 사용하여 기수성 자체를 규정하는 것이다. 버트런드 러셀이 올바르게 주장하는 대로 "셈하기는 수를 규정할 수 없는데, 왜냐하면 수가 셈하기에 사용되기 때문이다."[5] 그러므로 예컨대 기수는 그 원소들의 총합에서 도출될 수 없다. 이런 까닭에 기수적 객체들은 그것들이 셈하는 객체들의 재현물들이 아니다. 그것들은 서로 닮지 않았다. 기수적 객체들은 그것들이 셈하는 것들과 다른 객체들이고 그 계열과 조율될 뿐이다. 내가 보기에 우리는 모든 객체와 마찬가지로 기수적 객체들도 관념적 존재자들이 아니라 물질적 과정들임을 기억해야 한다.

또한 흥미롭게도 이것에서 포함의 역설이 비롯된다. 모든 기수적 객체의 역설은 그것들이 아무튼 자신의 서수적 원소들 모두와 동일하지만, 그중 어떤 특정한 것과도 동일하지 않다는 것이다. 1897년에 이탈리아인 수학자 체사레 부랄리-포르티가 최초로 이런 논리적 역설을 추론했다. 부랄리-포르티는 모든 서수의 집합이 존재한다면 그것은 그 집합에 속하는 모든 서수보다 더 큰 서수일 것이고, 따라서 그것은 자신을 포함하지 않기에 모든 서수의 집합이 아닐 것이라고 말했다. 버트런드 러셀과 독일인 수학자 쿠르트 괴델은 자신을 포함하는 집합들의 유사한 역설을 추론했다. 모든 집합의 집합은 그 집합 속에 자신을 포함할 수 없기에 괴델의 정리는 원소들의 절대적 포괄은 존재하지 않음을 입증하는데, 왜냐하면 절대적 포괄 자체는 그것이 포괄하는 모든 원소와 다른 원소이기 때문이다.

자신을 포함하는 기수적 객체들에 대한 순전히 논리적인 증명들에 덧붙여 이런 역설의 물질적 역사도 존재한다. 역사적으로 추상적인 기수적

---

5. Russell, *The Principles of Mathematics*.

객체들은 그것들이 '통합'한 원소들과 별개의 것으로서 먼저 출현했다. 한 기수적 객체의 어떤 셈하여진 객체와의 유일한 실제적인 연결은 실제적 조율 행위가 진행되는 동안 이루어졌다. 이 실천은 기성의 형태로 이루어지지 않으며 오히려 그것이 이루어지려면 이어지는 장들에서 서술될 객체들의 방대한 물질적인 사회적 장이 요구된다.

그런데 이와 같은 이른바 기수적 '전체'는 일련의 다른 객체들에 운동적으로 조율된 또 하나의 특이한 객체일 따름인데, 요컨대 '마치' 그 객체들이 총체적으로 하나의 온전한 객체를 이루는 것처럼 간주된다.[6] 『존재와 운동』에서 내가 보여준 대로 글이 발명되는 경우에도 이런 동일한 과정이 발생한다.[7] 어떤 단일한 문자를 다양한 객체와 소리에 조율하는 실천은 이런 동일한 기수적 구조를 따른다. 글과 숫자가 모두 서기전 3500년경에 동일한 물질적 기법에서 동시에 창발한 것은 우연의 일치가 아니다. 숫자가 먼저 출현했고, 그다음에 사람들은 동일한 운동적 과정에서 글을 도출했다.

또한 이런 일대다 조율의 구조는 '마지막' 기수적 객체의 역설을 낳는다. 일련의 서수적 객체가 언제나 모든 조율된 기수적 객체에 선행한다. 기수적 객체는 그 계열에서 '최종' 객체의 역할을 수행하는데, 요컨대 우리는 그 객체 뒤에 더는 아무것도 추가할 수 없다. 그 기수적 객체는 그 계열에 속하는 모든 사전 객체를 '하나'로 셈한다. 그런데 앞서 이해된 대로 셈하기를 행하는 기수적 객체는 그것이 셈하는 '하나'에 포함될 수 없다. 그러므로 그것은 그 계열에 속하지 않기에 기술적으로 그 계열의 '마지막' 객체가 아니다.

---

6. 이 점에 관한 더 자세한 논의로는 Nail, *Marx in Motion*을 보라.
7. 중복을 피하기 위해 이어지는 장들에서는 글의 운동적 구조가 고찰되지 않을 것이다. 그 이유는 이런 고찰이 Nail, *Being and Motion* [네일, 『존재와 운동』]에서 이미 이루어졌기 때문이다.

그리하여 무엇이 정말로 그 계열의 마지막 객체인지에 대한 근본적인 결정 불가능성이 여전히 남아 있게 된다. 그것은 셈하여진 마지막 서수적 객체인가, 아니면 그것을 셈한 기수적 객체인가? 이런 점에서 기수적 객체는 그 계열에 속하지도 않고 정렬되지도 않는다. 그리하여 기이하게도 그 계열은 닫혀 있으며, 그리고 자신에 속하지 않는 어떤 기수적 객체에 의해 통합된다. 그렇다면 이 특정한 계열을 통합하는 기수적 객체의 진정한 정체는 무엇인가? 그것은 결정 불가능하다. 마지막 또는 최종의 기수적 객체는 궁극적으로 임의적이다. 우리는 기수적 객체를 계열에 포함시킬 수 없기에 계열은 우리가 그 계열을 셈하기 위해 사용하는 기수적 객체가 무엇이든 간에 그것의 영향을 전혀 받지 않는다.

'최초' 기수의 역설은, 어떤 계열의 '부분들'을 셈할 때 우리는 이미 그것들이 전체의 부분들이라고 가정하고 있다는 점이다. 전체가 없는 부분들은 정의상 부분들이 아니다. 전체가 자신의 부분들을 조직하려면 부분들이 이미 존재해야 한다. 그런데 부분들이 존재하려면 그것들에 선행하는 전체가 이미 존재해야 한다. 이렇게 해서 기수적 객체들이 지금까지 언제나 현존했어야 했다는 기묘한 소급적인 느낌이 생겨난다.

기이하게도 동일한 기수적 객체는 동일한 순서열에서 동시에 **최초** 객체이자 **마지막** 객체이자 **빠져 있는** 객체이다. 마찬가지로 고대 세계에서 창발한 영zero이라는 관념은 이런 현상에 기반을 두고 있다. 이에 관해서는 나중에 더 자세히 논의될 것이다.

핵심적인 착상은 기수적 객체가 마치 그것이 자신이 통합하는 부분들에 선행하면서 그 부분들을 초월하는 것처럼 작동한다는 것이다. 모든 객체와 마찬가지로 기수적 객체에는 어떤 특정한 사이클이 있다. 기수적 조율은 한 특정한 사이클을 사용하여 다양한 객체를 동시에 측정한다. 이리저리 흔들리고 있는 어느 진자시계를 상상하자. 일대다 조율은 그 진자가 진동하는 동안 방 안에서 움직이는 모든 것을 '하나'로 셈하는 것과 같다.

이것이 기수적 객체 조율하기의 물질적인 운동적 기초이다. 우리 손과 뇌가 숫자 1을 쓰는 데 걸리는 시간 동안 움직이는 모든 것을 우리는 '하나'로 셈할 수 있다. 모든 단일한 사이클은 수많은 다른 사이클을 동시에 조율할 수 있다. 그것은 인간 지식의 역사에서 가장 독창적이고 기묘한 조치 중 하나이다. 그런데도 우리는 기수적 조율이 언제나 시계, 손, 낱말, 또는 뇌 같은 실재적이고 물질적인 기수적 객체의 운동을 필요로 한다는 점을 기억해야 한다. 이런 까닭에 기수성은 관념적이지 않으며 오히려 물리적이고 운동적이다.

순서열과 동시성

우리가 어떤 기수적 객체를 사용하여 원소들의 한 순서열을 셈할 때, 또한 그 객체는 이 원소들을 하나의 동시적 전체의 동등하고 비례적인 부분들로 변환한다. 반면에 '첫 번째, 두 번째, 세 번째' 같은 서수적 배열은 반드시 비례적이지는 않다. 우리는 한 탤리 표식 또는 운동적 사이클을 어떤 곰에, 다른 한 탤리 표식을 어떤 늑대에, 그리고 또 다른 한 탤리 표식을 그 늑대가 어떤 호수를 한 바퀴 도는 데 걸리는 시간에 조율할 수 있을 것이다. 각각의 서수적 사이클은 특이하다.

그런데 기수적 객체의 경우에는 사정이 다르다. 기수적 객체는 모든 양의 또는 모든 종류의 객체를 단일한 단위체로 셈할 수 있다. 우리가 부분들을 셈하는 방식의 순서열은 중요하지 않다. 각각의 부분은 여타 부분과 동등하게 교환 가능해진다. 왜냐하면 그것들은 모두 동일한 전체의 부분들이기 때문이다.

예를 들어 우리에게 여섯 개의 과일이 담긴 바구니 하나가 있다면 우리는 그 과일들을 여섯 개의 과일로 이루어진 한 계열, 각각 세 개의 과일로 이루어진 두 가지 순서열, 또는 각각 두 개의 과일로 이루어진 세 가지 계열로 조직할 수 있다. 우리가 그것들을 어떻게 조직하든 간에 기수는 여전히 '과일 한 바구니'이다. 우리가 그 과일들을 어떻게 배열하든 간에, 예컨대 배들을 먼저 배열하든, 사과들을 먼저 배열하든, 또는 바나나들을 먼저 배열하든 간에 우리에게는 여전히 '과일 한 바구니'가 있다.

그 바구니를 '하나'로 셈한 이후에, 그리고 단지 그 이후에야 비로소 우리는 그것을 다양한 조각으로 분할할 수 있다. 이런 분할 행위가 객체들의 기수적 계열을 창출하는 것이다. 우리가 한 기수적 객체를 다른 한 기수적 객체에 추가할 때 기수적 계열이 형성된다. 예를 들면 우리는 1에 '하나 더' 추가함으로써 기수 2를 얻게 된다. 그 계열에서 이 '하나 더'가 첫 번째 1과 여전히 동일한 한에서 그 계열은 비례적일 것이다.[8]

계열을 이루는 모든 기수적 객체는 원본의 복사본처럼 첫 번째 객체를 모방하여 비례적으로 만들어진다. 영은 유적 전체성의 '자리표시자' 또는 '기준 단위'이다. 새롭게 추가되는 각각의 객체에 대하여 상대적으로 변화하는 서수적 계열과 달리 기수적 계열은 '하나 더' 추가될 때 변화하지 않는데, 왜냐하면 그 원형 단위가 자기동일적이기 때문이다. 그 원형은 자신의 더 많은 복사본을 창출할 따름일 것이다.

두 개의 기수는 그것들이 같은 수의 원소를 공유한다면 이 원소들이 무엇이든 간에 서로 동일할 것이다. 예를 들면 우리가 5라는 수에 관해 어떻게 쓰든 또는 어떻게 생각하든 간에, 그것이 다섯 개의 비례적 원소들을 갖추고 있는 한에서 그것은 같은 수의 원소들을 갖춘 여타 집합과 동등할 것이다.

이렇게 해서 기수적 계열은 수집함에 따라 변화하는 서수적 계열의 구심적 나선과 다르다. 오히려 기수적 계열은 원심적으로 바깥을 향해 움직이면서 팽창하는 동심원들과 비슷한데, 그것들은 모두 첫 번째 중

---

8. 이것이 집합론에서 이른바 '공백의 보편적 포함'에 대한 운동적 의미이다.

심점에 비례한다. 서수적 나선은 중심부에 있는 종점에 결코 이르지 못한다. 그런데 우리가 마치 그 나선이 중심부에 있는 종점에 이르는 것처럼 행동한다면 그 중심점은 우리가 그것을 창출한 모든 객체를 재조직하고 분류하는 데 사용할 수 있는 원형으로 기능할 수 있다. 기수적 계열은 우리가 그 중심점의 동일성과 각각의 동심원적 복사본의 비례성을 기수적 객체들에 부여할 때에만 가능하다.[9] 기수적 객체와 관련하여 보편적인 것도 형식적인 것도 전혀 없다. 역사상 어느 시점에 특정한 인간들이 물질적인 운동적 과정들의 장 전체를 통해서 앞서 내가 서술한 구조를 발명했다.[10] 이 과정들이 다음 두 개의 장에서 논의될 주제이다.

결론

기수적 객체들의 엄청난 역능과 추상작용으로 인해 어떤 물질적인 운동적 설명을 제시하는 것은 도전적인 난제가 된다. 그런데도 이 장의 목표는, 기수적 객체들의 몇 가지 공통적인 운동적 면모를 서술함으로써 독자들이, 고대 세계에서 그리고 외관상 이질적인 여러 과학들에 걸쳐서 역사적으로 생겨난 기수적 객체들을 더 명료하게 식별할 수 있도록 독자들을 준비시키는 것이었다.

이어지는 두 개의 장에서 나는 기수적 객체들의 운동적 구조가 고대 세계에서 이루어진 숫자, 회계, 측정, 그리고 논리의 발명을 통해서 어떻게 창발했는지를 보여줄 것이다.

---

9. 달리 말해서 "객체들의 축적의 형식적 조건은 그 정반대의 것, 즉 만물의 평등성이다." Tristan Garcia, *Form and Object*, 96.
10. 형식적 객체론은 객체들의 물질적 운동 패턴들을 고려하지 못함으로써 몰역사적인 채로 남게 되고, 따라서 연쇄성과 축적에 대한 그 이론의 이해 역시 올바르지 않게 된다.

7장

고대 객체 I

고대 세계에는 기수적 객체가 많이 있다. 대략 서기전 5000년에서 서기 500년에 이르기까지 기수적 객체들은 점점 더 추상적인 것이 되었다. 이 장과 다음 장에서 나는 여러 고대 과학이 원심적 운동을 사용하여 이런 기수적 객체들을 창출했다고 주장한다. 구체적으로 이 두 개의 장에서 나는 기수적 객체들이 고대의 네 가지 과학 실천 – 숫자, 회계, 측정, 그리고 논리의 사용 – 에서 어떻게 발전되었는지를 보여주고 싶다. 나는 이 네 가지 실천이 각각 네 가지의 유사한, 점증하는 추상화 단계를 통해서 어떻게 움직이는지를 보여주고 싶다.

여기서 내가 특히 흥미롭다고 깨닫게 되는 것은 이런 과학 실천들이 각각 독자적인 방식으로 그것들이 공유하는 네 가지의 추상화 단계와 운동들을 통해서 움직이는 방식이다. 하나의 방법이 다른 하나의 방법에서 자신의 기수적 객체들을 도출하는 선형적 순서열은 존재하지 않았다. 그 실천들은 출현하고, 사라지며, 어딘가 다른 곳에서 다르게 재출현한다. 점점 더 추상적인 기수적 객체들의 출현은 점진적인 인과성과 직접적인 영향에 의해 이루어지기보다는 오히려 공명에 의해 이루어지는 것처럼 보였다. 그것은 도미노가 연쇄적으로 쓰러지는 사태라기보다는 오히려 당신이 피아노 가게에서 피아노 건반을 쳤을 때 모든 피아노가 공명하는 사태와 비슷하다.

게다가 고대 세계에서 기수적 객체들이 지배적인 상황의 발흥이, 서수적 객체들과 그 패턴들이 사라졌음을 뜻하지는 않는다는 점을 인식하는 것이 중요하다. 오히려 그것들은 흡수되어 변환되었다. 질서정연한 객체들의 축적은 계속되었지만, 사람들은 사물들을 비례적으로 측정하고 분할하기 위해 점차적으로 이 객체들을 새로운 중앙집중화된 단위에 조율했다.

이 장에서 나는 기수적 객체들의 역사적 발흥에 결정적인 두 가지 과학 실천 – 고대 메소포타미아에서 이루어진 숫자의 발명과 메소포타미아 및 고대 이집트에서 실행된 회계의 사용 – 에 집중한다. 먼저 숫자의 전개를 고찰하자.

숫자의 발명

기수성의 가장 중요한 초기 표현 중 하나는 표기된 숫자였다. 숫자가 발명되기 전에는 누군가가 단일한 추상적 단위를 사용하여 다양한 종류의 객체들을 측정하거나 통합했다는 증거가 전혀 없다.[1] 이 장에서 나는 과학적 지식의 토대에 여전히 자리하고 있는 이 당혹스러운 객체의 물질적인 운동적 조건을 보여주고 싶다. 추상적인 기수들은 자발적으로 출현하지 않았다. 그것들은 수천 년에 걸쳐 실행된 구체적인 토큰-셈하기의 독특한 패턴들에서 창발했다. 이 특정한 패턴들을 차례로 살펴보자.

단순 토큰

토큰token이란 무엇인가? 토큰은 서기전 8500년경에 신석기 농부들이 한 마리의 특정한 양⊭, 또는 어떤 특별한 곡물, 또는 한 병의 기름 같은 또 다른 특이한 객체의 '대용물'로서 사용하기 시작한 소형의 점토 객

---

1. Georges Ifrah, *The Universal History of Numbers.*

체이다.[2]

    이런 '단순 토큰'들은 탤리와 마찬가지로 일대일 조율에 의해 기능했다.[3] 사람들은 하나의 토큰을 하나의 객체 '종류'가 아니라 하나의 특이한 객체와 짝을 지었다. 최근에 프랑스계 미국인 고고학자 데니스 슈만트-베세라트는 숫자와 문자의 출현에 있어서 토큰의 사용에 관한 매우 방대하고 획기적인 연구를 수행했다. 슈만트-베세라트는 이 단순 토큰들이 "수를 셈하여진 품목들과 분리시킬 수 있는 역량을 결여하고 있었는데, 한 개의 구체는 '곡물 한 부셸[야드파운드법에 의한 무게의 단위]'을 나타내었고 세 개의 구체는 '곡물 한 부셸, 곡물 한 부셸, 곡물 한 부셸'을 나타내었다"라고 서술한다.[4] 각각의 토큰은 특이했고 하나의 개별적 동물 또는 객체와 결부되었다. 일단 그 특정한 동물 또는 객체가 죽거나 사라지면 사용자는 그 토큰을 폐기했다.[5] 신석기 시대에 각각의 개인 또는 개별 가족은 이 단순 토큰들을 사용하여 자신이 구심적으로 수집했던 것을 합산하였다. 사람들은 이 토큰들을 대출, 결제, 채무, 또는 채권의 용도로 사용하지 않았다.[6]

    서기전 6000년경에 신석기 농부들은 이 단순 토큰들을 더욱더 많이 축적하기 시작했다. 그들은 그것들을 보관하기 위해 그릇과 가방, 항아리에 담기 시작했다. 이런 활동들은 모두 강하게 구심적인 운동 패턴을

---

2. Denise Schmandt-Besserat, *Before Writing, Volume I*, 6.

3. 대략 서기전 8000년을 기점으로 하여 5천 년 동안 줄곧 토큰들은 점토를 손으로 빚어 제작되었으며, 때때로 손으로 빚어진 다음에 추가적으로 화덕이나 가마에서 구워졌다. 나중 시기에는 비교적 소수의 토큰이 바위를 쪼개는 방식으로 제작되었다(Schmandt-Besserat, *Before Writing, Volume I*, 198, 20~31).

4. Denise Schmandt-Besserat, "The Earliest Precursor of Writing," 19.

5. 토큰은 특이했고, 유일했으며, 사용 후에 파괴되었다(Denise Schmandt-Besserat, *How Writing Came About*, 93). "달리 말해서 토큰은 결제의 용도로 사용되기보다는 오히려 기록 보존의 용도로 주로 사용되었다"(같은 책, 30).

6. Schmandt-Besserat, *How Writing Came About*, 30.

따른다. 농부들이 농경을 통해서 더 많은 식물과 동물을 축적함에 따라 그들의 토큰들도 축적되었다. 그들이 더 많이 수집할수록 중앙집중화된 저장소와 용기 체계에 대한 필요성이 더욱더 중대해졌다. 이런 구심적 축적은 기수적 객체의 창발을 위한 필요조건이었지만 충분한 운동적 조건은 아니었다.

복합 토큰과 분열

최초의 진정한 기수적 객체들은 서기전 4400년경에 초기 고대 국가들의 발흥과 더불어 출현했다.[7] 이것은 고대인들이 한 번에 하나 이상의 다른 객체를 셈하기 위해 그들의 토큰들 위에 탤리 표식을 새기기 시작한 최초의 시기이다. 슈만트-베세라트는 이런 새로운 종류의 객체들을 '복합 토큰'이라고 일컫는다.

단순 토큰과는 대조적으로 사람들은 복합 토큰을 자연적 형상으로 조형했다. 양¥을 셈한 토큰은 양 머리처럼 보였다. 그다음에 사람들은 양¥의 수량을 나타내기 위해 이 복합 토큰들 위에 탤리 표식, 평행선, 십자 표시, 그리고 오목 표시를 새겼다.[8] 또한 복합 토큰의 모양은 단순 토큰보다 더 다양했다. 사람들은 복합 토큰의 모양을 작은 구체와 원뿔이 아니라 달걀 모양, 마름모꼴, 구부러진 코일 모양, 포물선 모양, 사변형 그리고, 도구와 동물의 소형 형상으로 조형했다.

그런데 복합 토큰의 가장 참신한 측면은 그것이 한 번에 하나 이상의 다른 객체를 셈했다는 점이다. 원반 모양의 토큰을 사용하여 열 마리의 동물을 셈했고, 원통형의 토큰을 사용하여 한 마리의 동물을 셈했다.[9]

운동역학적으로, 여기서 무슨 일이 진행되고 있는가? 먼저 사람들

---

7. Schmandt-Besserat, *Before Writing, Volume I*, 24~5, 198.

8. 같은 책, 14, 82.

9. Schmandt-Besserat, *How Writing Came About*, 115.

은 단순 토큰들을 넉넉한 더미로 구심적으로 쌓았다. 마침내 그들은 하나의 독특한 토큰을 선택하여 탤리 표식을 새기기 위한 표면으로 삼았다. 이렇게 해서 가처분 토큰들의 넉넉한 더미를 축소시켰지만, 한편으로 단일한 중심부 토큰과 그 위에 새겨진 복수의 탤리 마크 사이의 차이 또는 분열이 도입되었다. 이것이 '구체적 기수성'의 첫 번째 단계였는데, 여기서 사람들은 하나의 독특한 객체를 다수의 수집된 '동종' 객체와 조율했다. 복합 토큰이 구체적인 기수적 객체인 이유는 그 측정 단위가 여전히 '양'※ 같은 하나의 특정한 질이었기 때문이다. 예를 들면 한 커다란 사면체는 기름이나 동물을 셈하거나 그것들과 조율될 수 없었다. 왜냐하면 사람들이 이미 그것을 노동에 엄격히 조율했었기 때문이다.

복합 토큰의 또 다른 운동적 측면은 초기 도시들 내에서 이루어진 그것의 원심적 운동이었다. 고대 도시들의 중심부에 자리했던 사원들은 토큰들을 축적한 최초의 장소들이었다. 왜냐하면 그곳에서 많은 사람이 공물을 바쳤기 때문이다. 이것은 사원 성직자들이 복합 토큰들을 창출하여 분배하기 시작한 최초의 사람들에 속했음을 뜻한다. 도시 전체를 관통하는 토큰의 물리적 움직임은 중심부에서 주변부로 이루어졌다. 그것은 중심부에 있는 소수의 성직자와 주변부에 있는 다수의 농민 사이의 사회적 분열을 부각했다.[10]

복합 토큰이 그 위에 어떤 표식들이 새겨진 구상적 토큰에 불과한 것은 아니었다. 그것은 중심부 사원에서 성직자들이 만들어낸 단일한 토큰과 주변부에서 농민들이 여전히 사용한 복수의 단순 토큰 사이의 차이를 도입했다. 이런 견지에서 구체적인 기수적 객체들은 관념에 불과한 것들이 아니었다. 그것들은 실재적인 물리적 토큰들의 움직임과 동시적이

---

10. Schmandt-Besserat, *Before Writing, Volume I*, 91. 일반적으로 (복합) 토큰은 사적 건물보다는 공적 건물과 연관되었다.

었다.[11]

구체와 위계

　추상적인 기수적 객체들을 창출하기 위한 두 번째 조치는 사람들이 단순 토큰과 복합 토큰의 더미들을 불라[bulla]라고 일컬어진 점토 구체에 담아서 봉하기 시작했을 때 이루어졌다. 슈만트-베세라트의 발견 결과에 따르면 이들 구형의 "용기" 또는 "포드"[pod]는 "서기전 3700~3500년경의 중기 우루크[Middle Uruk] 시대에 사용되기 시작했"으며,[12] 서기전 1200년경까지 이런저런 형태로 존속되었다.[13]

　이런 구체들과 관련하여 새로웠던 것은 그것들이 단순 토큰과 복합 토큰을 동시에 셈하였다는 점이다. 이것은 훨씬 더 일반적인 종류의 셈하기를 수반했다. 그런데 이런 저장 체계의 주요한 결점은, 누구나 예상할 수 있듯이, 구형의 용기가 **토큰들을 내부에 감춘**다는 것이었다. 그 구체가 내용물을 감춘다면 그것이 무엇을 보관하고 있는지를 어떻게 알 수 있었겠는가? 그 용기를 깨뜨린 후에야 그 내용물을 확인할 수 있었을 것이다.

　그래서 당시에 회계를 전문적으로 담당한 일종의 회계사들은 내용물을 나타내기 위해 구체의 외부에 표식을 새기기 시작했다. 이렇게 해서 세 가지 층위의 기수적 셈하기가 창출되었다. 첫 번째 층위에서는 복합 토큰이 자신의 표면 위에 새겨진 서수적 탤리 표식들을 셈한다. 두 번째 층위에서는 점토 구체가 자신의 모든 토큰을 토큰 '한' 용기로 셈한다. 그 다음에 세 번째 층위에서는 구체 위에 새겨진 표식들이 내부의 개별 토

---

11. 흔히 중심부에 구멍이 있거나 숫자 표식이 새겨진 복합 토큰의 이미지에 대해서는 Schmandt-Besserat, *How Writing Came About*를 보라.

12. Schmandt-Besserat, *How Writing Came About*, 44.

13. Schmandt-Besserat, *Before Writing, Volume I*, 198.

큰들을 셈한다.

그런데 이들 세 가지 셈하기 층위는 모두 여전히 **구체적인 기수적 객체**들이다. 왜냐하면 "표식들은 회계사들의 편의를 위해 토큰에 기호화된 정보를 반복할 따름이기 때문이다."[14] 어느 구체적인 기수적 객체의 구체적인 기수적 객체는 여전히 구체적이다. 그 이유는 사람들이 그것을 한 **특정한 질**에 결부시켰기 때문이다. 예를 들어 어떤 구체의 내부에 여섯 개의 토큰이 들어 있었다면 그 외부 표면 위에 동일한 토큰이 여섯 번 새겨졌었을 것이다.[15]

이런 구체들을 사용함으로써 두 가지 중요한 운동적 결과가 초래되었다. 첫 번째 결과는 기수적 객체들이 서수적 객체들의 사전 축적을 전제로 한다는 점이 분명히 예증된다는 것이다. 예를 들면 중앙에 있는 성직자들이 토큰들을 공식적으로 유통시키기 전에 이 토큰들은 농부들에 의해 그릇, 항아리, 그리고 가방에 축적되었어야 했다. 일단 사람들이 토큰들을 이런 개방된 용기들에 수집하고 나면 그 용기들은 하나의 밀봉된 단위체, 즉 구체를 창출하도록 봉해졌다. 기수적 단일체는 처음에는 관념이 아니었다. 그것은 토큰들을 하나의 물리적 점토 구체에 넣고 봉하는 실제적인 운동적·물질적 행위였다.

또한 사람들이 점토 구체를 원심적 방법으로 제작했다는 점이 유의미했다. 첫째, 사람들은 얼마간의 점토를 고형의 공으로 빚은 다음에 그것에 구멍을 뚫고서 내부에서 외부로 속을 도려내기 시작했다.[16] 마지막으로, 마개로 내용물을 봉한 다음에 그것을 형성한 과정의 흔적을 가렸다. 그러므로 구심적 수집이 원심적 방사에 선행했던 것처럼 개방된 용기가 폐쇄된 구체에 선행했다.

---

14. 같은 책, 154.
15. 같은 책, 198~9.
16. 같은 책, 112.

토큰 구체의 두 번째 운동적 결과는 구체의 비가시적인 중심부와 가시적인 주변부 사이에 운동적 위계를 도입한 것이었다. 예를 들면, 공식적인 원통 인장으로 점토 용기를 밀봉함으로써, 엘리트 성직자-관료제는 내부의 토큰들에, 그 용기의 표면 위에 새겨질 주변부적이고 불완전한 각인이 모방할 보이지 않는 원형으로서의 우위성을 부여했다. 사람들은 내부에 감춰진 토큰들을 셈할 때 그 인장의 권위를 신뢰하였다. 왜냐하면 성직자들은 신으로부터 권위를 부여받아서 인장을 새겼기 때문이다. 보이지 않는 토큰들의 우위성은 가시적인 세계에 대한 보이지 않는 신들의 우월성과 매우 유사했다.

서판과 재조직

추상적 기수들을 창출하기 위한 세 번째 조치는 사람들이 토큰을 구체의 내부에 넣기를 그만두고서 대신 그것을 무른 점토에 각인했을 때 생겨났다. 텅 빈 구체의 외부에 각인하기 위한 표기 체계가 발명됨으로써 토큰 저장이 불필요해졌다. 사람들은 텅 빈 구체를 사용하는 대신에 볼록한 서판과 더 유사한, 고형의 납작해진 구체 위에 각인하기 시작했다. 이런 전환은 대략 서기전 3700년에서 3500년까지 200여 년에 걸쳐 일어났다.[17]

그런데 대략 서기전 3500년에서 3100년 사이에 사람들은 여전히 이같은 고형의 구체와 서판의 표면 위에 일대일로 조율된 토큰들을 각인했다. 이것은 이 토큰들의 독특한 모양들이 양*, 기름, 또는 곡물처럼 사람들이 셈하는 사물들의 특정한 종류들 또는 질들과 여전히 결부되어 있었음을 뜻한다. 달리 말해서 구체적 기수성이 여전히 지배적이었다.

서기전 3100년경에 메소포타미아 사람들은 셈하기 과정에서 또 다

---

17. 같은 책, 133.

른 놀랄 만한 혁신을 이루었다. 그들은 토큰들을 점토 서판의 축축한 표면에 각인하는 대신에 예리한 막대를 사용하여 점토 위에 토큰 모양을 새기거나 그리기 시작했다. 그리하여 그들은 각각의 각인을 위해 토큰을 제작하거나 사용할 필요가 없이 토큰의 이미지를 그리거나 또는 그 토큰에 조율된 그림문자 기호를 그릴 수 있었다.

이런 그림문자로의 이행은 기수적 객체의 후속적인 변환을 초래했다. 그들은 아홉 개의 '한 마리 양⊭' 토큰을 새기거나 그리는 대신에, 어떤 특정한 토큰을, 양⊭ 토큰 옆에 새겨지거나 그려질 '양▥ 토큰'으로 지정하기 시작했다. 이렇게 해서 점토 표면의 공간이 절약되었고 서기가 그려야 했던 많은 토큰과 관련된 노동이 절약되었다. 예를 들면 서기전 3100년경에 사람들은 각인된 양⊭ 그림문자 옆에 곡물 토큰 각인을 새김으로써 양⊭의 양을 나타내기 시작했는데, 곡물의 양이 아니게도 말이다! 이것은 엄청난 사건이었다. 최초로 하나의 독특한 종류의 토큰, 즉 곡물 토큰이 마치 그것이 아무 질도 갖추고 있지 않은 것처럼 하나의 순수한 양으로 여겨졌다. 역으로 사람들은 양⊭ 그림문자를 아무 양도 없는 하나의 순수한 질로 간주했다.

이와 같은 최초 숫자들의 혁명적인 기원은 강력했을 뿐만 아니라 기묘하기도 했다. 그것은 사람들이 마치 질과 양이 분리되는 것 – 자연에서는 어디에서도 찾아볼 수 없는 사태 – 처럼 행동하기 시작한 최초의 시기이다. 이렇게 해서 객체의 질과 양은 분할되어 서판의 표면 위 다른 영역들에 재조직되었다.

운동역학적으로 말하자면 여기서 이해해야 할 본질적인 것은, 질과 양의 분할과 재조직은 사람들이 마치 토큰들이 구체의 중심부에 자리하고 있는 것처럼 행동하기 시작하고 나서야 가능해졌을 뿐이라는 점이다. 사람들이 가공의 토큰들을 다룰 수 있을 정도로 상황이 진전되자, 양적 측면 아니면 질적 측면만으로 토큰들을 구상하는 것이 가능한 것처럼 느껴지게 되었다. 이렇게 해서 구체의 가상적 중심부는 질과 양의 상대적인 추상화와 재조직을 가능하게 했다. 그런데 사람들은 절대적으로 추상적인 기수적 객체는 아직 다루고 있지 않았다. 왜냐하면 그들은 시각적으로 어떤 질들과 결부된 그림문자 새김 표식들과 곡물 토큰들을 여전히 사용하고 있었기 때문이다.[18]

숫자 사용하기로의 마지막 전환은 가장 급진적이고 추상적이었음이 틀림없다.

문자와 기수적 추상화

기수를 창출하는 데 구사된 네 번째이자 마지막 조치는 고대 수메르인들이 곡물 토큰들을 마치 그것들이 순수한 양인 것처럼 사용하기를 그만두고, 새겨진 숫자들을 사용하기 시작했을 때 생겨났다. 세 번째 조치에서 그 토큰들은 구체의 내부에 있는 것으로 상상되었을 따름이기에 양[¥] 토큰을 양화하는 데 곡물 토큰을 사용한 것처럼 어떤 질을 양화하는 데 어떤 토큰이라도 사용될 수 있었을 것이다. 그런데 네 번째 조치에서는 이런 결론이 급진화된다. 사람들이 토큰들을 상상하기만 한다면 모든 표식이, 그것이 무엇이든 어떤 토큰을 양화할 수 있다.

이것은 운동적 과정 전체의 가장 급진적이고 추상적인 결론이다. 모든 객체는 여타 객체를 셈하기 위한 기수적 객체로 사용될 수 있다. 이런 종류의 추상화가 가능한 유일한 이유는 물질적 토큰 객체들이 다른 한 객체의 내부로 옮겨져서 감춰질 수 있기 때문이다. 추상적인 기수적 객체들은 비물질적 관념들인 것처럼 보이지만, 궁극적으로는 특정한 원심적 패턴들로 객체들을 정렬하는 것에 기반을 둔 행위 습관이다.

서기전 3000년경에 고대 수메르인들은 쐐기 모양의 막대를 사용하

---

18. Schmandt-Besserat, "The Earliest Precursor of Writing," 21.

여 축축한 점토 및 다른 재료에 '숫자'라고 불리는 새김 표식을 각인하기 시작했다. 사람들은 탤리, 토큰, 구체, 또는 서판과 달리 숫자를 처음부터 순수한 양으로 간주했다. 이런 새로운 쐐기 모양의 문자는 그림문자를 즉시 대체한 것이 아니라 오히려 그림문자와 병존했다. 서기전 2,900년경에 수메르인들은 쐐기 모양의 문자를 사용하여 질 없는 추상적 양(숫자)과 양 없는 추상적 질(문자 언어)을 기록하기 시작했다.[19]

또한 숫자의 발명은 계열을 셈하는 전적으로 새로운 방식을 도입했다. 예컨대 기수 2는 첫 번째 것 '이후의 또 다른 숫자'에 불과한 것이 아니라 오히려 1보다 정확히 하나 더 많은 것이다. 2는 1 이후의 것일 뿐만 아니라 1과 1의 모든 조율된 원소를 포함하는 새로운 기수적 객체이다. 그리하여 모든 기수는 첫 번째 기수에 정확히 비례적이다.

첫 번째 추상적 숫자 1은 여타의 숫자가 비례적으로 기반을 두고 있는 단일체에 대한 최초의 중심부 원형이었다. 이렇게 해서 기수적 셈하기는 점토 구체의 중심에서 가공의 순수한 양으로 시작하여, 각각의 잇따른 숫자를 순수한 양의 보이지 않는 객체의 비례적 일례 또는 화신으로 간주하는 원심적 행위이다. 그 추상적 기수는 사람들이 여타의 주변부 양을 원심적으로 셈할 수 있게 하는 중심부 원형이 되었다.

이런 운동적 과정은 고대 수메르에서 출현한 이후에 현재에 이르기까지 전 세계로 확산되었다. 사람들이 숫자를 임의적이거나 영원한 것으로 간주하는 경향이 있더라도, 나는 내가 숫자의 생성이 전적으로 물질적이고 운동적인 과정임을 보여주었기를 희망한다. 기수를 사용할 때마다 우리는 어떤 원심적 운동 패턴에 기반을 둔 이런 고대 습관을 반

---

19. Schmandt-Besserat, *How Writing Came About*, 21. 존재론의 견지에서 글의 운동역학에 관한 더 심층적인 설명은 Nail, *Being and Motion* [네일, 『존재와 운동』]을 보라. 문학, 시, 그리고 드라마에 대해서는 Nail, *Theory of the Image*를 보라. 여기서는 기수성의 정량적 차원들이 다루어질 따름이다.

복한다.

회계

고대 세계에서 기수적 객체들의 전개에 상당히 이바지한 두 번째 사태는 회계의 발명이었다. 회계란 무엇인가? 회계는 셈하기와 다르다. 셈하기는 객체들의 질서를 서술하거나 기록하지만, 회계는 객체들을 계산하거나 합산한다.[20] 회계는 누군가가 이미 셈한 것에 대한 메타-셈하기이다. 그렇지만 또한 회계는 첫 번째 셈하기와 다른 방식으로 셈하는 다시-셈하기이다.

회계는 그저 객체들을 하나의 질서정연한 계열로 구심적으로 한데 모으는 것이 아니다. 회계는 어느 특별한 중심부 객체 또는 특권적 객체를 측정 단위로 사용한다. 일단의 객체의 이질성에도 불구하고 우리는 동일한 메타-셈하기 또는 회계를 사용하여 그것들을 셈할 수 있다. 회계는 계열 속에서 계열 전체를 '합산'하는 '최종' 객체를 포함할 뿐만 아니라, 각각의 객체를 셈하기 위한 측정 단위인 첫 번째 객체도 포함한다. 이렇게 해서 회계는 객체들의 어떤 계열이든 그것을 어떤 단일한 객체에 조율할 수 있다. 또한 회계는 사물들이 셈해지거나 측정되는 방식의 단위를 자유롭게 바꿀 수 있다.

고고학자 슈만트-베세라트는 두 종류의 셈하기, 즉 계산과 회계를 구분한다.

계산은 산정하기로 이루어져 있다. 반면에 회계는 항목 추적하기와 상품

---

20. [영어 낱말 accounting(회계)은] 중세 영어, 앵글로-노르만어 acunte('차지하다')에서, 옛 프랑스어 aconte, aconter('계산하다')에서, 라틴어 computō('합산하다')에서 유래하였다.

회수하기를 수반한다. (시간) 계산은 평등주의적 사회 안에서 생겨났지만, 회계의 기원은 계급화된 사회와 국가에 귀속되어야 한다는 것이 나의 주장이다. 달리 말해서 회계를 만들어낸 것은 단지 곡물 저장하기 또는 제조된 재화를 생산하기가 아니었다. 사회적 구조가 중요한 역할을 수행했다.[21]

숫자, 화폐, 부채, 그리고 과세의 발흥은 서로 연관되어 있으며, 그리고 "그 모든 것은 메소포타미아의 사원 경제에서 재화, 재고, 그리고 거래를 통제하고자 한 맥락에서 출현했다."[22] 메소포타미아에서 고대 수메르인들에 의해 회계가 발명된 후에 그것은 이집트, 그리스, 그리고 로마를 비롯하여 고대 세계 전체로 확산되었다.

이 절에서 나는 고대 세계의 몇 가지 주요한 회계 기법이 어떻게 해서 숫자의 발명에서 서술된 것과 동일한 기수적 추상화의 네 가지 조치를 따라서 생겨났는지 보여주고 싶다. 특히 나는 화폐, 부채, 과세, 그리고 구제redemption의 창출이 모두 기수적 객체들을 특징짓는 원심적 움직임에 어떻게 의존했는지 보여주기를 바란다.

화폐와 분열

초기의 회계 도구 중 하나는 화폐였다. 화폐란 무엇인가? 화폐는 어떤 단일한 객체도 아니고 심지어 어떤 특정한 유형의 객체도 아니다. 화폐는 객체들 사이의 수행적 관계이다. 화폐는 사람들 사이에서 객체들이 순환하는 방식이다. 역사적으로 화폐는 메소포타미아에서 기수를 사용하는 실천이 실행된 것과 거의 동시에 출현했다. 화폐는 메소포타미아의

---

21. Schmandt-Besserat, *How Writing Came About*, 103.
22. Keith Robson, "Accounting Numbers as 'Inscription'," 699.

중앙집권화된 성직자-관료제가 매우 상이한 객체들 사이의 등가성 체계를 확보하기 위해 선택한 기수적 측정 단위였다. 이런 체계를 확보하기 위해 최초로 선택된 중심부 객체는 '셰켈'shekel이라 불리는 은 한 조각의 특정한 무게였다. 이 체계에서 일(1) 은 셰켈은 일 실라sila의 기름 = 일 실라의 곡물 = 일 미나mina의 양모 = 일 반ban의 생선과 동등했다.[23]

그런데 화폐는 정적 객체도 아니고 저울의 추도 아니다. 역사 전체에 걸쳐서 사람들은 다양한 객체를 통화로 사용했다. 지금까지 이 모든 화폐 체계에 공통적인 것은 일반적 등가성의 체계 자체이다. 회계는 이 체계를 기록한다.

화폐는 기수적 객체들 사이의 변화하는 교환 비율들의 체계이다. 화폐는 어떤 단일한 기수적 객체를 사용하여 객체들의 모든 계열의 운동을 조율하는 대신에, 숫자가 그렇듯이, 다양한 기수적 객체들 사이에서 그 수량에 무관하게 이루어지는 교환의 등가성을 확립한다.

예를 들면 일 은 셰켈은 수확량에 따라 1 또는 2실라의 기름과 동등할 수 있다. 이와는 대조적으로 숫자 1은 언제나 1과 동등하다. 객체들이 바뀌고, 그리하여 등가성도 바뀌며, 따라서 회계는 상이한 객체들 사이의 등가성을 창출하고 조정하는 행위이다. 중요한 점은 회계가 무게와 척도의 체계를 표준화함으로써 교환 비율들을 정립한다는 것이다. 예를 들어 은 셰켈 하나의 고정된 무게가 그 가치를 결정한다.

운동역학적으로 회계의 첫 번째 운동적 조작은 무게와 척도의 중앙집중화된 체계와 사람들이 교환하는 상이한 객체들의 주변부 사이의 이런 분열이다. 도시의 중심부 사원들에 소속된 성직자-관료들은 최초의 회계사들이었다. 도시와 사원에서 그들의 활동이 더 표준화되고 중앙집중화될수록, 도시에서 사람들은 더 먼 곳에서 온 객체들을 더욱더 많이

---

23. Samuel Kramer, *History Begins at Sumer*, 260.

교환할 수 있었을 것이다. 중앙집중화된 교환 및 회계 체계를 갖춤으로써 다른 지역들 전역에서 다양한 사람 사이에서 이루어지는 거래가 통일되고 조정될 수 있게 되었다. 회계 표준은 제국을 하나로 묶었다.

그런데 회계 표준의 중앙집중화가 가능했던 유일한 이유는 주변부의 다양한 객체가 도시로 운송되기에 충분한 이동성을 갖추고 있었기 때문이다. 우리는 주변부 사람들과 그들의 움직임이 중심부와 그것의 원심적 관리를 지속하게 했음을 기억해야 한다. 이렇게 해서 객체들의 구심적 축적과 객체들의 교환 비율들을 규정한 표준의 원심적 적용 사이에 어떤 되먹임 고리 또는 순환이 존재했다. 휴대용 토큰들, 구체들, 그리고 서판들 역시 회계를 이동성 활동으로 만드는 데 도움이 되었다.

예를 들면 제국이 더 넓게 확산할수록 사원들과 도시국가들은 더욱더 거대해졌고, 따라서 그것들의 주변부는 중심부의 크기에 어울리지 않게 더욱더 팽창하게 되었다. 이렇게 해서 조율된 객체들의 더 빠르고, 이동성이 더 크며, 더 긴 사슬들이 필요하게 되었다. 사람들이 주변부에서 언어적 문자, 숫자, 그리고 경제적 등가성 같은 지배적인 기수적 객체들의 단일한 체계로 더 많은 객체를 조율할 수 있으면 있을수록 제국은 더욱더 강력해졌다.[24]

이자

일찍이 회계의 또 다른 측면은 이자였는데, 그것은 대출과 채무에 대하여 갚아야 하는 돈의 일부였다. 고대 수메르에서는 사원 성직자와 도시의 민간 상인 같은 도시 사람들만 이자를 부과했다.

그들은 이자를 사용하여 기수적 객체들과 그 객체들의 등가성에 대한 기존 화폐 체계를 조정하였다. 이로 인해 고대 사회에서 채권과 채무

---

24. Robson, "Accounting Numbers as 'Inscription'"을 보라.

는 선사 사회와 매우 다르게 작동했다. 대다수 신석기 문화에서 기수적 객체들은 결코 동등하지 않았고, 따라서 교환, 채권과 채무는 언제나 등가적이지 않았고 균형이 맞지 않았다. 사람들은 다른 사람에게 '무언가 다른 것'에 대한 '빚'을 졌지만, 누군가가 제공한 것과 다른 사람이 상환한 것 사이에 등가성 또는 회계가 존재하지 않았다. 그 상황은 누구도 음식 가격을 고려하지 않은 채로 다음번에 당신에게 점심을 살 어떤 친구에게 점심을 사주는 상황과 비슷했는데, 이런 식으로 그런 상황은 계속 이어졌다.

더욱더 많은 사람이 도시에 구심적으로 모여들거나 지배자들이 그들을 강제로 노예화함에 따라 도시 인구는 증가했다. 사원 근처 중심부에서 등장한 왕국은 주변부 영토에서 기부금, 공물, 그리고 세금을 요구했다. 고대 메소포타미아의 성직자들은 이런 잉여를 사용하여 최초의 기록된 대출을 시행하기 시작했다. 서기전 2400년경에 중심부의 교환 표준과 주변부의 교환된 객체들 사이에 이루어진 최초 분열은 채무자에 대한 채권자의 명료한 위계 구조가 되었다. 채권자는 표준적인 기수적 교환 비율을 넘어서는 추가분의 화폐를 요구할 수 있었고, 채무자는 법률상 그것을 지불해야 했다. 화폐는 두 가지 상이한 영역, 중심부와 주변부 사이의 등가성을 확립했지만, 이자는 그것들 사이의 위계를 확립했다.

여기에 내가 지적하고 싶은 이자의 매혹적인 측면이 있다. 이자는 표준적인 교환 비율에 부가된 추가분의 화폐가 아니다. 오히려 이자는 교환된 객체들이 셈하여진 방식의 변화이다. 기수적 객체들의 가장 당혹스러운 측면 중 하나는 그것들이 언제나 사물들을 달리 셈할 수 있다는 것이다. 왜냐하면 그것들의 단위체들이 임의적이기 때문이다.[25]

---

25. 상품-화폐-상품과 화폐-상품-화폐 사이의 차이에 관해서는 Karl Marx, *Capital: Vol 1*, 247(카를 마르크스, 『자본론 I-상·하』)을 보라.

예를 들어 수메르의 한 사원 성직자가 한 상자의 은 셰켈을 어느 상인 ─ 그는 널리 돌아다니면서 그것들을 다른 객체들과 교환할 것이다 ─ 에게 빌려주었다고 하자. 이 한 상자의 은 셰켈을 '기수적 객체 A'라고 일컫고, 그 상자에 담긴 개별 은 셰켈들의 계열을 '서수적 원소들 a, b, 그리고 c'라고 일컫자. 그 상인이 도시로 귀환할 때 그는 성직자─회계사에게 한 상자의 은 셰켈에 해당하는 빚을 상환할 것이다. 그것을 '상자 B'라고 일컫자. 질적으로 그 두 상자는 동일하지 않을 것이지만, 등가성의 기수적 체계, 즉 화폐 덕분에 그 성직자와 그 상인은 그 상자들이 등가적이라는 점 ─ |A| = |B| ─ 에 동의할 수 있다.

그런데 사람마다 기수적 객체의 원소들을 다르게 셈할 수 있기에 그 성직자는 상자 B의 내용물을 두 개씩 짝을 이뤄 다시 셈하기로 결정함으로써 각각의 셰켈은 한 '쌍의 셰켈'이 된다. 우리는 이것을 다음과 같이 쓸 수 있다.

A {a, b, c} → B {2a, 2b, 2c}

|A| = |B|

기수적 등가성은 그 원소들의 일대일 조율, 즉 {a → 2a, b → 2b, c → 2c}에 전적으로 의거하기에 이들 두 개의 상자는 화폐적으로 두 배가 되었지만 등가적이고, 따라서 채무자에게 불평등하다. 이것은 기이하게 보이지만, 위계적으로 우월한 성직자가 선호하는 셈하기 방식이 돌아다니는 상인에 의해 수용되었다. 그것은 질적으로 독특한 셰켈들로 가득 찬 상자 A와 상자 B가 동일하다고 결정하는 것보다 더 당혹스럽지도 않고 더 임의적이지도 않다. 그것은 상자 A = 상자 A + 5셰켈이라고 말하는 것보다 더 기이하지도 않다. 상자 A가 5셰켈이 더 담긴 다른 한 상자와 질적으로 등가적일 수 없다는 것은 두드러지게 명백하다. 그렇지만 누군가가 셰켈

들을 쌍으로 셈한다면 우리는 상자 A와 상자 B가 일대일로 조율될 수 있으므로 등가적이라고 여겨질 수 있다고 말할 수 있다.

기수성은 단지 하나의 객체를 다수의 객체에 조율하는 것이지, 변경 불가능한 영원한 본질이 아니기에 기수적 조율은 시간에 따라 바뀔 수 있다. 이것이 이자의 근거였다.

과세와 재조직

회계의 세 번째 중요한 측면은 과세의 발명이었다. 이자와 마찬가지로 과세는 사람들이 객체들을 셈하는 방식의 변화였다. 그런데 과세는 이자를 부담하는 대출금에 한정되기보다는 오히려 회계적 변화가 단일한 중심부에 의해 주변부 전체에 원심적으로 적용되었을 때 처음 출현했다. 이렇게 해서 과세는 국가의 중심부 권위에 의존함으로써 모든 객체가 셈하여지고 교환되는 방식을 잠정적으로 재조직했다.

최초의 부채 이론들과는 대조적으로 과세는 신 또는 왕에 대한 절대적 부채가 아니었다. 과세는 종교 또는 왕에서 비롯되지 않았는데, 오히려 종교, 왕, 그리고 회계는 모두 동일한 원심적 운동 패턴들을 따랐고, 그것들을 통해서 함께 창발했다.[26]

성직자들이 화폐적 교환에 이자를 추가하지 않은 것과 마찬가지로 회계사들은 과세를 추가하거나 제거하지 않았다. 국가 회계사들은 과세된 객체를 과세 이전의 그것보다 더 많거나 더 적은 것으로 다시 계산하였을 뿐이다. 과세는 객체들 사이의 등가성 관계들을 변화시켰다. 이렇게 해서 과세 과정은 화폐 자체와 그다지 다르지 않다. 둘 다 기수적 셈하기를 사용하는데, 과세의 경우에는 국가가 모든 객체에 대한 일반적인 등가성 표준을 잠정적으로 변환한다.

---

26. Nail, *The Figure of the Migrant*와 Nail, *Being and Motion* [네일, 『존재와 운동』]을 보라.

누구든 회계를 통제하는 사람이 기수적 객체들의 상대적 등가성을 통제한다. 그러므로 화폐, 이자, 그리고 과세는 추가하거나 제거하지 않으며, 오히려 등가성 관계들을 다르게 조정한다. 이들 세 가지 회계 기법은 모두 기수적 셈하기의 유동성과 임의적 본성을 상이한 방식으로 사용한다.

고대 세계에서 과세는 직접적인 경우가 드물었다. 예를 들면 메소포타미아, 이집트, 그리스, 그리고 로마에서는 과세가 재산, 소, 그리고 곡물 같은 특정한 객체들과 용역에 대한 주기적인 변동 또는 수수료의 형태를 취했다. 과세는 신 또는 왕에 대한 일반적이거나 절대적인 부채가 아니었다. 여기서 화폐는 부채를 산정하는 회계에 있어서의 등가성의 표준일 따름이기에 과세는 통화를 필요로 하지 않았다. 메소포타미아와 이집트에서 회계사들은 거래를 등록할 때마다 강제로 과세했다. 과세는 사실상 과세된 기수적 객체가 과세 이전과 달리 계산될 뿐임을 뜻했다.

주기적으로 이집트 왕과 그의 왕실 서기와 회계사 들은 왕국 전역을 가로질러 표준화된 다양한 무게와 척도를 사용하여 모든 것을 계산하곤 했다. 그들은 재산, 곡물, 소, 그리고 그 밖의 객체들을 계산했다. 중요한 점은 과세와 회계가 맞물려 이루어졌다는 것이다. 농부가 수확한 곡물이 황실 회계와 독립적인 절대적 척도를 갖추고 있지 않았기에 기술적으로 어떤 세금의 공제도 없었다.

이것은 엄청난 사기처럼 들릴 것인데, 실제로 그렇다. 생존하기 위해 곡물을 필요로 하는 사람들에게는 더 많은 곡물과 더 적은 곡물 사이에 실재적 차이가 존재한다. 그렇지만 기수적 회계의 힘은 곡물을 아무 질도 아무 사용가치도 없는 순수한 양으로 간주하는 것이다. 얼마나 많든, 어떤 종류의 것이든 간에 회계사는 서수적 원소들의 어떤 집합도 '하나의' 기수적 총합으로 쉽게 간주할 수 있다. 그것은 기수적 척도 단위가 무엇이고 계산하고 있는 사람이 누구인지에 의존할 따름이다. 과세의 경우에 중요한 것은 자신의 주변부를 계산하는 국가의 원심적 움직임이다.

구제와 추상화

기수적 회계 과정의 네 번째이자 마지막 조치는 모든 것 가운데 가장 극적이고 추상적인 것, 즉 구제 행위였다. 앞서 고찰된 구체적인 기수적 회계의 세 가지 기법과는 대조적으로 구제는 어떤 단일한 불변의 기수적 등가성을 위해 다양한 정치적 이해관계에 기반을 둔 모든 가변적인 등가성 체계를 폐기했다. 구제가 가장 추상적인 이유는 그것이 아무도 구체적으로 갚을 수 없는 어떤 새로운 형태의 부채를 도입했기 때문이다.

화폐, 이자, 그리고 과세 같은 구체적인 회계 기법들의 결과는 고대의 행정 중심부가 자신의 주변부 인구로부터 더욱더 많은 잉여를 끊임없이 추출하고 있었다는 점이었다. 궁극적으로 이 인구 중 상당수가 결국 부채 노예로 전락함으로써 농업 생산의 기반이 약화되었고, 농촌 지역의 인구가 감소하였으며, 국가에 부정적인 영향을 미칠 반란이 초래되었다. 이런 까닭에 모든 고대 제국은 주기적으로 어떤 형태의 희년 또는 부채 탕감을 시행했다. 탕감은 회계 과정을 초기화하는 한 가지 방식이었다. 이런 구제 행위는 아무도 구체적으로 갚을 수 없는 것이었는데, 이것이 바로 핵심이다. 구제는 회계가 주변부로부터 절도하는 행위가 실제적 한계에 이르렀을 때 이루어졌다. 그리하여 부채 노예는 자신의 자유와 생명을 국가에 빚지게 되었는데, 이것은 죽음으로 갚을 수밖에 없는 것이었다. 전형적으로 이것은 전장에서 징집병으로서 죽는다는 것을 뜻했다.

그런데 가장 급진적이고 추상적인 형태의 구제는 궁극적으로 셈족 Semite 사람들이 하나의 신성한 왕이 주기적인 구제와 현세적 등가성 체계의 과정 전체를 영구적으로 폐기했을 때 생겨났다. 그 대신에 회계 사이클에서 자유로워진 노예들은 비가시적인 기수적 객체, 즉 유일신 야훼에게 불가능한 부채를 빚지게 될 것이었다. 히브리인들은 야훼를 그 셈이 절대적이고 총체적인 신성한 회계사로 상상했는데, 이는 숫자 1의 발명과 유사하다. 야훼는 자신이 선택한 모든 사람, 즉 이스라엘인들을 하나로 셈하였고, 따라서 그들을 모든 임의적인 현세적 사역과 등가성의 체계들로부터 해방시켰다. 야훼는 이스라엘인들을 구제함으로써 그들의 모든 부채를 폐기했고, 그들을 이집트의 노예 상태에서 해방시켰으며, 그들에게 토지를 하사했다.

어떤 의미에서 야훼는 모든 현세적 회계와 부채를 잠정적으로 폐기하였다. 하지만 또 다른 의미에서 야훼는 단일하고 확고하고 추상적인 기수적 객체, 즉 그 자신에게 빚진 훨씬 더 막대한 부채를 도입했다. 히브리 성서에 따르면 야훼는 세계를 창조했고 궁극적으로 신의 사람들을 구제하리라 약속했다. 그런데 도중에 야훼는 이스라엘인들이 완전히 복종해야 하는 절대적인 지주이자 추상적인 왕이 되었다. 지상에서 이루어지는 어떤 구체적인 희생도 생명의 창조 자체를 갚기에는 절대 충분하지 않을 것이다.[27]

이렇게 해서 '부채 일반' 같은 것은 존재하지 않는다는 점이 분명해졌기를 바란다. 부채는 지식의 상이한 분야들에서 상이하게 기능한다. 예를 들어 서수적 부채는 누군가가 무언가를 빚지고 있음을 뜻한다. 그런데 구체적인 기수적 부채는 누군가가 정확한 수량의 무언가를 빚지고 있지

27. "빚은 이렇게 삭쳐주어야 한다. 누구든지 동족에게 돈을 꾸어준 사람은 그 빚을 삭쳐주어야 한다. 동족에게서 빚을 받아내려고 하면 안 된다. 빚을 삭쳐주라는 것은 야훼의 이름으로 선포된 명령이기 때문이다"(신명기 15장 2절); "이집트 땅에서 종살이하던 너를 너희 하느님 야훼께서 해방시켜 주신 것을 생각하여라. 그러므로 내가 오늘 너희에게 이를 명하는 것이다"(신명기 15장 15절); "소와 양의 수컷 맏배는 너희 하느님 야훼께 따로 바쳐야 한다. 맏배 황소는 부려 먹을 생각을 마라. 맏배 양의 털은 깎아 가질 생각을 마라"(신명기 15장 19절); "그가 이런 조건으로 값을 치르고 풀려나지 못했으면, 희년에 가서야 자식들과 함께 자유의 몸이 되리라. 이스라엘 백성은 나의 종, 내가 이집트 땅에서 이끌어낸 나의 종이다. 나 야훼가 너희의 하느님이다"(레위기 26장 54~55절). [『공동번역성서 개정판』, 대한성서공회, 2001.]

만 달리 계산되면 등가성의 구조가 바뀔 수 있음을 뜻한다. 궁극적으로 아무도 갚을 수 없는 추상적인 기수적 부채라는 관념은 기수적 등가성 자체의 핵심에 자리하고 있는 근본적인 비등가성을 드러낸다. 기수적 셈하기라는 운동적 행위 자체는 임의적이고 어떤 특정한 기수적 객체와도 등가적이지 않다.

결론

이 장의 목표는 고대 세계에서 원심적 운동의 네 가지 단계가 기수적 객체들의 역사적 창발을 구성했음을 보여주는 것이었다. 특히 나는 숫자와 회계 기법들의 발명이 이런 기수적 객체들을 창출하는 데 어떤 도움을 주었는지를 보여주었다. 다음 장에서 나는 이런 논증을 지속함으로써 두 가지 주요한 고대 과학 역시 기수적 객체들의 창발에 어떻게 이바지했는지를 보여주고 싶은데, 요컨대 측정과 논리의 발명을 고찰할 것이다.

8장

고대 객체 Ⅱ

이 장에서 나는 두 가지 더 중요한 과학 실천이 고대 세계에서 기수적 객체들이 발전하는 데 어떻게 이바지했는지를 보여주고 싶다. 특히 나는 새로운 측정 기법들의 창안과 논리의 발명이 유사한 네 단계 과정을 거침으로써 원심적 움직임과 기수적 추상화를 증진한 방식을 보여주고자 한다.

도량형학

도량형학은 측정에 관한 연구이자 사용법이다. 측정은 중심부의 측정 단위를 주변부의 다양한 객체에 적용하는 것이다. 대략 서기전 3500년을 기점으로 고대 수메르인들은 무게와 척도의 표준화된 체계를 발명하여 다양한 용도로 사용했다. 그런데 그 용도를 고찰하기 전에 우리는 측정 '단위'가 무엇인지를 규정해야 한다.

측정 단위와 분열

측정 단위란 사람들이 한 사물의 양을 다른 한 사물의 양에 비례적으로 비교하는 데 사용하는 기수적 객체이다. 그러므로 이런 종류의 척도는 단위로서의 한 독특한 객체와 우리가 그 독특한 객체로 측정할 많은 다른 객체 사이의 운동적 분열을 전제로 한다. 이것은 객체의 진정으로 새로운 용도였다.

예를 들면 선사 시대의 측정은 비수치적 양들을 다룰 따름이었다. 선사 과학에서는 모든 객체가 서로에 대하여 상대적이었다. 길이, 부피, 무게, 그리고 시간의 측정은 단지 어떤 다른 것보다 '더 많거나 또는 더 적을' 뿐이었다. 객체들 사이에 차이의 단위는 존재하지 않았다. 묘목은 나무보다 더 작았고, 강은 개울보다 더 컸으며, 바위는 인간보다 더 크거나 또는 더 작을 수 있었다. 고고학자들은 느지막이 철기 시대에서 유래한 크고 작은 무게-객체도 발굴했다. 이것들은 돌로 만들어졌는데, 그 무게들 사이에는 식별할 만한 비례적 비율이 전혀 없었다. 이런 발견 결과는 선사 시대 사람들이 그것들을 기수적 측정 단위로 사용하지 않았음을 시사한다.[1]

기수적 측정의 역사적 기원은 운동역학적으로 강렬하다. 고대 수메르에서 기수적 측정은 도시의 중심부 곡물 저장소를 들고나는 곡물의 움직임을 측정하고자 하는 최초의 시도로 시작되었다. 일단 수확된 곡물이 구심적으로 곡물 저장소에 수집되면 그 곡물은 단위들로 측정된 다음에, 필요할 때 주변부에 다시 원심적으로 분배되었다. 무게와 척도의 최초 표준의 역사적 출현은 곡물과 곡물 토큰들의 이동성에 의해 고무되었다.

초기 수메르 성직자들은 하나의 은 셰켈 또는 곡물 한 실라의 무게 같은 측정 단위를 확립함으로써 이런 성취를 이루어냈는데, 이런 측정 단위들은 중심부 관료제에 의해 관리되었다. 곡물과 은의 물질적인 운동적 특성들 덕분에 그것들은 최초의 측정 단위들이 될 수 있었다. 은은 쉽게 액체로 용융된 다음에 다양한 고체 상태로 다시 형성될 수 있다. 대량의 곡물은 유체처럼 움직이고, 따라서 관리들은 다양한 크기의 용기

---

1. Norman Biggs, *Quite Right*, 23.

에 나눠 담을 수 있다. 또한 은과 곡물은 시간이 흐름에 따라 잘 보존될수 있는 비교적 균질한 물질이다.[2] 심지어 은과 곡물은 각각 보석 제조와식용이라는 실제적인 사용가치도 지니고 있다.

사람들이 움직이기 쉬운 구체적 객체들 ― 곡물, 손가락, 발, 팔뚝, 발걸음, 갈대, 줄, 코드 ― 에서 공간적 측정 단위들을 처음 도출한 것은 우연의 일치가 아니다. 어떤 객체가 측정 단위가 되기 위해서는 그것의 이동성과 안정성이 중요하다. 단위는 부동의 것일 수가 없는데, 만약 그렇다면 우리는 그것을 어딘가 다른 곳에 들고 가서 무언가를 측정할 수 없다. 그런데 그 객체가 물과 같은 유동적 상태로만 있다면 그것은 너무나 쉽게 움직일 것이기에 아무것도 측정할 수 없게 된다. 기수적-단위 객체는 휴대할 수 있고 재생산할 수 있으며 비교적 균질해야 한다. 은과 곡물 다음으로는 인간 신체가, 고대인들이 측정 단위로 사용한, 움직이기 쉽고 비례적인 물체였다. 그들은 인간 신체 다음에 막대와 줄을 사용했다.[3]

고대 이집트에서 측정은 나일강의 움직임에 대한 대응책으로서 출현했다. 범람했을 때 나일강은 어떤 지역들에 영양분을 집적했다. 문제는 농경과 과세를 통해서 이들 영양분을 측정하고 분배할 방식이었다.

원심적 측정과 위계

일단 어떤 특정한 측정 단위를 선택하고 나면 고대인들은 그 단위를 원심적 운동으로 다른 객체들에 적용했다. 이 단위들을 선택하고 사용

---

2. "가치의 적당한 현상 형태, 즉 추상적이어서 동등한 인간 노동의 체현물이 될 수 있는 것은 어느 한 부분을 떼어내어 보아도 동일하고 균등한 질을 가지고 있는 물질뿐이다. 다른 한편으로 가치 크기들 사이의 차이는 순전히 양적인 것이기에 화폐 상품은 순전히 양적인 구별이 가능한 것이어야 하는데, 그리하여 그것은 마음대로 분할될 수 있고 또 자신의 구성 부분들로부터 다시 회집될 수 있어야 한다. 금과 은은 본성상 이러한 특성을 지니고 있다"(Marx, *Capital: Vol. 1*, 184 [마르크스, 『자본론 I-상·하』])

3. Biggs, *Quite Right*, 18.

한 성직자와 서기 들은 도시 중심부에서 살았고, 그들이 측정한 백성과 객체들보다 사회적으로 우월했다. 숫자, 회계, 그리고 측정 단위들은 모두 거의 같은 시기에 출현했다. 왜냐하면 그것들은 동일한 중앙집권적 성직자-관료제에 의해 고안되고 적용되었기 때문이다.

운동역학적으로 측정은 도시-사원-저장소로부터 어떤 구체적인 단위-척도 객체를 선택함으로써 시작되었다. 그다음에 누군가가 물리적으로 도시의 주변부 또는 교외로 걸어 나가서 이 객체를 사용하여 다른 객체들을 측정하였다. 그 단위-척도는 도심의 중심부에서 결정된 다음에 사방팔방으로 외부를 향해 방사상으로 확대되었다.[4]

예를 들면 길이는 어떤 단위-객체를 먼저 결정함으로써 측정했는데, 그것을 고정된 출발점에 위치시킨 다음에 출발점에서 바깥 방향으로 한번에 하나씩 측정을 확대했다. 측정자가 그 단위-객체를 연장할 때마다, 그것은 이전의 기수적 객체에 추가된 또 하나의 기수적 객체로 여겨졌다. 측정자가 측정을 계속함에 따라 자신이 측정하고 있는 객체의 길이에 관해 더 많이 알게 되었다.

고대 수메르와 이집트에서 무게는 저울에 의해 원심적으로 결정되었다. 무게가 중심점을 가로질러 균등하게 배분될 때 평형이 이루어졌다. 저울은 사회적 정의, 경제적 교환, 그리고 측정 사이의 관계를 절묘하게 극화劇化했다. 모든 것은 중앙에 자리 잡은 하나의 기수적 객체, 즉 국가를 둘러싸고 확보되어 정렬되었다. 예를 들어 서기전 2100년 무렵부터 줄곧 수메르에는 사회적 정의, 교환, 그리고 측정을 주재한, 난시Nanshe로 명명된 여신에의 찬가가 새겨진 서판들이 있었다. 이 서판들 위에 수메르인들은 갈대 바구니 크기의 표준화, 곡물의 공정한 분배, 그리고 그 분배를 보장한 법률에 대하여 난시에게 감사하는 글을 새겼다.[5]

---

4. Leroi-Gourhan, *Gesture and Speech*, 332.

메소포타미아의 몇몇 서판과 돌기둥에는 왕에게 측정봉과 측량줄을 하사하는 다양한 신이 묘사되어 있다. 모든 국법이 새겨진 함무라비 법전 돌기둥의 꼭대기에는 태양신 샤마쉬Shamash가 함무라비에게 봉과 줄을 하사하는 장면이 새겨져 있다[그림 8.1 참조]. 우르-남무Ur-Nammu 돌기둥에서는 달의 신 난나르Nannar가 왕에게 봉과 꼬인 줄을 하사한다. 고ㅎ바빌로니아 제국의 버니Burney 부조(서기전 2300~2000년)는 마찬가지의 봉과 줄을 쥐고 있는 여신 이슈타르Ishtar를 보여준다.

그 이미지들에서 측정의 원심적 구조는 명시적이다. 완벽한 단위-객체가 천상에서 신들에 의해 창조되어 성스러운 산 중심부에 전달되었다. 왕은 그 측정 단위를 자신의 백성과 영토의 주변부를 향해 사방팔방으로, 바깥으로 그리고 아래로 확대했다. 이렇게 해서 주변부는 중심부에 의해 사회적으로 또 척도적으로 지배당하게 되었다.

산술과 재조직

측정은 산술의 기초이기도 했다.[6] 기록된 수학 중 가장 오래된 것으로 알려진 것은 서기전 3200년 무렵까지 거슬러 올라가는, 우루크Uruk에서 발견된 한 서판이다. 그 서판의 글에 따르면 밭의 크기는 두 변 AB와 CD의 평균 길이와 두 변 AD와 BC의 평균 길이를 곱함으로써 추산되었다[그림 8.2 참조].[7]

측정하기는 꼬인 줄을 펼치는 것처럼 다른 한 객체의 표면 또는 측면을 따라 어느 단위-객체를 움직이는 것이었다. 산술은 측정하기 또는 걷기의 이동 행위에서 창발했다. 이것은 이집트 신관문자의 더하기 기

5. Biggs, *Quite Right*, 25.

6. Hans-Jörg Nissen, Peter Damerow, Robert K. Englund and Paul Larsen, *Archaic Bookkeeping*. 산술(더하기, 빼기, 곱하기, 나누기)은 서기전 3100년경에 현존했다.

7. Biggs, *Quite Right*, 19.

그림 8.1. 파리 루브르박물관에 전시된 함무라비의 돌기둥. 저자의 사진.

호 ― 같은 방향으로 걸어가는 다리들 ― 에서 명시적으로 나타난다. 빼기 기
호는 반대 방향으로 걸어가는 다리들이다. 이집트의 글에서 1을 나타내는
숫자 표식은 측정봉의 그림이었는데, 요컨대 그것은 단일성과 동일성을
환기시켰다. 수 10은 쟁기의 멍에였고, 100은 측량줄이었다. 이 산술적·

숫자적 이미지들은 모두 측정의 움직임과 연관되어 있었다.

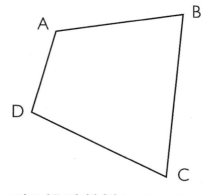

산술에서 더하기는 단지 기수적 숫자들을 순서대로 1, 2, 3 셈하는 것과 전적으로 다르다. 기수를 셈할 때 우리는 아무것도 더하지 않고 있다. 우리는 3까지 셈하기 위해 1 + 2 = 3임을 알 필요가 없다.

그림 8.2. 우루크 밭 면적. 출처: Biggs, *Quite Right*, 19.

우리가 알아야 하는 유일한 것은 숫자 3이 세 개의 서수적 원소를 포함하는 기수적 단일체라는 점이다.[8]

그런데 더하기의 기초는 1 이외의 단위들로 셈하는 것이 일반적이었던 측정이라는 실천이었다. 산술에서는 기수의 열이 척도의 객체가 된다. 더하기의 뛰어난 조치는 셈 자체의 단위를 변화시키는 것이었다. 모든 산술은 다양한 단위-객체로 기수의 열을 측정하는 것에 지나지 않았다. 예를 들어 당신이 수열에서 처음에 5발걸음을 앞으로 옮기고, 그다음에 11발걸음을 앞으로 옮기고, 그다음에 16발걸음을 앞으로 옮기면, 모든 측정자는 당신이 32걸음 또는 32단위를 앞으로 걸어갔다고 말할 수 있다. 셈의 단위들이 변화하더라도 동일한 총합에 이르게 된다: $(5 + 11 + 16 = 32) = (3 + 14 + 15 = 32)$.

더욱이 교환성($a + b = b + a$)과 결합성〔$(a + b) + c = a + (b + c)$〕이라는 기본 특성들 역시 산술의 도량형적 본성의 결과이다. 우리가 측량줄을 들고 앞으로 걸어가는지 또는 뒤로 걸어가는지 여부는 측정에 영향을 미치지 않는다(교환성). 우리가 어느 정도 걸어간 다음에 더해서 합을 구

---

8. Edmund Husserl, *Philosophy of Arithmetic*, 193~5를 보라.

하고, 그다음에 또 걸어가서 후속적으로 더하더라도 아무 문제가 없다. 러셀과 프레게가 잘못 생각한 대로[9] 숫자는 개념적 자기-동일자가 아니라 오히려 운동적인 도량형적 움직임이다.

빼기는 더하기에서 파생되었다.[10] 애초에 더하기로 어느 전체를 구성했을 경우에만 우리는 그 전체를 빼기로 또는 부분들로 분해할 수 있었을 것이다. 논리적으로는 전체와 그 부분들이 개념적으로 함께 주어진다. 그런데 역사적·물질적으로는 우리가 전체에서 무엇이든 뺄 수 있기 전에 먼저 운동과 측정을 통해서 전체에 대한 척도가 구성되어야 한다.[11]

곱하기는 다른 한 객체를 측정하기 위해 동일한 단위를 거듭해서 사용하는 반복적 행위에서 비롯되었다. 그 단위-객체는 다른 한 객체에 대하여 접히거나 복제되거나 또는 증식되었다. 우리는 이런 접힘의 논리를 메소포타미아와 이집트에서 발굴된, 매듭이 있는 측량줄에서 찾아볼 수 있다. 줄은 어느 측정 단위의 반복을 나타내기 위해 어떤 간격으로 매듭이 지어질 수 있다. 줄의 매듭은 산술의 접힌 운동적 구조를 시각적으로 보여준다. 측량줄은 모든 산술적 연산의 근저에 놓여 있으면서 이들 연산을 함께 묶는 물질적 연속체를 볼 수 있게 드러낸다.

아메스Ahmes의 린드Rhind 파피루스에서는 곱하기 문제들이 피승수의 사본들을 순차적으로 더함으로써 해결되었다. 예를 들어 69 곱하기

---

9. "그것을 개선하기 위해 내가 제안하는 방법은 현재의 작업에서 시사되는 것일 수밖에 없다. 수의 경우에 … 그것은 동일자의 감각을 고정시키는 것의 문제이다"(Gottlob Frege, *The Foundations of Arithmetic*, x) [고트롭 프레게, 『산수의 기초』]. 또한 Russell, *The Principles of Mathematics*, 서론을 보라.

10. "수학적으로 더하기는 근본적인 연산이다. 빼기는 더하기에 의거하여 규정되기에 더하기가 없다면 현존할 수 없다"(Lucas Bunt, *Historical Roots of Elementary Mathematics*, 9.)

11. "마찬가지 방식으로 '이분'(二分), '삼분'(三分) 등의 낱말들은 전체의 부분들의 수를 표현하는데, 그 수는 전체의 외재적 특성으로 여겨진다. 이들 개념 및 유사한 개념들은 모두 명백히 이차적인 특질을 지니고 있다"(Husserl, *Philosophy of Arithmetic*, 12).

| 1 | 10 | 100 | 더하기 | 빼기 |

그림 8.3. 이집트의 숫자와 산술. 저자의 드로잉.

16은 69에 69를 더함으로써 138을 얻은 다음에 138에 138을 더함으로써 276을 얻고, 그 과정을 또다시 반복함으로써 552를 얻은 다음에 다시 한번 적용하여 1104를 얻음으로써 수행되었는데, 그 결과는 물론 16회의 69이다.[12] 나누기는 그 과정을 뒤집어서 피승수 대신에 약수를 그저 배가함으로써 실행되었다. 예를 들면 100 나누기 5는 5에 5를 더함으로써 10을 얻은 다음에 10에 10을 더하여 20에 도달함으로써 수행되었다.[13]

산술 덕분에 고대인들은 가능한 측정들과 그 관계들에 대한 모델 또는 구상을 전개한 다음에 그 구상을 실행할 수 있게 되었다. 예를 들어 누군가가 어떤 사원을 짓기 전에 그 사원의 산술적 구상을 세운 다음에 구체적 객체들로 구현할 수 있었다. 그런 산술적 구상은 어떤 수학적 모델을 도입했을 뿐만 아니라 또한 이 모델을 현세에 적용함으로써 그 모델의 구체적 사본을 생산하였다.

예를 들면 고대 바빌로니아인들은 분배를 위해 [원통 모양의] 1실라 곡물 용기(대략 1리터의 부피)로 균등하게 나눌 수 있도록 표준 크기의 곡물 저장소를 설계하는 데 산술적 구상을 사용하였다. 점토 서판들의 기록은 그 곡물 저장소의 넓이가 1로드(대략 6미터) 제곱이었고 깊이가 1

---

12. Uta C. Merzbach and Carl B. Boyer, *A History of Mathematics*, 12. [칼 B. 보이어·유타 C. 메르츠바흐, 『수학의 역사 상·하』.]

13. 더 많은 실례는 Merzbach and Boyer, *A History of Mathematics*, 12[보이어·메르츠바흐, 『수학의 역사 상·하』]를 보라.

큐빗(대략 50센티미터)이었음을 시사한다.[14] 180세제곱핑거에 해당하는 1실라의 부피를 갖는 원통 모양의 용기는 높이가 180 나누기 27, 즉 6과 3분의 2 핑거여야 했다.[15]

또한 운하를 파기 전에 바빌로니아의 기술자들은 전체 사업을 산술적으로 구상하곤 했다. 그들은 사다리꼴의 단면, 파내어야 할 흙의 부피, 땅을 파는 남성 한 명이 하루에 할 수 있는 일의 양을 계산하여 그 사업에 필요한 작업일수를 제시하곤 했다.[16]

이집트인들은 대체로 수학적 구상을 전개하고 나서야 측정을 하였다. 건설이 시작되기 전에 피타고라스 정리와 원의 면적 같은 산술적 계산이 실행되어 휴대용 서판에 기록되었다. 운동역학적 견지에서 바라보면, 산술 덕분에 중심부에서 고안된 일단의 산술적 모델과 표를 사용하여 주변부의 재조직이 가능하게 되었다.

대수와 추상화

네 번째이자 가장 추상적인 기수적 객체의 출현은 대수적 변량의 발명이었다. 변량이란 그 값이 어떤 값이든 될 수 있고 그 단위가 어떤 단위든 될 수 있는 기수적 객체이다. 변량은 질화되지도 않고 양화되지도 않은 양이다. 반면에 산술에서는 두 가지 이상의 알려진 수량 또는 질화된 측정치를 조작함으로써 어떤 결과가 창출된다. 대수의 중대한 혁신은 미지

---

14. * 곡물 저장소의 부피는 1로드 × 1로드 × 1큐빗으로 21,600실라를 포함하며, 1큐빗 = 30핑거, 1로드 = 12큐빗 = 360핑거임을 참작하면 1실라 = 180세제곱핑거가 된다 (Biggs, *Quite Right*, 22).

15. Biggs, *Quite Right*, 22. [180 = 6 × 6 × 5이기에 1실라는 가로와 세로가 각각 6핑거, 높이가 5핑거인 직육면체로 측정될 수 있다. 여기서 문제는 지름이 6핑거인 원통 모양 1실라 용기의 높이를 결정하는 것이다. 그 당시에 지름이 6핑거인 원의 면적은 규칙상 (3 × 6) × (3 × 6) × (1/12) = 27제곱핑거로 계산되었다. 따라서 원통 모양 1실라 용기의 높이는 180/27 = 6과 2/3핑거가 된다.]

16. Leonard Mlodinow, *Euclid's Window*, 8. [레너드 플로디노프, 『유클리드의 창』.]

의 양을 지닌 어느 추상적 객체를 산술적 방정식에 도입한 것만이 아니다. 대수 덕분에 사람들은 마치 모든 결정적 객체가 더 기본적인 유적 양의 결정물인 것처럼 행동할 수 있게 되었다. 그리하여 마치 세계가 사람들이 측정을 통해서 결정한 순전히 추상적인 형태들인 것처럼 보였는데, 그 반대로 보이지는 않았다. 심지어 사람들은 추상적 숫자를 훨씬 더 추상적인 미정의 양의 국소적 표현으로 간주했다. 이런 조치가 얼마나 급진적이었는지 과소평가하기는 어렵다. 그것은 과학사에서 질화되지도 않고 양화되지도 않은 객체를 최초로 사용한 조치이다.

고대 이집트의 대수에서 이런 추상적인 기수적 변량을 가리키는 용어는 아하aha 또는 '힙'heap이었다. 힙이란 측정 단위가 아니라 오히려 어떤 미지의 양의 원소들에 조율된 객체이다. 힙은 객체들의 구심적 축적과 그것들을 분배하려는 원심적 욕망의 실재적 현존과 관련되어 있다.

이 '힙 문제'들은 서구인들이 나중에 "단일한 가상 위치 방법"이라고 일컬을 것에 의해 해결되었다.[17] 우리는 힙을 해의 근사치로서의 어느 확정값으로 대체할 수 있었을 것이다. 그 해가 올바르지 않았다면 그 근사적인 힙 값은 또다시 더 정확한 값으로 대체될 수 있었을 것이고, 이런 식으로 그 방정식이 올바르게 풀릴 때까지 계속되었을 것이다.

이 방법은 변량의 순수한 양이 지닌 불가사의한 본성과 누군가가 어떤 구체적인 수도 질도 무엇이든 어떤 다른 것으로 대체할 수 있을 방식을 명백히 하였다. 이것이 고대 이집트의 수학자 아메스가 "정확한 계산은 모든 현존하는 사물과 모든 묻혀 있는 비밀에 관한 지식으로 들어가는 입구"라고 적었을 때 염두에 두고 있었던 것이라고 나는 믿는다.[18] "모든 현존하는 사물"은 알려진 숫자들과 그것들의 산술적 관계들을 지칭

17. David Burton, *The History of Mathematics*, 47.
18. Petr Beckmann, *A History of Pi*, 23[페트르 베크만, 『파이의 역사』에서 인용됨.

하는 한편으로 "모든 묻혀 있는 비밀"은 추상적인 대수적 변량의 불가사의한 본성을 지칭했다.

논리

고대의 기수적 객체들의 발전에 이바지한 네 번째 과학 실천은 논리의 발명이었다. 우리는 종종 논리를 순전히 정신적인 활동으로 간주하지만, 그것은 역사상 물리적 기초가 있고 다른 고대 과학들과 유사한 원심적 패턴을 따른다.

우리는 논리의 운동적 기원을 그 고대의 명칭에서 찾을 수 있다. 고ʰ아카디안 시기에 서기들은 "이런 것이 절차〔네페수ⁿēpešu〕이다"라는 구절로 논리적 문제와 수학적 문제를 결론지었다. 네페수라는 낱말은 '종교적 행렬 기도식을 이끌다,' '도구를 사용하다,' '공성기攻城器를 구동하다,' 또는 '건물을 짓다'를 뜻했다. 고대 이집트에서 논리적 계산을 가리키는 데 사용된 낱말은 슴트ˢŠmt로, '행렬을 이끌다'를 뜻했다. 이 서기들에게 논리는 한낱 심적 조작에 불과한 것이 아니라 무언가를 짓거나 행하는 움직임이었다.

그리스어로 로고스ˡᵒᵍᵒˢ라는 낱말 — '논리'ˡᵒᵍⁱᶜ라는 낱말이 비롯된 낱말 — 은 레고ˡᵉᵞω(légō)라는 어근에서 유래하는데, 이는 '주워 모으다, 수집하다, 선택하다, 배열하다'를 뜻한다. 논리의 고대 그리스어 뿌리에 포함된 것은 던져진 객체들을 주워 모으기, 선택하기, 수집하기, 결합하기, 배열하기라는 운동적 활동이었다. 라틴어로 두코ᵈūᶜō라는 낱말 — '가추'ab-duction, '귀납'induction 그리고 '연역'deduction 같은 논리적 용어들이 비롯된 낱말 — 은 '이끌다, 안내하다, 끌어내다, 또는 끌어당기다'를 뜻한다. 고대 서기들은 논리를 정적인 것으로 언급하지 않고, 오히려 움직임 또는 과정으로 언급했다.

기수적 객체들의 점진적 추상화에 이바지한 논리의 네 가지 역사적 움직임을 살펴보자.

가추와 분열

고대 기수적 과학의 첫 번째 논리적 조작은 가추였다. 가추는 경험적 관찰을 사용하여 원인과 결과 사이의 결론을 '끌어내'^{dūcō}는 것이다. 미국인 논리학자 찰스 샌더스 퍼스에 따르면 "그런 지식은 관측된 사실들에 덧붙여진 부가물을 포함해야 하며, 〔그리고〕 그 부가물은 가설로 일컬어질 수 있다."[19] 가추는 우리가 많은 일이 일어나고 있음을 볼 때 생겨나지만, 그때 우리는 이른바 '인과적 힘'이라는 또 다른 객체를 가정해야 한다. 이런 인과적 객체는 원인으로서의 한 객체와 결과로서의 다른 한 객체 사이의 일방향 화살표와 같다. 운동역학적으로 이 객체는 중심부 원인과 주변부 결과 사이의 분열을 도입한다.

우리는 종종 이런 종류의 논리를 보편적인 것으로 간주하지만, 사실은 그렇지 않다. 그것은 다른 기수적 객체들과 더불어 역사적으로 출현했다. 인과성에 관한 이런 일방적 개념이 생겨나기 전에 선사 시대 사람들은 인과성의 가설적 객체들 또는 비가시적 객체들의 존재를 반드시 믿지는 않았다. 단일한 인과적 객체가 존재한 것이 아니라 오히려 행위성을 갖춘 다양한 객체가 존재했다. 예컨대 서수적 순서열에서 각각의 새로운 서수적 객체는 전체를 변화시킨다. 서수적 인과성은 내재적이고 집단적이다.

---

19. Charles S. Peirce, *Philosophical Writings of Peirce*, 150. "관찰된 사실들은 그것들이 관찰될 때 우연히 현존한 특정한 환경과 오로지 관련되어 있을 뿐이다. 그것들은 우리가 어떻게 행동해야 하는지 확신이 서지 않을 어떤 미래 기회와도 관련이 없다. 그러므로 그것들은 그 자체로 어떤 실제 지식도 포함하고 있지 않다. 그런 지식은 관측된 사실들에 덧붙여진 부가물을 포함해야 한다." 그런 부가물은 퍼스가 덧붙이는 대로 "가설이라고 일컬어질 수 있"거나 또는 또한 그가 "가추적 추론"이라고 일컬을 것이다.

예를 들면 선사 시대 사람들은 '비'를 '풀이 젖은' 유일한 이유 또는 인과적 객체로 반드시 간주하지는 않았다. 비가 내리면 세계 전체가 바뀌었다. 하늘은 어두워졌고, 그다음에 기온이 떨어졌고, 그다음에 공기가 습기를 머금었고, 그다음에 풀이 젖었다. 그것은 앞서 나타난 모든 것이 나중에 나타난 것에서 어떤 역할을 수행한 순차적 논리였다. 우리는 이런 서수적 논리를 '변환적'transductive이라고 일컬을 수 있을 것이다. 왜냐하면 인과성이 모든 것을 내재적으로 '관통하'기 때문이다.

그런데 가추는 하나 이상의 객체 계열을 설명하거나 예측하기 위해 외부적 가설을 추가했다. 인과성은 마치 그것이 다른 구체적인 가시적 객체들에 부착된 하나의 비가시적 객체인 것처럼 작동했다. 하지만 흥미롭게도 한 객체를 다른 한 객체의 원인으로 삼으려는 결정은 다양한 사물을 '하나'로 셈하는 것만큼이나 임의적이다. 퍼스가 진술하는 대로 "내가 알 수 있는 한에서 아무튼 그것에 아무 이유도 주어질 수 없으며, 그리고 그것은 한낱 의견을 제시할 따름이기에 아무 이유도 필요 없다."[20] 자연은 보편적 단위들 또는 선형적인 인과적 순서열들로 사전에 분류되어 있지 않다. 그런데 퍼스에 따르면 "오늘날 정립되어 있는 과학적 이론의 모든 단일한 항목은 가추에서 기인했다."[21]

역사적으로 사람들은 사건들의 균질한 재생산을 통제하고 싶었을 때 가추를 처음 사용하기 시작했다. 예를 들어 메소포타미아 도시와 국가 들은 사건들을 더 정확히 반복하기 위해 인과적 역사, 지침서, 요리법 recipe, 그리고 달력을 작성하기 시작했다. 글로 쓰인 이런 문서들이 출현함으로써 인과성은 가시적 객체들과 독립적으로 독자적인 삶을 영위하는 것처럼 보인다. 성문화된 규칙, 의례, 그리고 요리법은 다른 객체들의

---

20. Charles S. Peirce, *Collected Papers of Charles Sanders Peirce, Volume V*, 171.
21. 같은 책, 172.

인과적 질서를 보증하는 절차를 갖춘 가설적인 인과적 객체들이었다.[22]

가추적 논리는 조율된 운동의 특정 패턴들을 기록하고 반복함으로써 사물들의 질서를 관장하고자 한다. 객체들이 충분히 여러 번 계속해서 '동일한' 결과와 연접될 수 있다면 우리는 그 '원인'을 안다고 한다.

가추적 논리는 경험적 지각의 구심적 축적에 의존한다. 그다음에 그것은 새롭고 더 큰 객체 집단들을 통제하고 관리하고 이끌기 위해 일단의 인과적 객체와 실천을 축적된 주변부에 되돌려 적용한다.

귀납과 위계

고대 기수적 과학의 두 번째 논리적 조작은 귀납이었다. 귀납은 다양한 인과적 객체의 일관성을 시험하고 그 객체들을 어느 정도 개연적인 순서로 위계적 등급을 매기는 과정이다. 그러므로 귀납적 추리는 예측 또는 인과관계의 정확성을 반드시 보장하지는 않는다. 그것은 단지 누군가가 얼마나 다양한 결과–객체를 어떤 기수적 객체들과 신빙성 있게 조율할 수 있는지에 의거하여 이 기수적 객체들의 위계를 확립할 뿐이다. 어떤 단일한 기수적 객체에 더 많은 객체를 조율할 수 있을수록 그것의 귀납적 설명력은 더욱더 강력하다 ─ 그것의 기수성은 더욱더 크다.

예를 들면 서기전 세 번째 새천년 무렵부터 줄곧 메소포타미아 문명과 이집트 문명은 둘 다 특정 질환과 상처를 치료하기 위한 의학적 지침을 기록하기 시작했다. 수천 년에 걸쳐 서기들은 이 문서들과 공학적 지침 및 요리법 같은 다른 문서들을 지속적으로 수정했다. 다양한 가설이 등장했고, 문서 기입을 통해서 수집되었고, 다양한 환경에 걸쳐 많은 사

---

22. 슴트(sSmt)는 '이끌어내기' 또는 '절차'를 가리키는 이집트어 낱말이면서 통치, 통제도 뜻한다. 이런 후기 어휘적 목록 중 많은 것에는 봉납 기도문이 포함되어 있는데, 이는 글쓰기와 교육이 사원 및 정치적 지도력과 밀접히 관련되어 있었음을 시사한다. William Brown, "Cuneiform Lexical Lists"를 보라.

람에 의해 시험되었고, 그리하여 가설들 사이에서 작동 능력의 우위가 결정되었다. 시간이 흐름에 따라 설명력이 가장 유력한 기수적 객체들은 문서에 기입되어서 정치적 권좌와 종교적 권좌 근처에 중앙집중화되었다.

이렇게 해서 점증적인 원심적 반전이 개시되었다. 법률과 의례 같은 귀납적 절차들은 매우 오랫동안 이용되었는데, 왜냐하면 그것들은 신으로부터 주어진 것처럼 보였기 때문이었다. 왕들은 최선의 실천에 관한 이 기록들을 받아서 바깥으로 또 아래로 대중에게 적용했다.

그런데 귀납적 가설은 신성한 불변의 진리가 아니다. 그것은 시행착오를 통해서 다른 가설들보다 더 개연적인 것으로 드러날 뿐이다. 사회적이고 종교적인 행태에 대한 중앙집중화된 통제를 통해서 고대인들은 비교적 일관된 결과를 산출할 수 있었을 것이다. 이렇게 해서 귀납의 세 가지 물질적인 운동적 편향이 드러나게 된다.

첫째, 귀납적 논리는 설명을 가장 가시적이고 명백한 객체들을 향해 편향시킨다. 이것은 이미 선택되어서 인식적 권위의 현장 근처에 집중적으로 축적된 객체들을 특권화하는 경향이 있다. 성공적인 기우제 동안 숭배 대상이나 기원 부적은 두드러지게 가시적인 반면에 멀리서 다가오는 비가시적인 폭풍 같은 다른 객체들은 그다지 두드러지지 않기에 그 부적이 비에 조율될 가능성이 더 클 것이다.

둘째, 맥주 제조법, 천문 사건, 그리고 의학적 지침에서 인과적 객체들이 신과 왕으로부터 원심적으로 방사하는 경향이 있다는 사실 역시 확증 편향을 산출한다. 사람들은 어떤 중앙의 신 또는 지배자로부터 바깥으로 또 아래로 방사하는 현행 가설을 확증하는 방식들을 찾는 경향이 있으며, 그리고 그것이 유효하지 않을 상황을 간과하는 경향이 있다. 시각적 착각이나 오류는 인과적 힘을 갖춘 경쟁하는 신들 또는 중심들에 의해 연출된 것으로 쉽게 해명될 수 있다.

마지막으로, 귀납은 복잡한 상황에 대한 단순한 설명 또는 단일한 기수적 객체(신)를 찾는 경향이 있다. 그런데 단순한 해답이 복잡한 해답보다 더 개연적이거나 또는 덜 개연적일 필연적인 이유는 전혀 없다. 이런 편향은 주변부 대중을 지배하는 중앙집중화된 엘리트 계급의 정치적인 원심적 측면이었다.

논리적 설명이 더 위계적이고 강력할수록 사람들은 새로운 가설을 더욱더 고려하지 않게 된다. 귀납적 객체들의 위계가 더 경직되고 중앙집중화될수록 그것은 더욱더 어리석은 것으로 보이게 되는 경향이 있다. 이런 사태는 고대 세계 특유의 것이 아니다. 오랜 시간 동안 지속하는 운동적 패턴들은 귀납적 논리를 형성하고 결과의 주변부에 대한 인과적 객체들의 위계와 중앙집중화를 수반한다.

분류와 재조직

기수적 논리의 세 번째 단계는 분류였다. 분류는 질서정연한 객체들과 무질서한 객체들 사이의 분열과 더불어 질서정연한 객체들의 위계를 수반한다. 분류는 이런 선행 조작들에 덧붙여 새로운 수직적·수평적 질서로의 객체들의 재조직을 도입했다.

분류는 근본적으로 기수적인 원심적 형태의 지식이다. 그것은 일대다 조율 과정을 모든 종류의 사물들로 확대한다. 예를 들어 어떤 객체는 누군가가 그 객체를 다른 많은 객체에 운동적으로 조율하면 하나의 범주적 객체 또는 '유형'이 된다. 분류는 보편적이거나 미리 주어진 객체가 아니라 오히려 기수성 자체와 마찬가지로 고대 시대 동안 출현한 하나의 역사적인 운동적 객체이다.

분류 과정은 주변부 통치를 돕기 위해 도시의 서기 엘리트 계급에 의해 수행된 어휘적 활동으로 시작되었다. 기수적 분류는 두 가지 주요한 측면이 있다. 한 부류의 객체들은 어떤 의미에서는 동일하지만 어떤 의미에서는 상이하다. 동일성과 차이, 전체와 부분이 공존한다. 한 범주는 전자를 후자에 조율한다. 그렇다면 이 객체 부류들은 분류된 종이 더미들처럼 더 크고 작은 부류들을 창출하기 위해 서로 조율될 수 있다.

예를 들면 니네베Nineveh라는 도시에서 출토된 초기 아시리아의 서판들은 동물의 어휘 목록들을 제공한다. 서기들은 개, 사자, 그리고 늑대를 한 범주로 묶었고, 소, 양, 그리고 염소를 다른 한 범주로 묶었다. 개 집합 자체는 집에서 기르는 개, 사냥하는 개, 작은 개, 그리고 엘람Elan의 개 같은 다양한 집단으로 나뉘었다. 그러므로 개는 중심부 도시와의 인접성에 의해 위계적으로 나누어졌다(집개 대 들개). 한편 서기들은 새를 비행 속력과 서식지에 의거하여 빨리 나는 새, 바다-새, 그리고 습지-새로 정렬했다. 아시리아 서기들은 곤충을 습속에 따라 분류했는데, 즉 식물, 동물, 의복, 또는 나무를 공격하는 곤충으로 분류했다. 그들은 채소를 그 유용성에 따라 분류했다.[23]

두 번째 새천년 말기 또는 중기 아시리아 시대에 걸쳐 이런 비균질한 객체 범주들은 쐐기문자와 더불어 번성했다.[24] 그것들은 확산하면서 더 장기적이고 더 균질한 질서도 갖추게 되었다. 또한 어휘 목록들은 사물들의 자연적 질서에 대한 목록으로서의 자격을 갖추면서 중심부의 장소와 사원들에 점점 더 집중적으로 회집되었다. 이렇게 해서 어휘 목록들은 "세계 제국의 정당화와 권력 관리에서 어떤 역할을 수행하게 되었다."[25]

어휘적 분류는 직접적인 인과적 설명도 논리적 설명도 제공하지 않았고, 오히려 존재자들의 적절한 유형학적 재조직을 위한 지침을 제공했다. 예를 들면 서기들은 신들을 그 발생적 원초성 또는 선재성에 의거하여 분류했다. 초기 서기들은 인간들을 중심부에의 인접성과 그 활동의

---

23. Miguel Civil, *Mesopotamian Lexicography*.
24. Niek Veldhuis, *History of the Cuneiform Lexical Tradition*, 226.
25. 같은 책, 391.

중심성에 의거하여 정렬했다. 정치적·사제적·서기적 노동은 중심부에 자리했고, 장인, 노예, 여성, 어린이, 그리고 동물은 주변부에 자리했다.

시간이 흐름에 따라 분류는 점점 더 공고화되었고, 초기 그리스의 철학적 일원론에서 그 절정에 이르렀다. 초기 그리스 철학자들은 만물이 물(탈레스), 공기(아낙시메네스), 또는 불(헤라클레이토스)과 같은 어떤 단일한 '유형'의 사물이라고 믿었다.

연역

고대 논리에서 마지막이자 가장 추상적인 조치는 연역이었다. 『분석론 전서』에서 아리스토텔레스가 간결하게 서술하는 대로 연역적 논리는 "어떤 사물들이 제시된 다음에〔프로타시스prótasis〕 그것들의 그러함으로 인해 그것들과 다른 무언가가 필연적으로 귀결되는〔엑스 아난게스 숨바이네인ex anankês sumbainein〕 논리"이다.[26] 우리는 먼저 어떤 참인 명제들을 전제함으로써 이 명제들의 어떤 필연적 결과에 이를 수 있다. 최초의 전제(프로타시스)는 참이라고 가정되기에 그 결론(숨페라스마sumperasma)은 그것이 세계에 미치는 효과로 입증될 필요가 없다. 발견 결과는 순전히 자명한 것으로서 확증된다.

연역적 논리는 질로 시작하지 않고 오히려 참인 명제들이 구체적 객체들의 세계에 형식적으로 완전히 선행하는 것처럼 시작함으로써 여타의 구체적 논리를 뒤집는다. 구체적 논리가 실행된 지 수천 년 후에 연역은 마치 그것이 자신을 산출한 논리들에 선행하는 것처럼 작동했다.

그런데 연역의 운동적 기원의 어원학적 잔류물은 논리에 관한 아리스토텔레스의 서술에 여전히 남아 있다. 예를 들어 아리스토텔레스가 전제되는 사물들을 지칭하는 데 사용한 그리스어 낱말 프로

---

26. Aristotle, *Prior Analytics*, Book I, Section II, lines 24b18~20.

타시스πρότασις(prótasis)는 그리스어 낱말들 프로πρό('앞에') + 테이노τείνω(teínō, '펼치다')에서 유래했다. 그러므로 프로타시스는 운동적·역사적으로 측정과 줄 펼치기라는 행위와 관련이 있었다. 이와 관련된, '아래에 펼치다'라는 뜻의 그리스어 낱말 후포테이노우사 ὑποτείνουσα(hupoteínousa) — 영어 낱말 hypotenuse(빗변)가 비롯된 낱말 — 역시 '측량사' 또는 '줄을 펼치는 사람'이라는 뜻의 이집트어 낱말 하르페도나프타에harpedonaptae에서 유래했다. 논리적 전제는 발ped의 움직임에서 비롯된다.

아리스토텔레스가 연역의 결론을 서술하는 데 사용한 그리스어 낱말 심페라스마타symperásmata 역시 '함께'라는 뜻의 그리스 낱말 숨 συμ(sum)과 '통로, 여행, 또는 누비기'라는 뜻의 그리스어 낱말 페라스마 πέρασμα(pérasma)에 운동적 뿌리를 갖고 있다. 논리적 연역의 결론 덕분에 다중의 측정 흐름(프로타시스)이 함께 흐르거나 누벼질 수 있게 된다(심페라스마타).

아리스토텔레스에 따르면 함께 누벼지는 흐름들의 내용은 호로스 χορός, 즉 '항들'이다. 이것들은 보편적(카솔로우katholou)일 수 있거나 특수적(카스 헤카스톤kath' hekaston)일 수 있다. 그리스어 낱말 호로스는 그리스어 낱말 코라χορα에서 유래했는데, 코라는 농촌에서 흘러나와서 모이는 곡물들의 흐름을 수집하기를 뜻할 뿐만 아니라 춤 자체에 의해 만들어진 춤추기 위한 공간도 뜻한다. 이 용어들의 그리스어 의미를 간략히 살펴보면, 연역의 물질적인 운동적 기원은 이동성 객체들을 모으기(레고), 측정하기(프로타시스), 그리고 함께 누비기(심페라스마타)에 근거를 두고 있음이 밝혀진다.

논리의 '함께 누비기'는 지식을 지칭하는 그리스어 낱말 메티스me-tis — 변신하기, 측정하기, 그리고 직조하기를 뜻한다 — 와도 관련되어 있었다. 메티스는 측정을 뜻하는 그리스어 낱말 메트론μέτρον(métron)에서 유래했다.[27] 연역적 논리의 기원은 마음속 순수 관념들이 아니라 오히려 측정, 직조하기, 그리고 누비기의 움직임들이다.[28]

논리적 연역이라는 실천은 점점 성장하는 식민 제국의 지정학적 중심부에서 "반원에 기입된 모든 삼각형은 직각 삼각형일 것이다"라는 탈레스의 정리와 더불어 출현했다. 탈레스와 피타고라스는 이집트와 바빌로니아 지역을 광범위하게 여행하면서 서기 엘리트 계급이 기록한 대단히 다양한 귀납적 지식을 수집했다. 그 그리스인들은 과학과 수학을 발명하지 않았고, 오히려 근동의 지리적 주변부에서 수천 년 동안 이루어진 귀납적 논리의 결과를 이전시켜 중앙집중적인 정리 형식의 "보편적 진리"로 종합했다.[29] 정리는 이전에 확증된 전제들에 의거하여 올바른 것

---

27. 비케스는 메티스(metis)의 어원을 이렇게 서술한다. "원래 *'측정하기'를 뜻하는 동사적 명사인 메티스는 '척도'를 뜻하는 산스크리트어 미마티(mimati) 등에서 나타나는 어근 *meh1-에서 파생된 것이다. *meh1-ti-라는 형태 자체는 '척도'를 뜻하는 별개의 게르만어 낱말, 고대 영어 접미사 마에드(maed)에서 나타나며, 그리고 '측정하다'를 뜻하는 메티오르(metior)라는 라틴어 명사 유래 동사의 전제가 된다." Robert Beekes and Lucien Beek, *Etymological Dictionary of Greek*를 보라.

28. 이 용어들은 플라톤이 모든 현실을 구성한다고 하는 기하학적 형상들에 관한 플라톤 이론 전체의 토대에서도 명시적으로 얽혀 있다. 『티마이오스』에서 플라톤은 모든 기하학적 형태가 존재하기 이전에 먼저 오직 물질의 유동적인 흐름들(뒤나미스(dunamis))로만 구성된 코라(chora)가 존재했다고 말한다. 이 무리(無理)한(알로곤(alogon)) 흐름들에서 기하학적 형상들이 비롯되었다. 또한 그리스어 낱말 뒤나미스는 제곱근을 뜻하고 『테아이테토스』라는 대화편에서 테아이테토스에 의해 규정된다(147D). 그러므로 뒤나미스는 동적인 것임과 동시에 기하학적 형상의 조건이기도 하다 ─ 운동형상론(kinomorphism).

29. "그리스 애호가들이 과학의 창안자라고 갈채를 보내는(이 장의 서두에 제시된 인용구들을 보라) 밀레토스의 탈레스는 이집트인들, 바빌로니아인들, 그리고 페니키아인들의 고대 지혜를 연구하느라고 외국에서 여러 해를 보낸 것으로 유명했다. 심지어 탈레스 자신이 페니키아 혈통이었다고 말한 사람도 있다. 아리스토텔레스에 버금가는 권위자에 따르면 '수학적 기예는 이집트에서 구축되었다.' 플라톤은 이집트의 지혜에 '산술과 계산과 기하학과 천문학'의 발명을 귀속시킬 뿐만 아니라, '문자 용도의 발견'도 귀속시킨다. 헤로도토스는 '기하학은 먼저 이집트에서 알려지게 된 다음에 그리스로 전해졌다'라고 선언했다. 서기 1세기에 스트라본은 다음과 같이 논평했다. 기하학은 나일강이 범람하는 시기에 경계가 교란되었을 때 요구되는 토지 측정에서 발명되었다고 한

으로 증명된 명제이다. 그러므로 그것은 근본적으로 연역적이다.

그런데 그리스 정리 이론의 훌륭한 조치는 그것이 현존하는 실제 지식의 단순한 종합이었다는 점이 아니었다. 고대 그리스인들은 정리가 존재론적으로 일차적이고, 자기증명적이며, 모든 구체적 지식의 창조자라고 선언함으로써 한 걸음 더 나아갔다. 고전 그리스에서 피타고라스, 필로라우스, 플라톤, 그리고 유클리드는 모두 이런 조치를 취했는데, 탈레스는 단지 암묵적으로 그렇게 하였을 뿐이다. 피타고라스주의자였던 필로라우스가 말했다고 전해지는 대로 "인식될 수 있는 모든 것은 수를 갖는다. 왜냐하면 수가 없다면 아무것도 구상될 수 없고 인식될 수도 없기 때문이다." 게다가 수는 "위대하고 전능하며 **만물을 생산하는데**, 지상의 삶의 시작이자 안내자인 것과 마찬가지로 천상의 삶의 시작이자 안내자이다."[30]

궁극적으로 유클리드의 유명한 『기하학 원론』은 탈레스로부터 줄곧 이어진 고대 그리스의 모든 정리적 지식의 최고 종합을 제공했다. 유클리드는 점, 선, 그리고 평면 같은 기본적인 기하학적 객체들에 대한 정의를 도입한 것만이 아니다. 또한 그는 그것들로부터 다양한 공리 또는 가설을 연역했는데, 이것들은 경험적 예증 없이 상호연결된 정리들의 체계인 것으로 입증되었다. 이 책에는 스물세 가지의 정의, 다섯 가지의 기하학적 가설, 그리고 유클리드가 '공통 개념'이라고 일컬었던 다섯 가지의 추가적 가설이 포함되어 있었다. 유클리드는 오직 이것들만 사용하여

다. 그다음에 이 과학은 이집트인들에게서 그리스인들에게로 전해졌고, 천문학과 산술은 페니키아인들에게서 전해졌다고 여겨지며, 그리고 현재 지금까지 여타 철학 분야에서 대량의 지식은 이 (페니키아의) 도시들(시돈과 티레)에서 전해졌다고 여겨진다"(Clifford Conner, *A People's History of Science*, 123[클리퍼드 코너, 『과학의 민중사』]).

30. Merzbach and Boyer, *A History of Mathematics*, 49[보이어·메르츠바흐, 『수학의 역사 상·하』], 강조가 첨가됨.

465개의 정리를 증명할 수 있었다.[31]

연역적 지식은 범주들과 그것들의 위계적 포함 관계들에 관한 지식이다. 그것일 따름이다. 연역의 결론이 필연적인 이유는 이미 사용된 범주 항들에 대한 정의들이 그 결론을 포함하고 있기 때문이다. 연역은 세계에 관한 어떤 지식도 창출하지 않는데, 단지 지식 자체에 관한 지식을 창출할 뿐이다. 아리스토텔레스의 우주론에서 제시된 구체의 완벽한 회전과 마찬가지로 연역은 궁극적인 자기반성적·순환적·동어반복적 움직임이다. 연역적 중심부는 영원하고 완전하며 부동의 것인 채로 있는 반면에, 세계의 주변부는 그 주위를 회전하면서 변화한다. 원심적 원과 마찬가지로 연역은 자신의 기수적 전체의 자기동일성에 의존한다. 그런 단일한 객체가 여전히 그런 것으로 있는 경우에만 많은 객체가 단일한 객체에 조율될 수 있다. 이렇게 해서 존재의 동일성과 단일성이 생겨나게 된다.[32]

결론

이 장은 고대의 기수적 객체와 그것의 원심적 운동 패턴에 관한 두 번째 부분을 마무리한다. 그런데 역사상 그다음에 출현한 문제는 이 기수적 객체들과 그 질서들이 연결될 수 있는 방식이었다. 이 딜레마는 다음 장에서 고찰될 전적으로 새로운 종류의 '장력적' 객체의 발명을 촉발했다.

---

31. Mlodinow, *Euclid's Window*, 34. [플로디노프, 『유클리드의 창』.]
32. 그런데 앞 장에서 기수적 숫자의 사례에서 드러난 대로 기수적 총체성의 역설은 바로 포함하는 일자가 자신이 포함하는 것에 포함될 수 없기에 자신과 다른 것으로 남아 있게 된다는 점이다.

9장

장력적 객체

강도적 객체들은 기수적 객체들보다 훨씬 더 기묘하다. 우리는 일반적으로 그것들을 별개의 객체들로 간주하지 않지만, 셈할 때마다 그것들을 사용한다. 나의 정의에 따르면 강도적 객체들 중 일부는 '셈하기 행위' 자체이다. 우리가 셈하기 전후에 객체들을 어떤 순서열로 정렬할 때마다, 또는 우리가 어떤 계열 전체를 '하나'로 셈할 때마다, 우리는 무언가를 행하고 있다. 어쩌면 덜 직관적이겠지만 그런 '행함'은 객체에 속하는 것이다.

더욱이 우리가 우리의 객체들을 정렬하고 셈하느라고 바쁠 때 세계 역시 무언가를 행하고 있다. 아무것도 가만히 있지 않는다. 객체들은 언제나 움직이고 변화하고 있다. 그런데도 우리는 서수적 객체들과 기수적 객체들을 사용할 때 모든 것이 응결된 것처럼, 그리고 객체들의 조율자인 우리가 움직이는 객체들로 이루어져 있지 않은 것처럼 행동한다.

5세기에서 18세기까지 이어지는 중세 과학 및 초기 근대 과학과 관련하여 매우 뛰어난 점은 이 과학들이 이처럼 기묘하지만 내재적으로 실제적인 객체들의 발명과 탐구를 매우 진지하게 여겼다는 것이다. 숫자 같은 추상적 객체들에 관한 연구 자체를 새로운 연구 영역으로 전환한 것은 참신한 관념이었다. 또한 강도적 객체들에 관한 과학은 객체들의 과정-본성을 진지하게 여긴 최초의 과학이었다. 내가 강도적 과학이라고 일컫고 있는 것의 목표는 궁극적으로 움직임을 새로운 종류의 객체로 환원하고자 하는 것이었는데, 한편으로 강도적 과학은 객체들과 객체들의 셈하기에 관한 엄청나게 중요한 것 – 움직임과 가변성 – 을 파악했다.

강도적 과학은 변화의 과학이었다. 강도적 과학은 변화율, 변화의 정도, 질적 변화, 양적 변화, 그리고 무한한 수와 같은 객체들에 관심이 있었다.[1] 그것은 한 객체의 다른 한 객체로의 전환에서 정확히 무슨 일이 일어나는지 알기를 원했다.

강도적 객체들에 관한 이 세 번째 부분을 구성하는 다음 장들의 목표는 이 새로운 강도적 객체들을 창출하고 유지한 운동적 과정과 패턴 들을 예시하는 것이다. 이 장에서는 강도적 객체들이 중세 유럽과 초기 근대 유럽에서 세 가지 주요한 과정 – 장력적 운동, 변형, 그리고 다각형성 – 을 통해서 창발되어 전파되었다는 주장이 제시된다. 4장 그리고 6장에서와 마찬가지로 여기서 나는 이 과정들의 대강만을 제시할 뿐이다. 그리고 그다음 두 장에서 나는 이 과정들이 다양한 중세 과학과 근대 과학의 실천에서 어떻게 출현했는지를 서술할 것이다.

강도적 객체란 무엇인가?

강도적 객체는 그 양이 고정되어 있지 않고 유한하지도 않으며 오히려 가변적인 객체이다. 서수적 객체나 기수적 객체와 달리 강도적 객체는 '이런' 상태도 아니고 '저런' 상태도 아니며, 오히려 한 객체가 다른 한 객체로 변환하거나 전환하는 속도, 정도, 또는 과정이다.

이것은 매우 기묘한 종류의 객체이기에 고대와 근대의 많은 과학철

---

1. 무한 서수와 무한 기수는 강도적 수에 대한 나의 정의에 포섭될 것인데, 왜냐하면 그것들은 유한하지 않기에 상이한 운동 패턴을 필요로 하기 때문이다.

학자와 수학철학자가 그것을 수용하기를 거부했다. 예를 들면 아리스토 텔레스는 수학을 "운동을 포함하지 않는 사물들"에만 관여하는 것으로 규정했다.[2] 아리스토텔레스의 경우에 강도적 크기는 바뀌고 변화하기에 적절한 수학적 객체가 될 수 없다. 아일랜드계 영국인 철학자 조지 버클 리는 심지어 강도적 양을 "신앙의 대상" 또는 "덧없는 증분"이라고 일컬 었다.[3] 버클리의 진술에 따르면 강도적 양은 "유한한 양도 아니고 무한 히 작은 양도 아니며 무無도 아니다. 그것을 지나간 양의 유령이라고 부 를 수 있지 않겠는가?"[4] 독일인 철학자 게오르크 프리드리히 헤겔은 수 학을 "오직 그런 형식의 〔객체들을〕 고찰하는 양적 형식"에 관한 학문으 로 규정했다.[5] 그런데 헤겔이 서술한 대로 "무한소 미적분학은 수학이 유한한 크기로 연산할 때 절대적으로 거부해야 하는 절차를 허용하거 나 심지어 요구하며, 그리고 동시에 자신의 무한한 크기를 마치 그것이 유한한 양인 것처럼 간주하…"기 때문에 무한소 미적분학은 기각되어 야 한다.[6] 헤겔에게는 강도적 양 또는 변동하는 양에 관한 과학은 있을 수 없다.

강도적 양은 곡선의 기울기, 운동 중인 객체의 속도, 무한소 또는 무 한대 같은 변동, 운동, 그리고 변화의 과정이다. 그런 객체들을 포착할 수 있는 유한한 기수적 객체는 단 하나도 없다.

---

2. Carl B. Boyer, *The History of the Calculus and Its Conceptual Development*, 72[칼 B. 보이어, 『미분적분학사』]에서 인용됨.

3. George Berkeley, *The Analyst*, Sect. 7.

4. 같은 책, Sect. 35.

5. "순수 수학 역시 자신의 추상적 객체들과 오직 그런 형식의 객체들을 고찰하는 양적 형 식에 적절한 자신의 방법이 있다"(Georg W. F. Hegel, *The Science of Logic*, 32[게오르 그 빌헬름 프리드리히 헤겔, 『헤겔의 논리학』]).

6. Hegel, *The Science of Logic*, 205. [헤겔, 『헤겔의 논리학』.]

장력적 운동

강도적 객체에 관한 이 새로운 과학의 첫 번째 면모는 내가 그것의 '장력적'tensional 운동이라고 일컫는 것이다. 장력적 운동이란 무엇인가? 장력적 운동은 연계된 객체들이 서로에 대하여 상대적으로 함께 움직이는 운동이다. 예를 들면 인간의 팔은 장력적 운동을 나타내는데, 왜냐하면 그것은 관절들로 결합한 마디들, 손, 아래팔, 그리고 위팔을 갖추고 있기 때문이다. 관절들 덕분에 팔의 부위들은 결합하고 분리되어 이 관절들을 중심으로 진동하고 회전할 수 있게 된다. 기계식 시계의 스프링과 기어 들 역시 장력적 운동을 나타낸다. 스프링이 감기면 그것의 장력적 움직임은 장력적으로 연계된 기어들을 통해서 서서히 풀려난다. 자전거의 기어열도 동일한 운동으로 작동한다. 크랭크 암들은 기어들과 장력이 걸려 있는 체인을 끌어당긴다.

이것은 객체들에 관한 초기 근대 과학과 무슨 관계가 있는가? 이 절에서 나는 강도적 객체의 발명과 발전이 명확히 장력적인 운동 패턴에 의존했음을 보여주고 싶다. 예컨대 시간과 공간에서의 객체들의 위치 변화를 연구하기 위해 근대 시대에 널리 퍼진 한 가지 중요한 기법은 좌표계였다. 좌표계는 경도와 위도를 갖춘 지도와 유사했다. 지도 위의 모든 위치는 수평 값과 수직 값이 있었다. 객체의 위치가 변함에 따라 우리는 이차원에서 각각의 단계를 기록할 수 있었다. 그리하여 우리는 두 개의 교차하는 축에 대하여 상대적으로 어떤 객체가 변화하는 정도와 단계의 시각적 역사를 얻게 되었다.

내가 이것을 '장력적' 운동이라고 일컫는 이유는 이런 새로운 종류의 객체가 단일한 고정된 상태가 아니라 오히려 서로에 대하여 상대적으로 장력이 걸려 있는 두 가지 상이한 좌표들 사이의 변화하는 비율 또는 비比이기 때문이다. 측정자는 동일한 도표, 그래프, 또는 지도에서 속력과 거리 같은 두 가지 변화하는 측면을 결합했다. 이렇게 해서 과학자들은 시간을 가로질러 객체들 사이의 규칙적인 대응성을 식별할 수 있게 되었다.

게다가 중세와 초기 근대의 과학자들은 변화하는 객체들 사이에 장력 또는 좌표계를 확립함으로써 온도, 색깔, 그리고 속력처럼 이전에는 아무도 양화하지 않았던 객체들에 양을 할당할 수 있었다. 그런데 이 새로운 방법은 양화에 대한 한 가지 참신한 난제도 제기했다. 강도적 객체가 변화와 전환의 척도라면, 우리는 언제 그것에 대한 측정을 멈추는가? 그것은 언제 우리가 최종 측정값을 취할 수 있도록 더는 변화하지 않는가?

고대의 많은 사상가는 무리수, 파이, 제논의 역설, 그리고 아르키메데스의 실진법method of exhaustion 같은 강도적 객체들을 인식하고 있었다. 그런데 이 객체들은 전적으로 새로운 객체론의 기초가 되지 못했다. 대체로 고대인들은 그것들을 기수적 객체들의 규칙에 대한 흥미롭거나 역설적인 예외 사례들로 간주했다.

강도적 과학의 매혹적인 발견은 '최종' 측정 또는 기수적 측정이 전혀 없다는 점이었다. 강도적 객체가 객체들 사이의 장력에서 생겨난다면, 두 객체 사이의 차이가 존재하는 한에서 언제나 더 측정할 것이 존재한다. 곡선의 경우에 우리는 언제 기울기의 측정을 끝내는가? 우리는 언제나 더 정확한 측정값을 얻기 위해 또 다른 접선을 사용할 수 있다. 원주율 파이의 값을 구하는 경우에 우리는 언제 계산하기를 끝내는가? 원의 지름에 대한 원둘레의 비, 즉 원주율을 계산하기 위한 또 다른 원은 언제나 존재한다. 강도적 객체의 경우에 우리는 걸음으로써 측정 경로를 구성한다.

내가 생각하기에 중세 및 초기 근대 과학의 가장 독창적인 통찰은 모든 객체가 과정들로 함께 묶여 있다는 점이었다. 1편에서 내가 규정한 대로의 '사물'은 반복적 운동 패턴을 통해서 질과 양을 결합한다. 객체를 조작할 때 인간은 어떤 행위를 수행하는데, 그것이 '자신의 머릿속에서' 이루어지는 사유 행위일지라도 말이다. 우리가 마치 어떤 사물들은 아무 질도 갖추고 있지 않은 것처럼 행동할 때도 행위와 객체는 비물질적이지 않으며 오히려 시간과 공간에서 생겨난다. 이 행위들은 객체들의 집단을 어떤 순서열로 묶거나 또는 '하나로' 간주하는 장력이다. 행위로서의 이 장력들은 또한 객체로서 측정되고 셈하여지며 조작될 수 있다. 객체들을 우리의 뇌와 몸에 조율하는 행위는 사물들을 함께 묶는 행위다. 운동역학적 관점에서 바라보면 이것이 내가 강도적 객체들에 관한 과학을 해석하고 있는 방식이다.

게다가 이런 까닭에 나는 강도적intensive 객체가 '장력적'이라고 일컫는다. 라틴어 낱말 테네오teneo는 '잡다'를 뜻하고, 이 어근으로부터 '나는 펼친다'라는 뜻의 라틴어 낱말 텐도tendō가 유래하며, 그리고 이로부터 '장력'tension을 뜻하는 라틴어 낱말 텐시오tensiō가 유래한다. 모든 셈하여진 객체는 그것을 뒷받침하고 그것을 다른 객체들에 연결하는 데 셈하기 행위를 필요로 한다. 변화와 과정을 객체들로 양화하려고 시도함으로써, 강도적 과학은 변화를 좇으면서 해당 객체에서 안정한 상태에 놓여 있는 측면들과 시간에 따라 변화하는 측면들 사이의 장력에 관한 지도를 작성하는 반복적 행위의 중요성을 발견했다.

그런데 이런 물질적인 운동적 관점에서 바라보면 '무한'이란 무엇인가? 내가 보기에 무한은 객체들이 유한하지 않고 이산적이지 않은 과정들로 구성되는 방식을 서술한다. 사물이 언제나 운동 중에 있고 변화하고 있다면, 어떤 단일한 '상태'도 어떤 유한한 기수도 과정으로서의 사물을 결코 철저히 포착할 수 없다. 나의 해석에 따르면 '무한'이라는 낱말은 이산적인 셈에 저항할 수 있는 모든 객체와 모든 과정의 부정적 역량을 가리킨다.

그렇지만 지금까지 대단히 많은 사람이 '무한'을 마치 그것이 객체들의 어떤 긍정적인 초월적 측면 또는 심지어 비물질적 측면을 서술하는 것처럼 사용했기에 나는 아무 조건도 없이 이 용어를 사용하기가 망설여진다. 이어지는 두 장에서 나는 나의 해석을 역사적으로 더 자세히 설명할 기회를 가질 것이다. 당분간 나는, 나 자신이 모든 객체가 그것을 생성하는 행위가 있기 전에는 현존하지 않는다고 믿고 있다는 점을 말할 것이다. 객체에 관한 우리의 사유조차도 그 자체로 행위와 운동을 통해 만들어진 그런 종류의 객체이다.[7]

내가 보기에 조지 버클리가 양의 '유령'이라고 일컫는 것은 모든 객체를 '떠도는' 양화 자체의 물질적 행위이다.[8] 양들을 둘러싸고 함께 묶는 운동적 행위는 그것이 둘러싸는 집단의 부분이 아니다. 우리는 오직 셈하기 행위를 통해서만 그것을 그 집단의 부분으로 간주할 수 있는데, 그 셈하기 행위는 또다시 우리가 셈하고 있는 집단을 벗어날 것이다. 그러므로 과학의 진짜 유령은 객체들을 창출하고 유지하는 실제적 과정이다.

플라톤주의적 수학자들은 수가 셈하여지는 것과는 독립적으로 현존하는 것처럼 보여줌으로써 이 유령을 퇴치하고자 하였다. 이렇게 해서 그들은 셈하기 행위를 그것이 셈하는 것으로부터 구성적으로 배제한다. 그런데 셈하기 행위가 모든 유한한 객체를 벗어나는 이유는 움직이는 행위가 바로 이산적인 양들을 함께 묶어서 정렬하는 것이기 때문이다.

게다가 강도적 과학은 양화 행위가 질과 양을 손, 펜과 종이, 차트와 그래프, 망원경과 현미경, 실험실과 원고로 함께 묶는다고 간파한 한에서 장력적이다. 지식의 물질적 취약성과 지식을 보존하고 번역하며 전달

---

7. 이것은 내가 선택 공리를 운동의 철학에 대한 기초로서 수용하지도 않고 수용할 수도 없다고 말하는 또 다른 방식이다. 선택 공리에 관한 더 자세한 내용에 대해서는 14장을 보라.

8. 이것은 나중에 칸토어가 '비가산적 무한'이라고 일컬을 것이다. 14장을 보라.

하는 것의 중요성은 중세인들과 초기 근대인들이 고대의 기록된 지식을 매우 많이 상실한 이후에 알게 된 것이다. 지식이 지속하려면 그것은 물리적으로 팽팽하게 묶여야 하고, 지속적으로 고려되고 재고되어야 하며, 조율되고 재조율되어야 한다. 객체들은 언제나 움직이고 있고 변화하고 있으며, 그리하여 그것들은 지속적으로 끝없이 고정되어야만 한다.

변형

강도적 객체의 두 번째 면모는 내가 그것의 연속적 '변형'이라고 일컫는 것이다. 이것으로 내가 뜻하는 바는 강도적 객체가 언제나 자신의 모양을 바꾸고 있다는 것이다. 우리는 강도적 객체를 예전에 플라톤과 아리스토텔레스가 기수적 객체를 연구한 대로 연구할 수는 없다. 플라톤과 아리스토텔레스의 경우에 형태들은 영원했고 불변적이었다. 객체들은 정도가 다른 것이 아니라 종류가 다를 따름이었다.

강도적 양은 운동 중인 양이자 변화율, 그리고 양에 대응하는 질의 지속적인 변화이다. 고대인들에게 하얀색, 선, 또는 운동 같은 어떤 객체들은 근본적으로 질적인 것들이어서 양화될 수 없었다. 과학사가 칼 보이어가 지적하는 대로 "고대 그리스의 천문학, 광학, 그리고 정역학 같은 과학들은 모두 기하학적으로 정교하게 다듬어졌지만 변화 현상에 대한 표상은 전혀 존재하지 않았다."[9] 고대 그리스인들은 가속도 개념이 없었기에 운동을 원형의 회전 같은 균일한 기하학적 패턴들에만 의거하여 고찰했을 뿐이었다. 보이어는 이렇게 말한다. "운동은 양이라기보다는 오히려 질이었다. 따라서 고대인들 사이에는 그런 질들에 관한 어떤 체계적인

---

9. Boyer, *The History of the Calculus and Its Conceptual Development*, 71. [보이어, 『미분적분학사』.]

양적 연구도 없었다."[10] 그리스 수학은 가변성에 관한 연구라기보다는 오히려 형태에 관한 연구였다.

이 모든 상황은 임페투스impetus라는 관념과 더불어 변화하기 시작했다. 임페투스는 어떤 신체가 내부적 경향으로 인해 일단 움직이게 되면 계속해서 움직일 것이라는 개념이다. 이와는 대조적으로 아리스토텔레스는 사물이 계속해서 움직이는 이유는 공기 같은 무언가가 외부에서 그것을 끊임없이 밀어내기 때문이라고 생각했다. 6세기 알렉산드리아의 문헌학자 존 필로포누스는 임페투스라는 관념을 서술하고 그것을 아리스토텔레스의 동역학과 대조한 최초의 인물이었다. 불행하게도 필로포누스의 저작은 14세기 초에 프랑스인 과학자 장 뷔리당이 재발견할 때까지 수 세기 동안 대체로 읽히지 않았는데, 뷔리당은 임페투스라는 관념을 유럽 전역에 확산시켰다.[11]

객체가 자신의 운동과 변화의 원천이라면 그 형태는 고정되어 있지도, 영원하지도, 불변적이지도 않다. 오히려 내부적으로 역동적이다. 13세기에 과학자들은 '형태의 위도'라고 일컬어진 유사한 관념을 서술했다. 형태의 위도는 객체를 누군가가 변화의 정도 또는 '연속체'를 측정하는 데 사용할 수 있는 측정 막대처럼 '연속적인 크기'로 재고하는 방식이었다. 중세 사상가들은 객체에서 나타나는 이런 변동의 정도를 그것이 '커'질 때는 인텐시오intensio라고 일컬었고, 그것이 '작아'질 때는 레미시오remissio라고 일컬었다. 또한 자기운동에 관한 이 동일한 관념은 중세 시대에 자동장치 또는 스스로 움직이는 기계와 메커니즘을 창안하는 데 중요한 역할을 수행했다.

이 관념들과 다음 두 장에서 내가 논의할 다른 관념들은 모두 객체

---

10. 같은 책, 72. [같은 책.]

11. Nail, *Being and Motion*, ch. 25. [네일, 『존재와 운동』.]

들의 운동 패턴에서 일어난 공통적인 변화의 일부였다. 서수적 객체들과 기수적 객체들은 당연히 존속하였지만, 그것들 역시 이 새로운 강도적 객체들에 의해 흡수되어 변환되었다. 과학자들은 객체를 한낱 측정의 고정된 유한한 중심에 불과한 것으로 간주하는 대신에 온갖 종류의 변형과 변화를 겪는 것으로 간주하기 시작했다. 강도적 객체는 누군가가 그것을 측정하거나 번역하거나 재생산하거나 또는 전달할 때마다 연속적인 운동과 변형을 겪는 형태를 지니고 있다. 이것은 14세기 사상가들의 유명한 집단인 '옥스퍼드 계산기'가 라티투도 디포르미스latitudo difformis(균일하지 않은 변화율)라고 일컬은 것이었다.[12]

그런데 내가 보기에 객체의 연속적인 변형에 관한 관념은 과학자들이 객체가 운동 중인 또 다른 객체에 직접 비례하여 변화하는 내부 장력의 과정들에 의해 형성된 것이라고 간파했을 때에만 가능했다. 기수적 객체와 달리 강도적 객체의 경우에는 어떤 '변화 일반'도 존재하지 않았다. 오히려 변화율이 존재했다.

비比는 연속적으로 변화하는 한 객체의 두 가지 차원 사이의 운동적 장력이다. 질은 양과 더불어 변화할 수 있고, 양은 다른 양들과 더불어 변화할 수 있다. 이런 의미에서 강도적 객체는 독특한 '다대다' 조율을 갖추고 있다. 강도적 객체는 여러 가지 연속적이고 무한정한 변형의 속도와 비율에 있어서의 변화이다.

다각형성

강도적 객체의 세 번째이자 마지막 면모는 그 '다각형성'polygonalism이

---

12. Boyer, *The History of the Calculus and Its Conceptual Development*, 74. [보이어, 『미분적분학사』.]

다. 이것으로 내가 뜻하는 바는 강도적 객체들이 다각형 모양의 직선들처럼 견고하거나 비탄성적인 연결고리들로 함께 묶여 있다는 것이다. 강도적 객체들 사이의 관계들은 직선들이 가동성 이음매들에서 교차하는 다각형과 같다. 그런 모양은 움직일 수 있지만, 오직 직선들 사이의 고정된 일단의 연결고리에 대하여 상대적으로만 움직일 수 있다.

이런 이미지는 내가 강도적 과학이 자기 세계의 객체들을 조직한 방식에 관해 생각하는 데 도움이 되었다. 강도적 과학은 객체들이 움직이고 변화하는 과정들에 의해 형성된다고 생각했고, 또한 이 움직임과 변화 들을 양화하기를 원했다. 그래서 강도적 과학은 이 과정들을 객체로 다룰 수 있을 지도와 좌표계들을 창안했다. 그런데 내가 보기에 궁극적으로 과정은 객체로 환원될 수 없지만, 그렇다고 우리가 과정이 마치 객체로 환원될 수 있는 것처럼 간주함으로써 얻게 되는 것이 전혀 없지는 않다.

장력적 객체가 '다각형적으로' 작동하는 방식을 이해하기 위한 또 하나의 유익한 이미지는 '실진법'이라고 일컬어진다. 어떤 원의 면적을 추산하는 한 가지 방법은 그것을 유한히 계산될 수 있는 면적을 갖는 다각형으로 채우는 것이다. 원 하나에는 얼마나 많은 다각형이 채워질 수 있는가? 무한정 채워질 수 있다. 다각형이 그 원의 원주에 접근함에 따라 그 원을 결코 진정으로 소진하지 않은 채로 다각형의 변은 '임의적으로 작은' 것이 된다. 내가 '다각형성'이라고 일컫고 있는 것은 전적으로 또는 유한히 양화될 수 없는 객체를 양화하는 무한정의 과정이다. 강도적 과학은 단일한 한정된 객체를 다루는 대신에 객체들의 한정된 단계들이 무한정 이어지는 계열을 어떤 과정을 드러내기 위해 연동되는 스냅숏-객체들의 순서열처럼 서술한다.

그런데 움직임은 근본적으로 이산적이지 않기에 양화하고 셈하며 조율할 것이 언제나 더 존재한다. 강도적 객체들은 계속해서 어떤 원을 채우는 다각형들이나 또는 어떤 곡선을 계속해서 교차하는 접선들처럼 끊임없이 나아간다. 강도적 객체들의 계열은 끝이 없다. 왜냐하면 우리는 그 객체들의 움직임을 일련의 이산적인 정적 상태로 환원할 수 없기 때문이다. 객체들은 얽인 관계들의 네트워크들에 현존하지만, 객체들이 움직임에 따라 이 관계들은 언제나 변화하고 있다. 강도적 과학은 이 관계들을 변화의 비들로 포획함으로써 연구한다. 그런데 관계들이 끊임없이 변화하기에 그 비들은 끝없이 추산될 수 있고 재조정될 수 있다.

모든 강도적 객체가 실제로 다각형이라는 의미는 아니다. 그것은 작동 중인 일반 패턴을 보여주는 데 도움이 되는 이미지일 따름이다. 강도적 과학은 어떤 객체의 불규칙한 움직임을 추산하기 위해 지속적으로 더해지고 빼지고 수정되고 있는 다각형의 변들과 같은 객체들을 창출한다. 객체들의 강도적 장은 객체들이 관계적 변화의 장력들, 위도들, 경도들, 비들, 비율들, 그리고 속도들의 다각형적 네트워크를 통해서 서로 운동적 관계를 맺는 곳이다.

결론

이 장에서 나는 내가 강도적 객체라고 일컫는 것의 일반적인 운동적 면모들을 간략히 서술하고자 하였다. 다음 두 장에서 나는 이 세 가지 면모가 네 가지 중요한 과학 — 운동학, 동역학, 무한의 수학, 그리고 실험법 — 에서 어떻게 역사적으로 출현했는지를 보여주고 싶다. 이것들은 매우 상이한 과학 실천들이지만, 이 책의 이 부분에서 제기되는 나의 주장은 네 가지 모두 독자적인 강도적 객체들을 창출하고 사용하는 데서 동일한 '장력적' 운동 패턴을 따른다는 것이다.

10장

중세 객체 I

우리는 종종 '중세' 시대 또는 이른바 '암흑' 시대에 그다지 많은 일이 일어나지 않았다고 생각하지만, 중세 과학자들은 전적으로 새로운 객체들의 세계를 발명하는 데 도움을 주었다. 그 이전에는 누구도 속력, 움직임, 또는 색깔을 양화하겠다는 꿈을 꾼 적이 결코 없으며, 오늘날에 그것이 자연스러운 것처럼 보이는 이유 역시 이 시기 동안 일어난 일 때문이다. 초기의 강도적 과학은 고대 지식에 기초하여 구축된 다음에 근대의 과학혁명과 객체들에 관한 우리의 현대적 이해를 형성한 결정적인 쟁점들과 관련하여 그 지식과 결별했다. 역사가들은 종종 뉴턴을 근대 과학의 천재로 치켜세우지만, 뉴턴이 저술한 것의 대부분은 중세 시대의 과학자들에 의해 수행된 작업 위에 구축되었거나 또는 그 작업으로부터 종합되었다.

이어지는 두 개의 역사적 장에서 나는 강도적 객체들이 어떻게 해서 이 시기 동안의 네 가지 중요한 과학 실천 − 운동학, 동역학, 무한의 수학, 그리고 실험법 − 을 통해서 출현했는지 보여주고 싶다. 이 장들에서 제시되는 나의 주장은 이 네 가지 과학이 모두 장력적 운동 패턴을 나타내었다는 것이다.

이 장은 움직이는 객체들에 관한 두 가지 과학, 즉 운동학kinematics과 동역학dynamics을 살펴봄으로써 시작한다. 운동학은 운동의 형태들을 연구하는 반면에 동역학은 운동의 원인들을 연구한다. 둘 다 이 새로운 객체들의 가변적이고 장력적인 본성을 멋지게 서술한다.

운동학

운동학은 움직이는 객체들의 패턴들, 궤적들, 그리고 변화율에 관한 학문이다. 그런데 『과학철학 시론』(1834)에서 앙드레-마리 앙페르에 의해 '운동학'으로 공식적으로 명명되기 전에 그 학문은 '형태의 위도'에 관한 학문으로 알려졌었다. 학자들은 어떤 형태가 시간이 흐르면서 변함에 따라 취하는 정도의 범위를 서술하는 데 '위도'라는 용어를 사용하였다. 중세 시대 전체에 걸쳐서 이런 위도에 관한 이론이 몇 가지 있었다. 이어지는 글에서 나는 이 이론들의 역사적 출현을 추적하기를 바라는데, 그리하여 여러분은 어떻게 해서 그것들이 다루는 객체들의 범위가 점점 더 넓어지고 그 장력적 운동들이 점점 더 정확해지는지 알 수 있게 된다.

형태의 위도

2세기 그리스의 의학자 갈레노스는 『의술』의 2권에서 형태의 위도, 즉 형태의 점진적 변화에 관한 관념을 최초로 도입했다. 갈레노스는 건강한 상태와 아픈 상태 사이의 점진적 연속성을 서술하기 위해 이 용어를 고안했다. 위도를 지칭하기 위해 갈레노스가 사용한 그리스어 낱말은 '평면,' '표면,' 또는 '너비'를 뜻하는 플라토스πλάτος였는데, 왜냐하면 그는 건강을 하나의 연속적인 표면의 도표로 구상했기 때문이다. 갈레노스는 이 도표 위에 세 가지 영역을 위치시켰다. 왼쪽 영역에는 최적의 건강의 상태가 자리했고, 오른쪽 영역에는 심각한 질병의 상태가 자리했고, 중간 영역에는 중립 상태가 자리했다.[1] 갈레노스는 건강을 하나의 이산적

---

1. Edith Sylla, "Medieval Concepts of the Latitude of Forms," 227~8. 또한 한 가지 유

인 산술적 상태로 간주하는 대신에 그 정도가 변화하는 하나의 연속적인 기하학적 상태로 간주했다.

갈레노스의 위도 개념은 참신하였지만 여전히 어떤 단일한 환자의 변화에 한정되어 있었다. 이는 변화가 단지 형태에 어느 정도 영향을 받는 어떤 환자의 변화였을 뿐이라는 것을 뜻한다. 예를 들면 그 환자는 어느 정도 건강할 수 있지만, 하여간 질환의 형태 자체는 변화하지 않는다. 갈레노스와 그를 추종한 사람들은 형태 자체가 변형을 겪는다는 점을 인정하기를 여전히 꺼렸다. 이븐 시나의 '혼합 이론,'[2] 토마스 아퀴나스의 '현실화 이론,'[3] 그리고 퐁텐의 고드프리의 '천이 이론'[4]의 경우에도 사정은 마찬가지였다. 거의 1천 년 동안 위도 이론들은 존속하였지만, 병에 걸린 환자의 변화 정도에 엄격히 한정된 채로 있었다. 그렇지만 이 모든 상황은 13세기에 위도의 '가산加算 이론'이 출현함으로써 바뀌게 된다.

가산 이론

위도의 가산 이론은 형태의 위도가 형태 자체에 적용됨을 최초로 인정한 것이었다. 이 이론은 일찍이 겐트의 헨리쿠스와 프란치스코회 신학자 미들턴의 리처드에 의해 옹호되었다. 그다음에 미들턴의 저작은 존 둔스 스코투스, 오컴의 윌리엄, 페트루스 오레오루스, 리미니의 그레고리우

사한 테제가 Marshall Clagett, *Giovanni Marliani and Late Medieval Physics*, 34~6에서 입증된다.

2. "나는 중간 입장을 좋아하지 않고, 사실상 흑화는 양이고 증강은 질이라는 그 주장을 혐오한다. 흑화가 심화를 겪고 있는 흑색성이라는 것은 옳지 않다. 오히려 흑화는 그 흑색성에 대한 그 환자의 심화이다"(Avicenna, *The Healing*, Book II, ch. II, 130).

3. Mary Beth Mader, "Whence Intensity? Deleuze and the Revival of a Concept," 234.

4. Jean-Luc Solère, "D'un commentaire l'autre: l'interaction entre philosophie et théologie au Moyen Age, dans le problème de l'intensification des formes." 퐁텐의 고드프리에 관해서는 Stephen D. Dumont, "Godfrey of Fontaines and the Succession Theory of Forms at Paris in the Early Fourteenth Century"를 보라.

스, 그리고 '옥스퍼드 계산기' 집단 – 토머스 브래드워딘, 윌리엄 헤이테스베리, 리처드 스와인시드, 그리고 존 덤블턴 – 에게 영향을 미쳤다.

가산 이론에 따르면 양과 질은 그 속에서 연속적인 정도들이, 겐트의 헨리쿠스가 서술한 대로, "그것들의 본성과 본질 덕분에" 구분될 수 있는 독자적인 위도를 갖추고 있다.[5] 그는 이렇게 진술했다. "알다시피 이 주제에 대해서는 신체의 크기와 완벽함의 정도 사이에 아무런 차이가 없다."[6] 겐트는 '크기'를 양으로 이해하고 '완벽함'을 질로 이해한다. 겐트의 경우에 형태의 질적 변화는 양의 변화와 마찬가지로 서로 연쇄적으로 더해질 수 있다. 질적 계열과 양적 계열은 모두 무한정 더해질 수 있다. "앞서 언급된 어떤 형태의 완벽화가 무한히 진전될 수 있다면, 절대적이고 단적인 것으로 여겨지는, 덧셈에 의한 어떤 증가도 무한히 진전될 수 있다."[7] 마찬가지로 미들턴은 이전 학자들이 질로 간주한 힘의 증가가 덧셈에 의해 덩어리의 양처럼 증가할 수 있다고 주장했다.[8]

둔스 스코투스는 이 관념들에 질의 정도가 자ruler의 위도와 같다는 관념을 추가했다. 각각의 정도는 모든 하위 정도의 총합이었고, 따라서 가산적이었다. 예를 들어 둔스 스코투스는 어떤 벽의 백색성이 그 벽의 양적 측면들을 변화시키지 않은 채로 연속적으로 증가할 수 있다고 서술했다. 또는 오컴이 서술하는 대로 "한 부분을 다른 부분에 더함으로써 이루어지는 강도의 증가가 존재한다. 두 번째 부분은 첫 번째 부분과 함께 단일한 사물을 구성하지만, 그 지위와 소재지에 의해 첫 번째 부분과 구분되지는 않는다(그리하여 완전한 백색의 어떤 물체가 이전보다 더 백색의 것이 된다)."[9]

---

5. Henrik Lagerlund, *Encyclopedia of Medieval Philosophy*, 553.

6. Pierre Duhem, *Medieval Cosmology*, 76에서 인용됨.

7. 같은 곳에서 인용됨.

8. Lagerlund, *Encyclopedia of Medieval Philosophy*, 553.

14세기에 '옥스퍼드 계산기' 집단 중 두 인물인 덤블턴과 스와인시드는 질적 변화에 대한 '측정' 체계라는 관념을 도입했다. 그들은 우리가 동일한 연속적인 위도에서 변화의 질적 정도와 변화의 양적 정도를 측정할 수 있다고 주장했다. 그들은 우리가 모든 질을, 어떤 객체의 움직임 또는 속력의 지도를 그 객체의 양적 거리로 그리는 것과 마찬가지 방식으로 간주한다면 그런 측정이 가능하리라 추측했다. 그들은 한 객체의 위치 변화를 위치들 사이의 변화율(속력)과 함께 동시에 좌표로 표시함으로써 최초로 평균 속력 정리를 공식화했다. 이 정리는, 일정한 속력으로 움직이는 어떤 물체의 속력이 동일한 시간 동안 가속된 어떤 다른 물체의 최종 속력의 절반이라면 일정한 속력으로 움직이는 그 물체는 가속된 그 물체와 같은 거리를 이동한다고 진술한다.

덤블턴과 스와인시드의 새로운 측정 체계는 균일한 속력률latitudo uniformis과 균일하지 않은 속력률latitudo difformis을 구분한다. 또한 이 방법 덕분에 그들은 조도, 열, 그리고 밀도 같은 다른 질적 변화들의 지도를 유사한 방식으로 그릴 수 있게 되었다.[10] 아리스토텔레스와는 대조적으로 그들은 질적 변화율이 모든 주어진 순간에 결정될 수 있다고 주장했다. 이것은 그들이 한 객체의 '순간 속도'라고 일컬었던 것이다. 스와인시드가 서술한 대로 "모든 정도의 속도(즉, 질적 속도 또는 순간 속도)에는, 계속해서 이런 정도로 움직인다고 가정하면 서술될, 그에 대응하는 선형적 거리가 있다."[11]

'옥스퍼드 계산기' 집단에 속하는 모든 인물에게 위도는 하나의 균일한 연속체였는데, 그것은 그 위에서 길이의 차이가 유일한 차이로 나타

___

9. Duhem, *Medieval Cosmology*, 85에서 인용됨.

10. Boyer, *The History of the Calculus and Its Conceptual Development*, 73. [보이어, 『미분적분학사』.]

11. Marshall Clagett, *The Science of Mechanics in the Middle Ages*, 214에서 인용됨.

나는 선으로 표현될 수 있었다. 미국인 과학사가 이디스 실라에 따르면, 이 이론은,

> 질의 양화를 위한 더 나은 물리적 근거를 [제공했다]. 왜냐하면 위도는 어떤 질의 그 연장에 걸친 또는 시간에 걸친 어떤 변동에 대응할 뿐만 아니라, 물체의 한 지점에서 또는 한 순간의 시점에서 그 질의 강도 또는 정도에도 대응하기 때문이다. 속도의 위도는 선으로 가정된다. 속도의 위도의 동등한 부분들은 속도의 동등한 차이들에 대응한다.[12]

기하학적 이론

형태의 위도에 관한 최종적이고 가장 정확한 이론은 '기하학적 이론'으로 알려졌는데, 그 이유는 그 이론이 객체의 질과 양의 동시적인 변화를 기하학적 형태로 도시圖示하기 때문이다. 역사가들은 때때로 이 이론을 중세 프랑스 신학자 니콜 오렘에게 귀속시킨다. 그런데 미국인 역사가 마셜 클래겟에 따르면 1346년에 『변화 운동의 속도에 관하여』라는 책에서 그 관념의 기초를 최초로 서술한 사람은 조반니 카살리라는 이탈리아인 프란치스코회 신부였다. 그런 기하학적 이론은 스와인시드에 의해서도 암묵적으로 제시되었는데, 그는 평면의 기하학적 가로와 세로를 그가 "연장"이라고 일컬은 양적 변화를 기록한 선과 그가 "강도"라고 일컬은 질적 변화를 기록한 선에 비교했다.[13]

또한 『질과 운동의 배치에 관하여』(대략 1350년대)라는 책에서 오렘은 자신의 관념에 대한 선구자들로서 아리스토텔레스, 그로스테스트, 그리고 조반니 캄파니를 인용하는데, 아리스토텔레스는 선을 사용하여

---

12. Sylla, "Medieval Concepts of the Latitude of Forms," 263.
13. Clagett, *The Science of Mechanics in the Middle Ages*, 335를 보라.

기간을 나타내었고, 그로스테스트는 선을 사용하여 '빛의 강도'를 구상했으며, 그리고 유클리드 주석자인 캄파니는 우리가 모든 연속적인 것을 선, 표면, 또는 신체로 구상할 수 있다고 말했다.[14] 오렘은 이 관념들에 의존함으로써 위도와 경도라는 기하학적 좌표를 사용하여 객체의 강도적 변화와 연장적 변화의 면적 및 속도를 도시하였다.

게다가 오렘의 작업은 그 내용과 명료성에서 그의 모든 선구자의 작업보다 훨씬 더 뛰어났다. 독일인 과학사가 아넬리세 마이어는 "오렘의 그래프 표현법"을 "14세기의 가장 독창적인 성취임이 틀림없는 것"으로 특징짓는다.[15] 오렘의 위대한 혁신은 객체의 모든 변화를 두 가지 기하학적 좌표의 연속적인 운동적 변화로 간주한 것이었다.

오렘은 세 가지 관련된 역사적 관념으로부터 '강도적 기하학'이라고 일컬어질 수 있을 것을 발명했다. 첫째, 오렘은 변화가 언제나 어떤 연속적인 운동을 포함한다는 아리스토텔레스의 개념을 수용했다. 아리스토텔레스는 이것을 '순수한 질'이라고 일컬었다. 그다음에 오렘은 우리가 모든 연속적인 객체를 기하학적 객체로 구상할 수 있다는 유클리드의 믿음에 의존했다. 마지막으로, 오렘은 우리가 모든 질적 변화를 연속적인 기하학적 선으로 구상할 수 있다는 '옥스퍼드 계산기' 집단의 개념을 차용했다. 오렘은 이것들을 함께 엮음으로써 "모든 측정 가능한 것이 연속적인 양"인 한에서 그것은 연속적으로 변화하는 질도 지니고 있어야 한다고 훌륭하게 추측했다. 오렘은 질적 변화와 양적 변화를 시간에 따른 그것들의 관계와 연관된 기하학적 모양을 추적하는 두 개의 직선으로 구상했다.

오렘은 이런 새로운 객체, 즉 그가 '강화할 수 있는 것'rei intensibilis이

---

14. 같은 책, 333.

15. Annelise Maier and Steven D. Sargent, *On the Threshold of Exact Science*, 39.

라고 일컬은 것을 연속적으로 변화하는 두 가지 차원으로 구성된 기하학적 표면 또는 면적으로 구상했다. 첫 번째 차원은 객체의 질적 변화를 추적했다. 오렘은 이런 변화의 질적 차원을 '강도적 변화'라고 일컬었는데, 왜냐하면 그것은 객체가 백색성 또는 빠름 같은 질의 측면에서 어떻게 강해지거나 약해지는지를 서술했기 때문이다. 오렘의 경우에 색깔의 변화 같은 강도적 변화들이 가산적이지 않았던 이유는 그것들이 부분들을 지니고 있지 않기 때문이었다. 예를 들어 여러분이 어떤 하얀색 담장을 하얗게 칠한다면 그 담장은 더 하얘지지 않는다. 그렇지만 그 담장에 먼지가 앉음에 따라 그것은 상대적으로 '덜 하얗'게 될 수 있다. 1편에서 나는 이런 종류의 질적으로 등급화된 객체들을 '서수적 객체'라고 일컬었다. 이것들은 오렘이 "'더 그렇고 그런 것,' '더 하얀 것,' 또는 '더 빠른 것'이라고 하는 것"을 서술할 때 염두에 두고 있던 것과 마찬가지 종류의 객체들이다.[16]

오렘의 기하학적 도표의 두 번째 차원은 객체의 양적 변화를 나타낸다. 오렘은 이런 변화의 양적 차원을 '연장적 변화'라고 일컬었는데, 왜냐하면 그것은 객체가 시공간에서 자신의 부분들을 획득하거나 상실하는 방식을 서술하기 때문이다. 두 개의 1인치 블록을 포개어 2인치 높이의 블록을 만들어내는 것과 같은 연장적 수정은 가산적이다. 이것들은 앞서 내가 기수적 객체라고 부른 그런 종류의 객체들이다.

오렘은 각 종류의 순서열을, 그것에 해당하는 기하학적 선을 따라 나타내었다. 그는 위도의 선을 따라 강도적 변화를 그렸고 경도의 선을 따라 연장적 변화를 그렸다[그림 10.1 참조].[17] 그다음에 오렘은 그 둘 사

---

16. Nicole Oresme, *Nicole Oresme and the Medieval Geometry of Qualities and Motions*, 167.
17. 오렘은 그 선들이 서로 수직인 한에서 어느 것이 어느 것인지는 중요하지 않다고 분명히 하지만, 일관성을 유지하기 위해 "어떤 질의 연장은 그것의 경도라고 일컫고 그 강도는 그것의 위도 또는 고도라고 일컬"을 것이라고 말한다. Oresme, *Nicole Oresme and*

이의 변화율을 세 번째 선으로 나타내었다. 이렇게 조율된 천이succession의 비의 변화율을 도시하면 어떤 기하학적 형태 또는 면적, 예컨대 사각형 또는 삼각형이 그려지게 된다.

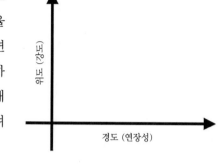

그림 10.1. 연장성/강도 축. 저자의 드로잉

오렘은 이 방법을 사용하여 경도로서 나타내어지는 시간 변화와 위도로서 나타내어지는 속력 변화의 비를 그림으로써 어떤 객체가 이동한 거리를 계산할 수 있었다. 그 변화율이 동일한 채로 유지되었다면 결과적인 형태는 사각형처럼 보였다(균일함uniformis). 그 변화율이 일정한 속도로 바뀌었다면 그 형태는 삼각형처럼 보였다(균일하게 균일하지 않음uniformis difformis)[그림 10.2 참조]. 변화율이 가변적인 속도로 바뀌었다면 그 형태는 오히려 곡선이나 고르지 않은 다각형처럼 보였다(균일하지 않게 균일하지 않음difformis difformis). 그리하여 이런 모양들에 의해 산출된 면적들은 기하학의 규칙에 따라 양적으로 측정될 수 있었다[그림 10.3 참조].

그런데 오렘의 기하학적 방법을 데카르트 좌표계와 혼동하지 말아야 하는데, 왜냐하면 그것은 격자 위에 '점'들을 나타내지 않고 오히려 선들을 기하학적 면적들로 그렸기 때문이다.[18] 오렘의 기하학적 방법의 중요성과 참신성은 그것이 이질적인 질적 변화와 양적 변화 사이의 장력을 유지했다는 점이다. 그의 도표들은 그 둘을 일련의 점으로 통일하지 않

---

the Medieval Geometry of Qualities and Motions, 173.
18. 오렘 및 오렘과 데카르트의 차이점에 관한 상세한 설명은 Gilles Châtelet, *Figuring Space*를 보라.

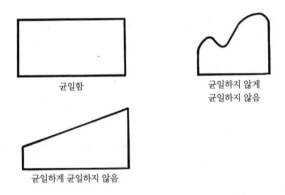

균일함

균일하지 않게
균일하지 않음

균일하게 균일하지 않음

그림 10.2. 균일함, 균일하게 균일하지 않음, 균일하지 않게 균일하지 않음. 저자의 드로잉.

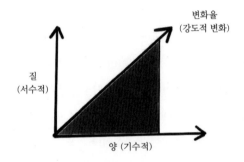

변화율
(강도적 변화)

질
(서수적)

양 (기수적)

그림 10.3. 강도적 변화에 관한 오렘의 이론. 저자의 드로잉.

고 오히려 그 궤적들을 모양들로 추적했다.

강도적 객체

앞서 나는 위도에 관한 연구의 역사적 발전을 기록했기에 중세 운동학이 '강도적 객체'라는 나의 개념과 어떻게 관련되는지 분명히 밝힘으로써 이 논의를 마무리하고 싶다. 또한 나는 운동학이 어떤 장력적 운동 패턴을 따른 방식을 분명히 설명하고 싶다.

내가 '강도적 객체'라고 일컫는 것은 오렘 등이 객체의 '강도적' 변화 또는 '비非가산적인 질적' 변화라고 일컫는 것과 다르다. 나의 용법에 따르면 '강도적 객체'는 강도적-서수적 객체도 아니고 연장적-기수적 객체도 아니라 오히려 동일한 평면 위에 동시에 함께 그래프로 나타내어진 그런 객체들의 변화하는 계열의 비ㅛ이다. 그 비 자체는 서수적 계열과 기수적 계열 사이의 조율된 장력으로 만들어진 새로운 제3의 강도적 객체다. 강도적 객체의 경우에 우리는 더는 어떤 객체를 한 번만 측정할 수 있지 않고 오히려 사물의 변화와 변형을 추적하는 어떤 연속적인 측정 과정으로 진입해야 한다.

중세 시대 동안 지식의 전면에 나서게 된 것은 측정 행위에서 발견된 변화하는 서수적 질과 기수적 양 사이의 장력적 관계 또는 비였다. 프랑스인 철학자 겸 수학자 질 샤틀레가 서술한 대로 중세 시대에 "측정은 무엇보다도 지식 행위로, 이해 가능성 정도의 부각 — 이 점에서는 사유에 의한 공간의 다소 신속한 정복 — 과 어떤 전체로부터 추출된 부분들의 병치 리듬으로 이해되어야 한다."[19]

독자적으로 고려된 강도적 객체는 운동 과정에 의해, 또는 아리스토텔레스가 일컬은 대로 '순수 변화'에 의해 만들어진 순전히 상대적인 객체였다. 측정 단위, 측정 행위, 그리고 측도의 객체는 별개의 것이 아니라 오히려 어떤 단일한 강도적 객체의 세 가지 차원으로 여겨졌다. 강도적 과학의 경우에는 객체 자체의 활동이 새로운 연구 대상이 되었다.

이 객체들은 두 가지 주요한 장력적 측면이 있다. 첫 번째 것은 객체의 질적 측면과 양적 측면 사이의 장력이다. 2장에서 나는, '사물'은 준안정한 과정이고 질적 측면과 양적 측면이 있다고 말했다. 추상적인 기수적 객체들의 한계점 중 하나는 그것들이 객체들을 마치 아무 질도 갖추고 있지 않은 것처럼 간주했다는 것이었다. 강도적 과학이 매우 매혹적인 이유는 그것이 객체에 관한 더 완성된 지식을 위해 객체의 변화하는 질

---

19. Châtelet, *Figuring Space*, 42. 강조가 첨가됨.

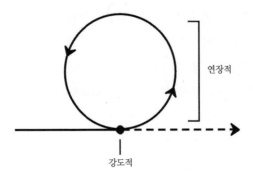

그림 10.4. 주름의 강도적 측면과 연장적 측면. 저자의 드로잉.

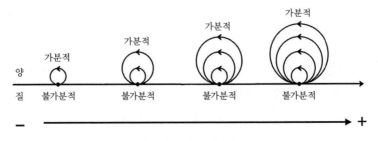

그림 10.5. 강도적 주름과 연장적 주름의 계열. 저자의 드로잉.

과 양을 함께 묶으려고 했기 때문이다. 이와 같은 질과 양 사이의 첫 번째 장력은 객체 자체의 실재적인 물질적 장력일 뿐만 아니라, 강도적 과학이 새로운 그래프와 도표 기법들을 사용하여 함께 묶으려고 물리적으로 노력한 것이다.

두 번째 운동적 장력은 각각의 객체를 변화하는 질적 차원과 양적 차원으로 나타냄으로써 어떤 객체들의 순서열 전체를 함께 묶었다.

강도적 객체들은 강도적으로 또 외연적으로 장력이 걸린 상태에 있게 된다. 사물이 존속하려면 그것은 자신의 변화하는 질과 양 사이에 비교적 안정한 비를 유지해야 한다. 그렇지 않다면 사물은 해체된다.[20] 강도적 객체의 중세 과학자들은 이 점을 이해했다. 다음 절에서 고찰되듯이 그들의 작업은 갈릴레오, 뷔리당, 코페르니쿠스, 그리고 뉴턴과 같은 후대 사상가들을 위한 기초를 놓았다.

동역학

이 시기 동안 출현한 두 번째 강도적 과학은 동역학이었다. 동역학은 움직이는 객체들의 변화를 초래하는 원인에 관한 연구이다. 과학자들은 이 원인들을 '임페투스', '관성', '코나투스'conatus, 그리고 '비스 임프레사'vis impressa 같은 '힘'이라고 일컬었다. 이 힘들은 운동 상태에서 작용하고 반작용하는 물체들의 비례적 변화들을 서술했다. 운동학은 단일한 물체 내의 변화율에 집중한 반면에 동역학은 물체들의 집합적 움직임의 원인들에 집중했다.

이 절에서 제시되는 나의 주장은 동역학적 과학이 운동학의 연구에서 출현하였고 동일한 장력적 운동 패턴에 의존했다는 것이다. 또한 동역학은 강도적 객체들에 관한 연구를 운동학의 이론적인 그래프 모형들을 넘어서 물리학, 천문학, 광학, 생물학, 시간 측정학, 수력학, 그리고 자기학 같은 실험 과학들로 확장했다. 게다가 이 새로운 과학들은 진자, 망원경, 광학 렌즈, 현미경, 시계, 진공펌프, 그리고 나침반 같은 새로운 측정 기술을 필요로 했다. 나는 이런 기술들 역시 강도적 객체들을 형성한 장력적 운동 패턴을 따랐다는 점을 보여주고 싶다.[21]

---

20. 이것은 스피노자가 『에티카』의 제2부에서 서술한 상황과 마찬가지다. Benedictus Spinoza, *A Spinoza Reader*, 제2부, 공리 2와 보조정리 4, 보조정리 7[B. 스피노자, 『에티카』]을 보라.

21. Boyer, *History of the Calculus and Its Conceptual Development* [보이어, 『미분적분학사』]; Sylla, "Medieval Concepts of the Latitude of Forms"; 그리고 Duhem, *Medieval Cosmology*를 보라. 갈릴레오는 이것들을 '옥스퍼드 계산기' 집단으로부터 입수했다. Clagett, *The Science of Mechanics in the Middle Ages*, 346을 보라.

지상의 동역학

동역학의 초기 분야 중 하나는 지상에서 나타나는 움직임의 원인에 관한 연구였다. 사물은 왜 무언가가 그것을 움직이게 한 이후에 계속해서 움직이는가? 아리스토텔레스는, 신 또는 그가 '부동의 원동자'라고 일컬은 것이 모든 사물을 끊임없이 추진시킨다고 구상했듯이, 작은 공기 바람이 던져진 창을 추진시킨다고 구상했다. 이것은 인과율과 운동에 관한 고대의 원심적 이해였으며, 여기에서는 어떤 단일한 정적 중심부가 주변부의 운동을 초래했다.

그런데 중세 시대와 초기 근대 시대에 걸쳐서 운동의 원인에 관한 새로운 이해가 출현했다. 그것은 6세기 그리스도교 신학자 존 필로포누스에 의해 '힘' 또는 그리스어로 로페rhope라고 일컬어졌다. 필로포누스의 경우에 힘은 일방적이지도 않고 균질하지도 않으며 오히려 그 매질의 마찰에 반비례하는 변화율이었다. 프랑스인 성직자 장 뷔리당은 마침내 힘에 관한 관념을 유럽 전역에 확산시켰다.[22] 그렇지만 1602년 무렵에 갈릴레오의 작업과 진자에 관한 그의 독창적인 연구가 이루어지고 나서야 힘 또는 그가 임페투스라고 일컬은 것의 개념이 동역학적 과학에서 실제로 응용되었다.

진자

진자는 사물의 힘을 구체적으로 예증했고 그 측정을 촉진했다. 갈릴레오의 전기 작가이자 그의 제자인 빈첸초 비비아니에 따르면, 갈릴레오는 피사 대성당에서 샹들리에의 흔들리는 운동에 자신의 맥박을 조율함으로써 진자 운동의 규칙성을 발견했다.[23] 갈릴레오는 단일한 회전축을

---

22. Max Jammer, *The Concepts of Force*, 70~2.
23. Paul Murdin, *Full Meridian of Glory*, 41.

중심으로 흔들리는 추가 그것이 움직이는 거리가 변화함에도 이쪽 끝에서 저쪽 끝으로 가는 데 같은 시간이 걸린다고 주장한 최초의 인물이다. 진자는 진동 사이의 가속률이 진폭의 감소에 비례하여 서서히 감소함을 보여주었다.

또한 갈릴레오는 흔들림의 주기가 대략 줄의 길이와 관련이 있다고 주장했다. 진자가 한 번 진동하는 데 걸리는 시간의 제곱은 줄의 길이에 비례한다. 아주 놀랍게도 이로부터 갈릴레오는 공기 또는 마찰이 없다면, 애초의 "무거운 낙체가 그것을 동일한 높이로 되돌아가게 할 만큼 충분한 추진력을 획득한다"라고 추정했다.[24]

진자의 운동적 패턴은 장력적이었다. 회전축과 흔들리는 추를 연결하는 줄에 장력이 작용했다. 추의 운동과 그것을 감속시키는 마찰 사이에도 장력이 작용했다. 추는 누군가가 그것을 놓아 버린 바로 그 지점으로 돌아가지 않기에 갈릴레오는 어떤 다른 힘이 움직이는 추에 맞서 장력적으로 작용하여 그것을 감속시킨다고 추론했다. 진자와 관련하여 중요한 점은 그것이 힘을 비교적 정확하게 측정하는 데 사용할 수 있는 재현 가능한 기계적 장치였다는 것이었다.

진자는 움직임의 힘과 관성이라는 대항력 사이의 장력적인 비례적 관계를 최초로 가시적이고 예측 가능한 것으로 만들었다. 그것은 속력의 불가분적 변화 또는 '강도적 변화'와 진동의 가분적인 '연장적' 수 사이의 움직이는 장력 또는 그것들 사이의 상관관계로 구성된 하나의 새로운 동역학적 객체를 창출하는 데 이바지했다. 이렇게 해서 힘이라는 동역

---

24. 터널 실험이 논의되는 Galileo Galilei, *Dialogue Concerning the Two Chief World Systems*, 22~3, 227[갈릴레오 갈릴레이, 『대화』]을 보라. 또한 살비아티(Salviati)가 진자 운동으로 이 가설에 대한 '실험적 증명'을 제시하는 『논의』(*Discorsi*)의 1974년 드레이크 번역본(Galileo Galilei, *Two New Sciences*, 206~8, 162~4[갈릴레오 갈릴레이, 『새로운 두 과학』])을 보라.

학적 객체의 발견은 진자의 물질성 및 운동역학과 밀접히 결부되었다. 그런 발견이 없었다면 과학자들은 더 이론적인 오렘의 그래프와 도표를 이용할 수밖에 없었을 것이다. 진자는 움직이는 객체에서 가속도, 진폭, 그리고 주기의 변화율 같은 동역학적 양들을 실험적으로 측정하는 최초의 도구 중 하나였다.

천상의 동역학

또 하나의 중요한 강도적 과학은 천체 동역학이었다. 지상의 동역학이 지상에 있는 물체들의 힘들을 연구한 것과 마찬가지로 천체 동역학은 천체들의 인과적 힘들을 연구했다. 근대 유럽 과학의 발흥을 통해서 동심원 구체들과 불변하는 형태들의 지구중심적인 고대 모형은 점점 더 인기가 떨어졌다. 과학자들은 천체들이 그런 식으로 움직이게 하는 원인이 되는 것을 알고 싶어 했다. 근대 천문학자들은 천체들의 운동들이 지상에서 작동하는 것들과 같은 끌어당김과 밀어냄의 장력들에 의해 결합하고 분리된다는 관념을 도입했다. 이렇게 해서 천상은 지상과 전적으로 다른 법칙들을 따른다는 고대의 관점이 엄청나게 바뀌게 되었다.[25] 근대 과학자들은 천상과 지상 사이의 근본적인 차이 대신에 동일한 물리적 세계의 두 측면 사이에서 장력을 발견했다.

망원경

망원경의 발명은 코페르니쿠스가 태양중심설(지동설)을 구상하는 데 대단히 이바지했다. 망원경이 발명됨으로써 행성, 위성, 그리고 혜성의 역동적이고 장력적인 운동들을 관측할 수 있게 되었다. 망원경 자체도 장력적 움직임으로 작동했다.

---

25. Martianus Capella, *Martianus Capella and the Seven Liberal Arts, vol. 2*, 332~3.

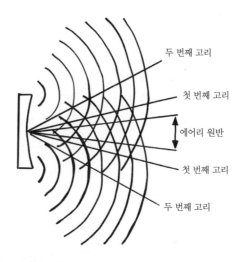

두 번째 고리

첫 번째 고리

에어리 원반

첫 번째 고리

두 번째 고리

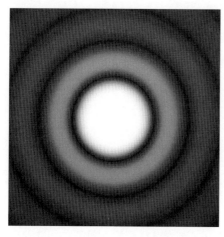

그림 10.6.
망원경 회절과 에어리 원반. 위 그림 : 저자의 드로잉. 아래 이미지 출처 : https://en.wikipedia. org/wiki/Airy_disk#/media/File:Airy-pattern.svg

그러므로 우리는 천체 관찰의 세 가지 운동적 단계를 식별할 수 있다. 선사 시대의 관찰은 빛이 하늘의 주변부로부터 눈의 중심부로 수집되는 구심적 패턴을 따라 이루어졌다. 고대의 해시계는 그 그림자를 주변부 표면에 투사한 어떤 고정된 객체를 창안함으로써 원심적 운동을 수행했다. 근대의 망원경은 오목 렌즈와 볼록 렌즈를 사용하여 빛 흐름을 초점으로 굴절시키고 수렴시키며 구부리는 새로운 장력적 운동을 갖추었다. 이렇게 해서 작은 것은 크게 보이게 되었고, 멀리 떨어져 있는 것은 가까이 있는 것처럼 보이게 되었다. 관의 이쪽 면에는 볼록 렌즈를, 저쪽 면에는 오목 렌즈를 조합하여 부착함으로써 망원경은 빛을 포착하여 빛의 수렴된(볼록 렌즈를 통과한) 파동과 발산된(오목 렌즈를 통과한) 파동 사이의 광학적 장력을 창출할 수 있었다.

게다가 이런 광학적 장력은 렌즈의 결함과 발산하는 광파들을 집중시키는 과정으로 인해 여러 가지 시차﹍差와 빛 회절을 초래했다. 빛의 회절된 파동들이 수렴하는 지점에서 우리는 초점이 맞는 천체를 볼 수 있다. 그것들이 발산하는 지점에서 우리는 빛의 고리와 광휘를 보게 된다. 이렇게 해서 망원경 회절 덕분에 광파들의 장력을 통한 확대와 왜곡이 가능해졌다.

진자와 마찬가지로 망원경은 어떤 천체의 질적 변화를 그 천체의 시공간에서의 양적 변화와 조율할 수 있게 한 하나의 장력적 객체였다. 그 결과는 천문학이라는 전적으로 새로운 강도적 과학이었다.

천체

케플러, 갈릴레오, 그리고 뉴턴은 모두 망원경을 사용하여 지구가 자전한다는 관념을 뒷받침했다. 이 천문학자들은 완벽한 동심원들 대신에 오히려 천체들 사이의 삼각형 및 다각형을 이룬 관계들을 구상했다.

케플러의 경우에 천체 힘들의 삼각형화가 수학, 기하학, 그리고 모든 존재에서의 '신성한 비' 또는 '황금 삼각형'을 가능하게 한 것은 우연의 일치가 아니었다.[26] 케플러에게 자연의 언어는 수학적이었고, 하느님의 이

---

26. 수학에서 어떤 두 양의 비가 그 두 양 중 더 큰 것에 대한 그 두 양의 합의 비와 같다면 그 두 양은 황금비를 이룬다. 케플러의 삼각형은 변 길이들이 황금비에 따라 등비수열을 이루는 직각 삼각형이다. 케플러는 이것을 '신성한 비율'로 규정하면서 이렇게 서술했다. "기하학은 두 가지 멋진 보물이 있는데, 하나는 피타고라스의 정리이고 나머지

Schema huius præmiffæ diuifionis Sphærarum.

그림 10.7. 동심원 우주. 출처 : https://en.wikipedia.org/wiki/Celestial_spheres#/media/File:Ptolemaicsystem-small.png.

름은 신성한 다면체였다. 하느님은 행성들을 함께 묶었지만, 그의 힘은 에테르라는 유동성 매체 속에서 다원적이고 간접적이었다. 케플러의 경우에 행성들의 궤도들은 플라톤의 입체라는 다면체 — 정사면체, 정육면체, 정팔면체, 정십이면체, 그리고 정이십면체 — 의 모양으로 서로 장력이 걸려 있었다.

케플러의 경우에 천체 운동은 더는 동심원적이지 않고 오히려 기하학자인 하느님이 만든 기하학적 모양들의 역동적이고 조화로운 비였다.

다른 하나는 선을 황금비로 분할하는 것이다. 첫 번째 것은 황금 자에 비견될 수 있고, 두 번째 것은 소중한 보석으로 일컬어질 수 있다." Mario Livio, *The Golden Ratio*, 62 [마리오 리비오, 『황금 비율의 진실』에서 인용됨.

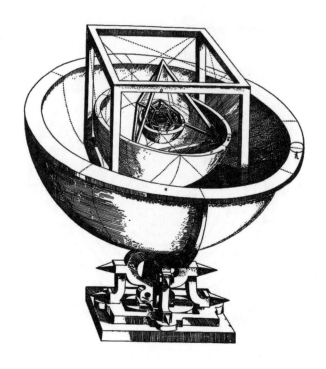

그림 10.8. 케플러의 다면체 우주. 출처 : https://en.wikipedia.org/wiki/Johannes_Kepler#/media/File:Kepler-solar-system-1.png

천체들 사이의 끌어당김과 밀어냄의 관계들은 진자에 대한 갈릴레오의 운동 법칙들과 마찬가지로 정확히 비례적인 비들의 형태를 취했다.

중력

뉴턴은 천체들 사이에서 작용하는 이런 끌어당김과 밀어냄의 장력들을 '중력'이라고 일컬었다. 『프린키피아』에서 뉴턴은 과학의 전체 과업은 움직임의 현상들을 탐구하여 그것들의 인과적 힘들을 결정하는 것이라고 주장했다. 일단 과학자들이 변화하는 객체들의 비와 비율을 찾아내면 다른 사람들은 이 법칙들을 여타의 운동에 적용할 수 있었다.[27]

뉴턴의 경우에 인과적 힘은 이중 기능이 있었다. 한 물체가 정지 상태에 있을 때 그것은 "그 조건을 변화시키고자 하는" 모든 물체에 저항하는 어떤 고유한 힘vis insita을 갖추고 있다. 운동 중에 있을 때 그것은 힘을 다른 물체들에 외부적으로 각인하고 전달할 수 있는 역능vis impressa을 갖추고 있다. "물체가 자신의 현재 상태를 유지하기 위해 외부에서 각인되는 힘에 맞서는 한에서 그것은 저항이다. 물체가 또 다른 물체로부터 각인되는 힘에 쉽게 굴복하지 않음으로써 그 다른 물체의 상태를 변화시키고자 하는 한에서 그것은 추진력이다."[28]

뉴턴에게 중력은 객체들 사이에 전달되어서 그것들을 결합하는 동시에 해체할 수 있는 유체 같은 장력적 힘이었다. 중력은 "그것이 없다면 구동력이 공간 전체를 통해서 전파되지 않을 어떤 원인을 갖추고 있는, 중심부로의 절대적 힘"이었다.[29]

유체역학

세 번째의 중요한 강도적 과학은 유체역학이었다. 유체역학은 강도적 변화율과 연장적 변화율에 의거하여 공기와 물 같은 객체들을 연구한다. 고대 수력학은 운하, 수로, 관개, 댐, 우물, 그리고 저수지를 통해서 중심부 원천에서 주변부 목적지로 움직이는 유체에 집중했다. 그런데 근대 유체역학은 오히려 서로에 대해 변화하는 유체들의 속도들에 집중했다.

유체역학은 사각형과 원 사이의 형태적 차이에 관심이 있기보다는 오히려 사각형 모양에서 원형 모양으로 연속적으로 전환하는 사태에 관

---

27. "내가 이 연구, 철학의 수학적 원리를 제시하는 이유는 철학의 전체 과업이 다음과 같은 일에 있는 것처럼 보이기 때문이다. 운동의 현상들로부터 자연의 힘들을 탐구한 다음에 이 힘들로부터 다른 현상들을 예증하라." Isaac Newton, *Sir Isaac Newton's Mathematical Principles of Natural Philosophy and His System of the World*, Preface to the First Edition, xvii.

28. 같은 책, Definition III, 2.

29. 같은 책, Definition VIII, 5.

심이 있었다. 근대 유체역학은 현미경과 온도 측정기 같은 기술적 혁신을 사용하여 신체의 혈액 순환과 관을 통과하는 물의 속도를 연구했다. 유체의 내부에는 '압력'과 '점성'이라고 일컬어지는 인력과 척력 사이의 장력이 있다. 이런 장력적 힘들의 두 가지 사례—생물학에서 비롯된 일례와 수문학에서 비롯된 일례—를 살펴보자.

현미경

1628년에 윌리엄 하비는 『심장과 혈액의 운동에 관하여』를 출판했는데, 그 책에서 그는 혈액이 심장에서 나와 온몸을 거쳐 돌아오는 순환운동을 한다는 이론을 제시했다. 1661년에 현미경이 발명됨으로써 모세혈관의 현존과 하비의 테제가 입증되었다.[30]

현미경의 운동적 역능은 망원경의 그것과 유사했다. 둘 다 굴절된 빛의 광학적 장력을 활용했으며, 그리고 둘 다 과학자들이 운동 중인 물체들을 확대하여 관측할 수 있게 했다. 갈레노스의 시대에 과학자들은 움직이지 않는 시체를 해부함으로써 해부학적 지식을 얻었다. 그런데 현미경 덕분에 작용 중인 움직이는 물체들 사이의 동역학적 장력을 관찰할 수 있게 되었다. 그리하여 과학자들은 이 물체들의 질적 변화와 양적 변화의 비와 비율을 규정할 수 있었다.

예를 들면 하비는 손잡이가 달린 소형 확대경을 사용하여 혈압과 혈액 순환에 관한 전적으로 새로운 장력적 이론을 정립했다. 반면에 갈레노스는 혈액이 중심지, 즉 간에서 만들어진 다음에 일방적으로 주변부 수족으로 분배된다는 더 원심적인 이론을 주장했다. 그곳에서 신체는 혈액을 소모할 것이었다. 갈레노스의 경우에 심장과 폐는 체온을 조절할 따름이었고 혈액 순환과 아무 관계도 없었다.

---

30. J. M. S. Pearce, "Malpighi and the Discovery of Capillaries," 253.

그런데 하비의 이론에 의하면 혈액의 단일한 원심적 기원은 더는 존재하지 않았다. 오히려 다양한 크기의 동맥에서 압축된 장력들에 의해 밀리고 당겨지는 역동적인 혈액 흐름이 있었다. 혈액이 동맥벽을 따라 움직임에 따라 그것은 점성, 마찰, 그리고 압력을 산출했다. 그러므로 하비는 혈액 움직임을 전체 순환계에서 생겨나는 압력 변화에 대응하는 역동적인 것으로 간주했다.

더욱이 하비는 객체들의 두 가지 변화하는 계열을 결합함으로써 혈액의 흐름을 측정할 수 있었다. 하비는 심장이 매번 고동칠 때마다 자신의 혈액 용량의 8분의 1을 방출하며 심장이 하루에 대략 1천 번 고동친다고 추산했다. 이런 심장 박동 속도가 곱해진 혈액량은 인체에 포함된 혈액량보다 더 많았다. 그러므로 하비는 혈액이 매일 간에서 만들어질 수 없고 오히려 순환해야 한다고 추론했다.[31]

열역학

내가 살펴보고 싶은 네 번째이자 마지막 동역학적 과학은 열역학이다. 열역학은 열에 관한 연구이고 유체역학과 관련되어 있는데, 왜냐하면 열역학 역시 유동성 물질의 압력, 장력, 그리고 변화율을 연구하기 때문이다. 또한 열역학은 근대 기기를 사용하여 질적 변화 및 양적 변화와 조율된 동일한 장력적 운동 패턴을 따른다. 이 새로운 과학의 핵심 도구 중 하나는 온도계였다.

온도계

온도계와 기압계 덕분에 과학자들은 변화하는 객체들의 두 가지 순서열을 단일한 새로운 강도적 객체로 조율할 수 있게 되었다. 그들은 어

---

31. Jole Shackelford, *William Harvey and the Mechanics of the Heart*, 62.

떤 압축된 관의 내부에서 나타나는 유체의 질적 변화를 관측한 다음에 그 변화를 그 관 위에 같은 간격으로 새겨진 일련의 표식에 조율했다. 이 두 계열 사이에 조율된 장력 덕분에 비례적 변화의 새로운 강도적 객체가 생겨날 수 있게 되었다.

이런 기기의 초기 표현은 1593년에 갈릴레오에 의해 제작된 온도 측정기였다. 갈릴레오는 꼭대기에 속이 빈 커다란 유리 공이 있는, 수직으로 세워진 얇은 관을 물로 가득 찬 작은 병에 부착했다. 상부 공의 온도가 바뀜에 따라 하부 물에 가해지는 압력이 바뀔 것이고, 따라서 물이 수직관에서 위아래로 움직이게 될 것이다.[32] 그 공이 더 차가워질수록 유체를 아래로 밀어내는 장력 또는 압력은 더욱더 낮아질 것이고, 따라서 유체는 관에서 더욱더 높이 상승할 것이다.

1611년에 갈릴레오의 제자 산토리오 산토리오는 그 움직임을 양화하기 위해 관의 옆면에 일련의 표식을 첨가했다. 이렇게 첨가함으로써 갈릴레오와 산토리오는 유체의 질적 변화를 표식들의 양적 단위들에 조율하는 한 가지 새로운 강도적 객체를 발명했다. 그리하여 압력 변화, 온도 변화, 그리고 부피 변화는 단일한 열역학적 객체의 내부에서 나타나는 변화의 비탄성적인 비례적 차원들로서 연계될 수 있었다.

보일의 법칙

온도계와 기압계 덕분에 과학자들은 유체의 변화율이 통제된 상태에서 새로운 실험을 수행할 수 있게 되었다. 액체와 기체의 온도가 흥미로웠던 이유는 그것들의 온도 변화가 더 광범위하게 대기에 연계되어 비례하였기 때문이다. 어떤 객체를 자신의 환경에서 분리된 불변의 전체로 간주하는 것은 충분하지 않았다.

---

32. Matteo Valleriani, *Galileo Engineer*.

이런 관념의 가장 훌륭한 종합 중 하나는 보일의 법칙이었다. 아일랜드계 영국인 자연철학자였던 로버트 보일은 어떤 고정된 온도로 유지되는 어떤 고정된 양의 이상기체의 경우에 압력과 부피가 반비례한다는 사실을 알아냈다. 일정한 온도에서 일정한 양의 이상기체에 더 큰 압력이 가해질수록 그 유체의 부피는 더욱더 작아졌다. 이렇게 해서 보일은 연속적으로 변형하는 객체에서 온도, 부피, 그리고 압력의 동시적인 비례적 변화들로 구성된 한 가지 새로운 강도적 객체를 제시했다. 이 비율들 사이의 장력 덕분에 그것은 하나의 강도적 객체가 된다.

결론

이 장에서는 최초의 강도적 객체 중 일부가 운동학과 동역학을 통해서 어떻게 출현했는지 살펴보았다. 나의 주장은 움직이는 객체들에 관한 이 과학들이 두 가지 이상의 조율된 차원을 따라 변화들을 비례적으로 측정했다는 것이다. 이런 까닭에 이 과학들은 앞 장에서 서술된 장력적 운동 패턴을 좇았다.

이 장은 강도적 객체들의 완전한 역사가 아니다. 오히려 그 목적은 독자에게 중세와 초기 근대의 객체들이 그 운동 패턴과 계측기의 측면에서 고대 객체들과 어떻게 다른지에 대한 감각을 부여하는 것이었다.

운동학과 동역학은 강도적 객체들의 발명의 핵심에 자리하는 두 가지 중요한 과학이었을 따름이다. 나는 이 새로운 객체들을 형성하는 데 중요한 역할을 수행한 과학을 두 가지 더 보여주고 싶은데, 무한의 수학과 실험 방법론의 창안이 그것들이다. 이것들이 강도적 객체들에 관한 이 부분에 속하는 다음의 마지막 장에서 다루어질 주제이다.

11장

중세 객체 II

초기 근대 세계에서 강도적 객체들의 발전에 이바지한 주요한 과학 실천은 두 가지가 더 있는데, 무한의 수학과 실험법이다. 이 장에서는 이 새로운 과학들이 장력적 운동 패턴을 좇았다고 주장할 것이다.

무한

초기 근대 세계의 세 번째 강도적 객체는 무한의 수학이었다. 무한한 객체는 매우 기묘하고 매혹적인데, 왜냐하면 우리는 무한한 객체를 유한한 객체로 전적으로 양화할 수는 없기 때문이다. 운동학적 크기 및 동역학적 크기와 마찬가지로 무한한 객체가 강도적 객체인 이유는 그것이 끊임없이 변화하고 있기 때문이다. 우리는 언제나 또 하나의 수를 무한정으로 추가할 수 있다.

중세 시대와 초기 근대 시대 동안 무한의 수학은 가장 중요한 과학 중 하나가 되었다. 이 장에서 나는 이 새로운 종류의 객체의 운동역학적 조건을 자세히 살펴보고 싶다.

현실적 무한

고대 학자들과 초기 근대 학자들은 무한에 관하여 상이하게 이해했다. 아리스토텔레스는 두 가지 종류의 무한이 존재한다고 주장했다. 그가 '잠재적 무한'이라고 일컬은 것은 유한한 서수적 또는 기수적 객체들의 무한정한 순서열이었다. 잠재적 무한에는, 아직 셈이 되지 않은 또 하나의 수가 언제나 있다. 아리스토텔레스는, 기수적 '하나'로서 셈하여지는, 즉 무한을 이루는 모든 것이 통째로 주어져 있는 것처럼 여겨지는 어떤 무한한 순서열의 총체 또는 전체를 '현실적 무한'이라고 일컬었다. 아리스토텔레스는 현실적 무한이 실재적이라고 믿지 않았다.

플라톤과 아리스토텔레스의 경우에 과정의 수학 또는 과학 같은 것은 전혀 없었다. 과학은 형태들의 생성 또는 연속적인 질적 변형에 관한 지식이 아니라, 이산적인 정적 형태들에 관한 지식이었다. 그리하여 그들은 무한을 어떤 서수적 형태의 한없는 순서열과 어떤 기수적 형태의 유한한 전체로 근본적으로 분할된 것으로 이해했다. 객체는 무한한 서수적 객체이거나 아니면 유한한 기수적 객체였다. '현실적 무한'이 존재할 수 있다는 관념은 서수적인 기수적 객체가 존재할 수 있다고 말하는 것과 같았다. 그런 상황은 불가능했다.

그런데 중세 수학자들과 초기 근대 수학자들은 두 가지 종류의 정적 객체들 사이의 이런 분할을 전적으로 수용하지는 않았다. 오히려 그들은 과정-객체를 양화하는 한 가지 새로운 방법을 개발했다. 그들은 이 새로운 객체를 서수적 계열과 기수적 계열 사이의 변화하는 조율 또는 비로 규정했다. 그 객체는 물리적으로 역동적인 움직임을 현시하는 객체의 수학적 등가물이었다. 심지어 중세와 초기 근대의 일부 수학자는 아리스토텔레스에게서 '현실적 무한'이라는 용어를 차용했지만, 그 용어에 새로운 강도적 정의를 부여했다. 아래에서 나는 실재적인 강도적 객체로서의 '현실적 무한'에 관한 새로운 이해가 어떻게 출현했는지를 보여주고 싶다.

무한개의 무한소

13세기에 많은 학자와 자연신학자는 자연의 움직임을 무한개의 무한소 과정으로 간주하기 시작했다. 훨씬 더 일찍이 3세기에 헬레니즘 철학자 플로티노스가 "일자"는 "매우 거대하여 그 부분들 역시 한정되지 않은 것들이다"라고 서술했을 때 그런 관념에 대한 기초가 마련되었다. 사물의 이산적인 부분들 역시 무한정의 매우 작은 부분들로 이루어져 있어서 셈할 수 없다면 어떻게 될까? 하느님 또는 자연은 단순한 기수적 '하나'가 아닐 것이다. 오히려 그것은 한정되지 않은 계열의 진행 중인 조율일 것인데, 그 계열의 부분들 역시 끝없는 계열들이고 이런 식으로 무한히 이어질 것이다. 이런 애초의 관념은 부분들로 구성된 전체로서의 객체에 관한 기수적 관념과 전적으로 달랐고 대단히 본질적이었다. 플로티노스에게 하느님은 기수적 '하나'가 아니라 오히려 다양체들의 무한한 다양체이다.

13세기의 프란치스코회 신학자 겸 철학자 미들턴의 리처드는 '현실적 무한'에 관한 아리스토텔레스의 관념을 명시적으로 하나의 혼합물로 다시 규정한 최초의 인물 중 한 사람이었다. 미들턴은 현실적 무한이 이산적인 객체들로 분할되어 있는 사실상의in facto esse 무한, 즉 '현실적 무한'이 아니라 오히려 "이른바 현실적 무한과 잠재적 무한의 혼합물인, 활동 중인in fieri 무한"이라고 주장했다.[1] 이런 급진적인 새로운 견지에서 미들턴은 현실적 무한을 셈하기와 분열의 내재적 활동 또는 과정 자체로 간주했다.

신학자들은 하느님의 역능을 그의 활동으로 규정한 것과 마찬가지 방식으로 하느님의 무한성에 관해서도 유사하게 생각하기 시작했다. 위대한 프랑스인 과학철학자 피에르 뒤엠이 서술한 대로 "양적 무한의 본성은 현실태와 잠재태의 혼합물이다."[2] 하느님의 현실적 부분들 역시 잠재

---

1. Duhem, *Medieval Cosmology*, 47에서 인용됨.
2. 같은 책, 81, 주 22에서 인용됨.

적 부분들을 포함하면서 무한히 이어진다.

미들턴은 13세기의 스코틀랜드인 철학자 겸 신학자 둔스 스코투스에게 영향을 미쳤는데, 둔스 스코투스는 현실적 무한에 대하여 유사하게 새로운 정의를 주장했다. "활동 속에 현존할 수 있는 것은 잠재적으로 현존할 수 있는 것의 척도이다."[3] 둔스 스코투스의 경우에 현실적 무한은 셈하기의 활동 또는 과정 속에 있었다. 고대인들은 기수적 객체를 그 부분들의 고정된 총체로 간주했지만, 둔스 스코투스의 경우에는 셈하기 행위 또는 부분과 전체를 함께 엮는 행위에서 강도적 객체가 생겨난다.

둔스 스코투스 이후에 프랑스인 철학자 니콜라 보네는 행위로서의 현실적 무한에 관한 관념을 그것의 극단적인 결론으로까지 밀어붙였다. 보네는 원동자, 즉 하느님의 역능이 무한하다면 그의 창조력은 시공간적으로 한정되지 않은 것이라고 추리했다. 그러므로 질과 양을 창조하는 각각의 활동은 "동시에 생산될" 수 있을 것인데, "왜냐하면 특히 그 생산이 무한 차원의 역능에서 비롯된 작업이기 때문이다."[4] 하느님은 자신의 무한한 활동력으로 많은 무한한 계열을 동시에 조율하고 셈할 수 있다. 보네의 경우에 하느님의 셈하기 역능은 현실적으로 무한하다는 의미이다.

14세기의 또 다른 프랑스인 학자 장 뷔리당은 리네아 기라티바linea gyrativa, 즉 '나선'이라고 일컬어진 이 관념의 아름다운 기하학적 예시를 전개했다. 리네아 기라티바는 뷔리당이 그 높이를 2분의1, 4분의 1, 8분의 1로 시작하여, 더욱더 작은 분수로 진전하는 비례적 부분들의 순서열로 분할한 원통이었다. 뷔리당은 이 표식들을 기수적 절편들의 연장적 무한을 묘사하기 위해 제시했다. 게다가 '그림 11.1'에 제시된 대로 뷔리당은 그 피치가 원통의 각 절편의 높이와 같은 나선을 추가했다. 뷔리

---

3. Duns Scotus, *Sentences*, Book 3, Dist. 13.

4. Duhem, *Medieval Cosmology*, 108, 주 83에서 인용됨.

당은 이 선을 사용하여 질적 변화의 강도적 무한을 묘사했다. 이 모양의 놀랄 만한 결과는, 연장적 계열과 강도적 계열이 한정되지 않음에도 불구하고, 우리가 어떤 단일한 객체에서 함께 조율될 수 있는 방식을 이해할 수 있다는 것이었다.

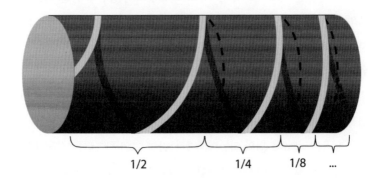

그림 11.1. 리네아 기라티바. 저자의 드로잉.

　이탈리아에서 위대한 신학자 리미니의 그레고리우스는 하느님이 어떤 단일한 돌에 비슷하게 감소하는 비례적 질량(2분의 1, 4분의 1, 8분의 1…)을 추가함으로써 현실적으로 무한한 돌을 창조할 수 있다는 유사한 관념을 제안했다. 리미니의 그레고리우스에 따르면 그는 한 시간 내에 현실적으로 무한한 돌 하나를 갖게 될 것이었다. 미들턴에게서 그레고리우스에 이르기까지 중대한 새로운 관념은 현실적 무한이 단일한 기수적 객체가 아니라 오히려 한정되지 않은 계열들 사이의 끊임없는 조율 활동이라는 것이었다.

　이것이 형태의 위도와 유사한 것처럼 들린다면 그럴 만한 좋은 이유가 있다. 잉글랜드인 성직자 겸 학자 토머스 브래드워딘은 현실적 무한의 현존을 위도의 '무한소' 변화와 명시적으로 연관시켰다. 그의 이론에서 양적 변화의 위도의 선은 이산적인 원자들이 아니라 오히려 무한히 작은 연속적인 차원들이었다(집적되거나 결합될 무한한 불가분의 것들에 기반을 둔 연속체는 존재하지 않는다Nullum continuum ex indivisibilibus infinitis integrari vel componi).5

위대한 위도 이론가 니콜 오렘 역시 이 관념을 사용하여 어떤 움직이는 객체의 연속적인 변화율을 서술하였다. 오렘은 그 객체가 이동한 거리를 구간들로 분할한 다음에 각 구간에 걸쳐 속력이 절반으로 느려진다고 구상했다. 평균 속력을 결정하기 위해 그는 다음과 같은 수열을 더하였다. $1/2+3/8+1/4+3/16+\cdots$.6 수열이 영에 접근함에 따라 그 수는 무한소가 되었다.

15세기와 16세기에 걸쳐 무한소라는 개념이 유럽 전역에 확산하였다.7 독일인 철학자 겸 신학자 니콜라우스 쿠자누스는 그 개념을 사용하여 원을 무한히 많은 무한소 변들을 갖춘 다각형으로 규정하는 '무한 기하학'을 발명했다. 그는 신에 관한 인간의 지식을 극한까지 나아가는 활동으로 접근할 수 있는 점근적인 목적지terminus ad quem로 서술했다.

이 모든 것 중에서 진정으로 개혁적인 관념은 두 가지 무한 계열을 조율함으로써 이루어진 한 가지 새로운 종류의 객체의 발명이었다. 계열을 무한하게 만든 것은 객체들이 아니라 오히려 그것들을 장력으로 함께 묶는 활동 또는 역능이었다. 신의 셈할 수 있는 역능은 그가 창조하고 조율하는 객체들로 환원될 수 없다. 삼위일체의 언어로 표현하면 강도적 객체는 질적 변화의 한정되지 않은 계열(성부)과 양적 변화의 한정되지 않은 계열(성자)을 제3의 역동적인 행위 계열(성령)을 사용하여 조율하

---

5. Boyer, *History of the Calculus and Its Conceptual Development*, 67 [보이어, 『미분적분학사』]에서 인용됨.

6. 같은 책, 86. [같은 책.]

7. Boyer, *History of the Calculus and Its Conceptual Development* ; Duhem, *Medieval Cosmology* ; Paolo Zellini, *A Brief History of Infinity*를 보라.

는 삼중 객체, 삼엽형 객체, 또는 삼위일체의 객체였다.[8]

이탈리아인 수학자 보나벤투라 카발리에리의 저작에는 무한한 객체를 함께 묶는 운동적 장력에 대한 또 하나의 아름다운 이미지가 실려 있다. 카발리에리는 무한소를 무한한 천을 구성하는 실로 구상했다.[9] 우리가 씨실과 날실 사이의 조율된 장력으로 천을 짜는 것과 마찬가지로 현실적으로 무한한 객체는 한정되지 않은 상이한 계열들의 조율에 의해 구성되었다. 이탈리아인 물리학자 겸 수학자 에반젤리스타 토리첼리는 '무한 기하학'에 관해 유사한 관념을 전개했다. 토리첼리는 선을 무한개의 무한소 점으로, 평면을 무한소 선들의 계열로, 그리고 입체를 무한소 평면들의 계열로 규정했다.[10] 그런 이론에서 우리는 유한한 서수적 객체 또는 기수적 객체를 더는 다루지 않고 오히려 무한정한 계열들 사이에서 작용 중인 장력을 다룬다.

미적분학

무한의 수학에서 가장 두드러진 발전 중 하나는 미적분학이었다. 미적분학은 형태의 위도와 현실적 무한이라는 개념들에서 출현했다. 미적분학을 동시에 발명한 두 인물은 독일인 철학자 고트프리트 빌헬름 라이프니츠와 잉글랜드인 과학자 아이작 뉴턴이었다. 그들은 과거의 작업에 기초하여 위도와 무한을 단일한 좌표 기반의 해석적 체계로 결합하는 엄청난 종합적 도약을 이루었다. 미적분학 덕분에 수학자들은 가변적인 변화율 또는 곡률을 갖춘, 기하학적으로 무한한 객체들에 산술적 연산과 대수적 연산을 수행할 수 있게 되었다.

---

8. Nail, *Being and Motion* [네일, 『존재와 운동』]의 27장을 보라.
9. Bonaventura Cavalieri, *Exercitationes Geometricae Sex*, 239~40.
10. Boyer, *History of the Calculus and Its Conceptual Development*, 124~9. [보이어, 『미분적분학사』.]

데카르트의 좌표계에서 그런 연산들이 불가능했던 이유는 유한한 산술적 비가 직교하는 선들의 경우에만 가능했기 때문이었다. 데카르트 가 완전히 인정한 대로,

기하학은 줄이 때로는 똑바르고 때로는 구부러진다는 점에서 줄과 같은 선(또는 곡선)을 포함하지 말아야 한다. 왜냐하면 직선과 곡선 사이의 비는 알려져 있지 않고, 내가 믿기에 인간의 정신으로 발견될 수 없으며, 그리하여 그런 비에 기반을 둔 어떤 결론도 엄밀하고 정확한 것으로 수 용될 수 없기 때문이다.[11]

이것이 미적분학이 해결하고자 한 문제이다.

유율

라이프니츠와 뉴턴은, 운동 중인 객체의 연속적인 경로를 표상하는 기하학적 곡선에 관한 관념을 운동학에서 취하였다. 그리하여 우리는 한 객체를 데카르트 좌표계의 x 계량 축과 y 계량 축을 따라 각각의 점에 조율할 수 있었다. 우리는 어떤 곡선의 수평축과 수직축을 경로를 따라 연속적으로 조율함으로써 그 곡선을 양화할 수 있었다. 오렘이 운동의 변화율을 시간에 따른 모든 변화의 무한한 총합으로 결정한 것과 마찬 가지로 미적분학은 곡선 아래의 면적 또는 '적분'을 무한소 너비의 직사 각형들의 무한한 총합을 통해서 결정했다. 또한 미적분학은 시간에 따른 비들의 무한한 총합으로 곡선의 변동률 또는 기울기를 결정했다. 라이프 니츠는 이것을 '미분'이라고 일컬었다.

곡선을, 움직이는 양 즉 유량fluen으로 간주함으로써 우리는 곡선의

---

11. René Descartes, *Geometry of René Descartes*, 91.

순간적인 변화율, 즉 유율을 알아낼 수 있었다. '옥스퍼드 계산기' 집단의 리처드 스와인시드는 곡선을 궤적으로 간주하는 관념을 제시한 최초의 인물이다. 그다음에 그 관념은 토리첼리에 의해 대중화되었고, 잉글랜드인 수학자 아이작 배로우에 의해 채택되었다. 그다음에 배로우는 그 관념을 자신의 제자 아이작 뉴턴에게 전했는데, 뉴턴은 그 관념을 『유율법』(1671년에 완성, 1736년에 출판)에서 제시한 자신의 미적분학에 적용하였다. 뉴턴은 자신이 개발한 미적분학의 목적이 "많은 수의 유량으로 이루어진 주어진 방정식에서 유율들을 알아내는 것과 더불어 그 반대의 것"이었다고 적었다.[12] 이런 접근법의 강점은 그것이 더는 우리를 데카르트, 피에르 드 페르마, 또는 존 윌리스의 작업처럼 기하학적 해석의 정적인 직교 모형에 한정하지 않는다는 것이었다. 뉴턴의 모형과 더불어 우리는 곡선에 대하여 시간에 따른 양의 변화율과 적분을 알아낼 수 있었다.

그런데 운동역학적 관점에서 특히 흥미로웠던 것은, 계산 작업이 무한해짐에 따라 '최종' 해답을 얻을 때 수학적 활동 자체가 수행하는 역할이 그런 계산을 수행하는 행위를 통해서 드러난다는 점이었다. 우리가 언제나 곡선에 점점 더 가까이 접근할 수 있다면, 당신은 어디에서 멈출 것인가? 뉴턴의 미적분학은 '유량'을 명시적으로 다루면서 각각의 변화율을 연속적으로 무한 점점 더 작아지게 되는 무한소 변화율들의 총합으로 상정했다.

그러므로 각각의 유한한 부분이 무한히 많은 무한소의 총합으로 나타내어질 수 있는 것인 한, 뉴턴의 작업에서 현실적 무한에 관한 관념이 나타났다고 볼 수 있다. 뉴턴의 경우에 유량은 다른 무한개의 무한소들과 조율된 무한개의 무한소들로 이루어진 무한이었다.

---

12. Brian Clegg, *A Brief History of Infinity*.

함수

라이프니츠와 뉴턴은 둘 다 해석기하학적 체계 축들을 사용하여 무한대 계열과 무한소 계열을 조율했다. 라이프니츠는 무한대와 무한소 사이의 이런 조율을 '함수'라고 일컬었다. 1673년에 스위스인 수학자 요한 베르누이에게 보낸 편지에서 라이프니츠는 함수를 특정한 점에서 곡선이 갖는 기울기 같은, 곡선과 관련된 양으로 규정했다. 함수는 한 축을 따라 표시되는 입력을 다른 한 축을 따라 표시되는 출력에 조율하는 것이다. 함수적 조율은 일정한 규칙 또는 '장력'을 좇는다.

오렘은 속력의 변이를 시간의 변이와 조율하여 일정하게 유지되거나 변화하는 '변화율'을 알아냄으로써 같은 작업을 수행했다. 속도의 변화율 또는 기울기는 하나의 함수이다. 그것은 x와 y가 비례적 비 또는 장력적으로 연계된 비를 따라 변화하는 고정된 비례적 비율을 갖는다. 수학적 함수는 한 계열의 다른 한 계열에의 연계 또는 연속적인 조율이다. 주체, 함수, 그리고 계열은 동일한 활동의 세 가지 측면이다.

무한소

게다가 뉴턴과 라이프니츠는 무한소를 곡선 기울기의 연속적인 변화율의 문제를 다루는 한 가지 방법으로서 그들의 초기 미적분법에 편입했다. 이런 까닭에 기하학적 곡선은 직선 선분들의 유한한 계열로 환원될 수 없다. 곡선을 이해하는 한 가지 방법은 그것을 무한히 많은, 영이 아닌 무한소 영역으로 이루어져 있다고 구상하는 것이다. 측정될 수 있는 기울기의 어떤 두 부분 사이에도 무한히 많은 사이 기울기가 있다.

예를 들면 그림 11.2에서 보여주듯이 점 P에서 접선을 결정함으로써 우리는 기울기가 x-축 방향으로 또 다른 분할점 Q를 향해 증가함에 따라 접선 역시 y-축 방향으로 어떤 비례적 비율로 증가함을 알 수 있게 된다. 라이프니츠는 이런 장력적 비를 dy/dx, 즉 'x에 대한 y의 연속적인 변

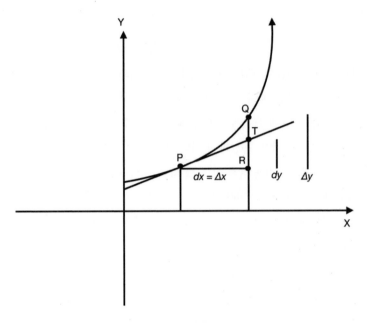

그림 11.2. 곡선에 대한 점 P에서의 접선. 저자의 드로잉.

화(Δ)'로 표현하였다. 라이프니츠는 이것을 '미분'이라고 일컬었다.

　게다가 직선이든 곡선이든 간에 모든 기하학적 선은 계량적으로 또는 연장적으로 무한히 분할될 수 있다. 그러므로 할선 PQ 사이 곡선의 기울기를 결정하려면 무한소 구간들의 무한한 총합이 필요하다.

　일찍이 뉴턴과 라이프니츠는 둘 다 이런 무한히 작지만 영이 아닌 구간을 나타내기 위해 독특한 기호들을 사용했다. 뉴턴은 기울어진 영(O)의 기호를 사용했고, 라이프니츠는 변화를 뜻하는 '델타' 또는 'd'의 기호를 사용했는데, 오늘날 우리는 라이프니츠의 기호를 사용한다. 결국 뉴턴과 라이프니츠는 둘 다 영이 아닌 무한소 양이 라이프니츠의 표현대로 한낱 "유용한 허구"에 불과한 것이라고 인정했다. 라이프니츠는 자신이 "참으로 무한대의 크기도, 참으로 무한소의 크기도 존재하지 않는다고 믿고 있다"라고 적었다.[13] "라이프니츠가 틀림없이 느꼈던" 이들 허구와 실재 사이의 연계는 "그가 나중에 수행한 미적분학의 모든 연구에서 기본적인 것으로 여겼던 그의 연속성 법칙에서 찾아볼 수 있을 것이다" 라고 수학사가 칼 보이어는 서술한다.[14]

또한 뉴턴은 나중에 『프린키피아』에서 이렇게 서술했다.

> 양量들이 사라지는 궁극적인 비는 엄밀히 말하자면 궁극적인 양들의 비가 아니라, 오히려 한없이 감소하는 이 양들의 비가 접근하는 극한이자 그것들이 무엇이든 어떤 주어진 차이보다 더 가까이 갈 수 있더라도 양들이 무한정 감소하기 전에는 통과할 수도 없고 도달할 수도 없는 극한이다.[15]

나는 플로티노스부터 뉴턴에 이르기까지 이 사상가들에게 '현실적으로 무한한' 것이 서술적 객체도, 기수적 객체도, 이런 객체들의 계열도 아니었음이 밝혀졌기를 희망한다. 그런 의미에서 그들은 현실적인 기수적 무한은 모순일 것이라는 아리스토텔레스의 견해에 동의했다. 오히려 현실적 무한은 두 가지 무한정한 계열 사이의 진행 중인 혼합물이자 조율이었다. 현실적 무한은 강도적 객체이며, 그리고 그 조율은 9장에서 내가 '다대다' 조율이라고 부른 것이다. 이 사상가들에게는 어떤 정적인 서수적 객체도 없고 기수적 객체도 없다. 모든 객체는 운동 중에 있으며 강도적이다. 모든 객체는 이산적이지 않으며 오히려 무한소의 무한 계열들의 조율된 비, 장력, 함수, 비율, 그리고 율이다.

---

13. Gottfried W. Leibniz, *Opera Philosophica*, vol. III, 500.

14. Boyer, *History of the Calculus and Its Conceptual Development*, 219. [보이어, 『미분적분학사』.]

15. Newton, *Sir Isaac Newton's Mathematical Principles of Natural Philosophy and His System of the World*, 39.

실험법

초기 근대 세계의 네 번째 주요한 강도적 과학은 실험방법론이었다. 실험 방법은 과학 실천의 과학이었다. 그것은 지식을 향해 나아가는 방법을 위한 일단의 조치 또는 단계였다. 이것과 관련하여 두드러진 것은 그것이 과학적 지식 자체를 만들어내고 재생산하는 구성적 **활동**을 진지하게 여겼다는 점이다. 과학자의 행위가 그 객체의 일부가 되었다.

중세 시대 동안 장인 공예, 기구 설계, 그리고 기계술이 발흥함으로써 사람들은 아리스토텔레스의 삼단논법 또는 연역적 논리에서 벗어나게 되었다. 장인들과 초기 기술자들은 공리적 진리로 시작하여 가설을 연역하는 경향을 갖고 있지 않았다. 오히려 그들은 실제 문제에서 출발하여 시행착오를 겪거나 귀납을 활용함으로써 최선의 실천을 발전시켰다. 강도적 객체들을 측정하기 위한 새로운 기구들을 만들어낸 장인과 과학자 들은 감각이 지식의 토대라고 믿었던 데모크리토스, 에피쿠로스, 그리고 루크레티우스 같은 고대의 유물론 철학자들에게 더 많은 관심을 기울였다. 초기 근대 시기 동안 유물론 철학은 물질과 운동을 진지하게 여긴 자연철학들에서 귀환했다.[16]

'실험법'experimentation을 가리키는 라틴어 낱말들은 '경험하다, 행하다, 또는 작용하다'라는 뜻의 라틴어 낱말 엑스페리오르experior 더하기 접미사 –멘툼-mentum에서 유래한 엑스페리엔티아experientia와 엑스페리멘툼experimentum이었는데, 이 낱말들은 '기구 또는 매체를 통해서 생겨나는 것'을 뜻했다. 과학적 방법은 지식의 세 가지 측면 – 감각적 경험의 주체, 경험의 방법 또는 매체, 그리고 경험의 결과 – 을 조합했다. 과학적

---

16. 사실상 초기 근대 과학의 실험 방법의 발흥은 무엇보다도 원자론자들에게서 영향을 받았다. Pierre Vesperini, *Lucrèce*를 보라.

지식은 세 가지 모두에 의해 공共-창조되었다. '만들기, 구성하기, 배열하기'라는 뜻의 인스트루오instruō에서 유래된 라틴어 낱말 인스트루멘툼 instrumentum[기구] 역시 어떤 매체를 통한 과학적 탐구의 능동적인 구성적 본성을 강조했다. 과학자가 객체를 바라볼 수 있는 순전히 수동적인 입장도 없고 객관적인 입장도 없다. 과학자들의 행위와 환경은 객체들과 지식이 밀접히 얽혀 있는 측면들이다.

실험 과학의 대상들은 '장력적'이었는데, 왜냐하면 그것들은 주체, 기구, 그리고 객체 사이의 삼중 장력을 삼각형화하기 때문이었다. 프랜시스 베이컨 등은 과학적 방법의 기반을 아리스토텔레스의 심적 연역에 두지 않고 오히려 능동적인 지식의 매체에 두었다. 지식은 누군가가 그냥 찾아낸 것이 아니라 공-창조된 것이었다. 초기 근대인들은 아리스토텔레스의 연역적 논리 또는 오르가논organon − '기구'를 가리키는 그리스어 낱말 − 을 세계를 바라보는 수동적인 렌즈로 해석하기보다는 오히려 여타 기구와 마찬가지로 구성되고 개조될 수 있는 것으로 재해석하였다. 과학자들은 지식을 연역하지 않고 오히려 주체, 기구 그리고 객체 사이의 시차로서 생산하고 경험했다.

다른 강도적 객체들과 마찬가지로 실험법도 운동 중에 있었다. 실험자는 실험과 실험자의 영향을 받는 기구들을 사용하여 어떤 실험적 설정을 확립하고 끊임없이 유지해야 했다. 어떤 실험을 구축하거나 재현하는 활동에는 주체, 객체, 그리고 기구 사이의 특정한 관계를 안정화하고 기록하는 행위들이 포함된다. 운동 상태에 있는 변화하는 객체를 연구하려면 기구와 주체 역시 움직여야 한다. 실험법은 이 세 가지 움직임 모두의 연속적인 조율이다.

나침반, 망원경, 현미경, 진자, 그리고 시계 같은 과학적 기구들이 확산됨으로써 지식의 주체와 대상 사이의 운동적 장력이 증대되었다. 기구가 주체와 객체를 매개하는 방식을 이해함에 따라 과학자들은 이 매체

를 새로운 방법으로 조작하고자 하였다.[17]

　먼저 기계적 실험법의 초기 발흥과 이 새로운 기법들이 과학적 방법에서 공식화된 방식을 검토하자.

기계적 실험법

　중세 시대에 이슬람 학자들과 라틴 학자들이 발전시킨 과학적 방법론들은 실용 기계술의 발흥과 전문 기구들의 확산에서 비롯되었다. 중세 시대 동안 기술자들은 천체 관측기, 해시계, 지도, 그리고 나침도compass rose 같은 고대 기구들을 개조하고 망원경, 온도계, 현미경, 진자, 그리고 기계식 시계 같은 중세 기구들을 제작함으로써 객체들의 강도적 움직임을 연장적 차원 또는 계량적 차원과 조율하였다. 과학자들은 이 도구들을 사용하여 움직이는 객체와 패턴 들을 두 개의 축을 따라 기록할 수 있었다.

　이 기구들은 학자들에 의해 제일 원리에서 연역되지 않았다. 그것들은 실제 문제를 해결하기 위해 기계공, 장인, 그리고 광부 들에 의해 시행착오를 거쳐 개발되었다. 시간이 흐름에 따라 이 기구들은 표준적인 '과학인들'men of science에 의해 채택되어 지식의 도구로 그 용도가 변경되었다.

　실험 방법은 세-부분 절차를 개발한 이 기계공 및 장인 들과 더불어 시작되었다. 그들은 특정한 환경에서 도구를 고안하고, 경험을 통해서 시험한 다음에 조정하였으며, 그 과정을 반복했다. 공식화되지 않은 이런

---

17. 그런데 17세기가 끝나고 18세기에 접어들 무렵에 과학자들은 자연이 능동적으로 실험당하기보다는 오히려 수동적으로 목격당하는 상황을 서술하기 위해 '관찰'(observatione)이라는 용어를 사용하기 시작했다. 독일인 자연철학자 고트프리트 빌헬름 라이프니츠에 따르면 "누군가가 일을 만들어내기보다는 오히려 고찰하는, 관찰이라고 일컬어지는 것이 더 나을 어떤 실험들이 있었다." Lorraine Daston and Elizabeth Lunbeck, *Histories of Scientific Observation*, 86에서 인용됨.

방법의 결과로 기계공들은 기구의 질적 변화와 그것 위에 새겨진 계량적 표식 사이 조율의 반복 가능하고 정확한 비를 산출할 수 있었다. 적절히 교정되었을 때 질과 양의 두 축은 강도적 객체의 움직임을 기록할 수 있었다. 한 축이 변화함에 따라 나머지 다른 한 축은 정비례하든 반비례하든 간에 비례적으로 변화하기 마련이다. 기구를 교정하는 행위에는 주체, 객체, 그리고 도구 사이에서 이루어지는 일련의 상호 조정이 포함된다.

프랜시스 베이컨, 갈릴레오 갈릴레이, 로버트 보일, 그리고 아이작 뉴턴은 모두 고대 세계와 초기 중세 세계까지 거슬러 올라가는 기구 제작과 교정의 장기 역사에 기반을 두고서 연구했다. 특히 갈릴레오, 뉴턴, 네덜란드인 물리학자 크리스티안 하위헌스, 그리고 잉글랜드인 박식가 로버트 훅은 모두 스스로 자신의 기구들을 제작했다고 주장했다. 그런데 이 기구들에 대한 기초는 독창적이지 않다. 대체로 그들은 현존하는 기구들을 개선했다.

게다가 이 과학자들은 당대의 장인들에게서 자신의 기술을 습득했다. 역사가 데이비드 랜디스가 서술하는 대로 "마침내 우리에게 항성과 바다를 측정할 정도로 정확한 계시기를 제공한 것"은 "최고의 과학자들"과 "최고의 장인들" 사이의 협력 관계였다. "그리고 결국 과학자들이 자신이 할 수 있는 만큼 해내었다고 생각했을 때 그 과업을 지속하고 완결한 사람들은 장인들이었다." 그러므로 장인들은 "놀랄 만한 이론적 지식과 구상력을 소유하고 있었다."[18]

유명한 프랑스인 과학철학자 알렉상드르 쿠아레는 과학적 방법이 "아무것도 섞이지 않은 순수한 사유"의 생산물이었다고 주장했지만,[19] 이

---

18. Conner, *A People's History of Science*, 260[코너, 『과학의 민중사』]에서 인용됨.
19. 같은 책, 270[같은 책]에서 인용됨.

것은 사실이 아니다. 한편에서 학자들이 발명가로서 능동적인 형상적 역할을 수행하고 다른 한편에서 장인들이 수동적인 질료적 역할을 수행한 것은 아니었다. "과학혁명의 기원은 정신에 있다"라는 관념론적 입장과는 대조적으로 귀납, 개량, 그리고 교정에 의거하여 비공식적인 실험 방법을 발전시킨 사람들은 육체 노동자와 기계공 들이었다.[20] 그들은 기구를 이용한 측정의 질적 측면과 양적 측면을 조율하기 시작한 최초의 인물들이었다.[21] 역사가 클리퍼드 코너가 주장하는 대로 "이 전통의 절정을 나타내는" 베이컨의 『신기관』(1620)은 "과학적 지식을 획득하기 위한 새로운 접근법을 도입하지 않았다. 베이컨은 수 세기 전에 시작되었던 사회적 현상을 서술하고 있었고 그것이 체계적으로 활용되어야 한다고 주장하고 있었다."[22]

갈릴레오, 베이컨, 그리고 자연철학자 윌리엄 길버트는 모두 자신의 영감이 당대의 광부, 선원, 대장장이, 주물공, 기계공, 렌즈 가는 사람, 유리 부는 직공, 시계 제조공, 그리고 선대 목공 들에게서 비롯되었다고 명시적으로 주장했다.[23] 천문학에서 튀코 브라헤와 요하네스 케플러는 일찍이 네덜란드인 측량사 젬마 프리시우스가 발명한 삼각측량법에 의존했다.[24] 『새로운 두 과학』(1638)에서 서술된 갈릴레오의 진술에 따르면, 베네치아의 무기 공장, 그 "유명한 무기 공장"에서 이루어지는 "끊임없는 활동"은,

---

20. 같은 책, 102[같은 책]에서 인용됨.

21. 이 테제의 완전한 전개에 대해서는 Edgar Zilsel, Robert S. Cohen, Wolfgang Krohn, Diederick Raven and Joseph Needham, *The Social Origins of Modern Science*를 보라. 또한 Pamela Smith, *The Body of the Artisan*, 239를 보라. "자연에 의거하여 새로운 인식론, 새로운 학문(scientia)을 위한 토대를 놓다."

22. Conner, *A People's History of Science*, 283. [코너, 『과학의 민중사』.]

23. 같은 책, 276. [같은 책.]

24. 같은 책, 257. [같은 책.]

학구적인 정신에게 거대한 탐구 분야, 특히 기계공들을 포함하는 작업을 부분으로 삼는 분야를 제시한다. 왜냐하면 이 분야에서는 온갖 유형의 기구와 기계가 많은 장인에 의해 끊임없이 제작되고 있기 때문인데, 그들 중에는 부분적으로는 물려받은 경험에 의해 그리고 또 부분적으로는 자신의 관찰력에 의해 정통하고 능숙한 설명력을 갖추게 된 사람들이 있음이 틀림없다.[25]

기계공들이 과학에 미친 영향은 '기계술'에 대한 프랜시스 베이컨의 찬양에서 명시적으로 나타난다. 예를 들면 베이컨은, 대학 중심의 과학은 "경배받고 찬양받지만 움직이지도 않고 나아가지도 않는 조각상처럼 우뚝 서 있"는 반면에 "기계술은… 어떤 생명의 기미를 품고 있어서 지속적으로 성장하고 있다"라고 서술했다.[26] 그런데 스위스인 의사 파라켈수스와는 대조적으로 베이컨은 기계공들의 지적 진보와 인식론적 혁신의 선도자로서의 직공들 자체에 관심을 기울이기보다는 오히려 갱신된 학술적 장치에 봉사하도록 이런 지식을 통제하고 공식화하는 데 더 많은 관심을 기울였다.

과학적 방법

중세 시대에는 교정, 설계, 그리고 기계술의 다양한 방법이 풍부했다. 베이컨은 그것들을 발명한 것이 아니라 『신기관』(1620)이라는 책에서 종합하고 공식화했다. 나는 베이컨의 실험 방법의 세 가지 핵심적 측면을 살펴보고, 각각의 측면이 모든 강도적 객체가 공유하는 장력적 운동 패턴을 어떻게 좇는지를 보여주고 싶다. 이 세 가지 면모는 귀납, 기구 사용,

---

25. 같은 책, 285 [같은 책]에서 인용됨.
26. 같은 책, 250. [같은 책.]

그리고 조율이다.

귀납

　베이컨의 실험 방법의 첫 번째 측면이자 어쩌면 가장 잘 알려진 측면은 그가 아리스토텔레스의 연역적 논리를 거부하고 '제거적 귀납'으로 불리는 새로운 논리를 단언했다는 점이다. 아리스토텔레스의 논리는 사물의 참된 본성에 관한 선험적 공리들로 시작한 다음에 그것들을 일단의 다양한 귀결로 원심적으로 전개했다. 그런데 베이컨은 "감각과 특수자들에서 공리들을 이끌어낸 다음에 점진적으로 그리고 지속적으로 상승하여 마침내 가장 일반적인 공리들에 도달하는" 새로운 종류의 귀납을 지지하는 주장을 펼쳤다. "이것이야말로 진정한 방법이지만 아직까지 시도된 적이 없다."[27]

　연역과 귀납은 둘 다 "감각과 특수자들에서 출발하여 가장 일반적인 것에 도달한다. 하지만 그 둘은 엄청나게 다르다… 연역은 애초부터 어떤 추상적이고 쓸모없는 일반적인 것들을 형성하고, 귀납은 본성상 참으로 더 잘 알게 되는 것으로 한 걸음씩 꾸준히 올라간다."[28] 더욱이 이 일반적인 공리들이 경험과 상반되는 것으로 밝혀진다면 "공리를 수정하는 것이 진실에 더 부합될 것이다."[29]

　명제와 공리 들이 순전히 '새로운' 지식을 전혀 생성하지 않은 채로 서로 확증하게 될 뿐인 연역의 원심적인 '순환적' 조작에 맞서, 베이컨은 기구에 의한 귀납의 더 장력적인 기법 또는 '삼각형' 기법을 대신 제안했다. 이 새로운 귀납에서 주체, 기구, 그리고 객체는 모두 서로 비례적이고 회

---

27. Francis Bacon, *The New Organon*, Book I, Aphorism XIX, 36. [프랜시스 베이컨, 『신기관』.]
28. 같은 책, Book I, Aphorism XXII, 37. [같은 책.]
29. 같은 책, Book I, Aphorism XXV, 37. [같은 책.]

절적인 관계 속에서 끊임없이 변화했다. 베이컨의 귀납은 한낱 경험으로부터 공리들을 선형적으로 생산하는 절차에 불과한 것이 아니었다. 그것은 주체, 도구, 그리고 객체를 포함하는 과정 전체의 연속적인 변환이었는데, 왜냐하면 서로 장력이 걸려 있는 상태에 있는 그것들이 시간이 흐름에 따라 변화하기 때문이다.

베이컨의 경우에 실험적 진리는 연역적 진리와 다르다. 귀납은 연역의 반전이 아니다. 귀납은 새로운 종류의 객체이다. 베이컨주의적 귀납은 귀족제 도시국가의 중심부에서 시작하여 진리를 감각과 대중을 향해 외부로 방사하는 대신에 교외, 실험실, 대학, 광산, 그리고 바다에 자리하는 경험의 비균질한 주변부들에서 시작했다. 베이컨은 그 다양한 소재지와 경험으로부터 이 독특한 경험들을 함께 엮고 구별할 공통 진리들을 식별하기를 희망했다. 베이컨은 사람들의 구체적 경험들이 변화에 따라 우리가 그것들에 귀를 기울이는 한에서 새로운 공통 진리들이 출현하리라 추측했다.

이것은 수 세기 동안 기계술에서 작동한 지식 생산과 개정의 방식이었다. 감각이 먼저였다. 그다음에 우리는 기구나 장치를 구축했다. 이후에 새로운 패턴을 밝혀낸 다음에 새로운 도구나 변경된 도구를 요청하는 질적 조율과 양적 조율을 통해서 누군가가 기기를 수정했다. '제거적 귀납'을 위한 베이컨의 구상은 진리가 다양한 기법 사이의 장력을 통해서 출현한다는 것이었다. 사람들은 그릇되거나 작동하지 않는 것을 제거할 것이었다.

기구

베이컨의 실험 방법의 두 번째 측면은 그의 기구론이다. 이 이론은 베이컨이 초기 근대 과학의 새로운 강도적 객체들에 가장 두드러지게 이바지한 것 중 하나이다. 베이컨은 『신기관』 제1권의 처음 잠언들부터 "과학의 새로운 기구"는 정신의 낡은 연역적 도구와 같지 않고 오히려 지식이 산출되는īnstruō 매체-mentum를 제공하는 물질적인 운동적 객체라는 점을 명시적으로 부각한다.

> 맨손도, 도움을 받지 않은 지성도 그다지 힘이 없다. 작업은 도구in-strumentis와 도움으로 수행되고, 따라서 지성도 손에 못지않게 그것들이 필요하다. 손의 도구instrumenta가 손의 운동을 재촉하거나cient 유도하는 것처럼 정신의 도구instrumenta 역시 지성을 재촉하거나 소환한다.[30]

손의 움직임이 손을 움직이게 하거나 동작하게cient 할 기구를 필요로 하는 것과 마찬가지로 정신 역시 지성mentis intellectui을 진전시킬suggerunt 도구를 필요로 한다. 이렇게 해서 베이컨은 '기계술'을 지성적 기예에 대한 모델로서 사용했다. 베이컨의 경우에 기구는 과학에서 실제적 객체와 지성적 객체로서의 이중 역할을 수행했다. 기구 없는 주체는 그다지 가치multum valet가 없었는데, 왜냐하면 강도적 객체는 하나의 과정으로서 나타나는 것이었기 때문이다. 주체는 단적으로 기구 및 객체와 강도적으로 또 연장적으로 조율하는 과정이었다.

강도적 객체는 단지 "물질의 흐름과 변화"fluxu materiae로서만 나타난다고 베이컨은 진술했다.[31] 그러므로 우리는 기구와 장력이 걸려 있는 상태에 있는 매체를 통해서 간접적으로, 실험에 의해서 강도적 객체에 접근할 수 있을 따름이다. 베이컨의 경우에 기구는 우리에게 객관적 자연에의 비매개적 접근권을 제공하지 않는다. 우리 감각은 단지 어느 정도

---

30. 같은 책, Book I, Aphorism II, 33. [같은 책.]
31. 같은 책, Book I, Aphorism XVI, 35~6. [같은 책.]

실험에 접촉할 뿐sensus de experimento tantum이고, 실험 역시 단지 어느 정도 자연에 접촉하거나 자연을 경험할 뿐expermentum de natura이며, 그리하여 우리 감각과 실험은 사물 자체를 능동적으로 형성하거나 결정한다judicat. 주체는 실험에 접촉하고, 실험은 자연에 접촉한다. 뭉뚱그리면 주체, 실험, 그리고 자연은 어떤 장력적 구조 속에서 함께 묶이고 분리된다. 어느 하나가 변화함에 따라 전체 경험experimentum이 변화한다.[32]

조율

이제 우리는 베이컨이 제시한 방법의 핵심에 이르렀다. 베이컨의 실험 방법의 세 번째 측면은 강도적 계열과 연장적 계열 사이의 조율이었다. 『신기관』의 제2권에서 베이컨은 감각적 경험과 실험법으로부터 진리를 결정하기 위한 하나의 특정한 방법을 제시했다. 그 방법은 세 가지 표를 만들어내는 것에 있는데, 각각의 표는 열熱과 같은 현상이 항상 일어나거나('현존과 현전', 표 1), 절대 일어나지 않거나('부재', 표 2), 또는 어느 정도 일어나는(표 3) 사례들의 무한정 진행 중인 역사를 포함한다. "그래서 표들은 작성되어야 하고 사례들의 조율tabulae et coordinationes instantiarum은 정신이 사례들에 의거하여 작용할 수 있는 그런 조직된 방식으로 이루어져야 한다."[33]

베이컨은 이 표들을 모두 '질서정연한'ordine '실험적 역사'Historia vero naturalis et experimentalis라고 일컬었다. 현상 자체와 마찬가지로 이 표들은 무한정 이어질 수 있었다.[34] 이처럼 질서정연한 역사를 산출하는 목적은 현상들의 관계와 공통 구조를 더 쉽게 식별하는 것이었다. 베이컨은 객

---

32. 마찬가지로 그로스테스트는 자신의 기하학적인 광학적 지식론으로 이것을 시사하였다. Nail, *Theory of the Image*, 192~3을 보라.

33. Bacon, *The New Organon*, Book II, Aphorism X, 109. [베이컨, 『신기관』.]

34. 같은 곳.

체의 외양 변화를 조율하는 그 세 개의 표를 가로질러 하나의 수평선을 만들어냄으로써 이 목적을 달성했다.

표 1은 이산적인 '현재' 순간들의 연장적 계열처럼 기능했고, 표 2는 이 이산적인 현재들을 분리라는 간극 또는 비非-순간들처럼 작용했으며, 그리고 표 3은 현상의 외양의 강도적 또는 연속적 정도처럼 기능했다. 베이컨이 제시한 방법의 중핵에 자리하고 있던 것은 연장적 계열 또는 '역사'와 강도적 계열 또는 '역사' 사이의 조율된 장력이었다. 과학적 지식의 대상은 어떤 유한한 서수적 객체로도, 기수적 객체로도, 서수적 계열로도, 기수적 계열로도 환원될 수 없었다. 오히려 그 대상은 조율되거나 교차하는 객체들의 강도적 과정-객체로서 생겨났다.

게다가 베이컨의 조율 방법은 기구의 매개와 귀납 과정의 수정을 포함했다. 지식 생산의 과정은 이런 각각의 측면과 장력적으로 비례하여 연속적으로 변화했다. 강도적 객체는 영원한 형태가 아니라 오히려 물질적 변화들 사이의 비와 조율의 구조적 법칙이다. 『신기관』 제1권의 잠언 51에서 베이컨이 서술하는 대로,

> 인간의 지성은 그 고유한 본성상 추상화로 이행되고, 따라서 끊임없이 변화하는 사물을 변화하지 않는 것으로 가정한다. 그런데 자연을 추상화하기보다는 자연을 분해하는 편이 더 낫다. 여타의 학파보다 자연을 더 깊이 탐구할 수 있었던 데모크리토스학파가 행했던 대로 말이다. 형상은 인간 정신이 꾸며낸 것이기에 사물의 활동 법칙에 형상이라는 이름으로 부를 생각이 없다면, 우리는 질료와 그 구조schematismus, 구조적 변화meta-schematismus, 순수한 활동, 그리고 활동 또는 운동의 법칙을 연구해야 한다.[35]

---

35. 같은 책, Book I, Aphorism LI, 219. [같은 책.]

베이컨은 기계공이 신체와 기계를 다룬 것처럼 정신을 다루었다. 베이컨은 객체의 연장적 측면과 강도적 측면 사이의 구조적 조율 또는 교정 체계를 구축했다. 이것이 베이컨의 과학적 방법이 지닌 비범한 점이었다.

결론

이 장에서는 이 책의 세 번째 부분이 마무리된다. 이 부분에서 제시된 나의 주장은 중세 시대와 초기 근대 시대의 모든 과학이 동일하다거나 또는 같은 위업을 성취했다는 것이 아니라 오히려 각각의 과학이 독자적으로 어떤 장력적 운동 패턴을 좇았다는 것이었다. 그런데 18세기 중엽에 이 새로운 강도적 과학은 내가 '잠재적' 객체라고 일컫는 또 다른 종류의 객체에 의해 점진적으로 압도당했다. 이 새로운 객체와 그것의 역사적 과학에 관한 서술이 이 책 2편의 네 번째이자 마지막 부분의 주제이다.

4부

잠재적 객체

12장

탄성적 객체

근대 세계에서 가장 독특하고 강력한 종류의 객체는 '잠재적'potential 객체였다. 내가 '잠재적' 객체라고 일컫는 것은 모든 객체 중 가장 추상적인 것이다. 왜냐하면 우리는 잠재적 객체를 어떤 단일한 상태로도 계열로도 환원할 수 없기 때문이다. 오히려 근대 과학자들은 잠재적 객체를 아직-결정되지-않은 다양한 상태에 있을 수 있는 객체로 간주했다.

이 객체들은 어떤 것들이 다른 것들보다 나타날 가능성이 더 높은 어떤 기묘한 가설적 미래에 현존한다. 과학자들은 그것들의 역사를 추적함으로써 그것들이 미래에 어떠할지의 가능성 범위를 연구하고 예상할 수 있었다. 잠재적 객체는 공중에서 그 가능 상태들이 모두 공존하는, 낙하하는 주사위와 유사하다. 낙하하는 주사위가 바닥에 떨어져서 하나의 눈이 나타나는 순간 그것은 사라진다. 잠재적 객체는 현실적인 것이 된다.

잠재적 객체는 '낙하하다 또는 생겨나다'라는 뜻의 라틴어 낱말 카덴티아cadentia가 갖는 이중의 의미에서 우연적인 객체이다. 잠재적 객체는 한 특이한 사건을 산출하는 운동에 내던져진 것이다. 가능한 것들의 잠재적 범위는 현실적 사건들에 기반을 두고 있기에 실재적이지만, 이 사건들과 같은 방식으로 현실적이지는 않다.

잠재적 객체들에 관한 과학은 18세기 중엽에 번성하기 시작했는데, 훨씬 더 이전의 것, 즉 주사위에서 비롯되었다. 잠재적 객체이자 현실적 객체로서의 극적인 이중 본성으로 인해 주사위는 매혹적인 객체이다. 주사위는 그 모든 눈이 가능한 결과로서 공존한다는 점에서 잠재적이고, 한 번에 단 하나의 눈이 나타날 수 있다는 점에서 현실적이다. 주사위가 최초의 잠재적 객체였던 이유는 그것이 사람들이 던지는 움직임을 통해서 결정할 수 있는, 아직-결정되지-않은 결과를 표현했기 때문이다.

가장 오래된 주사위는 서기전 3000년경 고대 메소포타미아에서 출현했으며,[1] 고대 이집트, 그리스, 그리고 로마 전역에서 주사위 게임이 벌어졌다.[2] 그런데 16세기와 17세기에 이탈리아인 박식가 지롤라모 카르다노와 프랑스인 수학자 블레즈 파스칼과 피에르 드 페르마가 주사위 결과에 관한 공식 연구를 수행하기 시작하고 나서야 주사위 게임은 과학이 되었다.

카르다노 이전에 사람들은 주사위를 예측 불가능한 미래를 점치는 도구로 간주했다. 예를 들면 아리스토텔레스는 결정적 원인과 결정 불가능한 자발적 원인을 구분했다. 전자는 지식의 현실적 대상일 수 있지만, 후자는 그럴 수 없다고 아리스토텔레스는 말했다.

본질적으로 결과의 원인인 것은 결정적이지만, 우유적偶有的 원인은 결정할 수 없다. 왜냐하면 한 개별자의 가능한 속성들은 셀 수 없이 많기 때문이다…우연히 생겨나는 것의 원인이 막연하다는 것은 의심의 여지가 없게도 필연적이다. 그리고 그런 까닭에 우연(티케Τύχη, tyche)은 막연하여 인간이 가늠할 수 없는 것의 집합에 속하기 마련이다.[3]

비결정적 객체는 과학적 지식으로 가늠할 수 없다는 관념이 17세기

---

1. David G. Schwartz, *Roll the Bones*. [데이비드 G. 슈워츠, 『도박의 역사』.]
2. Florence N. David, *Games, Gods and Gambling*.
3. Aristotle, *Physics*, Book II, ch. 5. [아리스토텔레스, 『자연학』.]

중엽까지 지속했다.[4] 고대 세계에서 인식 가능한 객체들은 단지 현실적이고 이산적인 서수적 또는 기수적 객체들뿐이었다. 중세 시대와 초기 근대 시대에는 객체들의 움직임들이 인식될 수 있었지만, 오직 변화의 결정적 비율로서만 인식될 수 있었다. 강도적 객체들은 여전히 주사위 같은 예측 불가능한 잠재적 객체들을 다룰 수 없었다. 근대 객체가 한 가지 다른 종류의 객체인 이유는 그것이 우연적이고 비결정적이기 때문이다. 많은 근대 과학은 심지어 x-축과 y-축 자체도 비결정적인 것으로 간주했다. 잠재적 객체는 그것이 서수적 객체, 기수적 객체, 또는 강도적 객체로 현실화하기 전에 연구될 수 있는 비결정적인 다양한 양이었다.

이 새로운 종류의 객체는 18세기 중엽에 출현하여 20세기의 과학 전반으로 확산하였다. 이어지는 두 개의 장에서 나는 이런 객체가 어떻게 해서 통계학, 디지털 논리, 그리고 초험적 수학의 발흥과 더불어 출현했는지를 보여주고 싶다. 그런데 우선 이 장에서 나는 근대 객체의 핵심적인 운동적 면모들에 대한 종합적 규정을 제시하고 싶다.

탄성적 운동

탄성적 운동이란 무엇인가? 그리고 탄성적 운동은 잠재적 객체의 움직임을 어떻게 서술하는가? 탄성은 객체가 다양한 가능 상태를 가로질러 팽창하고 수축할 수 있는 능력이다. 우리는 어떤 객체가 파괴되거나 무언가 다른 것이 되기 전에 그 객체를 얼마나 많이 변형시킬 수 있을까? 우리는 어떤 관련된 객체들의 장 전체가 해체되고 그 관계들이 변화하기

---

4. 예컨대 이 시기 이전에 라틴어 낱말 프로바빌리스(probabilis)는 단지 그럴듯하거나 합당한 의견 또는 행위를 서술했을 뿐이다(Richard C. Jeffrey, *Probability and the Art of Judgment*, 54~5). 또한 James Franklin, *The Science of Conjecture*, 113, 126을 보라.

전에 그 장을 얼마나 많이 변화시킬 수 있을까? 이런 것들이 근대 과학에 의해 제기된 물음들이다.

그것은 우리가 일반적으로 비교적 정적이고 이산적이라고 간주하는 사물들에 관해 생각하는 기묘한 방식이다. 강도적 과학이 매우 급진적이었던 이유는 그것이 시간의 흐름에 따른 객체의 질적 변화와 양적 변화를 기록할 수 있었기 때문이다. 그렇지만 그 와중에 강도적 과학은 좌표 평면 자체가 정적이고 이산적이라고 가정했었다. x-축과 y-축이 직선이 아니라 곡선이라면 어떻게 되었을까? 근대 과학의 가장 두드러진 혁신 중 하나는 시간과 공간의 기하학적 평면 자체를 풍선의 표면처럼 탄성적이고 변형 가능한 장으로 간주했다는 점이다.

근대 과학은 객체들도, 그것들의 조율 평면들도 안정적이지 않다고 이해했다. 객체들은 과학자들이 '중첩,' '다발,' '군,' 또는 '멱집합'[5]이라고 일컫는 것에서 공존하는 범위와 배치 들이었다. 이 새로운 객체들은 잠재적 객체의 온갖 다양한 순열을 포함했다. 그것들은 특정한 객체가 무언가 다른 것이 되거나 파괴되기 전에 얼마나 많이 늘어나거나 변화될 수 있는지에 관한 매개변수들이었다. 각각의 현실적 객체는 더 광범위한 탄성적 객체의 한 가지 우연한 사건 또는 축소된 상태일 따름인 것으로 여겨졌다.

가능한 순열들의 장은 얼마나 거대했던가? 그것 역시 탄성적이었다. 한 객체의 모든 가능 사건의 집합은 늘어나거나 줄어들 수 있었다. 예를 들면 집합론에서 어떤 집합 $S = \{x, y\}$의 '멱집합'은 $\wp(S) = \{\{\}, \{x\}, \{y\}, \{x, y\}\}$이다. 멱집합은 아무 원소도 없는 '공집합' $\{\}$을 비롯하여 집합의 각 부분집합을 보여준다. 이 수학적 장이 탄성적인 이유는 우리가 또 다른 장을

---

5. * 수학의 집합론에서 멱집합(power set)은 어느 주어진 집합의 모든 부분집합으로 구성된 집합을 가리킨다.

추가하지 않은 채로 그것에 객체들을 더하거나 그것에서 객체들을 뺄 수 있기 때문이다. 동일한 장이 수많은 변화를 수용할 수 있다.

장을 변환하는 것은 인간이 객체들의 장이 얼마나 팽창될지 또는 수축될지를 변조하는 운동적인 탄성적 행위이다. 장은 가변적이고, 따라서 강도적 과학이 무한한 객체와 관련하여 발견한 대로 객체들의 규모는 임의적으로 커지거나 작아질 수 있다. 어떤 집합에 포함해야 하는 것과 포함하지 말아야 하는 것에 대한 보편적인 해답은 전혀 없다. 그것은 끊임없이 수행해야 하는 실제적인 인식 활동이다. 객체의 가능한 범위 전체는 미리 알 수 있는 것이 아니라 오히려 알아내려면 실제 실험이 필요하다. 예측하기에 '충분히 큰' 표본 크기는 얼마나 큰가? 그것은 전적으로 상황에 달려 있다.

새로운 객체 또는 순열이 생겨남에 따라 우리는 그것들을 가능한 객체들의 탄성적 집합에 무한정 계속해서 추가할 수 있다. 우리는 전혀 예상치 못한 사건이 언제 발생할지 결코 알지 못한다. 예를 들어 사람들은 모든 백조가 하얗다고 생각하곤 했다. 여기서 w는 하얀 백조들을 가리키고 S = {w}는 모든 백조의 집합을 가리킨다고 하자. 그렇다면 그 집합 S의 멱집합 $\wp(S)$ = {{ }, {w}}이다. 그런데 오스트레일리아에서 검은 백조들이 발견됨에 따라 모든 가능한 백조의 집합은 탄성적으로 늘어나서 검은 백조들을 포함하면서도 여전히 '모든 가능한 백조의 집합'인 채로 있게 된다. 그리하여 우리는 S = {w, b} 그리고 $\wp(S)$ = {{ }, {w}, {b}, {w, b}}를 얻게 된다. 이런 식으로 잠재적 객체들은 사실상 열려 있었고 탄성적이었다.

초험적 양자

잠재적 객체들을 규정하는 그다음 면모는 내가 그것들 특유의 '초험적 양자'라고 일컫는 것이다. 내가 '초험적'transcendental이라는 용어로 뜻하는 바는 독일인 철학자 임마누엘 칸트가 무언가에 대한 '가능성의 조건'이라고 일컬은 것이다. 내가 '양자'quantum라는 용어로 뜻하는 바는 라틴어 낱말 쿠안투스quantus를 따라서 그것이 무언가의 '얼마나 많음'을 나타낸다는 것이다. '초험적 양자'는 '양에 대한 가능한 조건'이라는 객체를 가리키는 적당히 기묘한 용어이다. 근대 과학의 경이로운 역능 중 하나는 그것이 객체들의 환경적 매개변수들에 주의를 집중했다는 점이다. 그 위에서 객체들이 현존하고 움직이며 변화하는 배경의 본성은 무엇인가? 잠재적 과학은 가능 객체들의 이런 조건을 독자적인 객체로서 연구했다.

유클리드는 자신이 구상한 기하학적 객체들의 세계가 균질하고 평평하다고 가정했다. 그런 조건 아래서 평행선들은 절대 만나지 않는다. 그런데 공간이 균질하지 않고 구부러져 있다면 가능한 양들에 대한 조건이 바뀔 것이다. 그것은 또 다른 기하학이 가능하다는 점을 뜻할 뿐만 아니라, 다양한 새로운 기하학이 가능하다는 점도 뜻한다. 비유클리드 기하학, 엘라스티카elastica 이론, 민코프스키 공간, 그리고 일반 상대성 이론은 시간과 공간 자체를 탄성적 객체로 간주함으로써 새로운 '초객체'hyperobject들을 과학에 도입했다.

잠재적 객체는 동시에 가능한 다양한 객체의 중첩이다. 현실적 수 또는 양은 이런 가능 객체들에서 선택된 것에 불과하지 않고, 오히려 그것들의 탄성적 수축이다. 어떤 사건에서 잠재적인 것은 현실적인 것이 된다. 예를 들면 모든 가능한 백조의 집합은 현실적 백조들이 셈하여지고 관측됨에 따라 늘어나거나 줄어든다. 그런데 그 집합이 아무리 크든 또는 아무리 작든 간에, 그것은 언제나 '모든 가능한 백조의 집합'일 것이다.

게다가 근대 과학은 잠재적 객체를 이산인 객체들의 집합으로 간주했다. 이런 까닭에 근대 과학은 잠재적 객체를 마치 세계 속 어떤 객체의 현실적 사건들의 콜라주인 것처럼 추정했다. 근대 과학은 세계를 관찰했고, 어떤 객체의 각 사건을 셈하였으며, 그다음에 모든 가능한 이산적인 사건의 동시적 현존으로서의 잠재적 객체를 구상했다. 잠재적 객체들에 관한 과학은, 현실적 객체가 이산적인 사건으로서 생겨나기에 그 조건은 이산적인 가능성들의 중첩이라고 가정했다.

칸트의 경우에도 사정은 마찬가지였다. 칸트는 모든 인류에 대한 보편적인 초험적 구조를 서술하고자 했지만, 그의 모형은 유럽 중심적이고 역사적인 특수한 가정들에 기반을 두고 있었다.[6] 이렇게 해서 초험적 객체는 언제나 우리가 유한한 시간 동안 관찰하는 사건들의 수의 실제적 한계에 의거하여 소급적으로 구성된 것이었다. 관찰 기간과 관찰 장소가 변하기에 잠재적 객체는 언제나 자신의 범위를 늘리거나 줄이고 있다. 잠재적 객체는 항시적으로 잠정적이다.

잠재적 과학의 통찰은 광범위한 시간과 공간에 걸쳐 객체보다 더 근본적인 과정이 있다는 것이었다. 그런데 잠재적 과학의 한계는 그것이 이 과정들을 이산적인 사건들에 한정시키고 때때로 그런 사건들의 전체 집합을 가정한다는 점이었다.

다대일 조율

잠재적 객체는 독특한 조율 구조도 갖추고 있다. 또다시 탁월한 근대 객체, 즉 주사위를 상상하자. 우리는 주사위를 결코 볼 수 없고 던진 결과들의 계열만 볼 수 있다고 가정하자. 어떤 기간에 걸쳐 1에서 6까지의 숫자들이 여러 번 나타난다. 그 주사위를 던지는 각 사건은 독특하지만, 우리는 그것을 하나의 이산적인 수로 구체적으로 셈할 수 있다. 우리는

---

6. 칸트의 철학 및 역사와 움직임에 의거한 그 철학의 기초에 관한 더 자세한 논의에 대해서는 Nail, *Being and Motion*[네일, 『존재와 운동』]을 보라.

주사위를 결코 볼 수 없기에 7이 나타날 가능성은 언제나 있지만, 사실상 우리는 단지 1~6의 수들만 보기에 그 수들을 수의 가능한 범위로 간주한다.

내가 '다대일' 조율이라고 일컫는 것은 우리가 긴 일련의 사건을 취하여 그것들을 어떤 단일한 잠재적 객체의 공존하는 '면들' 또는 '차원들'이라고 상상하는 경우이다. 이런 상황은 육면체 주사위의 경우에 시각화하기 쉽지만, 이제 모든 객체가 수많은 차원을 지닌 주사위와 같다고 상상하자. 이제 우주 전체를 수많은 면을 지닌 하나의 거대한 주사위로 가정하자. 이것은 가장 큰 잠재적 객체이다. 우주 전체를 본 사람은 지금까지 아무도 없었다. 그런데 애초에 객체는 이산적인 사건이라고 가정되었다면, 우주는 모든 가능한 객체의 '멱집합'이라고 추정할 수 있다. 이산적인 사건으로서의 객체에 관한 관념과 모든 가능한 사건들의 총체로서의 잠재적 객체에 관한 관념은 서로 맞물려 있다.

이런 근대적 기법은 일대다 조율의 고대적 방법의 반전에 의거하여 구축되었다. 고전 고대 그리스인들은 기수적 단일체의 추상적 현존을 먼저 가정한 다음에 이 공리로부터 세계에 관한 일단의 자명한 진리를 연역했다. 고전 고대 그리스에서는 많은 사상가가 특수한 객체를 완전한 원형의 불완전한 사본으로 간주했다. 이와는 대조적으로 잠재적 객체는 단순한 단일체의 완전한 원형도 아니고 강도적 객체도 아니며 역동적 객체도 아니다. 잠재적 객체는 피카소의 회화처럼 수렴하지 않은 채로 공존하는 단편들의 복합체였다. 잠재적 객체는 한 객체의 모든 순열, 반사, 그리고 회전이 공존하는, 수학자들이 '군-객체'group-object라고 일컫는 것이었다.

그리하여 잠재적 객체는 어떤 단일한 정적 객체가 아니라 오히려 어떤 단일한 다차원적 초객체와 조율된 비균질한 사건들의 회집체이다. 어떤 다량의 특수한 사건도 어느 잠재적 객체가 할 수 있는 것의 전체 범위를 결코 망라하지 못할 것이다. 그러므로 잠재적 객체에 관한 과학적 지식은 언제나 본성상 한계가 있다. 그런데 객체가 이산적이고 자기동일적이며 자폐적인 사건이라고 가정되는 한에서, 이 모든 이산적인 조각의 어떤 단일하고 총체적인 잠재적 객체가 존재함이 틀림없다. 이것이 근대 과학의 핵심에 자리하는 철학적 가정이다.

주지하다시피 알베르트 아인슈타인은 "[신]은 우주를 갖고서 주사위 놀이를 하지 않는다"라고 적었지만, 나중에 "신은 스스로 규정한 법칙들 아래서 쉼 없이 주사위 놀이를 한다"라고 말함으로써 이 진술을 다듬었다.7 아인슈타인의 경우에 세계는 변화하지만 법칙들은 변화하지 않는다. 아인슈타인이 주사위 던지기에 의거하여 자신의 우주론의 틀을 구상한 것은 우연의 일치가 아니다. 그것은 근대 과학에 대한 완벽한 이미지이다. 아인슈타인의 경우에 우주는 모든 가능한 이산적인 사건에 대한 일단의 완전한 법칙을 갖춘 하나의 유한한 닫힌 체계였다. 현실은 어떤 중첩된 가능성들의 현실화였다.

많은 이산적인 사건이 기록되고 어떤 단일한 잠재적 객체로 조율되고 나서야 근대 과학은 또다시 그 논리를 반전시킬 수 있다. 그때 우리는 잠재적 객체를 마치 그것이 다양한 사건의 전체 역사인 것처럼 간주할 수 있다. 그리하여 이 '다자—객체'many-object들은 어느 순간에 '낙하'하여 하나의 구체적 객체가 된다. 그때 그 객체는 매우 다양한 가능성으로 시작하지만 단일한 사건으로 수축한다. 그때 우리는 각각의 사건을 기록할 수 있으며, 그리고 그 사건을 팽창된 잠재적 객체에 다시 추가할 수 있다.

잠재적 객체는 수문학적 사이클과 같다. 지상의 많은 표면의 물이 단

---

7. 날짜는 명시되어 있지 않지만 1945년 11월 이전에 알베르트 아인슈타인이 프린스턴의 폴 엡스타인에게 'A. Einstein'이라고 자필로 서명하여 보낸 편지. 〈https://www.livescience.com/65697-einstein-letters-quantum-physics.html〉 (2021년 3월 4일 접속)을 보라.

일한 하늘로 증발하고, 그다음에 많은 이산적인 물방울로서 비가 내리고, 그 이후에 다시 하늘로 증발한다. 동일한 잠재적 다양체가 팽창하고 수축하며, 구성되고 해체되지만, 정체성을 상실하는 일은 결코 없다.

결론

잠재적 객체가 기묘한 이유는 그것이 단일한 객체도 아니고, 심지어 단일한 객체들의 계열도 아니라 오히려 일단의 중첩된 가능 객체들이기 때문이다. 잠재적 객체의 규모는 시간이 흘러서 새로운 사건들이 일어남에 따라 확대되거나 축소되지만, 이산적인 객체들의 총체는 변화하지 않는다. 그런 잠재적 객체들에 관한 과학적 지식은 절대적이지 않으며, 오히려 실제적이고 실험적이다. 시간이 끊임없이 흐르는 한에서 우리는 결코 객체들의 온전한 집합을 가질 수 없다. 우리는 객체들의 발생을 수집하여 그 범위가 언제 완전히 결정되는지 알지 못한 채로 가능한 상태

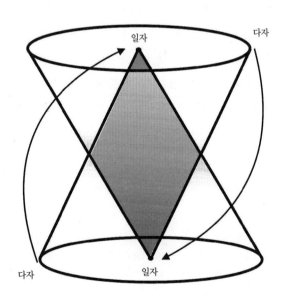

그림 12.1.
확률의 이중 원뿔.
저자의 드로잉.

일자 / 다자 / 다자 / 일자

들의 범위를 확대해야 한다. 이런 의미에서 잠재적 객체는 근본적으로 일시적이다.

　이 장에서 나는 잠재적 객체의 세 가지 주요 면모에 대한 종합적인 개요를 제시하고자 하였다. 이어지는 두 개의 장에서 나는 이 패턴들이 구체적으로 어떻게 출현했는지 이해하기 위해 근대 과학의 물질적 역사를 더 자세히 살펴보고 싶다.

13장

근대 객체 I

근대 객체들은 주로 탄성적 운동 패턴을 좇는다. 이어지는 두 개의 장에서 나는 이런 공유된 움직임 패턴이 여러 근대 과학 — 통계적 과학, 디지털 논리, 그리고 초험적 수학 — 에서 역사적으로 출현한 방식을 보여주고 싶다. 이 과학들은 언제나 서로 직간접적으로 소통하지는 않았다. 그런데도 어떤 공유된 운동 패턴과 이해가 정립되는 매혹적인 역사적 공명이 존재했다. 나는 통계역학의 틀을 채택한 여러 과학을 살펴봄으로써 이 공명에 관한 이야기를 시작하고 싶다.

통계역학

통계역학은 객체들을 다양한 확률 분포로 조직한다. 이런 관념의 핵심에는 두 가지 주요한 역사적 발견이 자리하고 있었다. 첫 번째 것은 더 강력한 기구 덕분에 과학자들이 이전에 상상했었던 것보다 훨씬 더 큰 규모의 입자 개체군들 — 분자, 원자, 유전자, 그리고 동위원소의 개체군들 — 을 보거나 상정할 수 있게 되었다는 점이다. 두 번째 것은 이런 대규모 개체군들의 움직임이 명백히 무작위적이었다는 점이다. 뉴턴 방정식을 각각의 분자에 적용하는 것은 실행 불가능한 일이었다. 초기 근대 과학자들이 강도적 객체들을 추적할 수 있었던 이유는 그것들이 수가 적고 거시적이었기 때문이다. 그런데 객체들의 대규모 개체군과 그 집단적 움직임을 연구하기 위해 과학자들은 한 가지 새로운 방법을 도입했다.

잠재적 객체들은 다수의 명백히 무작위적으로 움직이는 물체들의 움직임을 서술하고 예측하기 위한 탐구로부터 출현했다. 과학자들은 자신들이 이전까지 고체로 간주했었던 객체를 무작위적으로 움직이는 미시적 물체들의 군집체로 점점 더 간주하게 되었다. 고체성은 평형 상태에 놓여 있는 물체 집단의 탄성적인 팽창과 수축의 결과였다. 통계역학 덕분에 과학자들은 매우 작은 움직이는 물체들 각각의 궤적을 추적하는 대신에, 개체군 움직임의 경향 또는 확률을 추적할 수 있게 되었다.

이 장에서 우리는 네 가지 주요한 통계적 과학 ― 화학, 전자기학, 열역학, 그리고 입자물리학 ― 이 이런 탄성적 운동 패턴을 어떻게 좇는지 살펴볼 것이다.

화학

화학은 초기 근대 과학 중 하나였다. 18세기 중엽 이전에 과학자들은 기체와 유체를 에테르 속에서 함께 연계된, 비교적 정적인 객체들로 구성된 장력적 실체로 간주했다. 토리첼리, 보일, 그리고 뉴턴에게는 서로 특정한 비들로 고정된 소수의 상이하지만 장력적으로 균질한 종류의 원소들이 존재할 따름이었다. 그런데 이 관념은 근대 시대 전체에 걸쳐 새로운 기체운동론과 '질량 보존'에 관한 탄성적 이론으로 대체되었다.

기체운동론

1738년에 스위스인 수학자 다니엘 베르누이는 기체운동론의 기초를 놓은 『유체역학』이라는 책을 출판했다. 베르누이는 기체와 여타 '탄성적 유체'가 장력으로 고정된 정적 분자들로 구성되어 있지 않으며, 오히려 잴 수 없을 만큼 빨리 그리고 무작위적인 방향으로 움직이는 매우 작은 '미립자'들의 셀 수 없는 대규모의 개체군들로 구성되어 있다고 주장했다. 베르누이의 경우에 압력은 이 미립자들의 운동들이 용기에 가하는 충격량이었고, 열은 물체들이 움직임을 통해서 내어놓는 에너지였다 [그림 13.1 참조].

> 사방팔방으로 매우 빠르게 움직이는 매우 작은 미립자들이 속이 빈 용기에 담겨 있다고 하자. 그리하여 이 미립자들이 피스톤에 부딪혀서 반복적으로 충격을 가함으로써 피스톤을 유지할 때 그 미립자들은 [피스톤을 누르는] 무게가 제거되거나 줄어든다면 스스로 팽창할 탄성적 유체를 형성한다…[1]

여기서 운동역학적으로 중요한 점은 다니엘 베르누이가 객체를 탄성적이고 "연속적"인 것으로 규정했다는 점이다.[2] 왜냐하면 객체는 평형 상태에서 팽창되고 수축되는 무작위적 운동을 나타내는 비결정적 양의 이산적인 부분들로 구성되어 있었기 때문이었다. 근대 과학 초기에 베르누이는 탄성을 이산성으로 규정했다. 이 장에서 볼 수 있듯이 베르누이의 규정은 탄성에 관한 다른 이론들에 상당한 영향을 미쳤다. 탄성은 이산적인 객체들의 거대한 개체군의 팽창과 수축에 의해 창출되는 운동적 순효과였다.

질량의 보존

1789년에 '화학의 아버지'로 알려진 프랑스인 화학자 앙투안 라부아지에는 네 가지 고전적 원소에 기반을 둔 구식의 화학에 대한 근대적 공

---

1. Daniel Bernoulli, "The Kinetic Theory of Gases," 774.
2. 같은 곳.

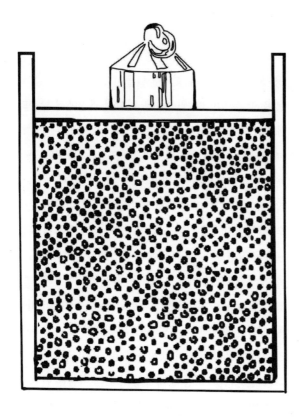

그림 13.1.
베르누이의 용기.
저자의 드로잉.

격을 더욱더 진전시켰다. 라부아지에는 불의 실체인 플로지스톤phlogiston
의 현존에 반대하여, 객체들을 구성하는 많은 이산적인 불가분의 물리적
'원소들'이 존재한다고 주장했다. 그는 이렇게 서술했다. "분석이 도달할
수 있는 마지막 지점에 관한 우리의 관념을 표현하는 데 물체의 원리를 뜻
하는 원소라는 용어를 적용한다면, 우리는 우리가 어쨌든 물체를 분해함
으로써 환원시킬 수 있는 모든 실체를 원소들로 인정해야 한다."3 라부아
지에와 더불어 러시아인 드미트리 멘델레예프 같은 19세기의 화학자들

---

3. Antoine-Laurent Lavoisier, *Elements of Chemistry in a new systematic order, contain-ing all the modern discoveries*, xxiv.

의 경우에 원소는 여타 객체를 구성하는 분해 가능한 최소의 객체였다.

라부아지에는 각 화학물질의 질량을 신중히 측정하고 그것들의 상호작용을 밀봉된 용기에 가둠으로써, 화학물질들이 반응한 후에 총 질량이 변화하지 않음을 알 수 있었다. 원소들은 화학적 과정에서 창출되지도 않고 파괴되지도 않으며, 오히려 베르누이가 자신의 운동론에서 처음 제시했던 것과 마찬가지로 단지 탄성적으로 팽창되고 수축되고 구성되며 분해될 뿐이었다. 이것은 질량 보존 법칙의 물리적 근거였다.

1802년에 영국인 화학자 존 돌턴은 화학적 화합물들의 이산적 탄성에 관한 베르누이와 라부아지에의 관념을 좇아서 「탄성적 유체의 팽창에 관하여」라는 논문을 작성했다. 이 논문에서 돌턴은 어떤 화합물 유체 속 원소들의 탄성이 정수비로 생겨나는 이유는 원소들이 이산적인 원자들로 이루어져 있기 때문이라고 주장했다. 돌턴의 경우에 물질이 비례적 관계로 생겨나는 이유는 이들 이산적인 탄성적 객체가 특정한 비율들로 확대되고 축소되기 때문이었다. 이 객체들의 움직임이 궁극적으로 확률적이더라도 그것들은 여전히 평형 상태에 놓여 있는 어떤 닫힌 체계 내에서 통계적으로 비례적이었다. 이렇게 해서 화학은 이산적인 입자들의 탄성적 유체에 관한 과학이 되었다.

전자기학

탄성적 객체들에 관한 그다음 과학은 전자기학이었다. 이것은 특별한 과학이었다. 최초로 과학자들은 전기와 자기를 잠재적 운동에너지나 현실적 운동에너지를 지닌 탄성적 유체로 간주했다. 자기와 전기를 텅 빈 공간을 가로지르는 결정적 객체들 사이의 견고하게 연계된 조율로 이해한 중세 시대의 장력적 이론들과는 대조적으로 전자기에 관한 근대 이론은 전기와 자기를 탄성적 유체로 간주했다.

전자기 유체

1820년에 덴마크인 물리학자 한스 크리스티안 외르스테드는 전기와 자기 사이의 직접적인 관계를 실험적으로 확증했다. 그런데 에테르라는 보편적인 탄성적 매질을 통과하는 '파동 전파' 또는 '역선'力線으로서의 전자기에 대하여 전적으로 새로운 탄성적 해석을 추가한 인물들은 잉글랜드인 과학자 마이클 패러데이와 스코틀랜드인 과학자 제임스 클러크 맥스웰이었다. 패러데이와 맥스웰은 전기와 자기를 두 가지 별개의 유체로 간주하기보다는 오히려 "무한히 탄성적인 에테르를…통한 진동에 의해 전달되는" 동일한 운동적 객체의 두 가지 측면으로 간주했다.

패러데이의 경우에 "에테르의 입자들에 속하는 것으로 가정된 무한한 탄성"은 중력, 빛, 그리고 전자기에 대한 보편적 매질을 제공했다. 그러므로 "역선은 에테르의 가정된 높은 탄성을 나타낸다." 패레데이에게 "에테르의 조건"은 명시적으로 화학에서의 "희유 기체의 상태"와 유사했다.[4] 그러므로 전자기학은 라부아지에가 화학을 서술하기 위해 사용했었던 평형, 보존, 그리고 탄성의 원리들과 동일한 원리들에 의해 규정되었다.

맥스웰은 종종 탄성이 이산적인 객체들을 전제로 한다는 관념을 공유하는 것처럼 보였다. 맥스웰은 이렇게 서술했다. "어떤 매질이 탄성적이거나 압축 가능하다는 단적인 사실은 그 매질이 연속적이지 않고, 오히려 텅 빈 공간들로 분리된 별개의 부분들로 구성되어 있다는 증거라고 종종 주장된다."[5] 맥스웰은 궁극적으로 에테르의 연속성 또는 이산성에 관한 물음을 "형이상학자들에게"[6] 맡기기로 결정했더라도 여전히 "전기적 탄성"[7]을 가능하게 하는 데 필요한 탄성적 매질로서의 에테르의 현존

---

4. Michael Faraday, "Thoughts on Ray-Vibrations."

5. James Clerk Maxwell, *The Scientific Papers of James Clerk Maxwell: Vol. 2*, 774.

6. 같은 책, 323.

7. 같은 책, 141.

을 강력히 주장했다. "그 매질[에테르]은 그것이 빛의 진동을 전달할 수 있게 하는 바로 그 탄성 덕분에 또한 스프링처럼 작동할 수 있다." 이런 관념 덕분에 "우리는 여러 종류의 원격 작용을 어떤 연속적인 실체[에테르]의 인접 부분들 사이의 작용으로 설명할 수 있게 된다."[8] 그러므로 전자기학은 화학과 유사한 탄성적 운동 패턴을 공유했다.

전자기 퍼텐셜

전자기학은 잠재적 객체들에 관한 연구였다. 1738년에 최초로 '잠재적' 에너지와 '현실적' 에너지 사이의 차이에 관한 관념을 도입한 인물은 베르누이였다.[9] 베르누이는 네덜란드인 물리학자 크리스티안 하위헌스에 의한 진자의 에너지 상태들의 구분을 좇아서 최초로 '잠재적' 에너지 개념을 화학에 도입하였다. 잠재적[퍼텐셜] 에너지는 낙하하는 진자의 경우처럼 어떤 객체가 투하되거나 기동하게 되면 발휘할 수 있는 가능 에너지의 양이다.[10] 누군가가 어떤 진자 추를 투하하면 그 추가 퍼텐셜에너지가 가장 낮은 평형 상태에 접근하면서 그 퍼텐셜에너지가 운동에너지로 전환되는 것과 마찬가지로 화학적 화합물들 역시 반응을 통해서 퍼텐셜에너지를 방출할 수 있다.

'가능 에너지의 양자'에 관한 베르누이의 관념은 전자기학을 비롯한 다른 분야들에서 채택되었는데, 예컨대 1773년에 조제프-루이 라그랑주, 1784년과 1794년 사이에 아드리앵-마리 르장드르, 1782년부터 1799년까

---

8. 같은 책, 323.

9. Daniel Bernoulli and Johann Bernoulli, *Hydrodynamics, or Commentaries on Forces and Motions of Fluids*, 11, 30. 또한 Olivier Darrigol, *Worlds of Flow*, 4~5를 보라.

10. * 표준화된 물리학적 용어로 표현하면 역학적 에너지(mechanical energy)는 퍼텐셜에너지(potential energy)와 운동에너지(kinetic energy)로 이루어져 있다. 퍼텐셜에너지는 운동에너지로 변환될 수 있기에 '잠재적'(potential) 에너지로 여겨질 수 있다. 옮긴이는 맥락에 따라 potential 에너지를 '퍼텐셜에너지' 또는 '잠재적 에너지'로 옮겼다.

지 피에르-시몽 라플라스, 1813년에 시메옹 드니 푸아송, 1828년에 조지 그린, 1840년에 카를 프리드리히 가우스, 그리고 가장 중요하게는 1864년에 제임스 클러크 맥스웰이 채택하였다.[11]

가변적인 양의 퍼텐셜에너지와 현실적인 양의 운동에너지를 갖춘 객체는 독특하게 근대적인 종류의 객체이다. 아리스토텔레스의 경우에 한 객체의 퍼텐셜[잠재력]은 그 본질에 내장된 자체의 목적이 있는데, 마치 도토리가 참나무가 되는 것처럼 말이다. 그런데 근대 객체들의 퍼텐셜은 자신의 환경적 조건에 의존했다. 진자가 낙하하기 전에 더 높이 있을수록, 또는 전압이 더 클수록, 그 퍼텐셜에너지는 더욱더 커진다. 게다가 객체는 세계에서 자신의 퍼텐셜을 현실적 운동에너지로 표현하기에 환경을 변화시킨다. 환경이 변화함에 따라 퍼텐셜에너지도 변화한다. 그것은 전기장의 양의 부분과 음의 부분이 그런 것처럼 하나의 되먹임 고리였다. 잠재적 객체는 평형점을 중심으로 팽창하고 수축한다.

예를 들면 전자기 퍼텐셜은 팽창 또는 수축, 끌어당김 또는 밀어냄의 문턱을 넘어서는 데 필요한 에너지이다. 전자기 퍼텐셜이 일종의 '초험적' 객체인 이유는 그것이 탄성적 유체의 팽창 또는 수축의 가능성을 위한 조건이기 때문이다. 어떤 전자기 객체가 변화함에 따라 새로운 종류의 관계를 위한 그것의 퍼텐셜 또는 문턱도 변화한다. 1853년에 영국인 과학자 윌리엄 톰슨 경(켈빈 경)은 잠재적 상태와 현실적 상태 사이의 이런 상호적 반사 작용을 예측했다. "그 현상은 우리에게 한 방향으로의 주요한 방전의 현존에 이어서 평형이 이루어질 때까지 앞뒤로 오가는, 각각의 작용이 이전 것보다 더 약해진 다양한 반사 작용을 인정하도록 요구한다."[12]

---

11. Irina Markina, "Potential Theory."

반사 작용에 관한 이 이론은 나중에 맥스웰에 의해 확증되고 다듬어졌는데, 그의 "결과는 빛과 전자기가 동일한 실체의 변용들이라는 점, 빛이 전자기 법칙들에 따라 장을 통해서 전파되는 전자기 교란이라는 점을 보여주는 것처럼 보인다."[13] 맥스웰에 주장에 따르면 "빛은 전기 및 자기 현상의 원인과 동일한 매질의 횡파로 나타난다."[14] "그런데 그 매질은 그것이 빛의 진동을 전달할 수 있게 하는 바로 그 탄성 덕분에 스프링처럼 작동할 수 있다."[15] 맥스웰은 전기와 자기, 빛을 통일하고 동역학, 화학, 그리고 전자기학의 퍼텐셜 이론에서 암묵적이었던 것을 명시적으로 부각한 방정식들을 전개했다. 잠재적 에너지와 현실적 에너지 사이의 관계는 평형점 주위의 진동들로 규정된 탄성적 관계였다.

전자기 객체는 현실적 객체에 불과한 것이 아니라 객체 및 관계를 형성하는 유동적인 잠재적 장이었다. 전자기장은 그 속에서 물체들이 코르크 마개처럼 출현하여 떠도는 유체 또는 얼개와 유사했다. 객체를 장으로 간주하는 것은 일반 상대성 이론과 양자장 이론에 영향을 준 멋지고 강력한 관념이었다.

열역학

열과 에너지에 관한 과학은 동일한 탄성적 운동 패턴을 좇았다. 베르누이의 기체운동론과 라부아지에의 원소론을 조합함으로써, 과학자들은 모든 물리적 물질을 탄성적 보존 법칙에 따라 무작위적으로 움직이는 객체들의 집합체로 간주할 수 있게 되었다. 열의 움직임은 어떤 단일

---

12. *Proceedings of the American Philosophical Society*, vol. 2, no. 23 (1842) : 193을 보라.

13. James Clerk Maxwell, "A Dynamical Theory of the Electromagnetic Field."

14. J. J. O'Connor and E. F. Robertson, "James Clerk Maxwell."

15. Maxwell, *The Scientific Papers of James Clerk Maxwell : Vol. 2*, 323.

한 안정한 객체와 유사하기보다는 오히려 어떤 유동적인 장에 더 가까웠다. 그런데 근본적인 문제는 탄성적 액체와 고체에서 이렇게 셀 수 없이 많은 관측 불가능한 물체의 운동과 에너지를 측정할 수 있는 방법이었다. 이것이 열역학의 대담한 노력의 목표였다.

운동적 물질론

열역학에 관한 첫 번째 유의미한 연구는 1857년에 독일인 물리학자 루돌프 클라우지우스에 의해 완결되었다. 「열이라고 일컬어지는 운동의 본성에 관하여」라는 시론에서 클라우지우스는 [다니엘] 베르누이의 기체 운동론을 수정하여 고체와 액체로 확대했다. 그는 매우 작은 열 입자들이 베르누이가 서술한 선형적 움직임에 덧붙여 진동 및 회전 운동도 행한다고 가정함으로써 이 작업을 해내었다. 게다가 클라우지우스는 자신의 이론을 "고체, 액체, 그리고 기체 상태에서 일어나는 분자적 운동"으로 확대했다.[16] 세 가지 종류의 객체들은 모두 어떤 단일한 객체 속 "분자들의 총체에 대한… 평균 속도"에 의해 측정될 수 있었다.[17] 이것은 뛰어난 조치였다. 클라우지우스는 뉴턴 역학의 경우처럼 객체들의 운동을 한 번에 하나씩 계산하는 대신에 뭉쳐 있는 객체들의 개체군 전체의 통계적 움직임을 계산했다.

클라우지우스의 연구는 맥스웰에게 직접 영향을 미쳤는데, 맥스웰은 그 연구의 잠재력을 간파했다. 맥스웰은 클라우지우스의 통계적 방법에, 분자들 전체의 단순한 평균 속도에 관한 관념을 다양한 분자 속도의 **통계적 분포**로 대체한 한 가지 독특한 수학적 정식을 추가했다. 이 새로운 방정식은 고체 속에서 이리저리 튀어 다니는 분자들이 다양한 속도

---

16. Rudolf Clausius, "On the Nature of the Motion which We Call Heat," 111.
17. 같은 글, 131.

를 가진다고 간주했다. 맥스웰의 경우에 잠재적 에너지는 단 하나의 평균 속력에 대응하지 않고 오히려 다양한 별개의 가능한 속력에 대응했다. 다양한 속력으로 서로 충돌하는 분자들의 개체군의 집단적 움직임은 결국 온도의 균등화를 낳음으로써 평형 운동을 향한 경향을 창출했다. 맥스웰의 방정식은 이런 경향을 멋지게 서술했다.

게다가 맥스웰은 고체 속 분자들의 운동을 평형점을 중심으로 끊임없이 팽창하고 수축하고 있는 명시적으로 탄성적인 종류의 운동으로 서술했다. 맥스웰의 경우에 객체는 무작위 운동의 이산적인 가능 상태들의 통계적 범위였다. 기체, 유체, 그리고 고체에서 동일한 과정이 생겨난다. 고체는 마치 그 형태가 덜 신축적인 유체와 같다. 맥스웰은 "고체에서 형태의 신축성은 대체로 부피의 신축성에 비례하여 더 작은 것처럼 보인다"라고 서술했다.[18] 맥스웰은 나중에 아인슈타인에 의해 전개된 운동적 객체론의 초기 판본을 명백히 상술했다. 맥스웰은 다음과 같이 서술했다.

그 동역학적 이론은 고체의 분자들이 자신의 평형점을 중심으로 진동하지만 고체 속의 한 위치에서 다른 한 위치로 이동하지는 않는다고 가정한다. 유체에서는 분자들이 새로운 상대적 위치로 끊임없이 움직이고 있기 마련이고, 그리하여 동일한 분자가 유체의 한 부분에서 다른 한 부분으로 이동할 것이다.[19]

엔트로피

1868년에 오스트리아인 물리학자 루트비히 볼츠만은 통계적 분포에

---

18. Maxwell, *The Scientific Papers of James Clerk Maxwell: Vol. 2*, 27.
19. 같은 곳.

관한 맥스웰의 이론에 또 하나의 중요한 고찰을 추가했다. 볼츠만은 맥스웰이 뛰어 다니는 입자들이 충돌할 때 서로에 미치는 강력한 영향을 빠뜨렸음을 간파했다. 이것은 뛰어난 통찰이었지만 수학적으로 모형화하기가 매우 어려운 과정이었다. 그것은 모든 입자의 통계적 분포와 시간에 따른 그것들의 충돌 빈도와 힘에 관한 지식을 요구했다. 그 당시에 원자를 결코 본 적이 없었던 많은 과학자는 이 통찰이 순전히 사변적이라고 느꼈다. 그런데 볼츠만의 천재성은 그가 비가시적인 원자들의 현실적인 구체적 충돌들을 측정하는 대신에 입자 충돌들 전체의 평균 속도를 통계적으로 모형화했다는 점에 있다. 그다음에 볼츠만은 이것을 힘, 질량, 그리고 입자 운동 시간에 대한 맥스웰의 통계적 방정식에 추가하여 여러 가지 중요한 결론을 도출했다.

1872년에 볼츠만은 자신의 유명한 'H-정리'에서 그 결과를 정식화했다. 그는 어떤 닫힌계에서 점점 더 무질서해지는 충돌들의 전체 집합이 그 계를 평형으로 되돌아가게 하는 메커니즘임을 보여주었다. 객체는 무작위적으로 움직이는 자신의 입자들이 충돌함에 따라 그것들의 운동으로 인해 시간이 흐르면서 점점 더 무질서해지는 경향이 있다. 볼츠만에 의해 정식화된 대로 엔트로피는 시간의 흐름에 따른 모든 닫힌계의 강력한 통계적 경향을 나타내었다.

운동적 물질론에 대한 아인슈타인의 훌륭한 기여는 볼츠만의 통계적 모형을 질량의 보존과 결합했다는 점에 있다. 1905년에 출판된 한 유명한 논문에서 아인슈타인은 무작위적인 운동 또는 '브라운 운동'을 하는 객체의 확산은 '평균 제곱 변위'라고 일컬어지는 특수한 속도로 이루어짐을 보여주었다. 아인슈타인은 어떤 기체의 총 무게를 그 기체 속 한 물질의 확산 속도와 상관 지음으로써 그 유체 속 입자들의 크기와 수를 결정할 수 있었다. 아인슈타인은 클라우지우스, 맥스웰, 그리고 볼츠만이 상상했던 입자들이 실재적임을 증명했다. 아인슈타인은 입자들의 통계적 움직임에 의거하여 그것들을 실험적으로, 무작위적인 탄성적 개체 군으로서 측정할 수 있는 방법을 최초로 보여주었다. 이 새로운 방법은 기체, 액체, 그리고 고체에 대하여 작동했으며, 그리고 객체들의 탄성적 본성을 확증했다.

물리학

근대 물리학의 다양한 분야는 동일한 통계적인 탄성적 패턴을 서로 나란히 좇았다. 어쩌면 가장 급진적이게도 물리학은 원자론과 고전적 장 이론을 시간과 공간에 관한 완전히 상대론적인 장이론으로 확대했다.

입자

아인슈타인은 다른 사람들의 연구에 의거하여 잠재적 객체가 평형을 향해 팽창하고 수축하는 무작위적 운동을 하는 이산적인 입자들로 구성된 것임을 확실히 보여주었다. 그런데 이 기본 입자들은 무엇이었고, 그것들은 독자적인 내부 운동이 있었는가? 1897년에 영국인 물리학자 J. J. 톰슨은 음극선이 원자보다 더 빨리 공기를 통해 이동함을 발견했다. 이렇게 해서 톰슨은 원자보다 1천 배 더 작은 '미립자'들의 현존을 가정하게 되었다. 나중에 그는 이 미립자를 '전자'라고 일컬었다. 이 발견에 덧붙여 1911년에 뉴질랜드계 영국인 물리학자 어니스트 러더퍼드는 복사선을 한 조각의 금박에 쪼였을 때 또 하나의 발견을 하게 된다. 그 금박의 표면에서 벗어나는 굴절 각도들을 관측한 다음에, 러더퍼드와 그의 공동 연구자들은 그 관측 결과가 복사선이 금 원자 내부의 작고 무거운 것에서 튕겨 나오고 있다는 사실을 시사함을 깨달았다. 러더퍼드는 이것을 원자의 '핵'이라고 일컬었다.

톰슨의 실험과 러더퍼드의 실험 덕분에 원자를 매우 작은 태양계로 간주하는 새로운 구상이 정립되었다. 원자의 질량은 태양 주위를 공전하는 행성들처럼 궤도 운동을 하는 전자들로 둘러싸인, 중앙의 무거운 핵에 집중되어 있었다. 이렇게 해서 물리학자들은 원자적 객체를 더 탄성적인 것으로 이해했는데, 왜냐하면 그것은 전자를 얻거나 잃음에 따라 팽창하거나 수축하기 때문이었다.

1900년에 독일인 물리학자 막스 플랑크는 전자기장과 관련하여 한 가지 유사한 발견을 했다. 패러데이와 맥스웰은 전자기장을 더 크고 '육중한' 입자들이 떠다니는, '에테르의 입자들'로 이루어진 탄성적 유체로 간주했었다. 그런데 플랑크는 그 잠재적 장의 이산적인 가능 상태들을 정확히 측정할 수 있었다. 플랑크는 패러데이와 맥스웰이 단지 추측했었을 뿐인 것을 정식화했다.

플랑크는 전자기파를 이산적인 '양자,' 즉 작은 벽돌 같은 다발로 간주함으로써 어떤 뜨거운 물체에서 복사되는 전자기파들의 총 에너지를 계산할 수 있음을 알게 되었다. 그는 에너지 다발의 크기가 전자기파의 진동수에 의존함을 간파했다.[20] 이렇게 해서 플랑크는 장을 원자보다 더 작은 에너지 양자들로 구성된 탄성적 표면으로 서술할 수 있게 되었다. 이것은 양자론의 최초 공식이었다.[21]

그로부터 5년 뒤, 1905년에 아인슈타인은 빛 역시 '광자'로 불리는 이산적인 양자들로 이루어져 있음을 보여주었다. 플랑크에 이어서 아인슈타인은 어떤 특정한 진동수의 빛이 원자를 타격할 때 그 빛으로 인해 원자 주위를 도는 전자가 풀려나서 전기 에너지를 생성하게 됨을 보여주었

---

20. 진동수 ν를 갖는 파동의 경우에 모든 양자, 즉 에너지 다발은 $h\nu$의 에너지를 갖는데 ($E = h\nu$), 여기서 [플랑크 상수라고 일컬어지는] h는 한 개의 광자가 수반하는 에너지를 그 진동수와 관련시키는 하나의 새로운 불변의 수량, 즉 전자기 작용 양자이다.
21. 이것은 1925년에 양자역학이 도입된 이후에 '구(舊)양자론'으로 일컬어지는 것의 일부가 된다.

다. 아인슈타인은 이 현상을 '광전 효과'라고 일컬었다. 전자가 풀려나게 하는 원인이 되는 것은 전자를 타격하는 광자의 총수가 아니라 오히려 바로 그 진동수 또는 에너지 다발의 양자였는데, 아인슈타인은 플랑크 상수를 사용하여 광자 한 개의 에너지를 계산했다. 광전 효과에 관한 아인슈타인의 논문은 운동적 물질론을 고찰한 그의 논문과 같은 해에 출판되었으며, 그 논문 역시 잠재적 객체에 관한 근대 이론의 일부가 되었다. 화학에서 양자물리학에 이르기까지 근대 과학은 그것들의 집단적인 통계적 팽창과 수축이 퍼텐셜에너지의 탄성적 표면처럼 움직이는 더욱더 작은 이산적인 객체들을 식별했다.

1911년에 덴마크인 물리학자 닐스 보어는 플랑크와 아인슈타인의 양자화 방법을 결합했다. 보어는 어떤 원자가 나름의 특정한 스펙트럼의 빛을 흡수하고 방출하는 이유를 알기를 원했다. 객체는 왜 그런 색깔을 나타내는가? 그 당시에 물리학자들은 색깔-진동수가 원자핵 주위를 도는 전자와 관련이 있음을 인식했다. 그렇지만 여전히 아무도 궤도 전자가 핵으로 끌려 들어가 붕괴하지 않는 이유를 몰랐고, 그런 색깔 또는 이산적인 궤도 패턴을 산출하는 이유도 알지 못했다.

보어의 통찰은 양자화의 방법을 이 궤도 전자들의 에너지 준위들에 적용하는 것이었다. 그리하여 보어는 전자가 단지 핵으로부터 어떤 이산적인 거리를 두고서 궤도를 선회할 따름임을 발견했다.[22] 또한 보어는 전자가 원자핵 주위의 궤도들 사이를 연속적으로 이동하지 않으며, 오히려 한 궤도에서 전적으로 사라져서 다른 한 궤도로 '도약'하는 것처럼 보임을 알게 되었다. 더욱이 어떤 원자 속 궤도 전자의 이산적인 에너지 준위들 사이의 차이[ΔE]에 해당하는 진동수[ν]가 그 원자가 흡수하고 방출하는 빛의 진동수 또는 색깔을 결정했다[$\nu = \Delta E/h$]. 보어는 원자들이 자신의

---

22. 거리의 이산적인 점증은 플랑크 상수 h의 척도로 추산되었다.

전자 궤도들에 의거하여 상이한 색깔의 빛을 흡수하고 방출한다는 결론을 내렸다. 보어의 발견과 관련하여 흥미로웠던 또 한 가지 점은 전자의 위치와 에너지가 정적이지 않고, 오히려 다양한 가능 상태를 가로질러 요동한다는 점이었다. 이렇게 해서 보어의 연구는 근대 객체들의 통계적인 잠재적 본성을 심화시켰다. 견고한 것처럼 보였던 모든 것은 잠재적으로 다양한, 요동하는 이산적인 객체들로 용해되었다.

이와 같은 에너지의 잠재적 범위와 현실적으로 관측되는 전자 궤도들 사이의 관계는 무엇이었던가? 1925년에 코펜하겐 연구소에서 보어와 함께 연구했던 독일인 이론물리학자 베르너 하이젠베르크는 그 관계가 근본적으로 불확정적이라고 주장했다. 어느 관측자가 아원자 입자를 보기 위해 빛을 쪼일 때 그는 어느 순간에 한 특정한 지점에서 그 입자의 움직임을 측정할 수 있을 따름이다. 그런데 빛은 광자들로 이루어져 있기에 광자는 전자와 충돌하여 전자의 경로를 변화시킨다. 관측자가 어떤 전자의 더 정확한 위치를 결정하기를 원할수록 그 전자에 더욱더 많은 빛을 쪼일 것이고, 그리하여 더욱더 그 전자는 한 특정한 지점에서 광자들로 둘러싸인 이산적인 물체처럼 보일 것이다.[23] 역으로, 관측자가 아원자 입

---

23. 하이젠베르크는 궁극적으로 양자 상호작용에 관한 이론을 채택하면서 자신의 불확정성 이론과 종종 연관되는 인식론적 상대주의라는 관념을 포기한다. "보어가 하이젠베르크의 분석에 대한 중요한 비판을 제기하는 열띤 논의가 벌어진 후에 하이젠베르크는 보어의 관점에 마지못해 동의한다. 그 논의는 거의 언급되지 않더라도, 하이젠베르크는 그 분석이 지닌 중요한 결점에 대한 인정을 자신의 유명한 불확정성 논문의 후기에 포함한다. 어떤 중요한 의미에서 이 후기는 하이젠베르크 자신이 그 논문의 본문에서 제시하는 분석을 무효화시킨다. 하지만 그의 분석은 오류가 있음에도 상호성 관계에 관한 표준적인 해설이 되었다. 하이젠베르크는 자신의 설명이 근본적인 오류에 근거를 두고 있었음을 자인했음에도 불확정성 원리는 하이젠베르크의 설명에 따라 계속해서 물리학자들과 비물리학자들에 의해 언급되고 있고 학생들에게 가르쳐지고 있다. 아이러니하게도 상호성 관계, 즉 비결정성 원리에 관한 보어의 설명은 전혀 언급되지 않는다. 오히려 이런 논의들에 대한 보어의 기여가 아무튼 언급된다면 그것은 일반적으로 상보성에 대한 역사적으로 존중할 만한 긍정과 함께 이루어진다. 그런데 이것조차도 더는 거의 언급되지 않는다"(Barad, *Meeting the Universe Halfway*, 301).

자와 덜 상호작용할수록 그 입자의 위치는 훨씬 덜 이산적인 것처럼 보이고, 게다가 그 객체는 더욱더 잠재적으로 다양한 가능 운동량을 갖는 것처럼 보인다. 그러므로 하이젠베르크는, 관측이 언제나 관측하고 있는 것에 영향을 미치기에 우리는 아원자 입자의 위치와 운동량을 동시에 결정할 수 없다고 결론지었다[그림 13.2 참조].

하이젠베르크의 '불확정성 원리'는 내가 잠재적 객체라고 일컫고 있는 것의 구조를 완벽히 표현한다. 그런 객체에 관한 지식은 가능태와 현실태 사이의 스펙트럼을 따라 생겨난다. 근대 과학자들은 가능태의 객체를 어떤 닫힌계의 이산적인 상태들의 중첩으로 간주하고, 현실태의 객체를 한 가능태의 스냅 사진으로 간주한다.

입자-파동 이중성

근대 물리학의 핵심에 자리하고 있는 것은 가능한 경로들의 통계적 범위 또는 '파동'으로서의 객체와 결정적 입자로서의 객체 사이의 '상보성'에 관한 관념이다. 물리학자들은 이 관념을 '입자-파동 이중성'이라고 일컫는다. 근대 물리학자들은 이런 이중성을 예증하기 위해 고안된 몇 가지 매혹적인 '슬릿 실험'을 발전시켰다.

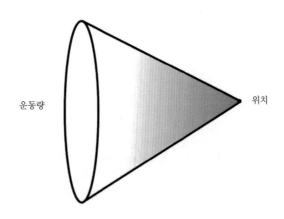

운동량　　　　　　　　　　　　　　　　　위치

그림 13.2.
양자 불확정성 원뿔.
저자의 드로잉.

예를 들어 누군가가 단일 슬릿의 구멍을 통과하여 벽에 부딪치는 광자들을 발사한다면 어떤 일이 일어날까? 고전물리학은 그 입자들이 그 슬릿을 통과하여 균일하게 움직여서 반대쪽 벽 위에 그 구멍의 윤곽을 만들어내리라 예측할 것이다. 그런데 1801년에 영국인 물리학자 토머스 영이 이 실험을 했을 때 그는 광자들이 그 슬릿을 통과한 후에, 마치 파동이 슬릿을 통과했던 것처럼 흩어져서 그 벽 위에 산란 무늬를 만들어냄을 발견했다. 그가 빛이 두 개의 슬릿을 통과하도록 비추자 그 벽 위에 밝은 영역들이 교대로 나타나는 회절 무늬가 산출되면서 두 개의 중첩하는 파동 패턴이 만들어졌다[그림 13.3 참조].

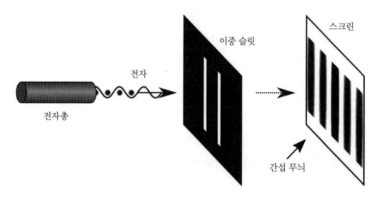

그림 13.3. 이중 슬릿 실험. 출처 : https://en.wikipedia.org/wiki/Double-slit_experiment#/media/File:Double-slit.svg.

그런데 빛은 이산적인 광자들로 이루어져 있다는 아인슈타인의 구상이 올바르다면 한 개의 광자가 어떻게 두 슬릿을 동시에 통과할 수 있을까? 그럴 수는 없으며, 그리고 후속 실험들도 각각의 광자가 하나의 슬릿을 통과할 뿐임을 확증했다. 그런데 왜 이것은 파동 패턴을 산출하는가?

대다수 근대 물리학자들에게 '파동-입자 이중성' 또는 '상보성'은 우리가 빛을 파동인 동시에 입자인 것으로 서술할 수 있는 기묘한 방식을 가리킨다.[24] 미국인 양자물리학자 리처드 파인만이 즐겨 말한 대로 "이 중 슬릿 실험은 양자역학의 핵심을 품고 있다. 사실상 그것은 유일한 불가사의를 품고 있다."[25]

입자-파동 이중성은 근대 객체에 대한 아름다운 이미지이다. 그것은 다양한 가능 위치 또는 '파동 패턴'을 가로질러 팽창될 뿐만 아니라, 단일한 위치 또는 '입자'에 탄성적으로 수축될 수 있다. 가능태와 현실태는 동일한 잠재적 객체의 두 측면에 지나지 않는다.

이와 같은 탄성적 객체론은 이후의 20세기 물리학으로 계승되는데, 요컨대 물리학자들은 입자란 분산된 '파동함수'로도 나타낼 수 있는 것이라고 간주하게 되었다. 현재 우리가 양자 '파동역학'이라고 일컫는 것은 프랑스인 물리학자 루이 드브로이의 연구에서 처음 출현했다. 드브로이는 빛이 입자-파동처럼 작동한다면 전자 역시 그럴 것이라고 주장했다. 1924년의 박사학위 논문에서 드브로이는 플랑크 상수를 사용하여 전자의 이산적인 에너지 양자는 그 진동수의 파동-에너지에 비례함을 보여주었다.[26]

드브로이는 이 파동함수를 상이한 입자들이 필연적으로 움직여야하는 방식에 관한 결정론적 서술로 해석했지만, 막스 보른과 아인슈타인은 둘 다 그것을 통계적 이론으로 재해석했다. 그들은 전자의 에너지와 진동수가 어떤 현실적 전자가 어느 주어진 궤도에서 관측될 개연성이 더 큰 통계적 확률을 구성한다는 사실을 간파했다. 보어가 광파의 진동수가 색깔을 결정함을 보여준 것과 마찬가지로 보른과 아인슈타인은 잠재

---

24. 이중 슬릿 실험에 대한 '둘 다임' 해석과 '둘 다 아님' 해석이 존재한다. 여태까지 가장 일반적인 것은 '둘 다임' 해석이다. 그런데 3편에서 나는 그 대신에 미국인 물리학자 캐런 버라드를 좇아서 '비결정적' 해석을 옹호하는 주장을 펼칠 것이다.

25. Richard Feynman, *Feynman Lectures on Physics, Vol. I*, ch. 37. [리처드 파인만, 『파인만의 물리학 강의 Volume 1』.]

26. * 운동량 p를 갖춘 입자에 해당하는 파동의 파장 λ는 $\lambda = h/p$로 주어진다.

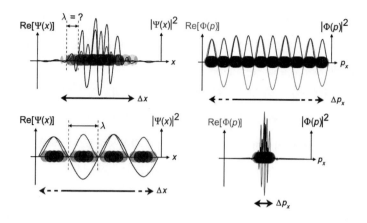

그림 13.4. 드브로이 파동 확률. 위치 x 파동함수 또는 운동량 p 파동함수는 양자 입자에 대응한다. 파동함수의 불투명도는 위치 x 또는 운동량 성분 p의 입자를 발견할 확률 밀도에 해당한다. 위 그림 : 파장 λ가 불확정적이라면 운동량 p, 파동벡터 k, 그리고 에너지 E도 불확정적이다(드브로이 관계). 입자가 위치 공간에서 더 국소화됨에 따라, 즉 Δx가 더 작아짐에 따라 Δp는 더욱더 커진다[불확정성 원리]. 아래 그림 : λ가 확정적이라면 운동량 p, 파동벡터 k, 그리고 에너지 E도 확정적이다. 입자가 운동량 공간에서 더 국소화됨에 따라, 즉 Δp가 더 작아짐에 따라 Δx는 더욱더 커진다[불확정성 원리]. 출처 : https://en.wikipedia.org/wiki/Wave-particle_duality#/media/File:Quantum_mechanics_travelling_wavefunctions_wavelength.svg.

적 전자 파동의 진동수와 에너지가 전자의 위치를 통계적으로 구성함을 보여주었다[그림 13.4 참조].

그런데 맥스웰의 기체 모형과 마찬가지로 드브로이의 원자 모형은 공변covariant 인자들의 상호작용을 고려하지 않았다. 그리하여 볼츠만이 이것을 맥스웰의 기체 방정식에 추가한 것과 마찬가지로 오스트리아인 물리학자 에르빈 슈뢰딩거는 드브로이의 파동 방정식에 대하여 마찬가지 작업을 수행했다. 1926년에 슈뢰딩거는 위치와 운동량을 정상定常 확률 파동으로 해석하지 않고, 오히려 시간에 따라 움직이고 변화하는 역동적인 파동으로 해석했다. 이 새로운 파동함수는 입자들의 상호작용과 변화하는 범위를 보여주기 위해 다른 파동함수들과 조합될 수 있었다.

슈뢰딩거가 제안한 수학은 엄밀히 확률론적인 것이 아니라 오히려 다수의 미지 변수를 갖춘 결정론적 편미분 방정식이었다. 슈뢰딩거는 드브로이의 결정론적 파동들을 채택하여 어떤 닫힌계에서 서로 중첩함으로써 그것들의 상호작용이 이루어지기 이전의 결정론적 운동량들과 위치들의 전체 집합을 나타내었다.

그런데 1928년에 영국인 물리학자 폴 디랙은 파동의 모든 변수를 공변적이고 상호작용하게 만드는 방정식을 전개했다. 이 방정식에는 입자와 운동량뿐만 아니라 속도, 에너지, 그리고 각운동량도 포함되었다. 디랙은 슈뢰딩거처럼 결정론적 상태들의 중첩을 가정하는 대신에, 자유입자 상호작용들을 한 변수의 이런저런 값이 그다음 상호작용에서 나타날지 여부를 계산하기 위한 일련의 확률 진폭으로 간주했다.[27]

이것이 디랙의 양자역학이다. 변수들의 분포 범위를 계산하기 위한 방법, 그리고 그 분포 범위 속 이런저런 값이 상호작용하는 동안 나타날 확률을 계산하기 위한 방법. 그뿐이다. 하나의 상호작용과 그다음 상호작용 사이에 일어나는 일은 그 이론에서 언급되지 않는다. 그것은 현존하지 않는다. 이런저런 지점에서 전자 또는 여타 입자를 발견할 확률은 흩어진 구름으로 구상될 수 있는데, 구름이 더 짙은 부분에서 입자를 발견할 확률이 더 높다.[28]

디랙의 경우에는 슈뢰딩거의 응결된 '파동'과 달리 가능태와 현실태가 일련의 상호작용하는 전이들에서 교대로 생겨난다.

그런데 잠재적 파동은 여러분이 해변에서 보게 되는 현실적인 고전적 파동과 다르다. 잠재적 파동은 가능한 결과들의 확률 분포이다. 가능한 상태들은 주사위 던지기처럼 누군가가 어떤 입자를 관측할 때 개별

---

27. Rovelli, *Reality Is Not What It Seems*, 120~6[로벨리, 『보이는 세상은 실재가 아니다』]을 보라.
28. 같은 책, 124. [같은 책.]

적으로 현실화된다. 다양한 잠재적 상태의 팽창된 범위는 단일한 입자로 수축하거나 붕괴한다.

이 물리학자들은 양자역학에 대한 누군가의 해석에 모두 동의하는 것은 아니다. 그렇지만 그들은 모두 잠재적 객체의 탄성에 대한 믿음을 공유한다. 잠재적 객체는 상보적인 잠재적 상태와 현실적 상태를 갖춘 통계적 객체이다. 한편으로 근대 물리학은 객체를 가능한 상태들의 팽창된 '확률 구름'으로 간주한다. 다른 한편에서는 객체들이 이산적인 입자-객체들로 수축한다.

양자역학의 이른바 '깊은 불가사의'는 가능태이면서 동시에 현실태이기도 한 진정으로 탄성적인 객체의 실재적 현존을 이해하는 데서 직접 비롯되었다. 그것은 단연코 근대적 문제이다. 객체들이 근본적으로 이산적인 '양자'들이라고 가정된다면 우리는 마찬가지로 실재적인 가능한 이산적인 상태들의 총 집합을 구상할 수 있다.

상대성 이론

근대 과학에서 가장 철저히 새로운 객체 중 두 가지는 시간과 공간 자체이다. 1905년에 발표된 상대성에 관한 '특수 이론'에서 아인슈타인은 시간과 공간이 뉴턴이 생각한 대로 실재의 '절대적' 또는 정적 측면들이 아니라고 주장했다. 시간과 공간은 동일한 탄성적 장의 두 가지 측면이다. 아인슈타인에 따르면 시간과 공간은 서로에 대하여 상대적이거나 또는 서로 탄성적으로 관련되어 있다. 공간의 외부에 지속의 단일한 절대적 단위도 전혀 없고, 시간의 외부에 공간의 단일한 단위도 전혀 없다. '특수 상대성 이론'에서 아인슈타인은 어떤 물체가 더 빨리 움직일수록 시간이 여타의 물체에 대하여 상대적으로 더욱더 느려질 것이라고 주장했다. 시간의 이행은 무언가가 공간을 통해서 얼마나 빨리 움직이고 있는 지에 따라서 느려지거나 빨라진다.

아인슈타인은 자신의 이론을 일련의 기계적으로 연계된 부동의 물체 — 아인슈타인이 '준-강체적' 에테르라고 명명한 것 — 로서의 공간에 관한 뉴턴의 기계적 구상과 대조했다.[29] 오히려 아인슈타인은 "자신의 시공간 이론과 특수 상대성 이론의 운동학은 전자기장에 관한 맥스웰-로렌츠 이론에 의거하여 형성되었다"라고 주장했다.[30] 달리 말해서 아인슈타인은 "특수 상대성 이론이 초래한, 에테르 개념의 철저한 변화는 에테르에서 그것의 마지막 기계적 성질, 즉 그것의 부동성을 제거한 점에 있다"라고 서술했다.[31] 상대성 이론에서는 무엇이든 움직이는 물체의 시간과 공간을 측정할 정적이거나 선호되는 절대적 준거틀이 전혀 없다.

1915년에 발표된 아인슈타인의 '일반 상대성 이론'에서는 뉴턴과 패러데이, 그리고 맥스웰의 에테르 물체를 비롯하여 모든 움직이는 물체가 훨씬 더 기초적인 시공간의 탄성적 장을 통해서 움직이기에[32] 어떤 "견고한 준거-물체"도 결코 없다.[33] 시공간은 유연한 거대 "연체동물"의 곡면처럼 구부러지고 늘어나며 진동하는 "곡률이 일정한 표면"이라고 아인슈타인은 주장했다.[34] 탄성적인 전자기 유체의 맥스웰 장이 파동, 파문, 또는 파장을 산출한 것과 마찬가지로 아인슈타인의 중력장은 '중력파'를 산출했다. 뉴턴의 장력적 역학에서 시공간의 탄성이 불가능했던 이유는 뉴턴이 물체들은 무한한 속력으로 상호작용한다고 가정했기 때문이다.

---

29. Albert Einstein, *Aëther und Relativitätstheorie*. 또한 Ludwik Kostro, *Einstein and the Ether* ; John Stachel, "Why Einstein Reinvented the Ether"를 보라.

30. Einstein, *Aëther und Relativitätstheorie*.

31. 같은 책.

32. "그런데 평평하고 고정된 뉴턴의 공간과 달리 중력장은 장의 본성상 움직이고 진동하는 것으로, 맥스웰의 장처럼, 패러데이의 역선처럼 방정식의 대상이다"(Rovelli, *Reality Is Not What It Seems*, 81 [로벨리, 『보이는 세상은 실재가 아니다』]).

33. Albert Einstein, *Relativity : The Special and General Theory*, 26. [알베르트 아인슈타인, 『상대성의 특수이론과 일반이론』.]

34. 같은 책, 125~8. [같은 책.]

운동역학적으로 말하자면 아인슈타인의 상대성 이론은 보편적인 탄성적 배경 장으로서의 시공간에 관한 초험적 이론을 제공했다. 객체들의 팽창과 수축이 모두 서로에 대하여 상대적인 이유는 바로 시공간 자체가 어떤 고정된 유클리드적 구조를 갖추고 있지 않고, 오히려 하나의 중력적 고무판처럼 연속적으로 구부러지고 늘어나기 때문이다[그림 13.5 참조].

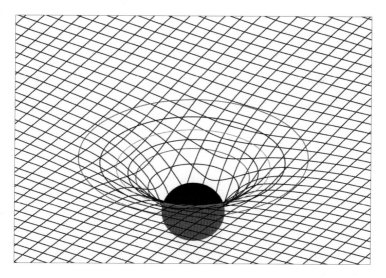

그림 13.5. 구부러진 시공간. 출처 : https://en.wikipedia.org/wiki/Maxwell%27s_equations_in_curved_spacetime#/media/File:Gravitation_space_source.svg.

결론

이 장에서 나는 근대 통계역학이 탄성적 운동 패턴을 따르는 잠재적 객체들에 관한 연구를 고안했음을 보여주었다. 다음 장에서 나는 이런 새로운 종류의 객체를 발전시키는 데 이바지한 두 가지 근대 과학, 즉 디지털 논리와 초험적 수학을 추가로 살펴보고 싶다.

14장

근대 객체 II

이 장에서는 근대 객체의 탄성적 구조를 형성한 두 가지 두드러진 과학, 즉 디지털 논리와 초험적 수학을 추가로 자세히 살펴보자. 이 장에서 나는 이 새로운 과학들이 상이함에도 불구하고 '잠재적 객체'들에 관한 어떤 공통 이론을 공유했다고 주장한다.

디지털 논리

디지털 논리는 이진 기호들, 1과 0에 관한 근대 과학이었다. 과학자와 공학자 들은 객체들을 일련의 이진 기호들로 코드화함으로써 이런 언어로 작성된 단순한 지침을 따르는 기계들을 만들어낼 수 있었다. 예를 들면 우리는 수 '9'를 이진 코드 '01001'로 번역하거나 또는 소문자 'a'를 '1100001'로 번역할 수 있을 것이다. 이진 기호의 계열이 더 클수록 우리가 소통할 수 있는 가능 객체들의 범위는 더욱더 넓어진다. 예컨대 8개의 이진 기호로 이루어진 열은 256개의 각기 다른 가능 객체를 나타낼 수 있다.

디지털 객체가 '잠재적' 객체인 이유는 그것이 각각의 현실적 객체가 단지 가능 객체들의 전 영역에 속할 뿐인 이산적인 객체들의 전체 집합이기 때문이다. 이렇게 해서 디지털 논리는 이산적인 가능 객체들의 닫힌 소통 체계이다.

디지털 논리를 사용하기 시작한 최초의 기술은 1801년에 고안된 천공 카드 체계였다. 천공 카드는 우리가 구멍을 뚫을 수 있는 곳이 많이 있는 한 장의 종이였다. 카드에 뚫린 구멍들의 패턴에 의거하여 타자기와 기계식 직조기 같은 기계들은 인간의 직접적인 조작 없이 특정한 행위들을 수행할 수 있었다. 기술자들은 다양한 차이를 1과 0 사이의 단일한 차이로 환원할 수 있었다. 19세기 영국인 박식가 찰스 배비지는 이 천공 카드들을 그가 '차이 기계'라고 일컬은 '컴퓨터'로 복잡한 계산을 수행하기 위한 조작 명령으로 사용할 수 있으리라 구상한 최초의 인물이었다.

이 초기의 이진 기술들에 고무된 영국인 수학자 조지 불은 『논리의 수학적 해석』(1847)과 『사유의 법칙들에 관한 탐구』(1854)라는 책에서 이진 논리에 대한 최초의 완전한 수학적 형식을 고안했다. 불 대수는 우리가 논리와 수학 전체를 1과 0 사이의 단일한 차이로 환원할 수 있음을 예증했을 뿐만 아니라 연접, 이접, 그리고 부정 같은 몇 가지 논리적 연산도 예증했다. 불의 경우에 1과 0은 기수가 아니라 오히려 그 코드화된 조합들이 모든 가능한 기수를 나타내는 두 가지 다른 상태일 따름이었다. 불의 연구는 혁신적이었지만, 미국인 수학자 클로드 섀넌이 그것을 재발견하여 전기 회로로 컴퓨터를 프로그래밍하기 위한 이진 코드의 기초로 사용하고서야 비로소 응용되었다.

전기는 방대한 대양처럼 모든 방향으로 펼쳐진 전자기장을 통한 전자들의 움직임이다. 전자기장의 한 영역이 자신과 상호작용할 때 그것은 한 개의 광자 또는 전자를 창출한다. 대전된 전자는 광자를 흡수하고 방출하는데, 그리하여 다른 전자가 원자들 사이에서 도약하게 된다. 광자들의 파동이 일단의 자유전자를 동일한 방향으로 움직이게 할 만큼 충분히 강력하다면 전류가 산출된다―이는 아인슈타인의 광전 효과에 해당한다. 또한 그것은 에너지, 빛, 그리고 열의 형태로 잉여 광자를 창출한다. 상이한 원자들의 궤도들 사이에서 움직이는 전자는 전류를 창출한다.

음으로 대전된 전자들은 음극에서 양극으로 흐르면서 전류를 형성한다.

수도꼭지를 열고 잠그는 것처럼 우리는 이런 전류 역시 켜고 끌 수 있다. 우리가 전류를 켤 때 다양한 기계 부품에 동력을 제공하는 전기 회로가 완성될 수 있다. 게다가 우리는 기계 내부의 이와 같은 전류를 일련의 켜짐on 또는 꺼짐off 상태로 구성된 프로그래밍 언어로 사용할 수 있다. 이렇게 해서 디지털 전기 기술은 전류의 전체 흐름을 흐르고 있는 상태(켜짐 상태) 또는 흐르고 있지 않은 상태(꺼짐 상태)로 구성된 일단의 가능한 전자 상태로 간주한다.

바로 앞 장에서 내가 보여준 대로 근대 과학자들은 전기를, 다양한 형태로 팽창하고 수축하는 이산적인 전자들의 집단들로 가득 찬 탄성적 유체로 이해했다. 섀넌에 의한 디지털 논리의 전기적 유체에의 적용은 전기를 이산적인 가능 입자들의 총 상태로 간주한다는 점에서 운동적 탄성 패러다임에 완벽히 들어맞는다. 섀넌은 이 유체의 팽창 1과 수축 0을 조작함으로써 엄청나게 빠른 새로운 통신 매체를 창출할 수 있었다.

이 새로운 전기적 객체는 널리 퍼져서 세계 전역에서 라디오파와 전화 케이블들의 형태로 재빨리 확대되었으며, 그것의 언어는 개별 기기들에 의해 암호화되고 해독될 수 있었다. 이진 전기 신호, 즉 섀넌이 '정보'라고 일컬었던 것의 구조와 전달을 연구함으로써 과학자와 공학자 들은 장거리에 걸쳐 대량의 정보를 소통하고 저장할 수 있었다.

그런데 사람들이 장거리 통신을 통해서 많은 정보를 소통함에 따라 잡음도 많이 발생했다. 때로는 1이 0으로, 때로는 0이 1로 잘못 코드화되었다. 섀넌은 이것을 '정보 엔트로피'라고 일컬었다. 모든 물리계와 마찬가지로 전기 역시 간섭을 받게 되고 예측 불가능한 움직임을 보인다. 정보 엔트로피는 어떤 확률론적 데이터 소스에 의해 산출되는 평균적인 정보량이다. 섀넌의 핵심 관념은 일단의 이진 정보에 대한 가능 상태들의 범위를 규정하는 몇 가지 로그 방정식을 개발하는 것이었다. 이진 정보의 집합은 엔트로피가 크거나 작은 상태에 있을 수 있었다. 섀넌의 방정식들에서 전기장은 특정한 코드 패턴들이 다른 패턴들보다 개연성이 더 높은 **확률론적** 장으로 간주되었다. 이 방정식들 덕분에 디지털 통신 기술은 '아마도' 잡음일 것과 '아마도' 신호일 것을 효과적으로 판별하고 걸러낼 수 있게 되었다.

섀넌은 전자기장의 근본적으로 확률적인 본성을 극복하기 위한 확률론적 코딩 도식을 최초로 고안한 인물이었다. 이진 기호들이 어떤 물질적 회로를 통해서 산출되고 전송됨에 따라 그것들은 통계적으로 측정 가능한 정도의 엔트로피를 겪을 수밖에 없다. 이것은 물질의 물질성과 운동이 어떻게 해서 논리에 영향을 미치는지에 대한 멋진 일례이다. 또한 그것은 잠재적 객체가 물질의 비결정성에 확률의 논리로 대응하는 방식에 대한 완벽한 일례이다.

트랜지스터

디지털 논리의 사용은 1947년에 과학자들이 트랜지스터를 발명했을 때 새로운 절정에 이르렀다. 트랜지스터는 전기적으로 자극을 받았을 때 전자들의 흐름이 생겨나게 하는, 세 개의 반도체 층으로 이루어진 복합체이다. 한 가지 단순한 트랜지스터는 샌드위치처럼 층을 이룬 세 조각의 실리콘으로 구성되어 있다. 양쪽 끝의 두 층은 인이 도핑된 실리콘이고, 가운데 층은 붕소가 도핑된 실리콘이다. 실리콘의 최외각 전자의 개수는 4개이고, 인은 5개이며, 그리고 붕소는 3개이다. 그러므로 [평상시에] 전자들은 트랜지스터의 인이 도핑된 층에서 붕소가 도핑된 층으로 움직이며, 실리콘 격자에 생겨난 전자 구멍들을 채우게 된다.

트랜지스터에서 인이 도핑된 한 층은 '소스'이고 나머지 다른 한 층은 '드레인'이다. 그 두 층 사이에 있는 가운데 층은 '게이트'라고 일컬어지는 것으로, [전압을 가했을 때] 소스에서 드레인으로 전하가 이동할 수 있는 채널을 형성한다. 이 게이트에서 생겨난 채널 덕분에 인(소스)의 음으로 대전된 전자들이 붕소의 양으로 대전된 구멍과 재결합하지 않은 채 반대쪽 층(드레인)으로 흘러갈 수 있게 된다. 그다음에 그 전자들은 어떤 연결 회로를 통해서 다시 소스로 흘러들어 간다. 이런 식으로 우리는 게이트에 작은 전압을 가함으로써 트랜지스터에서 전자들의 순환을 창출할 수 있게 된다.

이 과정은 '반^{半}-전도성'이라고 일컬어진다. 이 과정 덕분에 트랜지스터는 전압을 변조함으로써 열리거나 닫힐 수 있는 이진 스위치처럼 작용할 수 있게 된다. 전기장은 장력이 걸려 있는 일련의 레버 또는 기어와 같지 않고, 오히려 팽창된 가능성의 상태로 남아 있거나 또는 일련의 현실적 비트로 수축될 수 있는 가능한 것들의 탄성적 구름과 같다.

그런데 때때로 전자와 광자 들의 흐름은 그것의 가장 개연적인 양자 상태를 벗어나 움직이면서 게이트를 '관통'한다. 이렇게 해서 0 대신에 1이 생성됨으로써 '잡음'이라고 일컬어지는 오류가 코드에 편입될 수 있다. 전자기장은 많은 논리 게이트를 가로질러 끊임없이 팽창하고 수축하는 탄성적 장이다. 전자가 한 원자 껍질에서 다른 한 원자 껍질로 도약하게 함으로써 전기를 창출하는 바로 그 불안정한 이동성 덕분에, 전자는 자신의 확률론적 가능성 범위를 벗어나서 관통할 수 있게 된다. 모든 논리와 마찬가지로 디지털 논리도 움직임에 의존한다. 디지털 논리는 스냅 사진처럼, 운동 중에 포착된 전자들과 광자들의 가능한 상태들의 범위의 탄성적 팽창과 수축에 의존한다.

초험적 수학

두 번째 두드러진 탄성적 과학은 내가 '초험적 수학'이라고 일컫는 것이다. 초험적 수학은 객체들에 대한 가능한 조건에 관한 과학이다. 이 과학은 현실적 객체들만 다루기보다는 오히려 가능 객체들의 집합, 군, 또는 공간 같은 것들을 주로 다룬다. 근대 수학은 이 새로운 종류들의 객체들을 창출하기 위해 두 가지 경로, 즉 기하학적 경로와 산술적 경로를 취한다. 첫 번째 경로는 객체의 탄성을 강조한 반면에 두 번째 경로는 객체의 이산성을 강조했다.

비유클리드 기하학

기하학적 근대 객체는 18세기 중엽에 '엘라스티카 이론'과 더불어 출현하기 시작했다. 엘라스티카 이론은 용수철, 고리, 쫌쇠, 그리고 진동하는 현처럼 휘거나 구부러지거나 또는 뒤틀린 객체들과 그것들의 종종 비선형적인 미분방정식들을 연구했다. 스위스인 수학자 야코프 베르누이에 의해 최초로 전개된 이 이론의 핵심에 자리한 관념은 탄성적 객체들을 측정하기 위한 좌표들이 그 자체로 탄성적이거나 구부러질 수도 있다는 것이었다.

19세기에 과학자들은 공간 자체가 유클리드적이어야 한다는 가정, 즉 평행선들이 결코 교차하지 않는 평평한 공간이어야 한다는 가정을 명시적으로 의문시하는 데 엘라스티카 이론을 사용하였다. 수학자들은 탄성적 객체들을 연구함으로써 알게 된 것을 공간에 적용했다. 그것은 유클리드 평면이 어쩌면 더 탄성적이거나 휠 수 있는 매우 다양한 공간 중 한 종류의 공간일 따름이라는 관념이었다. 근대 수학의 위대한 사상가 중 한 사람인 독일인 수학자 카를 프리드리히 가우스는 유클리드 공간이 "사유의 불가피한 필연적인 것"이라는 칸트의 주장에 대한 기하학적 반박을 고안하기 위해 여러 해 동안 연구했다.[1] 가우스는 유클리드의 제

---

1. Mlodinow, *Euclid's Window*, 117[믈로디노프, 『유클리드의 창』]에서 인용됨.

5공리, 이른바 '평행선' 공리를 증명하고자 한 이전의 모든 시도가 실패했다고 믿었으며, 그리고 그 공리는 근본적으로 증명 불가능하다고 믿었다. 그런데 더 중요하게도 가우스는 그 공리가 없더라도 완전히 정합적이고 엄밀히 규정된 어떤 기하학적 공간을 여전히 가질 수 있다고 믿었는데, 게다가 가우스가 보기에 이 공간에는 몇 가지 새로운 가능한 것이 존재했다. 이 새로운 가능한 것들 중 하나는 삼각형에서 각도들의 총합이 180도보다 작을 수 있다는 점이었다. 그렇지만 가우스는 충분히 진전된 형태의 비유클리드 기하학, 특히 3차원 공간에서의 비유클리드 기하학에는 이르지 못했다.

러시아인 수학자 니콜라이 이바노비치 로바쳅스키는 공간을 전통적인 기하학적 모양들이 변형되고 구부러지는 근본적으로 탄성적인 표면으로 간주한 최초의 비유클리드 기하학을 발표했다. 1829년에 로바쳅스키는 「기하학의 원리에 관하여」라는 논문을 출판했는데, 이 논문은 비유클리드 기하학의 공식적인 탄생을 규정했고 그에게 "기하학의 코페르니쿠스"라는 별칭을 가져다주었다.[2]

1880년대에 프랑스인 박식가 앙리 푸앵카레는 이런 새로운 종류의 공간에 대한 최초의 단순한 모형, 이른바 '쌍곡 원판' 모형을 제시했다[그림 14.1 참조]. 푸앵카레는 무한의 평평한 유클리드 공간을 유한한 탄성적 원판으로 대체했는데, 여기서는 한 직선이 "원판의 경계를 직각으로 교차하는 원들의 어느 호"였다.[3] 그는 무한한 선의 개념을 "모든 선분은 어느 방향으로든 무한정 확대될 수 있다"라는 가정으로 대체했다. 한 선이 원판의 극한에 접근함에 따라 그 선은 무한히 작게 수축하면서 접근적인 것이 된다.

---

2. Merzbach and Boyer, *A History of Mathematics*, 494 [보이어·메르츠바흐, 『수학의 역사 상·하』]. 또한 Jeremy Gray, *Worlds Out of Nothing*을 보라.
3. Mlodinow, *Euclid's Window*, 122. [믈로디노프, 『유클리드의 창』.]

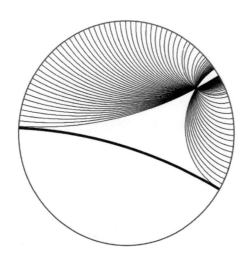

그림 14.1. 쌍곡 평행선들을 갖춘 푸앵카레 원판. 출처 : https://en.wikipedia.org/wiki/Poincaré_disk_model#/media/File:Poincare_disc_hyperbolic_parallel_lines.svg

리만 다양체

가장 급진적인 비유클리드적 이론은 가우스의 제자, 즉 독일인 수학자 게오르크 베른하르트 리만에게서 비롯되었다. 리만은 구체뿐만 아니라 모든 가능한 구부러진 거리공간이 공간 자체의 탄성적이고 유연한 더 일반적인 매트릭스, 이른바 '다양체'의 특별한 사례들에 지나지 않는다고 주장했다. 리만의 경우에 공간 자체는 근본적으로 유클리드적이지도 않고, 원판 모양도 아니고, 구형이나 여타 모양도 아니었다. 그것은 순전히 탄성적인 위상학적 평면이었다. 다양체는 어떤 차원이든 모든 특수한 배경 공간 그리고 모든 특수한 기하학적 모형의 가능성을 위한 조건을 가리키는 리만의 용어였다.

군론

군론^{群論}, group theory은 공간과 수 들을 구조적 대칭성들을 공유하는 군의 원소들로서 생각하려는 수학적 노력이었다. 군론은 현실적 수와 좌표 들을 다루기보다는 오히려 비유클리드 기하학처럼 더 초험적인 접근법을 취했다. 그것은 어떤 군의 원소들 사이의 가능한 관계들 – 원소들의 대칭성, 연산, 그리고 불변적 면모 들 – 의 구조를 연구했다. 예를 들면 변환군은 우리가 아무튼 그것들을 회전시키거나 이동시키거나 또는 사상한 후에도 어떤 고유한 구조의 일반적인 관계들을 유지하는 객체들의 군이다.

프랑스인 수학자 에바리스트 갈루아와 오귀스탱 코시의 순열군에 관한 연구에 의거하여 독일인 수학자 펠릭스 클라인은 이 관념들을 '군'으로 불리는 모든 객체가 나타날 유적 구조물로 통일했다. 군은 완전하고 유한한 일단의 탄성적 변환과 관계를 겪을 수 있는 잠재적 객체이다. 이 이론에서 현실적 객체는 단지 군의 특수한 화신일 뿐이다.

민코프스키 시공간

근대 기하학에서 또 하나의 핵심 관념은 시간이 공간과 마찬가지로 탄성적이고 비유클리드적인 하나의 차원이라는 것이었다. 1907년 「움직이는 물체에서의 전자기적 과정들에 대한 기본 방정식들」이라는 논문에서 독일인 수학자 헤르만 민코프스키는 팽창하고 수축하는 '시간 원뿔'과 직교하는 삼차원 공간에 관한 이론을 제시했다[그림 14.2 참조].

민코프스키의 시공간 개념이 독특한 이유는 그것이 유클리드적이지도 않고, 다양체 공간들의 리만 기하학에도 속하지 않기 때문이다. 민코프스키는 시간을 공간의 네 번째 차원으로 간주하지 않고, 오히려 공간의 각 지점에서 상이한 정도로 팽창하고 수축할 수 있는, 고유하게 탄성적인 독자적 차원으로 간주했다. 게다가 공간적 차원과 시간적 차원은 서로 독자적으로 변화하는 것이 아니라 오히려 서로에 대하여 상대적으로 변화했다.

이런 식으로 둘 다 일차적인 탄성적 장인 시간과 공간을 규정함으로

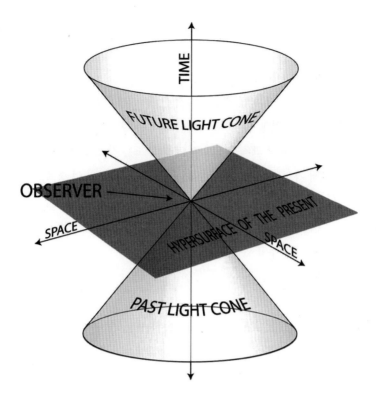

그림 14.2. 민코프스키 시공간. Time : 시간, Future light cone : 미래 빛원뿔, Observer : 관찰자, Space : 공간, Hypersurface of the present : 현재의 초공간, Past light cone : 과거 빛원뿔. 출처 : https://en.wikipedia.org/wiki/Minkowski_space#/media/File:World_line.svg.

써 민코프스키는 상대성을 초험적 기하학에 도입했다. 시간과 공간은 둘다 서로에 대하여 상대적으로 팽창하고 수축하며 변형한다. 아인슈타인은 리만보다 자신의 스승 민코프스키의 관념에 기대어 순전히 탄성적이고 상대적인 초험적 시공간에 관한 수학적 정식을 제시했다.[4] 이런 심대한 방식으로 민코프스키는 탄성적 객체에 관한 수학적 관념을, 동일한 잠재적 객체 안에서 공간을 시간화하고 시간을 공간화함으로써 그것의

4. 같은 책, 128. [같은 책.]

절대적 극한까지 밀어붙였다.

확률과 집합

새로운 잠재적 객체를 창출하기 위한 두 번째 수학적 경로는 더 산술적이었는데, 요컨대 형태보다 수에 집중하는 것이었다. 확률론과 집합론은 특수한 서수적 객체들, 기수적 객체들, 또는 강도적 객체들을 위한 조건으로서 가능 객체들의 유적 집합들을 연구함으로써 이 경로를 전개했다. 확률 범위와 집합은 엄청나게 추상적인 객체들인 것처럼 들리지만, 나는 그것들이 모든 객체와 마찬가지로 덜 추상적인 물질적인 운동적 과정들에 기반을 두고 있음을 보여주고 싶다.

확률

확률론의 기원은 주로 물질적인 운동적 사건, 즉 주사위 던지기에 있었다. 근대 과학자들은 더는 하느님을 신성한 시계공으로 구상하지 않고, 오히려 일단의 숨은 법칙을 좇으면서 주사위를 던지는 존재자로 구상했다. 자연법칙들은 주사위처럼 모든 가능한 결과를 포함하지만 특수한 일련의 사건으로 무작위적으로 현실화되거나 수축되었다.

1564년 『우연의 게임에 관한 책』에서 이탈리아인 박식가 지롤라모 카르다노는 최초의 체계적인 확률론을 제시하였다. 그 책은 1663년이 되어서야 비로소 출판되었지만, 카르다노의 강연은 인기가 있었고 후속 세대들에게 영향을 미쳤다.[5] 그 책에서 카르다노는 동등한 확률로 가능한 대안적 상태들을 전부 포함하는 어떤 포괄적인 수학적 객체, 즉 그가 "공정한 주사위"라고 일컬은 것의 현존을 명시적으로 가정했다.[6] 카르다노

---

5. Ian Hacking, *The Emergence of Probability*, 54에서 인용됨.
6. Girolamo Cardano, *The Book on Games of Chance*, ch. 9.

는 모든 확률 또는 우연이 주사위 던지기처럼 작동한다는 가정에서 시작했다. 그는 자신의 가능한 객체, 즉 '공정한 주사위'가 던지기 행위 전에도, 동안에도, 그리고 후에도 여전히 변경되지 않은 채로 있는 이산적인 상태들을 가진다고 가정했다. 잠재적 객체는 추상적인 것처럼 들리지만 잠재적 객체와 관련하여 보편적인 것도, 이상적인 것도 전혀 없다. 잠재적 객체는 주사위가 이산적인 면들을 갖추고 있다는 특수한 물질적 사실에 그 근거를 두고 있다. 잠재적 객체는 그 면들을 변경하지 않은 채로 그리고 그 결과를 사전에 알지 못한 채로 주사위를 물리적으로 던지는 행위를 형식화한 것이다. 잠재적 객체와 현실적 객체 사이의 차이는 아직-던져지지-않은 주사위와 던져진 주사위 사이의 차이에 기반을 두고 있다. 확률에 대한 수학적 모형은 초기 조건을 전혀 바꾸지 않은 채로 주사위를 반복적으로 던지는 운동적 행위에 기반을 두고 있다.

그런데 카르다노는 잠재적 객체를 충분히 이해하지 못했다. 장력 및 역능과 연관된 초기의 역사적 단계의 일부로서 카르다노는 주사위를 특정한 방식들로 착지하는 '성향' 또는 역능possum을 갖추고 있는 것으로 서술했다. 무작위성과 결정론을 지지하는 근대의 확률 이론가들은 그런 역능을 일축했다.

확률에 대한 지배적인 근대적 해석은 세계가 근본적으로 뉴턴주의적인 결정론적 법칙들을 좇는다는 것이었다. 모든 객체에 대하여 그 궤적을 계산할 수 없는 우리의 무능력을 참작하면 우리의 지식은 단지 참일 어떤 확률이 있을 뿐이었다. 17세기에 프랑스인 수학자 블레즈 파스칼은 확률이란 신의 현존처럼 객관적이지만 미지의 무언가에 대한 우리의 믿음이 참일 개연성이 얼마인지와 관련된 것이라고 주장했다. 마찬가지로 라이프니츠는 확률을 우리가 세계에 관하여 알고 있는 것에 의거하여 정당화된 믿음의 정도(0에서 1 사이의 정도)로 구상했다.

이런 해석의 주요 결과는 프랑스인 박식가 피에르-시몽 라플라스가

'등확률'equiprobability이라고 일컬은 것이었다. 한 결과를 다른 한 결과보다 더 개연적이라고 간주할 어떤 특정한 이유도 없다면 우리는 이 결과들이 모두 동등하게 개연적이라고, 즉 등확률적이라고 가정해야 한다.

우리는 한 사건이 나머지 다른 한 사건보다 더 개연적으로 만들 이유를 전혀 찾아낼 수 없다면 그 두 사건을 동등하게 개연적이라고 간주한다. 왜냐하면 그것들이 나타날 확률이 동등하지 않더라도 우리는 어떤 식으로 그러한지 알지 못하고, 그리하여 이런 불확실성으로 인해 우리는 각각의 사건에 대하여 그것이 나머지 다른 한 사건만큼 개연적인 것처럼 간주하게 되기 때문이다.[7]

등확률 이론은 "같은 종류의 모든 사건을 일정한 수의 동등하게 가능한 사례들 – 말하자면 우리가 그것들의 현존에 대하여 동등한 확률로 결정하지 못하는 그런 사례들 – 로 환원하는 데 있다."[8] 라이프니츠의 경우에 등확률은 자연에 관한 서술이 아니라 오히려 "개연성의 정도에 대한 추리의 멋진 일례"였다.[9] 우리는 주사위 던지기의 모든 물리적 법칙을 계산할 수 없기에 주사위 굴리기의 결과들이 동등하게 개연적이라고 간주하는 것이 사리에 맞는 것과 마찬가지로 자연을 그런 식으로 간주하는 것 역시 사리에 맞다. 그런데 새로운 사건들이 한 사건이 다른 한 사건보다 더 개연적임을 시사하는 것처럼 보인다면 무슨 일이 일어나는가? 이것이 바로 야코프 베르누이의 빈도 이론이 진입하는 지점이다.

사후에 출판된 『추측술』(1713)이라는 책에서 [야코프] 베르누이는, 우리가 사건들의 등확률을 가정하기보다는 오히려 특수한 사건들이 얼마

7. Hacking, *The Emergence of Probability*, 132에서 인용됨.
8. 같은 곳.
9. Gottfried W. Leibniz, *Opera Omnia*, vol. VI, 318. 강조가 첨가됨.

나 자주 발생하는지에 근거를 두고서 확률들을 예측해야 한다고 주장했다. 새로운 사건들이 발생함에 따라 우리는 이 사건들을 가능한 결과들의 현행 범위에 추가하고 그에 따라 우리의 예측을 조정할 수 있다. 베르누이의 경우에 잠재적 객체는 한 유한한 총체가 아니라 수렴하는 일단의 다양한 계열이었다. 우리는 모든 가능한 것의 완전한 집합을 알지 못하더라도 그것들이 어떤 이상적인 비의 수학적 극한에 접근함에 따라 여전히 우리의 예측을 과거 빈도에 근거 지을 수 있다. 이것이 현재 수학자들이 '약한 큰 수의 법칙'이라고 일컫는 것이다.

예를 들면 우리는 동전 한 개를 반복적으로 던짐으로써 '앞면' 결과에 대하여 $f(n) \rightarrow 1/2$이라는 극한 비에 접근하게 된다. 이것을 독특하게 근대주의적인 객체론으로 만드는 것은, [야코프] 베르누이의 경우에, 우리가 현행의 다양한 계열을 어떤 단일한 수렴적 비(1/2)로 사실상 통합한다는 점이다. 근대 수학자들은 초기 근대인들이 행한 대로 다양한 계열을 끊임없이 조율하는 대신에 그 계열들을 어떤 단일한 잠재적 객체로 통합한다.

마침내 베르누이의 초기 빈도론을 "명확하고 체계적으로" 고찰하게 된 것은 영국인 수학자 존 벤이 『우연의 논리』(1866)를 저술하고 나서였다.[10] 1881년에 벤은 조지 불의 이진 논리에 의거하여 베르누이의 확률론을 객체들이 서로 '내부에' 있는지 아니면 '외부에' 있는지 여부에 근거들 둔 논리적 체계로 변환했다. 이것이 그 유명한 벤 다이어그램이다.

---

10. Hacking, *The Emergence of Probability*, 53에서 인용됨. "이런 명백한 사실들이 강조되어야 하는 이유는 카르납이 1866년에 존 벤은 '빈도 개념을 … 명확하고 체계적으로 옹호한 최초의 인물이었'라고 말했기 때문이다. … 최초의 빈도주의자로 추정되는 벤은 이렇게 서술했다. '내가 생각하기에 독자가 가능한 명료하게 자신의 마음속에 품어야 하는 근본적인 구상은 계열에 관한 구상이다. 그런데 그것은 한 가지 특이한 종류의 계열로, 그것이 개별적 불규칙성을 집단적 규칙성과 조합한다는 진술에 의해 주어지는 것보다 더 훌륭한 간결한 서술은 주어질 수 없는 그런 계열이다.' 우리는 카르다노가 이 관념을 확고히 품고 있었음을 확신한다."

19세기 말에서 20세기로 접어들 무렵에 빈도주의는 근대 확률론을 완전히 지배했다.[11] 서로 차이가 있지만 이런 근대 이론들은 모두 잠재적 객체를 주사위와 같다고 간주하는 일반적인 해석을 공유한다. 잠재적 객체는 거대한 다면의 주사위와 같았다. 우리는 어떤 객체의 면이 얼마나 많은지에 관한 가정으로 시작하거나, 또는 어떤 객체를 굴려서 그것의 빈도 범위를 계속 추적할 수 있다. 이 경우들에는 동일한 운동적 구조가 작동하고 있다. 두 접근법은 모두 객체들이 이산적인 사건들이라는 것과 확률 범위가 이산적인 가능 객체들의 완전히 팽창된 범위라는 것을 가정한다.

집합

확률론에 바로 이어서 집합론도 주사위 던지기 모형을 좇았다. 주사위와 마찬가지로 집합은 이산적인 면들의 부분집합을 갖춘 이산적이고 자기동일적인 총체였다. 집합론은 이런 구체적인 운동적 모형의 또 다른 추상적 정식화였다.[12] 그렇지만 많은 수학자는 자연수의 무한성을 이 새로운 모형에 대한 두드러진 장벽으로 간주했다. 집합은 수의 무한성을 도대체 어떻게 포획할 수 있을까?

1817년에 보헤미아인 수학자 베른하르트 볼차노는 한 가지 해법을 제시했다. 볼차노는 0과 1 사이에 0과 2 사이만큼 많은 실수가 있고, 1인치 길이의 선분에 2인치 길이의 선분만큼 많은 점이 있음을, 즉 그 수가 무한대임을 보여주었다.[13] 0과 1 사이의 모든 수와 0과 2 사이의 모든 수

---

11. 빈도주의에 관한 정의와 해석에 대해서는 David Howie, *Interpreting Probability*를 보라.

12. 더 완전한 역사에 대해서는 Jose Ferreiros and Domâinguez J. Ferreirâos, *Labyrinth of Thought*; Merzbach and Boyer, *A History of Mathematics* [보이어·메르츠바흐, 『수학의 역사 상·하』]를 보라.

13. Merzbach and Boyer, *A History of Mathematics*, 457. [보이어·메르츠바흐, 『수학의

가 일대일 대응을 이룰 수 있다면 그 두 집단은 똑같이 무한할 것이고, 그리하여 그가 '멘게'menge – '양, 다중, 군중, 또는 집합체'를 뜻함 – 라고 일컬은 단일한 객체로 묶일 수 있을 것이었다. 나중에 수학자들은 그 용어를 '집합'set이라는 영어로 나타냈다. 그 핵심 관념은 집합이 하나의 수가 아니라 오히려 한 가지 새로운 종류의 객체라는 것이었다. 집합은 단일한 형식적 집합체로 혼합된 다양한 불특정 원소들의 포괄적 다수였다. '무한성'의 '다자'를 당시에 새로운 잠재적 객체의 '일자'로 조율하는 볼차노의 조치를 받아들이지 않은 수학자들도 있었고, 따라서 그의 결과 중 많은 것이 나중에 재발견되어야 했었다.

　그런데 모든 무한 집합이 무한히 많은 무한 부분집합을 포함하고 있다면 우리는 이 집합들이 어떤 수도 빠뜨리지 않은 채로 연속적인 수직선을 형성하는지 어떻게 알 수 있는가? 우리는 어떤 집합이 아무것도 빠뜨리지 않은 채로 어떤 범위의 수 전체를 포획할 수 있는지 어떻게 알 수 있는가? 일찍이 1860년대에 독일인 수학자 리하르트 데데킨트는 이 문제를 포착하고서 그런 '산술적 연속체'가 현존함을 증명하기를 원했다. 데데킨트의 결론은 반직관적인 것만큼이나 멋진 것이었다. 어떤 선분에서 어떤 단일한 점을 선택하면 우리는 그 선을 두 부분으로 나눌 수 있는데, 요컨대 그 점의 왼쪽에 있는 모든 것과 그 점의 오른쪽에 있는 모든 것으로 나눌 수 있다.[14] 이와 동일한 분열을 초래할 수 있는 점은 그 선 위에 오직 하나가 있을 뿐이다. 그 선 위에 있는 여타의 점은 이 점보다 더 크거나 아니면 더 작다. 아무것도 빠뜨리지 않는다. "이런 평범한 진술로 연속성의 비밀이 밝혀질 수 있다"라고 데데킨트는 서술했다.[15]

　데데킨트의 경우에 선의 기하학적 연속성의 비밀은 그것이 결코 정

　역사 상·하』.]

14. 같은 책, 536. [같은 책.]

15. 같은 책, 537[같은 책에서 인용됨.]

말로 연속적이지는 않다는 것이었다. 유일한 연속체는 이산적인 자기 동일적 수들의 '연속성'이었다. 예를 들면 우리의 수직선을 1에서 '절단 하'schnitt면 두 개의 무한 집합이 창출된다. 그 왼쪽에 있는 것은 1보다 작은 수들의 집합 A이고, 그 오른쪽에 있는 것은 1보다 큰 수들의 집합 B이다. 데데킨트에 따르면 집합 A와 집합 B 사이에는 1 이외에 가능한 수가 전혀 없을 것이다. 그 선 위의 모든 점 또는 수의 경우에도 사정은 마찬가지이기에, 그 계열은 남김없이 산술적으로 연속적이라는 점이 증명될 수 있다.

유리수(정수와 분수)는 모든 실수의 작은 부분일 따름이다. 그러므로 데데킨트는 $\sqrt{2}$과 π 같은 모든 무리수의 경우에도 그런 절단이 실행되어야 한다고 제안했다. "그렇다면 어떤 유리수에 의해서도 산출되지 않는 절단을 실행해야 할 때마다 우리는 이 절단으로 완전히 규정된다고 간주하는 하나의 새로운 무리수를 창출한다 … 그러므로 지금부터는 모든 일정한 절단에 대하여 하나의 일정한 유리수 또는 무리수가 대응한다."[16]

예를 들어 A는 모든 음수와 그 제곱이 2보다 작은 모든 양의 유리수의 집합이고, B는 그 제곱이 2보다 큰 모든 양의 유리수의 집합이라면, 그 절단은 하나의 무리수, 즉 $\sqrt{2}$일 수밖에 없다. 데데킨트의 경우에 수학적 연속체에 포개진 구간들을 팽창시키고 수축시키는 참된 탄성을 부여하는 것은 모든 층위에서 나타나는 수직선의 절대적 이산성이다. 이것은 근대 객체들을 규정하는 한 가지 면모였다. 근대 객체들이 탄성적인 유일한 이유는 그것들이 더 작은 이산적인 부분들로 구성되었기 때문이었다.

그런데 산술적 연속체에 관한 데데킨트의 이론에는 한 가지 중대한 문제가 있었다. 모든 집합이 똑같이 무한하지는 않았으며, 데데킨트의 절친한 친구 게오르크 칸토어가 이 점을 최초로 지적한 인물이었다. 칸토

---

16. Richard Dedekind, *Essays on the Theory of Numbers*, 15.

어의 용어를 사용하여 표현하면, 우리는 한 집합에 그 서수적 원소들과 대응하는 일대일 조율들의 기수를 할당할 수 있다. 예컨대 다섯 개의 원소를 갖춘 집합의 기수는 5이다. 칸토어가 이런 '일대일 대응' 논리를 무한 집합에 관한 볼차노의 이론과 데데킨트의 이론에 적용했을 때 그는 스스로 거의 믿을 수 없는 무언가를 알아내었다. 우리는 모든 정수, 모든 유리수, 그리고 모든 소수를 서로 일대일 조율할 수 있다. 어느 한 집합의 각각의 수에 대하여 다른 한 집합에는 그것과 끝없이 조율되는 수가 언제나 존재할 것이다. 이렇게 해서 칸토어는 이 수들이 모두 똑같이 무한함을 증명했다. 그런데 또한 칸토어는 여타의 수와 대응될 수 없는, 무리수를 비롯한 실수들(소수점 아래 숫자들이 무한히 전개되는 수들)을 동시에 발견했다.[17] 유리수는 무리수 전체를 셈할 만큼 충분히 많지 않다. 칸토어는 이 실수들의 무한 집합을 '비가산'非可算 집합이라고 일컬었는데, 왜냐하면 우리는 칸토어의 대응 방법을 사용하여 그 집합들을 셀 수 없기 때문이다. 게다가 칸토어는 이 실수들의 비가산 무한 집합은 모든 '가산 무한' 집합보다 더 커야 한다고 추론했다.

더욱이 멱집합(각기 다른 모든 가능한 부분집합의 집합)은 자신의 원래 집합보다 언제나 더 크다. 그리하여 어떤 비가산 무한 집합의 멱집합은 원래의 그 비가산 무한 집합보다 훨씬 더 큼이 확실하다. 그 멱집합의 멱집합은 훨씬 더 클 것이고, 이런 식으로 언제나 더 큰 비가산 무한 집합이 얻어지게 된다. 이런 점에서 칸토어의 목표는 산술적 연속체에 관하여 데데킨트의 이론보다 훨씬 더 근본적인 이론을 전개하는 것이었다.

그런데 칸토어는 자신의 새로운 연속체와 관련된 한 가지 문제를 재빨리 깨달았다. 비가산 무한 집합이 가산 무한 집합보다 더 크면서도 셀

---

17. Ferreiros and Ferreirâos, *Labyrinth of Thought*; Merzbach and Boyer, *A History of Mathematics*, 541 [보이어·메르츠바흐, 『수학의 역사 상·하』]을 보라.

수 없을 정도로 더 크다면 우리는 그것이 정확히 얼마나 더 큰지 어떻게 알수 있겠는가? 그것은 셀 수 있을 정도로 더 큰가, 아니면 셀 수 없을 정도로 더 큰가? 가산 무한 집합과 비가산 무한 집합 사이에 수들의 집합이 존재한다면 어떻게 될까? 그것들 사이에 간극이 존재한다면 어떻게 될까? 우리는 산술적 연속체가 존재하는지 아닌지 여부를 도대체 어떻게 알 수 있을까? 칸토어는 이 의문들을 해결하고자 노력하느라고 자신의 여생을 보냈지만 결코 성공하지 못했다.[18]

선택 공리

집합론은 고도로 추상적이고 형식주의적인 이론인데, 그것의 물질적인 운동적 토대 중 두 가지를 살펴보자. 첫 번째 토대는 이 책 전체에 걸쳐서 내가 서술하고자 노력한 운동적 조율 활동이다. 객체들은 독자적으로 현존하는 것이 아니라 오히려 조율의 과정과 패턴 들에서 출현한다. 볼차노, 데데킨트, 그리고 칸토어는 모두 독자적인 방식으로 수들의 무한 계열을 그들이 집합이라고 일컬은 이산적인 포괄적 객체에 조율했다. 이런 외관상 불가능한 행위의 배후에 자리한 관념은 우리가 원소들의 어

---

18. 찰스 샌더스 퍼스 역시 연속체에 관한 칸토어의 이론을 채택했다. 그렇지만 후기 저작에서 퍼스는 칸토어의 가설에 의해 제기된 해석 문제를 회피하는 한 가지 방식으로서 연속체에 관한 훨씬 더 '모호하고' 순전히 '개념적인 관념'을 전개하기 시작했다. 그런데 이런 판본의 연속체에서 우리는 퍼스가 모든 '현실적 다수' 또는 현존하는 '개체'를 넘어서는 '순수한 유적 가능성'의 비물질적 영역에 관한 몰역사적 관념을 가정했을 뿐임을 알 수 있다. 그러므로 퍼스의 연속체는 '균질하고' 미(未)분화된 전체였다. 이런 더 개념적이고 관념적인 판본의 연속체에 관한 탁월한 요약은 Fernando Zalamea, *Peirce's Continuum*을 보라. "일반적인 것에 관한 관념은 현존하는 사물들의 어떤 다수도 망라할 수 없는 가능한 변이들에 관한 관념을 포함하지만, 어떤 두 개의 다수 사이에도 많은 가능한 것을 남길 뿐만 아니라 모든 다수를 절대적으로 넘어서는 가능한 것들도 남길 것이다"(Charles S. Peirce, "Lectures on Pragmatism," 103). "일반성은 사실상 실재의 필수불가결한 요소이다. 왜냐하면 무엇이든 아무 규칙성도 없는 개별적 현존 또는 현실태에 불과한 것은 아무것도 아니기 때문이다. 혼돈은 순수한 무이다"(Peirce, "What Pragmatism Is," 431).

떤 계열도 하나의 집합에 조율할 수 있는 한에서 우리가 그 조율을 무한에 적용하지 못하게 막을 것은 원칙상 전혀 없다는 것이었다. 구석기 시대 이래로 인간들은 객체들을 조율해 왔다.

그런데 집합의 배후에 자리한 새로운 관념은 마치 우리가 객체들의 무한한 계열을 셈하기를 완수한 것처럼 행동한다는 생각이었는데, 왜냐하면 그렇게 하는 것은 논리적으로 가능했기 때문이다. 그러므로 집합은 잠재적 객체 또는 가능 객체이다. 우리가 마치 앞면을 얻게 될 확률이 2분의 1인 것처럼 행동하기 위해서 동전 한 개를 무한히 많이 던질 필요는 없다. 집합은 무한에서 자신의 가능 상태들 전체와 수렴하는 객체이다. 하지만 데데킨트는 마치 조율 활동이 순간적인 것처럼, 이것을 순전히 정신적이고 비물질적인 활동으로 간주했다.

> 사물들의 한 집단 또는 집합체를 셈할 때 우리가 행하는 바를 정확히 추적하면 우리는 사물들을 서로 관련시키는 정신의 역능, 한 사물이 다른 한 사물에 대응하게 하고 한 사물이 다른 한 사물을 모방하게 하는 정신의 역능, 그것이 없다면 사유가 불가능해지는 역량 일반에 대한 고찰에 이르게 된다. 이런 한 가지, 그런데 절대적으로 필연적인 토대 위에 수의 과학 전체가 세워져야 한다.[19]

이것이 강력한 새로운 종류의 객체이었던 이유는 그것 덕분에 수학자들이 무한한, 무한히 반복하지 않는 소수로 표현되는 무리수들도 마치 그것들이 하나의 단일한 포괄적인 이산적 객체인 것처럼 간주할 수 있게 되었기 때문이다. 데데킨트가 서술한 대로 "모든 일정한 절단에 대하여

---

19. Richard Dedekind, *What Are Numbers and What Should They Be?*, viii. Ernst Cassirer, *Substance and Function and Einstein's Theory of Relativity*, 36에서 인용됨.

하나의 일정한 유리수 또는 무리수가 대응한다."[20]

그런데 우리가 이런 무한한 조율의 정당성을 수용해야만 하는 필연적인 이유는 전혀 없다. 1904년에 독일인 논리학자 에른스트 체르멜로는 그것이 집합론 자체의 전제 또는 '공리'라고 주장했다. 우리는 마치 집합들과 부분집합들의 무한한 조율이 그 조율을 실제로 수행하지 않은 채로 가능한 것처럼 행동하기로 결정할 수 있다. 1940년에 쿠르트 괴델은 이 공리가 집합론의 여타 공리와 정합적임을 증명했다. 그런데 1963년에 미국인 수학자 폴 코헨은 그것이 여타 공리와 독립적이기도 하기에 우리가 그것을 그 체계 내에서 증명할 수 없다는 점을 보여주었다.[21]

그러므로 무한 집합에 관한 이론은 무한하고 순간적인 조율 활동이라는 비수학적인 전제에 의존했다. 또한 우리는 마치 셀 수 있는 무한과 셀 수 없는 무한 사이에 어떤 산술적 연속체가 존재하는 것처럼 행동하기로 결정할 수 있다. 칸토어는 이것을 '연속체 가설'이라고 불렀으며, 그리고 그것은 집합론의 또 다른 증명 불가능한 공리이다.[22] 이렇게 해서 우리는 공리들을 집합론에 추가하거나 집합론에서 제거함으로써 가능

---

20. 근대 독일의 철학자 에른스트 카시러는 수학이 초험적 시간성에 관한 임마누엘 칸트의 이론에 빚을 지고 있다고 주장했다. 칸트는 주체가 체험하는 시간은 점진적인 일련의 각기 다른 이산적인 순간들(이전, 지금, 이후)로 구조화된다고 말했기 때문에, 카시러에 따르면, 인간 정신은 이 구조를 사용하여 포괄적인 산술적 단위체들을 정렬할 수 있다. 인간 정신은 다양체를 일의적인 '나', 즉 '지금'으로 대응시키는 다대일 조율을 수행한다. '순수 시간 또는 진전 중인 질서에 관한 과학'으로서의 대수에 대한 윌리엄 해밀턴의 정의에 관해서는 Ernst Cassirer, "Kant und die moderne Mathematik," 34를 보라. "칸트가 수 개념의 기반을 정초한 순수 시간의 직관…산술은 우리가 (예컨대 해밀턴과 마찬가지로) 시간 개념에서, 모든 특별한 특성 결정에서 벗어나서 오직 '진전 중인 질서'의 순간을 유지할 때만 순수 시간에 관한 과학으로 규정될 수 있다"(Cassirer, *Substance and Function and Einstein's Theory of Relativity*, 40).

21. Merzbach and Boyer, *A History of Mathematics*, 560. [보이어·메르츠바흐, 『수학의 역사 상·하』.]

22. 데데킨트의 증명은 선택 공리에 암묵적으로 의존한다. Ferreiros and Ferreirâos, *Labyrinth of Thought*, 237을 보라.

한 객체들의 범위를 확대하거나 축소할 수 있다.

결론

이 장은 객체들의 역사에 관한 이 책의 2편을 마무리한다. 2편에서 나는 객체들의 네 가지 종류 — 서수적 객체, 기수적 객체, 강도적 객체, 그리고 잠재적 객체 — 의 역사적 출현을 추적하여 각각의 독특한 운동적 패턴을 서술하고자 했다. 나의 역사는 대체로 연대기적이지만 발전적인 것은 아니었다. 잠재적 객체는 서수적 객체보다 뛰어나지 않다. 게다가 과학자들이 각각의 객체 유형을 한번 고안하면 그것은 새로운 유형이 출현했을 때 사라지지 않고 함께 존속했다. 객체론은 이 객체들을 현재까지 계속해서 존속시키는 심층적인 역사적 조건과 운동 패턴 들을 진지하게 고찰해야 한다.

이 책의 3편은 현재에 관한 것이다. 내가 생각하기에 우리는 21세기에 접어들 무렵에 정립된, 양자물리학, 범주론, 그리고 혼돈 이론에 대한 최근의 해석에서 새로운 객체론이 출현하게 된다는 것을 깨달을 수 있다. 또한 우리는 이 새로운 객체와 더불어 이전의 네 가지 종류의 객체들의 혼종적 공존을 찾아낼 수 있다. 이 새로운 객체가 무엇이고 그것이 여타의 객체를 어떻게 새롭게 조명할 수 있는지 살펴보자.

3 편

현대 개체

5 부

고리 객체

15장

방행적 객체

우리 시대의 지배적인 객체는 무엇인가? 이전 시대의 온갖 종류의 객체들과 달리 현대 객체들은 어떤 단일한 운동 패턴을 갖추고 있지 않다. 이 책의 3편에서 나는 현대 객체들이 2편에서 서술된 네 가지 주요한 종류의 객체들과 운동 패턴들을 혼합하는 혼종hybrid 객체들이라고 주장한다. 현대 객체들이 이렇게 할 수 있는 이유는 그것들이 비결정적 객체들이기도 하기 때문이다.

우리 시대의 현대 객체들을 이해하려면 그것들이 이전 객체들을 동원하고 혼합하는 방식을 알아야 한다. 이 책에서 나는 객체의 종류가 단한 가지가 아니라는 점을 가능한 한 구체적이고 역사적으로 보여주고자했다. 오히려 역사를 통해서 수렴하고 발산하는 몇 가지의 지배적인 과정또는 패턴이 존재한다. 과학은 기존 객체들을 찾아내는 것이 아니라 오히려 객체들을 공-창조한 다음에 사물들의 세계를 재조직하는 데 사용한다. 이런 활동은 우리가 생존하고 삶을 더 수월하게 만드는 데 도움을 줄수 있지만, 또한 그것은 위험하고 자기파괴적일 수도 있다.

우리 시대의 역사적 국면 및 현대 객체들의 본성에는 우리로 하여금이전의 모든 객체의 비결정적이고 혼종적인 본성을 깨닫게 하는 독특한 무언가가 있다. 이 책의 3편에서 나는, 나의 해석에 따라, 이전의 모든객체의 세 가지 감춰진 차원 – 혼종성, 방행, 그리고 되먹임 – 을 부각하는 한 가지 새로운 객체 종류의 발흥을 추적하고 싶다. 이런 차원들은 언제나 객체들의 일부였지만, 무시당하거나 또는 해결되어야 할 문제로 여겨졌다.

양자론, 범주론, 그리고 혼돈 이론과 관련하여 나의 흥미를 끄는 점은 그것들이 그 세 가지 측면을 이전의 과학들보다 더 직접적으로 대면하는 방식이다. 이어지는 장들에서 나는 이 세 가지 현대 과학들에 대한 운동지향 해석을 제시하고, 이것이 더 일반적으로 객체들의 미래에 대하여 의미하는 바를 살펴보고 싶다. 내가 이 세 가지 과학을 고찰하기로 선택한 이유는 각각의 과학이 독자적인 방식으로 기초 과학이라고 주장하기 때문이다. 사실상 이 과학들은 21세기 초의 거의 모든 지식 분야에 상당한 영향을 미쳤다. 이 과학들을 생물학, 신경과학, 지질학, 화학, 그리고 경제학 같은 여타 과학과 구별하게 하는 것은 모든 객체를 서술하고자 하는 그것들의 목표이다. 그러므로 지금까지 철학자들이 이 과학들에 많은 흥미를 느낀 것은 놀랄 만한 일이 아니다.[1]

양자론, 범주론, 그리고 혼돈 이론은 모두 20세기에 생겨났지만 21세기가 되어서야 가장 강건한 정식화, 영향, 그리고 응용성을 성취하게 된다. 철학자로서 나는 매우 다양한 실천과 지식을 이해하는 데 도움이 되는 종합적·해석적 개념들을 제공하고자 한다. 이어지는 장들에서 나는 내가 '고리 객체'라고 일컫는 한 가지 새로운 종류의 객체에 관한 어떤 종합적이고 해석적인 개념을 제시한다. 이 개념을 통해서 나는 이 세 가지 과학이 공유하는 세 가지 공통 방법과 한 가지 새로운 운동 패턴을 식별하고자 한다.

---

1. 예를 들면 Alain Badiou, *Mathematics of the Transcendental* ; Manuel DeLanda, *Intensive Science and Virtual Philosophy* [마누엘 데란다, 『강도의 과학과 잠재성의 철학』] ; Barad, *Meeting the Universe Halfway* ; Rocco Gangle, *Diagrammatic Immanence* ; Vicki Kirby, *Quantum Anthropologies* ; Ilya Prigogine and Isabelle Stengers, *Order Out of Chaos* [일리야 프리고진·이사벨 스텐저스, 『혼돈으로부터의 질서』] ; Serres, *The Birth of Physics.*

구체적으로 나는 이 세 가지 과학에 의해 연구되는 객체들이 모두 비결정적 운동 현상에 반응할 뿐만 아니라 그것의 이산적 또는 정적 객체화에의 저항에도 직접 반응한다고 주장한다. 그런데 동시에 비결정성은 생성적 역할도 수행한다. 또는 최소한 이것은 내가 나의 해석에서 주장하고 싶어 하는 것이다. 내가 현대 과학의 핵심에 자리하는 생성적 저항이라는 이 개념에 부여하는 명칭은 '운동적 조작자'이다. 이어지는 장들에서 나는 최근에 제시된 해석들과 달리 이 과학들이 수행하고 있는 작업을 해석하는 또 다른 방식이 있다는 점을 보여주고 싶다.

양자론, 범주론, 그리고 혼돈 이론은 혼종성, 방행, 그리고 되먹임의 현상들을 어느 정도 강조하며, 그리고 내가 해석하기에 객체들을 위한 비객체적 조건의 일부를 드러낸다. 내가 보기에는 이런 면모들로 인해 현대 객체가 서수적 객체, 기수적 객체, 강도적 객체, 그리고 잠재적 객체와 구별된다.

그러므로 이 책의 3편에서 나의 목적은 두 가지이다. 첫째, 나는 이세 가지 과학이 새로운 객체론을 전개하기 위해 역사적으로 유의미한 내습來襲을 감행한 모든 지점을 가리키고 싶다. 둘째, 나는 각각의 과학이 비결정적 움직임의 현상과 직접 씨름하는 방식, 객체화를 뒷받침하고 거부하는 방식을 보여주고 싶다. 여기서 나의 목적은 이 과학들이 미래에 무엇을 발견할 것인지 예측하는 어떤 새로운 주장을 제기하는 것이 아니다. 오히려 나는 그것들이 무엇을 수행하고 있고, 그것들이 무엇을 공유하며, 그리고 이것이 우리의 역사적 국면에 관하여 무엇을 말해주는지에 대한 운동적 해석을 제시하고 싶다.

나는 이어지는 장들을 각각 네 개의 절로 나누었다. 처음 세 개의 절은 과학의 혼종성, 방행, 그리고 되먹임을 서술하고, 네 번째 절은 운동적 조작자의 역할을 규정한다. 이 책의 3편을 소개하는 이 장에서 나는 고리 객체와 그것의 네 가지 면모를 소개하고 규정하기를 원한다.

고리 객체

고리 객체는 이어지는 장들에서 논의되는 세 가지 현대 과학에 의해 창출된 운동 패턴에 내가 부여하는 명칭이다. 여기서 나는 이 책에서 전개된 운동적 객체론과 정합적인, 이 과학들에 대한 종합적 해석을 제시한다. 이 과학들을 해석하는 것에 관한 이론적 합의는 전혀 없지만, 이 장들에서 나는 나 자신의 해석 방식을 제시하고 싶다. 일반적으로 이 과학들은 각각 자신의 실천만을 해석할 뿐이지만, 여기서 나는 하나 이상의 과학 분야에서 진행 중인 것을 이해하는 더 광범위한 해석을 제시하고 싶다. 이것이 이 책 전체에 걸쳐 적용된 나의 방법이다. 여기서 나는 그 방법을 현재 국면에 적용한다. 나는 나의 운동적 객체론이 최근의 과학적 발전과 정합적일 뿐만 아니라, 우리가 한 가지 새로운 객체 종류의 출현을 인식하는 데 도움이 될 것임을 보여주기를 희망한다.

나는 이런 새로운 객체 종류를 '고리' 객체라고 일컫는다. 왜냐하면 이 세 가지 과학이 객체들의 접히고 반복적이며 준안정한 본성에 주의를 기울이기 때문이다. 고리 객체들은 미리 만들어진 채로 나타나는 것이 아니라, 누군가 또는 무언가가 진행 중인 비결정적 과정을 통해서 지속시켜야 하는 것이다. 나의 해석에 따르면 고리 객체들 덕분에 우리는 객체의 조건이 객체들이 아니라 과정들임을 알게 된다. 이 새로운 테제는 더 일반적으로 이 책의 중핵에 자리하고 있다.

이 테제가 옳다면, 그것은 모든 객체에 대한 우리의 이해에 상당한 영향을 미친다. 여기서 제시되는 나의 해석에 따르면 현대의 고리 객체는 이전의 모든 객체에서 떠나지 않는 유령 — 객체들의 핵심에 자리하는 접힘, 고리 형성, 그리고 운동적 조율의 비객체적인 물질적 과정 — 을 역사적 전면에 내세우게 된다.

나는 고리 객체를 네 가지 면모로 규정한다. 양자론, 범주론, 그리고 혼돈 이론에서 이 면모들을 더 자세히 고찰하기 전에 각각의 면모를 간단히 살펴보자.

혼종성

고리 객체는 이전 시대 객체들의 혼종적 혼합물이다. 왜냐하면 그것은 이전의 온갖 종류의 객체들을 설명하는 이론적 틀을 제공하기 때문이다. 예를 들면 고전역학, 대수학 또는 동역학에서 나타난 과거의 객체들은 고리 객체에 의해 배제되지도 않고 부정되지도 않으며 오히려 더 큰 틀 속에서 재해석된다.

방행

고리 객체는 비결정적 과정의 준안정한 결과이다. 이전의 객체 종류들과는 대조적으로 고리 객체의 개념은 객체를 이산적이고 정적인 것으로 간주하지 않는다. 오히려 나는 객체를 과정의 창발적 특성으로 이해한다. 양자론, 범주론, 그리고 혼돈 이론에 대한 나의 해석에 따르면, 객체는 그 범위가 고정된 가능 객체들의 현실화로서 생겨나는 것이 아니다. 고리 객체는 결정론적이지 않고 무작위적이지도 않고 확률론적이지도 않다. 고리 객체는 근본적으로 비결정적인 과정의 준안정한 상태이다.

되먹임

또한 고리 객체는 관계적인 것이고 되먹임에 의해 형성된다. 물질적 과정이 반복해서 재귀적으로 반응하거나 영향을 줄 때 그것은 '고리'를 형성한다. 객체의 준안정한 자기동일성 또는 단일성은 자신 및 다른 객체들과 끊임없이 주고받는 상호작용 또는 되먹임 과정에서 비롯된다. 객체들과 그것들의 관계들은 공–창발하는 현상이다. 객체는 관계에 선행하지 않으며 오히려 둘 다 동시에 출현한다. 되먹임은 두 개의 이산적인 객체 사이에서 생겨나지 않는다 — 개별적 객체들은 되먹임의 과정에서 공–창발한다.

이것들은 내가 현대 과학에서 작동하고 있음을 보여주고 싶은 세 가지 면모이다. 이어지는 장들에서 나의 목적은 양자론, 범주론, 그리고 혼돈 이론의 포괄적인 역사를 제시하는 것이 아니라 오히려 나의 해석을 분명히 밝히기에 충분한 맥락과 해설을 제공하는 것일 뿐이다. 이어지는 글은 문헌 요약이 아니라, 이 과학들에 관한 독특한 운동적 이해를 제시하고자 하는 하나의 시도이다. 나는 내가 보기에 다른 역사적 객체 종류들과 비교하여 이 과학들이 나타내는 가장 두드러지고 참신한 측면들을 부각하고 싶다. 도중에 나는 나의 해석과 여타 해석이 정확히 어디에서 갈라지는지 지적하고자 할 것이다.

운동적 조작자

이어지는 장들은 각각 양자론, 범주론, 그리고 혼돈 이론이 비결정적 움직임의 과정들에 어떻게 대응하고 그것들로 어떻게 작업하는지 차례로 서술함으로써 마무리된다. 고리 객체는 매우 어려운 종류의 연구 대상인데, 왜냐하면 그것은 정적 토대를 갖추고 있지 않을뿐더러 전적으로 이산적이지도 않기 때문이다. 이 두 가지 면모는 이전 역사에서 나타난 이론들의 중요한 측면들이었다. 그런데도 나는, 나의 해석에 따르면, 이 세 가지 과학이 모든 객체의 핵심에 자리하는 근본적으로 불안정한 비결정적 본성에 대해 새롭고 중대한 통찰을 낳는다고 주장하고 싶다.

21세기 과학은 새로운 객체론이 가능한 것처럼 보이는 놀라운 역사적 국면에 있다. 대다수 현업 과학자가 사물들의 본성에 관한 어떤 주장을 제기할 때 그들은 여전히 이산적 상태들의 잠재적 또는 개연적 범위로서의 객체에 대한 근대주의적 해석을 신봉한다. 일부 과학자는 세계를 잠재적 객체로 간주하지만, 이것이 사물들의 본성에 관해 무언가를 말하는지 여부에 대해서는 여전히 불가지론적이다.

나의 주장은 세 번째 방법이 존재한다는 것이다. 자연이 결정론적이지도 않고 무작위적이지도 않으며 오히려 관계적으로 비결정적이라면 어떻게 될까? 객체의 조건이 더 작은 이산적인 객체들이 아니라 과정들이라면 어떻게 될까? 나는 자연이 영원히 그리고 언제나 관계적으로 비결정적인 과정임을 확실히 알고 있다고 주장하지 않으며, 오히려 그런 해석이 최소한 이 시점에서 우리가 알고 있는 것과 정합적이라고 주장하고자 한다. 이 상황은, 과학자들이 물질의 움직임을 예상하기 위해 통계적 방정식 또는 결정론적 방정식을 사용하는 사태가 물질이 정말로 통계적이거나 또는 결정론적임을 뜻하지는 않는 것과 마찬가지이다. 그것은 어떤 방정식이 우리에게 무슨 일이 일어날지에 대한 좋은 추측을 제공함을 뜻할 따름이다. 그런데 현행의 어떤 방정식도 완전히 정확하지도 않고 완벽하지도 않기에 대안적 해석을 위한 여지가 언제나 남아 있게 된다.

이것이 이어지는 장들에서 내가 보여주고 싶은 것이다. 어쩌면 어떤 과학적 참신성은 나의 해석이 비정합적임을 증명할 것이지만, 그때까지 나는 우리가 현재 알고 있는 것에 부합하는 대안적 이해를 제시하는 것이 공정하다고 생각한다.

이 세 번째 해석은 무엇이고 또 그것은 근대적 해석의 세 가지 측면과 어떻게 다른지 밝히겠다. 근대적 객체론의 첫 번째 측면은 자연이 전적으로 결정론적이라는 것이다. 세계가 외관상 무작위적이고 예측 불가능한 것처럼 보이는 유일한 이유는 우리가 올바른 방정식들을 아직 갖추고 있지 않거나 또는 이 방정식들을 모든 변량에 사실상 적용할 수 없기 때문이다. 어쩌면 많은 결정론적 우주가 있을 것이고 우리는 자신이 어느 우주에 속해 있는지 아직 알고 있지는 않을 것이다. 아인슈타인이 말한 대로 신은 자신이 만들어낸 결정론적 규칙 아래서 언제나 주사위 놀이를 한다. 어쩌면 언젠가 결정론이 올바른 것으로 입증될 수도 있겠지만, 우리에게는 완전히 정확하게 예측하거나 관찰자와 독립적인 방정식이 전혀 없기 때문에 결정론은 여전히 현재 경험과 정합적이지 않은 채로 남아 있다. 한편으로 많은 결정론적 세계가 존재한다는 이론은 입증할 수도 없고 반증할 수도 없다.

근대 객체의 또 다른 측면은 무작위성이다. 우주에서 물질의 모든 움직임이 정말로 무작위적이라면 그것은 여타 물질의 영향을 받지 말아야 할 것이다. 자연은 전체적으로 비관계적인 것이어야 할 것이다. 그런데 이 관념은 다음 장에서 논의될 비국소적 양자 얽힘에 대한 최근의 실험적 증거와 비정합적이다. 신은 무작위적인 주사위를 던지지 않는다.

근대 객체의 세 번째 측면은 그것의 확률론적 해석이다. 이것은 두 가지 취지에서 제기된다. 우리가 확률론을 사용할 수 있는 이유는 그것이 사물들이 무엇을 할지에 대한 훌륭한 추측을 제공하기 때문이다. 그런데도 우리는 사물들의 본성에 대하여 여전히 불가지론적인 태도를 취할 수 있다. 다른 한편으로 우리는 자연이 결정론적이거나 또는 무작위적이라고 정말로 믿을 수 있지만, 우리에게는 아직까지 그것에 대한 절대적 증명이 없기 때문에 확률 모형을 이것에 근사적으로 접근하는 방식으로 사용할 수 있을 것이다. 첫 번째 경우에 내가 우려하는 점은 과학이 궁극적으로 실재를 포기하고서 확률 분포와 인간의 관찰이 자연이 실제로 움직이는 방식과 아무 관계도 없다고 가정하는 것이다. 게다가 이 입장은 관찰자 의존성과 얽힘이라는 현상과 어긋날 것이다. 그것은 하나의 반실재론적 입장이다. 두 번째 경우에 내가 우려하는 점은 앞서 서술된 결정론과 무작위성에 대한 우려와 동일하다.

이어지는 장들에서 내가 제시하는 대안적 해석은 역사적으로 **실재론적**인 해석이다. 우리가 알고 있는 것을 참작하면 자연은 관계적으로 비결정적인 과정인 것처럼 보인다. 또는 최소한 이 해석은 우리가 현재 알고 있는 것과 정합적이며, 그리고 어떤 상위의 형이상학적 실명도 상정하지 않는다. 과학은 언제나 물질의 움직임에 대한 설명을 추구했지만, 그런 설명은 존재하지 않는다면 어떻게 될까? 물질의 움직임이 결정론적이지도 않고 무작위적이지도 않으며, 우리가 구상할 가능 상태들의 어떤 범위와도 전적으로 양립하지는 않는다면 어떻게 될까? 물질의 움직임이 관계적으로 비결정적인 과정이라면 세계는 오늘날 우리에게 현시되는 그런 모습과 훨씬 더 유사할 것이다. 그것은 끊임없는 운동 중에 있고, 비국소적으로 얽혀 있으며, 한편으로 우리의 최고 방정식들로 완전히 예측될 수는 없을 것이다.

나는 우리가 근대적 객체론을 전적으로 내버려야 한다고 말하고 있지 않다. 객체들의 역사에서 과거의 모든 장은 존속하는데, 다만 변환된 방식으로 존속한다. 우리는 확률의 어떤 측면들을 보존할 수 있지만 우주의 결정성, 이산성, 또는 무작위성에 대한 어떤 형이상적 믿음도 없는 새로운 방식으로 해석해야 한다. 우리는 지금까지 과학에서 통계적 방법이 대단히 효과적이었음을 부인할 수 없다. 문제는 그러했던 이유이다. 나는 우리가 이런 성공이 존재론적 결정성 또는 무작위성에서 기인한다고 가정할 필요가 없다고 생각한다.

나의 운동적 해석에 따르면 객체들과 그 장들은 비결정적인 관계적 과정들의 준안정한 상태들이다. 확률 장도 다르지 않다. 우리는 사건들을 그것들이 이산적이거나 우리의 관찰과 독립적이라고 가정하지 않은 채로 연구할 수 있다. 우리는 사건들의 빈도들을 그것들의 선험적 총체가 존재한다고 믿지 않은 채로 연구할 수 있다. 우리는 사건들의 빈도들을 어떤 고정된 비 또는 무작위적 분포가 존재한다고 가정하지 않은 채로 연구할 수 있다.

이렇게 해서 많은 과학자가 확률이라고 일컫는 것의 의미가 바뀔 것이지만, 나는 우리의 해석이 바뀌면 여러 가지 편익이 있다고 생각한다. 우선, 우리가 객체들을 만들 때 이 객체들이 전적으로 이산적이지는 않다는 의식이 적극 고양될 것이다. 객체는 아무리 사소한 것처럼 보일지라도 어떤 식으로든 그것을 제작하는 과정과 관련되어 있다. 종종 사소한 것처럼 보이는 것이 새로운 지식을 창출하는 데 가장 중요한 것이다. 우리가 객체를 관계적 과정으로 간주한다면 어쩌면 우리는 이전에는 배제되었을, 자연과의 새로운 연결 관계들을 찾아낼 것이다. 우리가 객체를 근본적으로 불안정하고 비결정적인 것으로 간주한다면 어쩌면 그로 인해 우리는 관찰 사건의 특이성에 더 주목하게 될 것이다. 우리가 객체를 가능한 상태들의 총체가 결여된 비결정적 과정으로 간주한다면 어쩌면 이것은 우리로 하여금 진행 중인 특이한 변화에 더 민감하도록 고무할 것이다. 게다가 어쩌면 이런 운동적 해석은 운동 중인 물질의 진정한 참신성과 창조성뿐만 아니라, 그런 참신성의 공-생산자로서의 과학자들의 역할을 더 정확히 반영할 것이다. 그들은 중립적 관찰자들이 아니라 운동적 조작자들이다.

이런 철학적 해석의 목적은 과학자들이 수행하고 있는 작업과 관련된 어떤 특수한 것을 변화시키려는 것이 아니라 오히려 과학자들이 스스로 수행하고 있는 작업을 이해하고 스스로 연구하는 객체들의 비객체적 조건을 명명하는 방식을 변화시키려는 것이다. 자신에 내재하는, 얽힌 측정의 구성적인 운동적 과정을 갖추고 있지 않은 객체는 전혀 없다.

다음 세 개의 장에서 나는 이런 시각에서 양자론, 범주론, 그리고 혼돈 이론을 차례로 살펴보고 운동적 조작자를 찾아내고 싶다.

16장

현대 객체 I : 양자론

객체에 관한 첫 번째 고리 이론은 1920년대에 양자장 이론에서 생겨났다. 양자장 이론가들은 양자들이 어디에서 생겨나고 어떻게 움직이는지 알기를 원했다. 그런데 20세기 초의 근대적 양자론들은 여전히 비非상대론적이었다. 이 이론들은 전자가 에너지 준위들 사이에서 움직일 때 광속으로 광자를 방출하고 흡수하는 방식을 서술하지 못했다.

많은 사람이 아인슈타인 이후 20세기의 가장 위대한 물리학자로 간주하는 영국인 이론물리학자 폴 디랙은 1928년에 독창적인 착상을 고안했다. 객체를 고정된 특성들을 갖춘 이산적인 정적 양자로 간주하기보다는 오히려 관계적으로 구성되는 것으로 간주한다면 어떻게 될까? 위치, 속도, 각운동량, 그리고 전자기 퍼텐셜이 오직 다른 객체들과의 상호작용을 통해서만 출현한다면 어떻게 될까? 그리하여 우리는 전이-중인-양자를 설명하는 전적으로 상대론적인 양자론을 갖추게 될 것이다.

디랙은 이 착상을 수학적으로 정식화한 직후에 그것이 이전에는 별개의 것들로 여겨진 두 가지 종류의 객체들, 즉 장과 입자를 통일했음을 깨달았다. 고전적으로 입자는 비탄성적인 것으로 상정되었고, 장은 탄성적인 것으로 상정되었다. 물리학자들은 여전히 고전 객체들에 의거하여 입자-파동 이중성을 생각했다. 그들은 입자와 파동이 균질한 시간과 공간을 통해서 움직인다고 간주했다.

그런데 디랙이 장과 입자를 수학적으로 통일했을 때 그는 시간과 공간이 균질하지 않다는 특수 상대성 이론에 의해 제시된 모형을 좇다. 디랙의 경우에 양자장이 고전 장과 달랐던 이유는 양자장이 고정된 위상학적 점들의 집합이 아니기 때문이었다. 디랙의 경우에 오히려 양자장은 그 진동 또는 들뜸이 이산적인 층위 또는 에너지 준위에서 입자가 출현하게 하는, 진동하는 기타 현처럼 작용했다. 디랙은 입자와 장을 동일한 움직이는 물질의 진동으로 간주했다. 그는 광자란 연속적인 비결정적 전자기장의 들뜸 또는 진동이라고 주장했다. 디랙은 이것을 '양자 전기역학'이라고 일컬었다.

디랙의 방정식들은 모든 것을 해결하지는 않았다. 하지만 1950년대에 일본인 물리학자 도모나가 신이치로와 다른 물리학자들[1]이 상이한 대전 입자들이 상대론적 장들로서 출현하여 상호작용할 수 있는 방식을 설명하는 데 도움을 주기에 충분히 성공적인 근사적 방정식들이었다.

이 장에서 나는 양자장에 관한 연구가 어떻게 해서 우리의 객체론을 변화시킴으로써 더 혼종적이고 방행적이며 관계적인 고리 객체에 이르는 문을 열었는지 보여주고 싶다.

혼종성

양자장 이론은 물리학의 대다수 영역을 통합하는 하나의 혼종적인 과학적 틀이다. 1950년대에 양자 전기역학이 완성된 이후에 양자장 이론은 그다음 20년에 걸쳐 강력과 약력을 설명하도록 확장되었다. 그 결과 1962년에 이 세 가지 장[2]은 모두 '자발 대칭 깨짐'spontaneous symmetry breaking이라고 일컬어지는 단일한 새로운 틀에서 통합된다. 그 관념은 그

---

1. 여기에는 리처드 파인만과 줄리언 슈윙거가 포함된다.
2. * 전자기력, 약력, 그리고 강력과 관련된 장들을 말한다.

세 가지 장이 모두 우주의 어느 초기 시점에서 갈라진 단일한 원초적 장의 부분들이었다는 것이었다. 이론가들은 그때까지 아무도 관찰하지 못했던 어떤 더 근본적인 대칭적 장이 존재했음이 틀림없다고 추측했다. 그들은 그것을 힉스 장이라고 일컬었다.

1970년대에 물리학자들은 기초 물리학이 여태까지 고안한 가장 성공적인 단일 모형에서 중력을 제외한 모든 관찰된 장, 입자, 그리고 힘을 통합했으며, 그 모형을 '표준 모형'이라고 일컬었다. 1973년에 과학자들은 이 모형을 완성했고, 그 이후로 지금까지 그 모형은 다양한 실험에서 견지되었다.[3] 오늘날 우리는 대략 열다섯 가지의 양자장에 관해 알고 있는데, 그 양자들은 전자, 쿼크, 뮤온, 중성미자, 그리고 힉스 보손을 비롯한 기본 입자들이다.[4] "오늘날 (물질에 관한 쿼크 이론 같은) 기본 입자들에 관한 모든 이론은 양자장 이론이다. 입자는 근저에 자리하는 장의 에너지 들뜸으로 여겨진다."[5]

1970년대부터 현재까지 이루어진 대다수 발견은 단지 표준 모형을 확증하고 상술했을 뿐이다. 이런 발견들에는 2013년의 힉스 장과 2017년의 중력장의 발견이 포함된다. 오늘날에도 양자장 이론은 여전히 실재에 관한 지배적인 유력한 물리 이론이며, 그리고 그 방정식들은 컴퓨터공학, 화학, 분자생물학 등의 영역에서 유의미하게 응용되고 있다.

물리학자들은 이런 성취에 관해 언급하기를 꺼리지 않는다. 미국인 이론물리학자 리 스몰린은 "그것은 중력을 제외하고 우리가 보는 거의 모든 것을 서술한다"라고 말한다.[6] 영국인 입자물리학자 프랭크 클로즈는 "[디랙의 방정식]은 오늘날 화학, 생물학, 그리고 원리상 생명 자체의

---

3. Smolin, *The Trouble with Physics*, 62.

4. Rovelli, *Reality Is Not What It Seems*, 128. [로벨리, 『보이는 세상은 실재가 아니다』.]

5. John Polkinghorne, *Quantum Theory*, 74.

6. Smolin, *The Trouble with Physics*, 128.

기반을 이루는 만물의 씨앗으로 인정받고 있다"라고 서술한다.[7] 게다가 미국인 물리학자 숀 캐럴은 디랙의 방정식을 "당신과 나 그리고 우리 일상 경험의 세계의 근저에 놓여 있는 방정식"으로 서술한다.[8] 티셔츠에 새기기에 적합한 표준 모형 방정식들은 물리적 실재 전체를 서술하는데, 중력이라는 단 하나의 예외가 있을 뿐이다.

그리하여 중력이 가장 최근에 양자장 이론에 추가하고자 하는 부분이 된다. 양자 중력 이론은 장이론 방정식들을 사용하여 공간과 중력이 에너지의 양자 요동에서 출현함을 서술한다. 표준 모형은 양자장 이론과 일반 상대성 이론을 아직 통합하지 못했다. 그런데 현재 이 첨단 분야에서 연구하고 있는 이론물리학자의 수가 점점 더 증가하고 있는데, 지금까지 그들은 기존 방정식들에서 회집된 내적으로 정합적인 수학적 정식들을 전개했다.

중력에 관한 몇몇 양자 이론은 원리상 실험적으로 시험 가능할지라도 그런 시험들을 위한 조건은 성취하기가 어렵다. 어쩌면 우주 배경복사의 매우 작은 요동 또는 블랙홀의 폭발로부터 비롯된 측정들이 이 이론들을 시험할 수 있을 것이다.[9] 양자 중력은 여전히 확증되어야 하지만, 많은 물리학자에게 그것은 미래의 통합된 '만물 이론'에 대한 가장 개연적인 후보이다.[10]

표준 모형은 다른 이론들을 배제하는 한 가지 새로운 이론에 불과한 것이 아니다. 오히려 그것은 물리학에서 실험적으로 가장 성공적인 이론들의 모든 조각을 유한한 해답을 산출하는 단일한 혼성 방정식으로 엮

---

7. Frank Close, *The Infinity Puzzle*, 23.

8. Sean Carroll, *The Big Picture*, 435. [숀 캐럴, 『빅 픽쳐』.]

9. 가능한 경험적 확증에 관한 철저한 설명은 Rovelli, *Reality Is Not What It Seems*[로벨리, 『보이는 세상은 실재가 아니다』]의 9장을 보라.

10. Smolin, *The Trouble with Physics*, 146.

는 혼종 이론 또는 메타이론이다. 표준 모형은 아인슈타인의 상대성 이론이 나타내는 우아함과 간결성을 전혀 갖추고 있지 않더라도 여전히 제대로 작동한다. 그 모형은 우리가 유한한 상수들과 이산적인 결과들을 다루는 한에서 대단히 많은 과학적 분야에서 놀라운 실험적 정확성을 나타낸다. 이렇게 해서 양자장 이론의 표준 모형이 지닌 보편적 **혼종성**이 허용된다.

방행

게다가 양자장 이론은 비결정론적이다. 이산적으로 측정 가능한 입자를 산출하지 않은 장의 에너지는 무엇인가? 양자장 이론가들이 이 물음에 대답하고자 했을 때, 그들은 어떤 장의 최저 에너지가 영도 아니고 어떤 결정적 양도 결코 아님을 깨달았다. 양자장에는 이른바 '양자 요동'이라는 매우 작은 비결정적 진동 상태가 있다. 이런 요동 상태는 이 상태에 있지도 않고 저 상태에 있지도 않기에 엄밀히 따지면 객체가 아니다.

양자장은 관찰할 수 있는 안정적인 입자로 나타날 때조차도 비결정적 움직임을 절대 멈추지 않는다. 우리는 '진공'이라는 용어를 공허 또는 텅 빔과 연관시키지만, 실제 사정은 그렇지 않다. "양자장은 진공이 일단의 부산한 활동이라는 점을 수반한다. 요동은 끊임없이 발생하는데, 그 와중에 일시적인 '입자들'이 나타나고 사라진다. 양자 진공은 텅 빈 공간과 유사하기보다는 오히려 충만한 공간과 유사하다."[11]

입자는 공허에서 떠돌고 있지 않다. 물리학자 프랭크 클로즈가 서술하는 대로,

---

11. Polkinghorne, *Quantum Theory*, 74.

진공은 텅 비어 있지 않으며, 오히려 돌발적으로 생겨나고 사라지는 물질과 반反물질의 일시적인 입자들로 들끓고 있다. 이 도깨비불들은 우리의 통상적인 감각으로 감지할 수 없지만, 그것들이 결합하는 순간에 광자와 전자를 교란함으로써 실험이 측정하는 수에 기여한다.[12]

물리학자들은 이런 일시적인 입자를 '가상 입자'라고 일컫는데, 비록 그것이 가상적이지도 않고 입자도 아니라 오히려 장 자체의 실재적이고 비결정적인 운동적 진동이지만 말이다.

물리학자들은 이런 요동의 운동을 '난류성 소용돌이'로 서술하고, 그것이 양자장 이론의 방정식에 미치는 효과를 '섭동 이론'으로 서술한다. 그런데 진공 요동은 단지 입자를 '교란'하는 것만은 아니다. 입자는 장의 진동이다. 양자장 이론에서 모든 물질은 어떤 지점에서 진공으로부터 생겨나는 요동이다. 사실상 양성자와 중성자의 질량 대부분은 해당 질량의 1퍼센트를 구성할 따름인 쿼크들에서 비롯되지 않으며, 오히려 그것들의 비결정적 진동 요동들 또는 '가상 입자들'의 움직임의 결과이다.[13] 자연은 진공을 혐오하지 않는다. 자연은 진공을 경애한다.

그런데 비결정적 진공 요동의 현존은 한 가지 흥미로운 물음을 제기한다. 과학의 역할이 객체들을 창출하고 정렬하는 것이라면 에너지의 비非객체적 요동에 대한 과학의 관계는 무엇인가? 양자장 이론의 방정식들이 에너지를 국소적으로 숨은 결정론적 변량이 전혀 없는,[14] 관계적으로 상대론적인[15] 과정으로 간주한다면,[16] 입자들은 어디에서 생겨나

12. Close, *The Infinity Puzzle*, 5.

13. Stephen Battersby, "It's Confirmed : Matter is Merely Vacuum Fluctuations."

14. 국소적 숨은 변수라는 쟁점에 관해서는 David Mermin, "Is the Moon There When Nobody Looks? Reality and the Quantum Theory" ; Ruth Kastner, Stuart Kauffman and Michael Epperson, "Taking Heisenberg's Potentia Seriously"를 보라.

15. Rovelli, *Reality Is Not What It Seems*, 124. [로벨리, 『보이는 세상은 실재가 아니다』.]

는가? 우리가 이산적인 입자들 또는 심지어 입자-파동들을 다룬다면 어떤 닫힌계에서는 유한한 수의 가능 결과들이 있을 따름일 것이다. 그런데 우리가 비결정적 장들을 다루고 있다면 훨씬 더 광범위한 '자유도'가 있다.[17]

일단 여러분이 비결정적 자유도를 갖춘 과정을 연구하고자 한다면 확률론적 모형 전체가 붕괴하기 시작한다. 선택할 유한한 이산적인 상태들이 없기에 어떤 확률론적 예측도 없다. 유한한 해답을 예측하기를 바란다면 우리는 장을 일단의 이산적인 가능 객체로 간주해야 한다. 이 경우에도 이들 객체 중 하나가 생겨날 확률은 여전히 $1/\infty$이거나 또는 '영에 무한히 접근하지만 영과 같지는 않다'. 궁극적으로 확률 예측을 하고 싶다면 또한 우리는 유한한 범위의 이산적인 결정적 상태들을 선택해야 한다. 그러므로 비결정적 장이 어떻게 움직일 것인지에 대한 유한한 실제적 예측을 생성하려면 양자장 이론가들은 장을 마치 그것이 무작위적으로 움직이는 이산적인 입자들의 유한한 확률 범위인 것처럼 간주해야 한다.[18]

내가 보기에 이것은 비결정적인 장 요동이 정말로 무작위적이거나 불연속적이거나 또는 연속적임을 반드시 뜻하지는 않는다. 장 요동이 정말로 비결정적인 것이라면, 그것은 결코 결정적인 것일 수가 없다. 장 요동이 실체도 아니고 입자도 아니라면, 그것은 연속적일 수도 없고 이산적일 수도 없다. 표준 모형 방정식은, 물리학자들이 확률론적 예측을 원한다면 그들은 오직 유한한 범위의 유한한 가능 상태들을 측정함으로써 비결정적 장에 작용해야 할 것임을 뜻할 따름이다. 비결정적 장을 측정하는 행위는 에너지를 도입하기에 과학자들은 장을 측정함으로써 그것을 변화

---

16. Smolin, *The Trouble with Physics*, 55.

17. Polkinghorne, *Quantum Theory*, 73.

18. Rovelli, *Reality Is Not What It Seems*, 124. [로벨리, 『보이는 세상은 실재가 아니다』.]

시킨다. 과학자들은 양자장에 대한 객관적인 측정을 수행할 수 없다. 그들은 어떤 비결정적 과정을 입자로 공-창조하고 안정화한다. 장의 비결정적 움직임은 결코 완전히 사라지지 않는다. 그것은 객체로 준안정화될 따름이다.[19]

되먹임

양자장 이론의 세 번째 면모는 그 객체들이 내부작용적인 관계적 메커니즘, 또는 내가 '되먹임'이라고 일컫는 것을 통해서 형성된다는 점이다. 이 과정은 기성의 이산적인 입자들이 결정론적 법칙이나 통계적 법칙에 따라서 상호작용하는 근대주의적 이론에서의 과정과 다르다. 이산적인 입자들은 상호작용하지만, 요동하는 장들은 내부작용한다.[20] 장들이 이산적인 객체들이 아니라면, 그것들은 절대적으로 상이한 사물들로서 관계하는 것이 아니라 오히려 동일한 과정의 차원들로서 관계한다.

양자장 이론에서 이것은 '역반응'이라고 일컬어진다. 역반응은 어느 장이 계속해서 무한정 자신에 반응할 때 생겨나기에 과학자들은 어느 입자의 이산적 질량을 측정하기가 어렵게 된다. 물리학자 존 폴킹혼이 지적한 대로 "이런 일이 일어난 한 가지 중요한 방식은 끊임없이 요동하는 진공과의 상호작용을 통해서 이루어졌다."[21] 주위의 진공이 요동하면서 움직이는 대야 속 물의 파동처럼 자신에 반응함에 따라 그것은 자신의

---

19. Close, *The Infinity Puzzle*, 42.
20. "얽히게 된다는 것은 개별적 존재자들이 접합하는 경우처럼 단지 서로 연결되는 것이 아니라 오히려 독립적인 자기충족적 현존이 없다는 것이다. 현존은 개체적 사태가 아니다. 개체들은 그것들의 상호작용들에 앞서 현존하지 않는다. 오히려 개체들은 그 내부관계적 얽힘을 통해서 그리고 그 일부로서 출현한다"(Barad, *Meeting the Universe Halfway*, ix).
21. Polkinghorne, *Quantum Theory*, 74.

입자들의 준안정한 상태를 교란한다.

이런 역반응은 디랙이 자신의 방정식에 결코 전적으로 만족하지는 못했던 이유 중 하나이다. 장들이 관계적인 동시에 끊임없이 변화하고 있다면, 각각의 변화는 모든 장 관계를 거듭해서 계속 변화시키고 있다.[22] 또한 이런 까닭에 디랙은 어느 입자가 택할 수 있을 결정론적 경로들의 중첩으로서의 파동에 대한 슈뢰딩거의 방정식을 거부했다.[23] "전자電子의 실재는 파동이 아닌데, 그것은 상호작용을 통해서 현시되는 방식이다"라고 디랙은 말했다.[24]

고리

우리는 양자장에 내재하는 되먹임 관계를 고리, 주름, 또는 방울로 시각화할 수 있다. 어느 양자장에서 생겨나는 들뜸은 그 장 표면에 "선회하는 소용돌이 선회"[25] 또는 "거품"[26]을 형성함으로써 그 장이 자신 및 다른 장들과 상호작용하게 한다[그림 16.1 참조]. 양자장의 선들은 지속적인 되먹임과 변환의 사이클에서 자신으로 되돌아오는 '고리'를 형성한다.

이것은 고리 양자 중력 이론으로 일컬어지는 것의 기초이다. 고리 양

---

22. "[물질]은 질량처럼 불변적인 것들을 제외하고 그 자체로 어떤 특성도 갖추고 있지 않다. 그것의 위치와 속도, 그것의 각운동량, 그리고 그것의 전기 퍼텐셜은 그것이 또 다른 객체와 충돌하여 상호작용할 때만 실재성을 획득한다. 하이젠베르크가 인식한 대로 규정되지 않는 것은 그것의 위치만이 아니다. 한 상호작용에서 그다음 상호작용 사이에는 객체의 어떤 변량도 규정되지 않는다. 이론의 관계적 양상이 보편적인 것이 된다"(Rovelli *Reality Is Not What It Seems*, 122 [로벨리, 『보이는 세상은 실재가 아니다』]).

23. Erwin Schrödinger, "An Undulatory Theory of the Mechanics of Atoms and Molecules," 1049를 보라. "파동함수는 공간 속 전기의 연속적인 분포를 물리적으로 뜻하고 결정한다."

24. Rovelli, *Reality Is Not What It Seems*, 122. [로벨리, 『보이는 세상은 실재가 아니다』.]

25. Close, *The Infinity Puzzle*, 43.

26. Rovelli, *Reality Is Not What It Seems*, 187. [로벨리, 『보이는 세상은 실재가 아니다』.]

그림 16.1. 방울들의 거품. 출처 : https://commons.wikimedia.org/wiki/File:Foam_Bubbles.jpg

자 중력은 이런 고리들을 시공간 자체의 본질적으로 "알갱이"적인 짜임새를 구성하는 것으로 간주한다.[27] 이 모든 능동적인 양자장 고리의 회집체는 물리학자들이 '스핀 거품 네트워크'라고 일컫는 것을 산출한다. 그들이 그것을 그렇게 부르는 이유는 고리들이 함께 엮여서 공간의 거품 같은 차원성을 창출하기 때문이다. 이탈리아인 물리학자 카를로 로벨리가 그것을 "'거품'이라고 일컫는 이유는 그것이 비눗방울의 거품과 유사하게 꼭짓점에서 만나는 선들에서 만나는 표면들로 이루어져 있기 때문이다."[28]

　이런 양자 중력 이론에서 객체는 접힘 과정의 생산물이다. 로벨리가 설명하는 대로,

---

27. "횔러-디윗 방정식의 해에서 나타나는 닫힌 선은 중력장의 패러데이 선이다"(Rovelli *Reality Is Not What It Seems*, 161 [로벨리, 『보이는 세상은 실재가 아니다』]).
28. 같은 책, 187. [같은 책.]

양자역학이 서술하는 세계에서는 실재가 오직 물리계들 사이의 관계들 속에서만 존재한다. 사물들이 관계를 맺는 것이 아니라 오히려 관계들이 사물의 개념을 정초한다. 양자역학의 세계는 객체들의 세계가 아니다. 오히려 그것은 사건들의 세계이다. 사물들은 기본 사건들이 발생함으로써 구축된다. 1950년대에 철학자 넬슨 굿맨이 아름답게 표현한 대로 "객체는 한결같은 과정이다." 파도가 바다로 또다시 용해되기 전에 잠시 그 정체성을 유지하는 것과 마찬가지로 돌은 잠시 그 구조를 유지하는 양자들의 진동이다.[29]

달리 말해서 로벨리에 따르면 시공간을 비롯한 객체들의 조건은 다른 객체들이 아니라 관계적 과정들이다. 객체는 장의 창발적 면모이다. 미국인 물리학자 캐런 버라드가 서술하는 대로 입자는 "가상 입자들의 매개적 교환을 통해서 자신(그리고 다른 입자들)과 내부작용한다…〔그러므로〕 이처럼 무한히 많은 가상적 내부작용의 에너지-질량은 전자의 질량에 무한히 이바지한다."[30] 이렇게 해서 양자 객체론은 비결정적 되먹임 효과로부터 구축된다.[31]

얽힘

양자 되먹임의 또 다른 중요한 사례는 얽힘이다.[32] 슈뢰딩거의 진술에 따르면 얽힘은 "양자역학을 특징짓는 하나의 특질이 … 아니라 오히려

---

29. 같은 책, 135. [같은 책.]

30. Barad, *Meeting the Universe Halfway*, 14.

31. "선들이 하나 이상의 닫힌 고리를 형성하는 다이어그램이 있을 때마다 무한성 질환이 발병한다"(Close, *The Infinity Puzzle*, 47~8).

32. 이 현상에 관한 문헌은 방대하다. Mermin, "Is the Moon There When Nobody Looks?"; Amir D. Aczel, *Entanglement* [아미르 D. 악젤, 『얽힘』]; Louisa Gilder, *The Age of Entanglement* [루이자 길더, 『얽힘의 시대』]를 보라.

유일한 특질, 즉 양자역학을 고전적 사유 노선으로부터 완전히 벗어나도록 강제하는 특질이다."[33] 양자 얽힘은 우리가 한 쌍의 입자 또는 일단의 입자의 상태를 그것들이 상당한 거리를 두고 떨어져 있을 때조차도, 서로 독립적으로 서술할 수 없는 경우에 생겨난다. 우리가 얽힌 입자 중 하나의 위치, 운동량, 스핀, 그리고 분극을 측정할 때 그 입자들의 상태는 상관적으로 결정된다.

지금까지 수많은 실험이 양자 얽힘을 입증했다. 현재 과학자들은 한 계의 상태가 그것의 모든 하위계의 상태를 개별적으로 나열함으로써 규정될 수 없다는 점을 수용한다. "우리는 계 전체를 살펴보아야 하는데, 그 이유는 그것의 상이한 부분들이 서로 얽혀 있을 수 있기 때문이다."[34] 그런데 그 전체 계는 얼마나 큰가?

1935년에 알베르트 아인슈타인Einstein, 보리스 포돌스키Podolsky, 그리고 나단 로젠Rosen(이하 EPR)은 얽힘이 실재적이라면 두 가지 중 하나가 당연히 도출된다고 주장했다. 양자역학이 얽힘을 설명할 수 없기에 양자역학은 불완전하거나, 아니면 양자역학은 비국소적인 '유령 같은 원격 작용'(아인슈타인이 나중에 고안한 표현)을 수반했다. EPR은 둘 중 어느 선택지도 수용할 수 없었다. 아인슈타인은 객체가 우리가 그것을 측정할 수 있든 말든 간에 고정된 특성들을 갖추고 있어야 한다고 믿었다. 아인슈타인은 이렇게 서술했다.

B에서 실재적으로 현존하는 것은 공간 A의 부분에서 수행되는 측정의 종류에 의존하지 말아야 합니다. 또한 그것은 공간 A에서 아무튼 어떤

---

33. Erwin Schrödinger, "Die gegenwärtige Situation in der Quantenmechanik," 844. 이 논문의 영어 번역본 "The Present Status of Quantum Mechanics"는 John A. Wheeler and Wojciech H. Zurek, eds., *Quantum Theory and Measurement*에 실려 있다.
34. Carroll, *The Big Picture*, 100. [캐럴, 『빅 픽처』.]

측정이 수행되는지 여부에 의존하지 말아야 합니다. 이 프로그램을 고수하면 우리가 양자역학적 서술을 물리적으로 실재적인 것에 대한 완전한 재현으로 간주하는 것은 불가능에 가깝습니다. 이런데도 그렇게 간주하고자 한다면 우리는 B에서 물리적으로 실재적인 것이 A에서 이루어진 측정의 결과로서 돌연한 변화를 겪는다고 가정해야 합니다. 물리학에 대한 나의 본능은 이것에 발끈합니다.[35]

이른바 'EPR 역설'은, 미국인 과학자 데이비드 봄이 초기에 제시한 비국소적 숨은 변수 이론(1952)[36]에 고무된 아일랜드인 물리학자 존 벨이 아인슈타인이 틀렸음을 증명하는 정리와 사고실험을 제시하고서야 이론적으로 논란이 해소되었다.[37] 한편으로 1982년 파리에서 프랑스인 물리학자 알랭 아스페가 수행한 EPR 기반 실험은 얽힘이 틀림없이 실재적임을 입증했다. 지난 40년에 걸쳐 과학적 실험들은 멀리 떨어진 양자 사건들 사이의 통계적 상관관계를 확증했다. 지금까지 얽힘을 국소적인 인과적 인자들로 설명하려는 모든 이론은 틀린 것으로 판명되었다.[38]

양자 얽힘의 결과는 본원적이지만, 그 원인에 대하여 보편적으로 수용되는 해석은 전혀 없다. 우리는 국소적 운동이 전체적 운동과 얽혀 있거나 또는 통계적으로 상관되어 있음을 알고 있지만, 이것이 어떤 원격 작용 또는 시간상의 소급 작용을 반드시 수반하는 것은 아니다. 게다가 그것은 데이비드 봄이 주장한 대로 우주 전체에 대한 결정론적 파동함

---

35. Albert Einstein, Hedwig Born and Max Born, *The Born-Einstein Letters*, March 1948. [알베르트 아인슈타인·막스 보른, 『아인슈타인-보른 서한집』.]

36. 데이비드 봄이 초기에 제시한 비국소적 숨은 변수 이론은 1920년대에 구상된 드브로이의 이단적인 파일럿 파동 이론에 의해 고무되었다.

37. Mermin, "Is the Moon There When Nobody Looks?"

38. Mermin, "Is the Moon There When Nobody Looks?" 또한 Peter Holland, *The Quantum Theory of Motion*을 보라.

수를 반드시 따르는 것도 아니다.[39]

나의 운동적 해석에 따르면 우리가 얽힘을 어떤 더 광범위한 인과적 틀로 반드시 설명해야 할 필요는 없다. 사실상 양자장의 비결정적 본성으로 인해 그런 일은 불가능할 것이다. 어쩌면 비결정적인 얽힌 상관관계는 더 상위의 인과적 설명이 없는 새로운 객체론에서 주어질 것이다.[40] 각각의 국소적 변화는 비결정론적 우주 전체와의 되먹임에서 생겨난다. 이렇게 해서 베르그손이 즐겨 말한 대로 "전체의 질적 변환"이 존재한다.[41]

혼종성, 방행, 그리고 되먹임, 또는 카를로 로벨리가 일컫는 대로 "입자성, 비결정성, 그리고 관계성"은 내가 보기에 새로운 고리 객체론에 이바지하는 양자장 이론의 세 가지 측면이다.[42]

운동적 조작자

이 절에서 나는 비결정적 움직임, 즉 내가 '운동적 조작자'라고 부르는 것이 양자 운동적 객체를 창출하는 데서 담당하는 역할을 보여주고 싶다. 운동적 조작자는 재규격화, 즉 수학적 방정식에 대한 유한한 예측치를 얻기 위해 양자장에서 비결정성과 되먹임을 제외하는 실천에서 중대한 역할을 수행한다. 디랙의 제자 중 한 사람인 프랭크 클로즈는 "재규격화의 철학은 입자물리학 전체에서 가장 어렵고 논란이 많은 것에 속한다. 그런데 그것은 현대 이론을 입증한다."[43]

---

39. Holland, *The Quantum Theory of Motion*.
40. 유사하지만 구별되는 제안에 대해서는 Arthur Fine, "Do Correlations Need to be Explained?"; Tanya Bub and Jeffrey Bub, *Totally Random*; Bas van Fraassen, "The Charybdis of Realism"을 보라.
41. Henri Bergson, *Matter and Memory*, 104. [앙리 베르그손, 『물질과 기억』.]
42. Rovelli, *Reality Is Not What It Seems*, 136. [로벨리, 『보이는 세상은 실재가 아니다』.]

1930년대 중반 이래로 양자장 이론가들은 이 한계를 크게 인식하게 되었고 흔히 이 한계로 인해 좌절을 겪었다. 디랙도 자신의 방정식이 전자를 마치 그것이 '역반응'을 수행하거나 '자체 에너지'를 형성할 때 재귀적으로 작용하지 않는 것처럼, 그리고 마치 그것이 텅 빈 공간을 통해서 움직이는 것처럼 간주함을 간파했다. 우리가 디랙의 방정식을 한 전자의 에너지에 엄밀히 적용하면 그것은 무한대의 질량을 산출하는데, 이런 일은 실험적으로 불가능하다. 우리가 디랙의 방정식을 전자 주변의 텅 빈 공간, 이른바 '양자 진공'에 적용하면 마찬가지 사태가 발생한다.

이런 '무한대 문제'는 1940년대에 무엇보다도 물리학자들이 전자의 질량과 전하에 대한 애초의 측정값을 고려하기 시작했을 때 해결되었다.[44] 우리가 양자장 이론을 사용하여 전자의 전하 또는 질량을 계산하면 무한대의 해를 얻을 수밖에 없다. 그러므로 과학자들은 실험 측정값을 "실험적으로 결정된 이 양들에 대하여 상대적으로 … 우리가 계산하기를 바라는 여타의 것에 대한 기준"으로 사용하였다. "경이로운 것은 모든 해가 이제는 무한대가 아니라 유한한 것으로 판명되고, 게다가 나아가서 그 값들이 올바르다는 점이다"라고 클로즈는 서술한다.[45] 이것은 엄청나게 성공적인 혁신이었는데, 요컨대 양자 전기역학이 지금까지 실험적으로 확증된 최선의 이론이 되었다.

그런데 처음의 실험 측정을 실행하는 것은 비결정성, 진공 요동, 또는 되먹임 반응을 제거하지 못한다. 오히려 그것은 운동적 조작자로서의 역할을 수행한다. 측정 활동이 이루어지기 위해서는 과학자들이 측정 장

---

43. Close, *The Infinity Puzzle*, 42.

44. 양자 전기역학의 경우에 도모나가 신이치로, J. 슈윙거, R. 파인만 등에 의한 해는 그런 측정에의 의존을 훨씬 넘어서는 것을 포함했다. (전기역학과 약한 상호작용의 이론을 통일하는) 전기약력 이론의 재규격화는 마르티뉘스 펠트만과 헤라르뒤스 엇호프트에 의해 수행되었다.

45. Close, *The Infinity Puzzle*, 8.

치를 사용하여 무언가에 광자를 쏘아야 한다. 그런데 이 광자들과 그 실험적 설정은 독자적인 비결정적 양자장을 가진다. 그러므로 측정은 결과물을 능동적으로 형성하고 공-결정하는 동시에 무언가를 배제하는 장들의 내부작용과 더 유사하다.

미국인 물리학자 리처드 파인만은 측정이 언제나 무언가를 배제함을 간파했다. 그는, 입자들이 처음 측정 지점과 마지막 측정 지점 사이에서 상호작용할 방식에 관한 단순한 층위 및 복잡한 층위에서 각기 가능한 경로 방정식으로 디랙의 방정식을 도식화하기 위해 위계적 방법을 개발했다[그림 16.2 참조]. 파인만의 실용적 전략은 가능한 상호작용 중 가장 단순한 것을 먼저 계산하고, 여타 상호작용을 잠정적으로 무시하는 것이었다.[46] 더 정확한 근삿값을 얻기 위해 언제나 더 많은 계산을 수행함으로써 근삿값을 개선할 수 있을 것이다.[47] 그렇지만 궁극적으로 우리

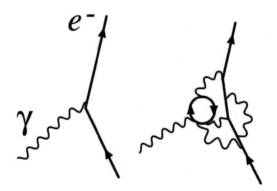

그림 16.2. 재규격화된 꼭짓점. 양자 전기역학의 재규격화에서는 한 재규격화 지점에서 전자의 전하를 결정하는 전자[e-]/광자[γ] 상호작용(왼쪽 그림)이 다른 한 지점에서 더 복잡한 상호작용들로 이루어져 있는 것(오른쪽 그림)으로 밝혀진다. 출처 : https://en.wikipedia.org/wiki/Renormalization#/media/File:Renormalized-vertex.png

46. Jeremy Butterfield and Nazim Bouatta, "Renormalization for Philosophers."
47. Close, *The Infinity Puzzle*, 60.

는 결코 바닥에 닿을 수 없다.

'유효장 이론들의 탑'에 관한 파인만의 관념은 시공간의 근본적 한계에 부닥쳤다. 디랙의 방정식과 마찬가지로 파인만의 다이어그램은 입자들이 정적인 배경 시공간을 통해서 움직인다고 가정했다. 파인만은, 시간은 왼쪽에서 오른쪽으로 움직이고 공간은 아래에서 위로 움직인다고 가정했다. 그리하여 그다음에 필요한 것은 시공간에 관한 양자 이론이었다.

그런 이론을 제공하기 위한 한 가지 이론적인 시도, 아직 실험적으로 입증되지 않은 시도는 고리 양자 중력이다. 고리 양자 중력은 삼차원 판본의 파인만 다이어그램을 사용하여 양자장들 – 이 장들 속 입자들이 아니라 – 이 어떻게 해서 삼차원 공간을 창출하는지를 상상한다.[48] 그 독창적인 결과가 그림 16.3에 제시되어 있다.

양자장들이 진동하고 상호작용함에 따라 그것들은 공간과 시간을

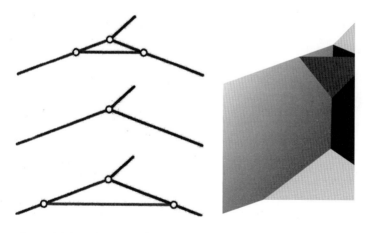

그림 16.3. 진전하는 스핀거품 네트워크. 출처 : Rovelli, *Reality Is Not What It Seems*, 186. [로벨리, 『보이는 세상은 실재가 아니다』.]

48. Rovelli, *Reality Is Not What It Seems*, 189. [로벨리, 『보이는 세상은 실재가 아니다』.]

형성한다. 고리 양자 중력의 방정식에서 우리는 에너지를 플랑크 길이 (1.6×10^{-35} 미터)라는 양화 가능한 최저 한계까지 모형화할 수 있다. 이것은 어떤 알려진 입자 또는 가능한 실험 측정값보다 상당히 더 작다. 플랑크 길이 아래서는 에너지 요동이 근본적으로 비결정적인 것이 되기에 우리가 그것을 관찰하고자 할 때 요구되는 광자 에너지가 너무 강력하여 블랙홀이 생성될 것이다.

이런 까닭에 카를로 로벨리와 다른 양자 중력 이론가들은 플랑크 길이를 양자론의 '자연적 차단'으로 서술한다.[49] 양자 '고리,' '방울,' 그리고 '거품'의 내부에는 접근할 수 없는 방대한 "미시 블랙홀들의 바다"가 존재한다고 추측하는 이론가들도 있다.[50] 이렇게 해서 로벨리는 플랑크 길이 아래에는 "아무것"도 없고,[51] 공간은 플랑크 단위의 크기를 갖는 이산적인 '원자들' 또는 '알갱이들'로 이루어져 있다는 자신의 결론을 정당화한다.[52] 로벨리의 경우에 플랑크 차단은 재규격화와 같지 않은데, 왜냐하면 플랑크 길이는 임의의 실험적 길이가 아니라 하나의 자연 상수이기 때문이다.

그런데 기술적 견지에서 바라보면 플랑크 길이 아래에서도 정말로 어떤 일이 벌어진다. 에너지는 플랑크 길이 아래에서 사라지지 않고 오히려 매우 근본적으로 비결정적인 것이 되기에, 알려진 물리 법칙들은 붕괴하

---

49. "이론에서 플랑크 길이에 의해 제공되는 자외선 차단과 더불어 자연적 적외선 차단으로서의 함수"(Carlo Rovelli, *Covariant Loop Quantum Gravity*, 118)라는 구절을 참조하라[강조는 옮긴이].

50. Stephen Hawking, "Virtual Black Holes"; Gerard t'Hooft, "Virtual Black Holes and Space-time Structure"; Rovelli, *Reality Is Not What It Seems*, 248 [로벨리, 『보이는 세상은 실재가 아니다』].

51. "플랑크 길이 아래에서는 더는 어떤 것에도 접근할 수 없다. 더 정확히 말하자면 아무 것도 존재하지 않는다"(Rovelli, *Reality Is Not What It Seems*, 152[로벨리, 『보이는 세상은 실재가 아니다』]).

52. 이들 값 또는 '고윳값'과 그것들을 도출하는 방법에 관한 논의는 Rovelli, *Reality Is Not What It Seems*, 165[로벨리, 『보이는 세상은 실재가 아니다』]를 보라.

게 된다. 예를 들어 플랑크 길이 이하의 크기를 갖는 상자 속에 입자 하나를 넣는다면 그 위치의 비결정성은 그 상자의 크기보다 더 클 것이며, 그리고 그것의 질량은 플랑크 길이의 두 배가 되는 반경을 갖는 블랙홀을 산출할 것이다. 이 반경을 가로지르는 데 걸리는 시간은 플랑크 시간의 네 배일 것이다.[53] 이런 초강력 에너지 상태에서는 공간의 요동과 곡률이 매우 비결정적인 것이 되기에 우리는 양자 중력 이론을 사용하더라도 그것들과 관련하여 유의미한 것을 전혀 계산할 수 없다.[54] 비결정성은 우리가 할 수 있는 어떤 예상보다 더 두드러지게 된다. 통계역학과 확률론은 사물의 핵심에 자리하는 이런 근본적인 비결정성의 해변에서 좌초한다.

운동적 조작자는 텅 빈 공허가 아니라 들끓고 있는 생성적 비결정성이다. 플랑크 길이 아래로 진입하는 블랙홀의 핵심에서 에너지와 운동량은 사라지지 않으며, 오히려 빛조차 빠져나갈 수 없을 정도로 비결정적으로 증가하게 된다.[55] 블랙홀은 에너지를 파괴하는 우주적 진공이 아니라, 에너지를 풀어서 다시 엮는 직조기이다.[56] 매우 작은 플랑크 크기의 블랙홀이 존재한다면, 그것은 시공간을 대단히 불안정한 거품투성이의 것으로 만드는 엄청난 비결정적 양자 요동의 원천일 수 있다.[57]

우주의 대단히 많은 암흑물질에 대한 한 가지 가능한 설명은 그것이 블랙홀 복사에서 비롯되었으리라는 것이다.[58] 블랙홀 열에너지뿐만 아니

---

53. Ethan Siegel, "What is the Smallest Possible Distance in the Universe?".

54. 이것은 서스킨드가 "블랙홀 상보성"이라고 일컫는 것이다(Leonard Susskind, *The Black Hole War*, 237[레너드 서스킨드, 『블랙홀 전쟁』]).

55. Christopher N. Gamble and Thomas Nail, "Black Hole Materialism"를 보라.

56. Stephen Hawking, *A Brief History of Time*; Rovelli, *Reality Is What It Seems*, 248 [로벨리, 『보이는 세상은 실재가 아니다』]; Susskind, *The Black Hole War*, 124~5 [레너드 서스킨드, 『블랙홀 전쟁』].

57. Susskind, *The Black Hole War*, 98~9 [레너드 서스킨드, 『블랙홀 전쟁』]. 또한 t'Hooft, "Virtual Black Holes and Space-time Structure"를 보라.

라 양자 에너지도 복사한다. 특히 질량이 큰 블랙홀의 크기가 더 작을수록 그것의 에너지 복사는 더욱더 많아지고, 그것의 주변에 창출되는 공간과 시간의 요동은 더욱더 급격해진다.[59]

나의 해석의 중대한 논점은 양자물리학이 유의미하게 측정하고 객체화할 수 있는 것에는 실제적이고 이론적인 한계가 있다는 것이다. 그 한계는 비결정적 움직임, 즉 운동적 조작자이다. 나의 논점은 과학이 이 과정들에 대한 어떤 접근권도 지니고 있지 않다는 것이 아니라 오히려 이 과정들이 측정 자체의 일부라는 것이다. 측정은 과학자들이 세계에 행하는 중립적인 것이 아니라 오히려 세계가 그 자체에 행하는 것이다. 운동적 조작자는 객체화될 수 없지만 모든 객체에서 내재적으로 작동한다. 그것은 객체들에 배어 있는 비결정성이지만 객체들로 환원될 수는 없다.

플랑크 길이 아래에서 양자 비결정성은 더 상위의 설명이 없는데, 왜냐하면 그것은 물리학에 알려진 모든 예측 방법을 넘어서기 때문이다. 그러므로 나의 해석에 따르면 우리는 비결정성을 '무작위적'인 것, '결정론적'인 것, 또는 '확률론적'인 것이라고 일컫지 말아야 한다. 이것들은 근대적 객체론에서 수입된 관념들이다. 나의 논점은 비결정성이 우리에게 다른 방향을 가리키리라는 것이다. 물질/에너지의 움직임이 객체들로 환원될 수 없고, 오히려 객체들의 내재적이고 총체화될 수 없는 조건이라고 주장하는 것은 전적으로 실행 가능한 해석이다. 과학은 언제나 이런 한계에서 작업하면서 새로운 객체들을 생성하고 있는데, 이것은 생산적인 접근법이다. 그런데 비결정성은 지금까지 객체로 환원되지 않았고 결코 환원될 법하지도 않다.

---

58. "암흑물질이 블랙홀들로 이루어져 있지 않다면 그럴 가능성이 열려 있다"(Rovelli, *Reality Is Not What It Seems*, 128[로벨리, 『보이는 세상은 실재가 아니다』]).

59. Susskind, *The Black Hole War*. [레너드 서스킨드, 『블랙홀 전쟁』.]

이것은 객체들에 관한 연구와 객체들의 패턴들에 대한 예측이 무의미하다는 의미는 아니다. 오히려 그것은 생성적이고 실제적일 수 있다. 과학은 유용한 결과를 얻기 위해 비결정성을 결정적인 무언가로 설명할 필요가 없다. 다른 방법이 있다. 과학은 물질의 생성적 비결정성을 결정성의 내재적 근원으로 수용할 수 있다. 과학은 비결정성이 객체들을 창출함에 있어서 그것들의 운동적 조작자로서 적극적으로 저항하고 도와준다는 점을 단언할 수 있다. 이것은 이전의 객체론들과의 두드러진 해석적 단절일 것이지만, 여전히 현대 물리학과 정합적일 것이다.

게다가 우리는 이 책에서 제안된 운동적 어휘를 사용하여 이런 견지에서 양자론의 핵심 면모들을 해석할 수 있다.

흐름

앞서 나는 흐름을 실체, 이산성, 또는 고정된 특성이 전혀 없이 진행 중인 움직임 또는 과정으로 규정했다. 이것은 양자론이 연구하는 것이다. 로벨리가 진술한 대로 "양자역학의 세계에서는 모든 것이 진동한다. 아무것도 가만히 있지 않는다. 한 장소에 전적으로 그리고 지속적으로 가만히 있는 것의 불가능성이 양자역학의 핵심에 자리하고 있다."[60] 양자 세계는 과정과 패턴 들의 세계이고, 그리하여 우리는 흐름에 진입하지 않은 채로 세계를 연구할 수는 없다. 양자론에서 움직임의 수위성과 편재성은 고리 객체론에 대단히 중요한 이론적 통찰이다.

양자 세계에서 수위적인 요소는 움직임뿐만이 아닌데, 또한 양자 세계는 우리가 앞서 논의한 대로 전체적으로 얽혀 있다. 국소적 측정들에 의거하여 움직임을 완전히 설명할 수는 없다.[61] 그 이유는 모든 국소적 측

---

60. Rovelli, *Reality Is Not What It Seems*, 226. [로벨리, 『보이는 세상은 실재가 아니다』.]
61. Abner Shimony, "Bell's Theorem."

정이 언제나 비국소적 흐름과 상관되어 있기 때문이다.[62] 비국소적 비결정론은 우주 전체가 끊임없이 흐른다는 관념이다. 우리는 얽힘을 전체적 결정론으로 설명하거나 또는 얽힘을 무작위적인 것으로 설명하기보다는 오히려 반본질주의적인 시각을 취함으로써 얽힘과 비결정성이 환원 불가능한 현상이라고 인식할 수 있다.[63]

운동이 수위적이고 얽혀 있는 것이라면 모든 국소적인 것은 흘러가는 우주 전체의 영역들로서 아무 원인 없이 동시에 함께 변화한다.[64] 얽힘은 국소적인 것들 사이에 "빛보다-더-빠른 소통"이 있을 수 있음을 뜻하지는 않는다.[65] 그것의 운동 패턴은 우주 바깥에 있는 어떤 다른 것에 의해 초래되지 않으며, 오히려 우주는 우주 그 자체와 얽힌 원인이다.

이런 해석에 따르면 우주는 역동적인 열린 전체로서 흐른다. 우주는 미리 주어진 결정론적 파동함수도 아니고, 많은 가능 세계 중 하나에 불과한 것도 아니다(그림 16.4를 보라). 운동적 비결정성의 한 가지 결과는 우주의 흐름을 포함할 만큼 충분히 큰 확률 집합이 존재하지 않는다는 것이다. 자연의 모든 층위에서 우리는 국소적인 것, 이산적인 것, 또는 총체화할 수 있는 것으로 완전히 이해할 수는 없는 비결정적 흐름을 다룬

---

62. 로벨리는 측정 행위가 언제나 국소적이기에 얽힘의 문제를 회피했다고 주장했다. 더욱이 로벨리의 경우에 플랑크 규모에서 시공간은 측정 불가능한 블랙홀들로 분리되고, 따라서 궁극적으로 불연속적이다. Carlo Rovelli, "Loop Quantum Gravity"를 보라.

63. Fine, "Do Correlations Need to be Explained?"를 보라. 그런데 나는 비결정성이 무작위적이라는 파인의 결론에 동의하지 않는다. 나는 이 점과 관련하여 파인을 비판한 논점에 대하여 크리스토퍼 N. 갬블에게 감사한다.

64. "국소화는 그 정식화를 위해 개별적 상태들의 현존을 가정하지만, 이 상태들은 분리 가능성 원리에 의해 가정된 그런 종류의 것일 필요는 없다. 즉, 이 상태들은 그것들이 특징짓는 계들이 부분들로서 속할 모든 복합 상태의 접합 상태를 완전히 결정할 정도의 것일 필요는 없다. 그러므로 우리는 국소적이지만 분리 불가능한 이론을 가질 수 있는데, 양자역학이 가장 중요한 사례이다"(Don Howard, "Holism, Separability and the Metaphysical Implications of the Bell Experiments," 277).

65. Joe Henson, "How Causal Is Quantum Mechanics?".

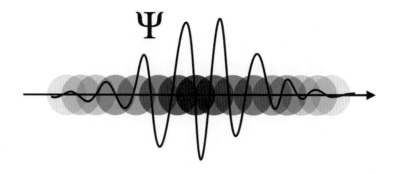

그림 16.4. 양자 파동함수. 양자 파동함수는 어떤 입자가 자리할 수 있는 가능 위치들의 중첩으로 표현될 수 있다. 여기서 파동함수의 중심부에 있는 위치들은 왼쪽과 오른쪽에 있는 위치들보다 더 높은 빈도로 관측될 수 있다. 파동함수는 그리스 문자 Ψ로 나타내어진다. 출처 : https://simple.wikipedia.org/wiki/Interpretations_of_quantum_mechanics#/media/File:Qm_template_pic_4.svg.

다.[66] 캐런 버라드가 서술하는 대로,

> 물질의 역동성은 새로운 사물들을 세계에 생성한다는 의미에서 생성적일 뿐만 아니라 새로운 세계들을 산출한다는 의미에서도, 세계의 진행중인 재배치에 관여한다는 의미에서도 생성적이다. 신체는 단순히 세계에서 자기 자리를 차지하기만 하는 것이 아니다. 신체는 단순히 특정한환경에 처하거나 자리하기만 하는 것이 아니다. 오히려 '환경'과 '신체'는내부작용을 통해서 공-구성된다. 신체('인간' 신체, '환경' 신체 또는 또다른 신체)는 존재하는 것의 중추적 '부분'이거나 역동적 재배치이다.[67]

---

66. 나는 이것이 캐런 버라드 철학에서 진술되지 않았지만 그 철학의 직접적인 필연적 함의라고 지적해 준 점에 대하여 크리스토퍼 N. 갬블에게 감사한다. 물질에 관한 모든 무작위적/확률론적/결정론적 설명은 본질적으로 수동적이고 비창조적이다. 또한 Gamble, Hanan and Nail, "What is New Materialsm?", 113~5를 보라.

67. Barad, *Meeting the Universe Halfway*, 63.

우주의 모든 측정은 측정하고 있는 것과 얽혀 있다. 이런 까닭에 중립적 관찰자는 전혀 없으며, 오히려 과학적 객체들을 구성하는 운동적 조작자들이 있을 따름이다.[68]

주름

또한 운동적 조작자는 우리가 어느 측정된 양자 객체가 무엇인지 해석하는 방식을 변화시킨다. 측정은 기존의 객체들을 발견하지 않으며, 오히려 비결정적 장들을 함께 접음으로써 객체들을 만들어내는 데 관여한다. 물리학자들의 행위와 실험 장치는 이산적인 객체들을 발견하는 것이 아니라 오히려 준안정한 측정-사건들을 공-생산한다.

물질이 전체적으로 얽혀 있다면 모든 측정과 객체 역시 비국소적 활동이다. 이것은 양자 객체가 시공간적 준안정성의 사건 또는 시공간의 주름과 더 유사함을 뜻한다.

예를 들면 '엔트로피 중력 이론'에서 객체는 얽히고 접힌 움직임의 주름으로 이해된다. 양자 진공의 어느 특정한 영역에서 얽힘의 정도가 더 높을수록 그 영역의 엔트로피는 더욱더 높다. 이 엔트로피는 "그 영역의 경계의 면적에 자연스럽게 비례하는 것으로 판명된다. 그 이유는 이해하기 어렵지 않다. 공간의 한 부분에서 이루어지는 장 진동은 모든 영역과 얽혀 있지만, 얽힘의 대부분은 근처 영역들에 집중되어 있기 때문이다."[69] 달리 말해서 얽힘이 더 강할수록 엔트로피는 더욱더 높아지고, 요동들은 서로 더욱더 가까이 있게 된다. 얽힘이 더 약할수록 더욱더 멀어진다. 이 이론에 따르면 공간과 일반 상대성의 법칙은 엔트로피적인 얽힌 운동에서 비롯된다.[70] 더욱이 에너지, 엔트로피, 그리고 얽힘은 플랑크 상수

---

68. '측정 문제'는 어딘가 다른 곳에서 상세히 고찰되었고, 그리하여 여기서 나는 표준화된 이야기를 반복하지 않고 단지 독자가 관련 문헌을 참조하라고 언급할 뿐이다.

69. Carroll, *Something Deeply Hidden*[캐럴, 『다세계』]을 보라.

아래에서 사라지지 않는다. 그것들은 점점 더 비결정적인 것이 될 따름이다. 움직임들은 덜 얽히게 되고 덜 무질서해지며 덜 비결정적인 것이 됨에 따라 더욱더 결정되고 준안정하며 비교적 이산적인 것이 된다. 객체는 더 작은 근본적인 단위체들에서 생겨나는 것이 아니라 이런 비결정적 접힘의 운동적 조작에서 생겨난다.

장

어느 주어진 사건에 대한 비결정적 움직임의 범위는 얼마나 넓은가? 사건의 한계는 어디에 있는가? 양자물리학에서는 이 물음들에 대한 어떤 고정된 해답도 절대적 해답도 존재하지 않는다. 물질이 진정으로 비결정적이고 전체적으로 얽혀 있다면, 우리는 한 사건의 시작과 끝을 확고하게 구분할 수는 없다. 이런 식으로 구분하여 실재의 일부를 조사하기로 선택하는 경우에 우리는 우리의 연구 대상을 구부리고 형성한다.

운동역학적으로 양자물리학은 물질의 얽힘과 비결정성을 설명하지 못한다. 오히려 양자물리학은 물질과 더불어 작업하면서 물질을 가능성의 영역으로 일컬어지는 비교적 안정한 영역으로 절단하고 구부리며 형성한다. 이런 영역은 내가 운동적 장이라고 일컫는 것이다. 이 장들은 운동을 설명하지 않으며, 오히려 운동을 수행하고 직조한다. 미국인 철학자 아서 파인이 주장하는 대로 우리가 운동을 무언가 다른 것으로 설명해야 한다는 요구는,

양자론의 외부에 근거를 둔 설명적 이상, 즉 우리가 다른 종류의 물리적 사유의 맥락에서 배우고 가르친 이상을 나타낸다. 그것은 아리스토텔레

---

70. 엔트로피 중력과 그것의 고리 양자 중력과의 관계에 관한 더 자세한 고찰은 Lee Smolin, "Newtonian Gravity in Loop Quantum Gravity"를 보라.

스에서 뉴턴까지 이어지는 동역학적 전통에서 계승된 이상, 즉 운동 자체가 설명되어야 한다는 이상과 같다. 그런 이상의 경과 중에 그러했던 대로 우리는 우리가 설명에 대한 요구를 포기하는 바로 그때 물리적 사유의 진전이 이루어질 수 있음을 성공을 거둔 실천에서 깨닫게 되고, 그리하여 자연적 질서에 관한 새로운 구상으로 이행할 수 있다.[71]

내가 보기에 새로운 운동적 객체론을 향한 길은 비결정적인 얽힌 운동을 결정론, 무작위성, 또는 확률로 설명하려는 노력을 포기하고 오히려 자연을 근본적으로 운동적인 것으로 재해석하는 것이다. 양자과학은 운동 중인 물질의 패턴들을 무언가 다른 것에 의한 궁극적인 설명을 추구하지 않고서 추적함으로써 완벽하게 잘 작동한다. 이것이 내가 양자물리학을 '운동적 장'으로 해석함으로써 뜻하는 것이다. 운동적 장은 물질의 움직임을 어떤 더 심층적인 원리 또는 근본적인 측정 단위체로 설명하지 않은 채로 공-창조하고, 그 지도를 그리는 내재적 장 또는 범위이다.

따라서 나는 운동적 장을 일련의 중첩된 선형적인 결정론적 순서열로 해석하는 것에 동의하지 않는다. 이 해석에 따르면 파동함수가 확률론적으로 '붕괴'할 때 한 계열이 현실화된다. 이런 견해는 물질의 움직임이 단지 비결정론적인 것처럼 보일 뿐이고 실제로는 결정론적이라고 가정한다.[72] 이렇게 해서 일부 과학자는 국소적 비결정성을 비국소적인 결정론적 과정들로 설명하기를 원한다.

운동적 장은 무작위적이지도 않고 결정론적이지도 않으며 확률론적이지도 않다. 그것은 각각의 움직임이 이전의 움직임과 관련되어 있

---

71. Fine, "Do Correlations Need to be Explained?", 192를 보라. 강조가 첨가됨.

72. '붕괴'하기보다는 오히려 평행 우주들로 '분기'하는 결정론적 세계를 옹호하여 파동함수의 '붕괴'를 거부하는 과학자들도 있다. Carroll, *Something Deeply Hidden*[캐럴, 『다세계』]을 보라.

지만, 이전의 움직임에 의해 결정되지는 않는 이른바 브라운 '운동'이다. 객체들의 분포는 끊임없이 변화하고 열려 있는 운동 범위이다. 객체들의 분포를 이런 식으로 해석함으로써 과학자들은 장에서 출현할 수 있는 생성적인 비결정적 관계들을 더 분명히 이해할 수 있게 되는데, 이 관계들을 어떤 고정된 가능성의 집합으로 설명하려고 하지 않는다면 말이다.

어떤 입자가 시차를 두고서 두 번 측정될 때 그 입자에 무슨 일이 일어나는가? 일어나는 일을 해석하는 한 가지 방식은 그 입자가 거쳐 갈 수 있었을 모든 가능한 경로의 완전한 집합을 제시하는 것이다. 이런 견해에 따르면 각각의 경로는 전적으로 결정론적이지만, 그 입자는 경로들의 완전한 집합에서 무작위적으로 어느 한 경로를 좇을 따름이다. 나는 한 가지 다른 해석을 제시한다. 각각의 측정 사이에서 일어나는 일은 플랑크 길이와 그 아래까지 줄곧 비결정적인 것이다. 이런 비결정성을 측정들 사이에서 일어났었을 모든 결정론적 경로에 관한 이미지로 해명하려고 시도할 필요는 없다.

오히려 우리는 이런 측정되지 않은 영역을 운동적 조작자라고 일컬을 수 있고, 그것을 ▽라는 기호로 나타낼 수 있으며, 그것을 해명하지 않은 채로 나아갈 수 있다[그림 16.5 참조]. 게다가 우리는 그 경로를 정교하게 규명하기 위해 최초 측정과 최종 측정 사이에 더 많은 측정을 수행할 수 있을 것이다. 그런데 중요한 점은 두 측정 사이에 측정되지 않을 영역이 언제나 존재할 것이라는 점이다. 나는 우리가 그 간극을 가능 경로들의 중첩으로 해석하기보다는 오히려 비결정적인 것으로 인식하자고 제안한다. 더욱이 우리는 우리의 측정이 이런 비결정성에 대립적인 것이 아니라 이런 비결정적 장의 준안정한 주름임을 인정할 수 있다.

우리는 이런 운동적 해석을 '비결정적 실재론'이라고 일컬을 수 있을 것이다. 양자 걷기를 공-구성할 때 물질의 움직임은 "환원 불가능하게

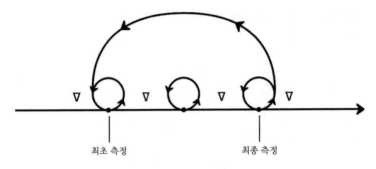

최초 측정   최종 측정

그림 16.5. 양자 운동역학. 저자의 드로잉.

도"[73] 비결정적이고 얽혀 있다.[74] 양자장들은 실제로 끊임없이 그리고 집단적으로 변조하고 접히며 펼쳐진다. 그리고 운동적 조작자는 실제로 측정 과정을 통해서 이런 집단적 결정에 관여한다.

다음 장에서 우리는 범주론이라는 수리과학 역시 운동적 시각에서 어떻게 해석할 수 있는지를 고찰할 것이다.

---

73. Fine, "Do Correlations Need to be Explained?," 193.
74. "그 결과의 확률론적 본성은 고전적 무지가 아니라 존재론적 비결정성에 근거를 두고 있다"(Barad, *Meeting the Universe Halfway*, 268).

17장

현대 객체 II : 범주론

고리 객체론에 대한 두 번째 기여는 1940년대에 범주론이라는 수학에서 출현했다. 범주론은 집합론에 대한 직접적인 반응이었다.[1] '범주'라는 개념은 '집합'이라는 개념을 그저 대체한 것도 아니고 다듬은 것도 아니다. 내가 해석하기에 그것은 수학적 객체에 관한 근대 이론에 초래된 심대한 개념적 변화이다. 이 장에서 나는 범주론이 어떻게 해서 우리를 새로운 비결정론적인 운동적 객체론으로 데리고 가는지 보여주고 싶다.

집합론과 달리 범주론은 수학 활동을 집합 같은 객체 유형들의 존재론에 정초하려고 시도하지 않는다. 범주론은 수학적 객체들 사이의 연속적인 변환들에 관한 논리학이다. '변환 관계들'에 관한 수학적 이론을 향한 초기 움직임은 적어도 두 가지 원천에서 비롯되었다. 한편으로 범주론은 "대수적 위상수학의 프로그램 내에서 연속 매핑mapping들을 연구하는 프로젝트로서 시작되었다."[2] 이런 노력은 14장에서 논의된 대로 연속적인 미분 방정식을 질적으로 연구하려는 푸앵카레의 시도와 리만의 다양체 이론에 의해 고무되었다.[3]

---

1. Jean-Michel Salanskis, "Les mathématiques chez x avec x = Alain Badiou," 102 ; David Corfield, *Towards a Philosophy of Real Mathematics*, 198.

2. David Corfield, *Towards a Philosophy of Real Mathematics*, 198.

3. "후자에 관한 연구는 앙리 푸앵카레(1854~1912)에 의해 미분 방정식을 질적으로 연구하기 위한 도구를 개발하는 데 도움이 되는 프로젝트로서 개시되었다. 범주론은 집합론보다 리만의 수학적 프로그램에 훨씬 더 가깝다. 사실상 범주론이 비롯된 대수적 위

다른 한편으로 범주론은 수학의 집합론적 토대의 역사적 위기에 대한 반응이기도 했다. 1920년대에 여러 판본의 뢰벤하임-스콜렘 정리는 집합론의 공리들이 '공리들의 가산^{可算} 집합'이고, 가산성이 절대적 개념이라면 집합론은 수학에 대한 가산 모형을 증명할 수 있을 뿐이라고 주장했다. 그러므로 가산성 개념은 집합론이 원하는 대로 비가산 집합을 갖춘 모형의 현존을 증명할 수 없을 것이다. 지금까지 그 역설을 해명하고 해소하려는 다양한 시도가 있었지만, 수학자들은 한 가지 결과에서 벗어나지 못하고 있다. 가산 집합과 비가산 집합 둘 다를 증명하는 가산성의 절대적 개념은 존재하지 않는다.[4]

더욱이 1931년에 괴델의 불완전성 정리는 수학의 궁극적 토대로서의 집합론의 허세를 분쇄하였다. 괴델은 산술을 모형화하기에 충분히 강력한 어떤 형식적 체계의 경우에도 그 공리들에 대하여 참이지만, 그 체계 내에서 입증될 수도 없고 반증될 수도 없는 명제들이 언제나 존재할 것임을 보여주었다.[5] 더 근본적으로 공리들의 어떤 '유효한' 또는 형식적으로 재귀적인 집합도 어떤 새로운 정합적인 체계를 형성하기 위해 추가될 수 있는 적어도 하나 이상의 공리가 존재할 수 없다는 점을 오직 그 자체의 공리들만을 사용함으로써 증명할 수는 없다. 그러므로 공리적 집합론(체르멜로-프렝켈 집합론)은 정합성, 보편성, 그리고 토대주의에의 희망을 점진적으로 포기하게 되었다.

이 문제들은 수학의 역사에서 구성주의라고 일컬어지는 대안 전통을 낳았다. 구성주의는 내적으로 정합적인 체계들을 구성하는 실천에 의

상수학과 미분기하학이라는 분야들은 리만의 연구의 여파로 발전하였고 그것의 영향을 크게 받았다"(Duffy, *Deleuze and the History of Mathematics*, 154).

4. 스콜렘 역설에 관한 더 자세한 내용에 대해서는 Timothy Bays, *Reflections on Skolem's Paradox*를 보라.

5. 명제 논리 같은 형식적 체계들은 괴델이 증명한 대로 집합론은 그럴 수 없고 다른 그런 공리적 체계들도 그럴 수 없는 방식으로 정합적이고 완전할 수 있다.

거한, 수학에 관한 반플라톤주의적인 반형식주의적 이론이다. 이 전통에 따르면 수학은 근본 원리들의 발견이 아니라 오히려 새로운 구조들의 창출이다. 수학적 객체들의 현존은 단지 무모순의 법칙 또는 귀류법에 의해 참이라고 가정되는 것이 아니라, 실제로 수행되고 입증되어야 한다.

역사적으로 수학적 구성주의는 1920~40년대에 네덜란드인 수학자 얀 브라우어르와 그의 제자 아런트 헤이팅을 비롯하여 '직관주의자' 또는 '주관적 구성주의자'들의 초기 연구로 시작되었다. 20세기에 걸쳐서 구성주의 역시 초기의 주관적 해석을 넘어서는 유의미하고 새로운 수학적 연구 프로그램들을 낳았다.[6] 오늘날 이런 프로그램 중 가장 유명한 것은 범주론이다.

1940년대에 미국인 수학자 사무엘 에일렌베르크와 손더스 맥 레인은 범주론을 공동으로 정립했다. 그들은 명시적으로 구성주의자들은 아니었지만, 범주론은 몇 가지 구성주의적 면모를 띠고 있었다.[7] 이런 까닭에 구성주의와 마찬가지로 범주론은 데데킨트와 칸토어의 고도로 추상적인 플라톤주의와 힐베르트의 형식주의에 대한 반작용으로서 시작된 장기적 전통의 연속물이다. 구성주의는 20세기에 수학의 절대적 완전성, 절대적 가산성, 그리고 토대주의의 불가능성이 인식된 상황에 대한 반응이었다. 예를 들면 범주론에서는 선택 공리가 언제나 유효한 것은 아니고, 배중률 역시 언제나 성립되는 것은 아니다. 배중률은 모든 명제에 대하여 그 명제가 참이거나 아니면 그것의 부정 명제가 참이거나 둘 중 하나임을 말한다. 제3의 선택지 또는 중간 선택지는 전혀 없다.

범주론의 구성주의는 구성주의자들에게서 비롯된 어떤 직접적인 영향의 결과도 아니다. 그것은 괴델의 불완전성 정리를 진지하게 여기고서

6. A. S. Troelstra, "History of Constructivism in the 20th Century."

7. Colin McLarty, "Two Constructivist Aspects of Category Theory."

그것으로 새로운 메타수학적 체계를 전개하려는 시도에서 비롯되었다. 그런 접근법은 궁극적으로 토대적 형식주의를 포기하고 사실상 구성주의적인 것이 될 수밖에 없다.

이 장의 목적은 범주론의 세 가지 핵심적 양상 – 그것의 혼종성, 방행, 그리고 관계주의 – 에 대한 운동적 해석을 제시하는 것이다. 또한 이것들은 내가 개괄하고 싶은 고리 객체의 세 가지 양상이다.

혼종성

범주론은 수학적 토대라기보다는 오히려 혼종성의 수학적 체계이다. 그것은 이전의 모든 수학적 체계를 형식화할 만큼 충분히 포괄적이지만, 한편으로 점점 그 수가 늘어나는 근본적으로 상이한 공리들을 수용하는 새로운 체계들을 창출할 수 있을 만큼 충분히 열려 있기도 하다. 예를 들면 범주론에서는 수학에 대한 절대적인 선험적 토대가 존재하지 않으며, 오히려 정합적인 규칙들의 독자적인 집합을 갖춘 다양한 범주 또는 수학적 영역이 존재한다. 집합론은 이들 영역 중 하나일 따름이다. 이 점에 관해서는 이후에 더 자세히 고찰하자.

나의 해석에서 부각하고 싶은 핵심 논점은 모든 수학의 토대가 그것의 내재적인 운동적 구성과 독립적으로 현존하지 않는다는 것이다. 범주론이 매우 혼종적인 이유 중 하나는 그것이 형식적 객체들 '자체'에 대한 토대이고자 하는 시도를 포기하기 때문이다.

범주론이 수학적 객체들에 관한 대단히 매력적이고 유의미한 이론인 이유는 그것이 수학적 객체들에 내재적이고 그것들을 구성하는 구조적 관계들 또는 움직임들을 강조하기 때문이다. 범주론은 어떤 토대적 객체 유형(서수적 객체, 기수적 객체, 강도적 객체, 또는 잠재적 객체)의 사전 현존으로 시작하지 않고 오히려 사상morphism 자체의 구성 작용으로 시작하는 객체론이다.

프랑스인 철학자이자 수학자인 알랭 바디우가 서술하는 대로,

어느 주어진 우주에서 한 특정한 객체가 '현존'함을 보여주려면 우리는
아무튼 그 객체를 보여주어야 한다(즉, 늘 그렇듯 그것이 시점이자 종점
인 화살표들로부터 그것을 '구성'해야 한다). 그것의 비현존이 모순적임
을 입증하는 것으로는 충분하지 않다. 그러므로 이런 종류의 사유에는
현존 또는 진리에 대한 어떤 간접적인 (또는 에두른) 증명도 없다. 우리는
자신이 보는 (또는 구성하는) 것을 믿을 수밖에 없다.[8]

바디우는 계속해서 서술한다. "범주론은 전적으로 상대주의적인데, 그것
은 복수의 가능 우주를 보여준다."[9]

콜롬비아인 수학자 페르난도 잘라미아는 이런 복수성을 "수학의 다
양한 하위영역 사이에서 이론들과 관념들을 연결함으로써 그것들이 다
변량 맥락에서 해석될 때 결과적으로 객체들의 변환을 초래하는 혼합
구성물들"의 "혼합 수학"으로 서술한다.[10] 이것이 가능한 이유는 범주론
이 모든 수학적 체계를 그것들을 어떤 단일한 객체 유형으로 환원하지
않은 채로 순전히 구조적이고 관계적인 네트워크들로 간주하기 때문이
다. 프랑스인 수리철학자 알베르 로트망이 말하곤 했듯이, 중요한 것은
"추상적 구조들에 의해 함께 연결된 객체들과 독립적인, 이 구조들에 관
한 이론의 정당성이다."[11] 어떤 객체의 무엇'임은 그것이 구현되는 범주와

---

8. Badiou, *Mathematics of the Transcendental*, 15.

9. 같은 책, 1.

10. Fernando Zalamea, *Synthetic Philosophy of Contemporary Mathematics*, 60 ; Albert
Lautman, *Mathematics, Ideas, and the Physical Real*, xxviii.

11. "기본적으로 그가 '추상적 구조들에 의해 함께 연결된 객체들과 독립적인, 이 구조
들에 관한 이론의 정당성'을 수용해야 한다고 주장할 때 로트망은 객체들을 넘어

관계들에 대하여 변화한다.[12] 이것은 바디우가 현대 수학에서 범주론의 "보편적 역능"이라고 일컫는 것의 원천이다.[13]

범주란 무엇인가? 범주는 '화살표' 또는 '사상'으로 일컬어지는 관계들에 의해 연결된 '객체들'의 수학적 구조 또는 집단화이다. 범주론에서는 무엇이든(수, 문자, 장소, 그리고 이름) 객체가 될 수 있으며, 그리고 우리는 그것들 사이에 화살표를 사용함으로써 모든 관계(공간, 시간, 그리고 운동)를 서술할 수 있다. 범주는 객체들과 그 관계들이 공유하는 일반적 구조이다. 예를 들어 집합 범주는 집합들을 자신의 객체들로 삼고 함수들을 자신의 관계들로 삼는다. 함수는 집합 A의 원소들을 집합 B의 원소들에 대응시킨다. 또한 군 범주가 있는데, 여기서는 군들이 객체들이고 준동형사상homomorphism들이 관계들이다. 게다가 위상학적 공간들이 객체들이고 연속 함수들이 관계들인 위상학 범주가 있다.

더욱이 우리는 상이한 범주들을 함자functor라고 일컬어지는 관계로 서로 조율할 수 있다. 함자는 범주들의 객체들과 관계들 사이에 일대일 대응을 정립하는 범주들 사이의 관계이다. 그러므로 함자는 범주론의 메타적 본성 또는 혼종적 본성에 필수적이다. 이 점에 관해서는 이후에 더 자세히 고찰하자.

다이어그램

또한 범주론은 그것의 '다이어그램'이 갖는 중요성으로 인해 혼종적이다. 다이어그램은 객체와 화살표 들을 갖춘 범주의 영역 또는 조각이

선 구조적 관계들을 지향하는 수학적 이론, 즉 수학적 범주론에 매우 가까이 접근한다"(Lautman, *Mathematics, Ideas, and the Physical Real*, xxxv).

12. 같은 책, xxxiv.

13. "그 이론은 그것이 하나의 온전한 수학적 존재론으로 전개될 정도로 대단한 보편적 역능을 보유하고 있는 것으로 판명되었다"(Badiou, *Mathematics of the Transcendental*, 13).

다. 범주론에서 수학적 객체가 현존하려면 우리는 다이어그램을 통해서 그것을 보여주거나 묘사해야 한다. 객체는 어떤 선험적 현존도 특성도 없다. 이렇게 해서 수학자들에 의해 그려진 다이어그램들은 집합론처럼 현시와 재현 사이의 어떤 근본적인 구분을 가정하지 않는다. 집합론에서는 셈하여지는 것에 대한 셈하기의 근본적인 이접 또는 과잉이 존재한다. 한 집합은 그 원소들로 규정되어야 하고 언제나 어떤 더 큰 집합에 포함될 수 있다. 그런데 버트런드 러셀과 이탈리아인 수학자 체사레 부랄리-포르티는 "사실상 두 번째 것은 한결같지 않거나 측정 불가능한 어떤 방식으로 첫 번째 것을 넘어섬"을 보여주었다.[14] 어떤 집합도 자신을 자신의 원소들에 포함하지 않는다.

범주론의 다이어그램이 다른 이유는 그것이 표상되는 객체들의 어떤 선험적 현존도 가정하지 않기 때문이다. 객체의 실재성은 그것의 서술에 내재한다. "범주적 정식화에서 우리는 소유 관계의 토대적 차원도 찾아내지 못하고 내속의 두 양상 사이의 이접도 찾아내지 못한다."[15] 그러므로 범주론에서 "다이어그램은 관계들의 체계를 표상하는 동시에 이 관계들(중 적어도 일부)을 직접 예화한다. 이렇게 해서 어느 다이어그램의 '내용'은 최소한 부분적으로 그 '형식' 속에 직접 그리고 즉각적으로 이미 존재한다."[16]

범주론의 구성주의에서 비롯되는 또 하나의 결과는 우리가 한 객체의 현존을, 또는 한 명제의 진리성을 이것들이 사례가 될 관계들을 보여주는 어느 다이어그램에 앞서 결정할 수 없다는 것이다. 이것은 무엇보다도 배중률의 위배를 초래한다. '배중률'을 가정할 때 우리는 전형적으로 모든 명제에 대하여 그 명제가 참이거나 또는 그것의 부정 명제가 참

---

14. 같은 책, 55.
15. 같은 책, 56.
16. Gangle, *Diagrammatic Immanence*, 6.

이거나 둘 중 하나라고 생각한다. 제3의 입장은 없다. 그런데 범주론에서는 우리가 무언가를 부정한다는 것이 바로 그것의 반대가 참임을 반드시 증명하지는 않는다. 우리는 부정만으로는 형식적으로든 논리적으로든 간에 증명을 연역할 수 없다. 다이어그램을 갖춘 실정적 증명이 필요하다. 예컨대 x = 0 또는 x ≠ 0 둘 중 하나라는 이접적 주장은 반드시 참인 것은 아니다. 그것은 누군가가 한 특정한 다이어그램으로 보여줄 때만 참이다. 게다가 이런 구성주의는 동일성 이론의 근본적인 변화를 수반하는데, 이 점은 이어지는 절들에서 고찰될 것이다.[17] 범주론이 혼종적인 이유는 그 다이어그램들이 배중률이나 선택 공리 같은 여타의 근본적인 제약에 의해 닫혀 있지 않기 때문이다. 범주들이 혼종적인 이유는 그것들이 열려 있고 절대적 극한 객체를 갖추고 있지 않기 때문이다.

방행

범주론은 특별히 운동적인 수학이다. 왜냐하면 형식주의와 달리 정의상 (범주, 함자, 화살표, 그리고 범주적 객체를 비롯한) 수학적 객체들의 현존이 어떤 구체적인 특이한 활동에서 구성될 때까지는 존재론적으로 비결정적이기 때문이다. 누군가가 그것을 발제하기 전까지는 아무것도 가정되지 않고 가정될 수도 없다. 이것이 기이하게 들리는 이유는 서양 전통이 너무 오랫동안 수학을 형식주의로 이해했기 때문이다. 지금까지 수학은 흔히 동일률, 무모순율, 배중률, 그리고 선택 공리에서 그 토대를 찾았다.

범주론은 다른데, 왜냐하면 최소한 내가 해석하기에 그것은 수학적

---

17. Geoffrey Hellman, "Mathematical Pluralism"을 보라. 그런데 범주론에서 무모순은 종종 유지될 것인데, 왜냐하면 일단 A가 구성되어서 참인 것으로 판명되면 ~A는 거짓인 것으로 추론될 수 있기 때문이다.

지식을 구성하는 조율의 운동역학을 진지하게 여기기 때문이다. 수학은 피와 살을 가진 수학자들이 수행해야 하는 신체화된 활동 및 구성적 활동이다. 지식은 행함이고 움직임이 필요하다. 진리는 그 구성에 내재한다.

과정수학

범주론은 토대가 없는 '과정수학'이다. 알랭 바디우가 서술하는 대로,

> 범주론은 존재를 활동(또는 관계, 또는 움직임)으로 규정한다. 그것의 기본 개념은 한 객체에서 다른 한 객체로 '향하는 화살표(또는 사상, 또는 함수)이다. 우리는 이런 객체적 어휘에 오도되지 말아야 한다. 범주론에서 '객체'는 우선 어떤 결정적 내부도 없는 단순한 점(또는 단순한 문자)인 반면에 집합은 바로 자신에 속하는 것, 즉 자신의 '내부'를 하나로-셈하는-것에 지나지 않는다.[18]

범주론의 객체들은 아무 본질도 '내부성'도 없다. 왜냐하면 이 객체들의 본질은 화살표 또는 움직임에 의한 그 구성에 내재하기 때문이다.

가장 기본적인 범주는 아무 객체도 화살표도 포함하지 않는 '공空범주'이다. 범주들에서 일차 행위자는 '화살표'로, 또한 그것은 사상 또는 연속 매핑이라고 일컬어진다. 수학자들은 화살표를 방향을 가리키는 화살촉 모양을 갖춘 연속적인 선으로 그린다. "움직임(함수)을 어느 고정된 현시 지점에 종속시키는" 이산적인 집합론적 객체의 근대주의적 탄성과는 대조적으로 범주적 객체는 바디우가 서술하는 대로 "그 움직임들을 통해서, 수행되는 조작들을 통해서, 우주 전체(여타의 '객체,' 그런데 특히 이 우주를 교차하는 모든 '힘' 또는 '화살표')를 포함하는 움직임과 조작

---

18. Badiou, *Mathematics of the Transcendental*, 13. 강조가 첨가됨.

들을 통해서 규정된다."[19]

이 끊임없는 움직임(사상)들은 그것들이 미리 규정되지 않고 오히려 순차적으로 또는 추가적으로 규정되는 한에서 방행적이다. 어느 범주에 공리, 화살표, 또는 객체를 하나 더 추가하는 것은 언제나 가능하다. 이것은 산술적 계열 또는 대다수 집합과 근본적으로 다르다. 왜냐하면 이전의 객체가 각각의 새로운 화살표를 결정하지 않기 때문이다. 각각의 새로운 화살표는 이전 객체들의 본성을 변화시킬 수 있다. "범주적 절차는 그 자체로 서술적이다. 그것은 가능 우주들의 구체화를 가능하게 하는 순차적인 규정들로 진전된다."[20] 이런 점에서 범주론은 방행적 구성주의를 본받는다. 미래 화살표는 이전에 출현한 것의 역사에 의해 전적으로 결정되지는 않고 오히려 언제나 어딘가(시점)에서 시작하여 어딘가(종점)를 향해 나아간다. 그러므로 사상은 무작위적이지도 않고 결정론적이지도 않고 확률론적이지도 않은데, 오히려 방행적이거나 '비결정적'이다.

화살표가 객체보다 더 기본적이다. 에일렌베르크와 맥 레인은 범주론이 '오직 화살표들만'으로도 여전히 잘 작동함을 보여주었다.[21] 우리는 객체를 완전히 제거할 수 있으며, 그리고 움직임(화살표)들은 객체들을 규정하는 관계들의 구조를 유지할 수 있다. 이런 방행적 화살표들의 실제적 수위성은 "가장 확실하게 가능한 방식으로 자신의 관점을 한정하고 정확히 규정함으로써 얼룩과 모호성에서 벗어나서 그 정돈된 경계를 절대적인 것의 파편들 위에 위치시키고자 하는 수리철학에의 어떤 분석적 접근법들"[22]과 깊이 관련된, 잘라미아가 "존재론적 요동" 또는 "방대한 액체 표면"[23]이라고 일컫는 것을 도입한다.

---

19. 같은 책, 14.
20. 같은 책, 15.
21. Saunders Mac Lane, *Categories for the Working Mathematician*, 9.
22. Zalamea, *Synthetic Philosophy of Contemporary Mathematics*, 295~6.

범주론의 수행적 본성은 "개념적인 것과 물질적인 것 사이의 유동적인 경계 영역"을 도입한다.[24] 수학적 객체는 수학적 창조 활동 자체와 하나가 된다. 프랑스인 수리철학자 장 카바이에는 그것을 물질적인 운동적 "몸짓"이라고 서술한다.[25] 잘라미아가 진술하는 대로,

이 영역에서 객체들은 더는 고정적이고 안정적이고 고전적이며 확고한 것이 아니다 — 요컨대 그것들은 더는 '일자'가 아니다. 오히려 객체들은 유동적이고 불안정하고 비고전적이며 단지 맥락적으로 정초된 것이 되는 경향이 있다 — 요컨대 그것들은 '다자'에 가까워진다. 모든 곳에서 다양체가 수학의 현대적 추이와 객체들의 근저에 놓여 있다.[26]

범주론에서 객체는 "그물과 과정이 된다. 절대적이고 수정 불가능한 단일한 우주에 확고히 자리하고 있는 결정적 '존재자들'은 현존하지 않는다. 오히려 우리에게는 상대적이고 조형적이며 유동적인 다양한 우주에서 서로 교직된 복잡한 기호적 그물들이 있다."[27]

그러므로 범주론은 토대가 "비결정적"이고 "유동적인 기반"이 되어버린 기묘한 종류의 수학이다.[28] 바로 이런 이유로 인해 미국인 물리학자 리 스몰린은 『양자 중력의 세 가지 길』에서 범주론을 "우주론을 위한 올

23. 같은 책, 60.

24. 같은 책, 295~6.

25. Jean Cavaillès, "La pensée mathématique"을 보라.

26. Zalamea, *Synthetic Philosophy of Contemporary Mathematics*, 271.

27. 같은 책, 272.

28. "과정적이고 정적이지 않은 플라톤, 이데아의 사물화에 고착되지 않은 플라톤, 20세기 초에 [파울] 나토르프가 회복시켰고 나중에 로트망과 바디우가 되돌아갈 플라톤은 수학자들이 요구하는 유동적인 비이원론적 기반을 구성하는 것처럼 보인다 — 분석적 수리철학에 대한 통상적인 접근법들의 경우에 그 '기반'은 유동적인 것으로 판명되지 않기 마련이다"(같은 책, 329).

바른 논리 형식"이라고 서술한다.[29] 심지어 스몰린은 양자 세계의 수학에서 범주 이론가들이 양자장 이론가들을 능가한다고 말한다. 스몰린은 『현업 수학자를 위한 범주들』(1971)이라는 맥 레인의 책 제목을 이용하여 범주론이 "현업 우주론 학자를 위한 논리학"이라고 서술한다. 그것은 고전적인 형식주의적 수학이 할 수 없는 방식으로 비결정성과 내부작용적인 '관찰자 의존성'을 다룰 수 있다. 범주론에서 "명제들은 단지 참 아니면 거짓일 수가 없다. 또한 그것들은 '우리가 그것이 참인지 아닌지 지금은 말할 수 없지만 미래에는 말할 수 있을지도 모른다'라는 것과 같은 꼬리표를 수반할 수 있다."[30] 양자 관찰 수행과 마찬가지로 수학의 수행은 수학적 존재자들의 실재적 현존에 내재할 뿐만 아니라 그 현존을 구성한다.

되먹임

게다가 범주적 객체들은 대단히 관계적이다. 그것들은 서로 관계를 맺는 기존의 객체들이 아니라 오히려 스스로 접히거나 자신으로 되돌아온 화살표들이다. 범주론의 구성적 본성은 수학적 객체들이 그것들에 관한 수학자의 실제적이고 실천적이며 수행적인 서술에 내재할 것(그 서술을 초월하지 말아야 함)을 요구한다. 한 화살표가 자신으로 되돌아와 접힐 때 그것은 해당 다이어그램의 실제적 기입 순간에 자신으로 되돌아와 접힌다. 더욱이 누군가가 한 가지 새로운 관계를 추가할 때마다 그 다이어그램의 이전 객체들은 변화한다. 이 객체들은 수학적 창조의 실천에서 이루어지는 실시간 되먹임에 반응하여 다른 객체들이 된다.

---

29. Lee Smolin, *Three Roads to Quantum Gravity*, 30. [리 스몰린, 『양자 중력의 세 가지 길』.]
30. 같은 책, 30~1. [같은 책.]

고리

수학적 객체는 자기-상호작용이다. 상호작용의 다이어그램은 범주적 객체의 준안정한 '동일성'을 보여준다.

이런 까닭에 에일렌베르크와 맥 레인에게 범주적 객체는 이차적 역할을 수행할 따름이다. 범주적 객체는 언제나 고리-객체 또는 "준객체"로,[31] 그것의 동일성을 산출하는 내재적 화살표에 의해 전적으로 규정된다. 그러므로 바디우는 동일성의 이차적 특질이 "불가피한" 것이라고 말하는데, "왜냐하면 동일성은 내재적 표식이 아니라 오히려 어떤 범주적 우주에서 조작하는 행위들, 즉 화살표들의 결과이기 때문이다."[32] 범주적 객체가 갖는 이런 기묘한 형태의 자기동일성은 안정성과 사상 사이의 장력을 수학에 도입한다.

미국인 범주 이론가 윌리엄 로비어는 범주론이 "최초로 수학 실천에서 끊임없이 잇따른 모순을 재현 가능한 형태로 포착할 수" 있었다고 서술하는데, "우리는 구성하고 계산하며 연역하기 위해 어느 주어진 객체를 여타의 과학보다도 더 정확히 유지해야 한다. 그런데 또한 우리는 그것을 다른 객체들로 끊임없이 변환해야 한다."[33] 이것은 객체를 그 자체의 동일성 화살표의 움직임 또는 사상에 내재하는 것으로 간주하고, 이 동일성이 다른 객체들과 더불어 진행 중인 다이어그램에 대하여 끊임없이 변화할 수 있게 함으로써 성취된다. 객체의 동일성은 그 자체의 외재적 자기-관계 고리를 비롯하여 자신의 외재적 관계들에 내재한다.

달리 말해서 바디우가 진술하는 대로 "하나의 범주적 우주에서 어떤 객체는 이 객체가 시점 또는 종점인 관계들, 즉 **움직임들**에 의해 전적으로

31. Zalamea, *Synthetic Philosophy of Contemporary Mathematics*, 293.

32. Badiou, *Mathematics of the Transcendental*, 14.

33. Zalamea, *Synthetic Philosophy of Contemporary Mathematics*, 190에서 인용됨.

결정된다."[34] 화살표가 자신의 종점이자 시점 — 일종의 반복적 또는 재귀적 자기-함수 — 이 될 때 객체가 출현한다.[35]

범주론에서 객체의 동일성이 고정된 본질이 아닌 이유는 객체가 오직 '동형사상으로' 규정될 뿐이기 때문이다. 이것이 뜻하는 바는 다양한 객체 또는 화살표가 모두 '동일한' 객체로서 조작할 수 있다는 것이다. 예를 들면 한 객체는 다수의 화살표가 동일한 객체를 자신의 종점 및 시점으로 삼을 수 있는 '모노이드'일 수 있다. 각각의 화살표는 다르며, '동일한' 객체의 또 하나의 측면 또는 면모를 규정한다[그림 17.1 참조].

그물

범주적 객체는 정적 객체가 아니며, 오히려 그 수행적 관계들에 의해 규정되는 영역 또는 결절점이다. 객체는 이 관계들로 고착되는 것이 아니라 오히려 관계들의 그물이 변화함에 따라 변화한다. 잘라미아가 서술하는 대로 범주적 객체는 "'존재하'는 무언가가 아니라 오히려 존재 과정에 있는 무언가이다."[36] 예를 들면 범주론에서 c가 b의 사상[c = g(b)]이라면 b는 g의 시점으로, c는 g의 종점으로 관계적으로 규정된다. b와 c는 둘 다 g의 연속적인 관계에서의 주름들이다. 그런데 우리가 a를 어떤 새로운 사상 f의 시점으로 삼은 다음에 b를 그 종점으로 삼는다면[b = f(a)] 전체 관계는 합성의 관계로 바뀐다[c = (g ∘ f)(a)].[37]

세 개의 객체는 모두 b = f(a)라는 새로운 관계를 도입함으로써 변화한다. 우리의 첫 번째 항 b는 단지 시점 객체인 것에서 시점 객체이자 종점 객체인 것으로 변환된다. 우리의 두 번째 객체 c는 한낱 b의 단일-사

34. Badiou, *Mathematics of the Transcendental*, 13. 강조가 첨가됨.
35. Zalamea, *Synthetic Philosophy of Contemporary Mathematics*, 332.
36. 같은 책, 275.
37. * 본문의 내용이 그림 17.2에 부합하도록 기호들을 수정하였다.

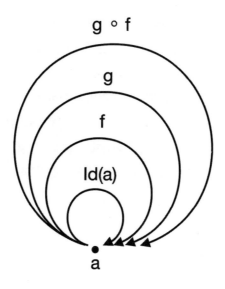

그림 17.1. 범주론 모노이드. 저자의 드로잉.

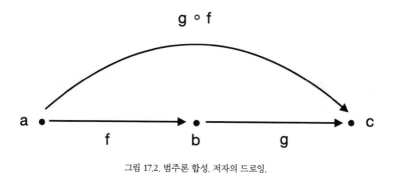

그림 17.2. 범주론 합성. 저자의 드로잉.

상 종점에 불과한 것에서 b와 a 둘 다의 이중-사상 종점인 것으로 변환된다.

$$c = g(b), b = f(a) \implies c = (g \circ f)(a)^{38}$$

우리의 세 번째 객체 a는 전체 다이어그램에 대한 새로운 중심부 객체 또는 시초 객체 또는 보편적 시각이 되는데, 여기서 c는 그 다이어그램의 '극한,' '최종 객체,' 또는 '보편적 특성'이다.

그러므로 범주론에서 객체는 그것의 변화하는 구성적인 비국소적 관계들, 조작들, 행위들, 또는 움직임들에 내재적으로 출현한다. 범주론은 객체를 "세계의 연속적인 생성과 관계적 덮개〔로서의〕 연속적인 접힘"에 따라, 또는 "전술적이고 기능적인 접속의 그물들"의 "주변 환경"에 따라 서술하고자 하는 시도이다.[39]

키노스 이론

범주론은 집합론이 지배한 근대주의적 객체론으로부터 벗어나는 몇 가지 근본적인 조치를 취한다. 그것은 토대주의 없는 혼종성에 대한 새로운 모형을 제시한다. 범주론은 형식주의적 보편성과 결정론 대신에, '비결정적'이거나 '모호한' '준객체'들을 다룰 수 있는 방행적인 구성주의적 모형을 제시한다. 아래에서 나는 이런 준객체들을 규정한다. 그리고 범주론은 별개의 정적 객체들 대신에, 수학적 서술 자체의 실천에 내재하는 현행의 되먹임에 의해 규정되는 관계적 객체들을 도입한다.

이 절에서 나는 운동적 객체론의 렌즈를 통해서 범주론을 해석하고 싶다. 나는 흐름, 주름, 그리고 장의 개념들을 사용하여 범주론 수학에서 객체들이 생성되는 방식의 일반적 조작들을 종합한다. 게다가 나는 '운동적 조작자'의 개념을 사용하여 내가 생각하기에 우리를 새로운 객체론으로 이끄는 운동의 비결정적 본성을 부각한다.

---

38. * 수학적 형식을 본문의 내용에 부합하도록 수정하였다.
39. 같은 책, 182, 346, 121.

범주론의 최근 판본들에서 몇몇 수학자는 양자물리학에서 발견된 비결정적 객체들을 서술할 수 없는 불가능성으로부터 영감을 얻었다. 이 수학자들 가운데 일부는, 집합론에서는 '준집합'에 관한 관념을 전개했고 범주론에서는 '준범주'에 관한 관념을 전개했다. 준객체는 동일성의 원리가 보편적이라고 가정하지 않는다.[40] 준객체는 논리상 자기동일적이지도 않고, 어떤 다른 것과 반드시 동등한 것도 아니다. 준객체는 엄밀하게 비결정적이고 관계적인 것으로 이해된다.

　　나는 범주론에서 이런 비결정적인 운동적 조작자가 작동하는 세 가지 경우를 살펴보고 싶다. 이어지는 글에서 나는 범주, 집합, 그리고 토포스topos라는 수학적 영역들이 모두 어떻게 해서 범주 이론가들이 '약한 상위 범주'라고 일컫는 것과 여기서 내가 키노스kinos 이론이라고 일컫는 것의 하위영역인지를 보여주고 싶다. '약한 상위 범주'는 화살표들의 어떤 합성도 고유하게 규정될 필요는 없고 오히려 잘 규정될 수 없는 무한히 많은 다른 합성들로 구성될 수 있음을 뜻한다. 키노스 이론은 캐나다인 범주 이론가 앙드레 주아얄이 "준안정한 준범주"라고 일컫는 것을 가리키는 나의 용어이다.[41] 준안정한 준범주는 그 속에서 모든 객체가 '무한히 연결되'어 있고 '무한히 합성되'어 있는 것이다. 아래에서 나는 이것에 관해 더 자세히 논의하겠다. 여기서 나는 상위 범주론의 객체들에서 움직임과 준안정성이 중요함을 강조하기 위해 '키노스'라는 용어를 사용하고 있다.

흐름

　　객체론에서 비결정성이 나타나는 첫 번째 현장은 화살표에 있다. 범

---

40. 이것은 양자역학의 '슈뢰딩거 논리'에 명시적인 근거를 두고 있다. 에르빈 슈뢰딩거는 현대물리학의 기본 입자들의 경우에 동일성이 무의미하다고 주장했다.

41. André Joyal, *The Theory of Quasi-Categories and its Applications*, 202.

주론은 화살표를 수학적으로 일차적일 뿐만 아니라 실존적으로 수행적인 것으로 간주한다. 이것으로 내가 뜻하는 바는 화살표가 현존하려면 누군가가 그것을 그려야만 한다는 것이다. 게다가 고전적 범주론은 화살표들과 그 합성들을 고유한 것으로 간주한다. 그런데 화살표들이 비결정적이고 고유하지 않다면 무슨 일이 일어나는가?

이것은 기묘한 물음인데, 왜냐하면 범주론에서 화살표들은 자신으로 되돌아오는 고리를 형성하여 자신과 교차함으로써 동일성을 가능하게 하는 사상의 과정들 또는 관계들로 상정되기 때문이다. 이것은 X→X 사상을 나타내는 화살표 i가 자신의 고리 형성 과정 전체를 통해서 유일하게 합성된 동일한 화살표로 남아 있다고 가정한다.

달리 말해서 화살표 i의 현존은 i=i라는 점과 그것이 자신으로 되돌아오는 고리를 형성하여 자신과 교차할 때 변화하지 않을 것이라는 점을 가정한다. 그런데 각각의 화살표의 동일성은 또 다른 화살표에 의해 확보되어야만 하고, 그런 식으로 무한정 이어진다. 하지만 우리가 결코 화살표들의 끝 또는 근거에 도달하지 못한다면 우리는 i가 사실상 i와 같다고 가정할 수밖에 없다. 화살표 i가 무한정한 사상들의 잘-규정되지-않은 준안정적 합성의 생산물이라면 어떻게 될까? 이 경우에 그 화살표는 한 가지 고유한 사상이 아니며, 그 화살표가 접힘을 통해서 서술하는 객체(X)는 비결정적인 것이 된다. 여기서 내가 제기하고 있는 주장은 우리가 범주를 고전적 범주보다 더 애매하고 유동적이며 근거 없는 '준범주' 또는 '운동적 범주'와 훨씬 더 유사한 것으로 재해석할 수 있다는 것이다.

고전적 범주론에서 동일성은 화살표들의 생산물로서 명시적으로 규정되는데, "그리하여 모든 X의 경우에, X로 들어가거나 X에서 나오는 모든 화살표 a에 대하여 a와 i의 합성(ia든 ai든 간에)이 a 자체가 되게 하는 화살표 i:X→X가 존재한다."[42] 달리 말해서 동일성은 한 화살표가 자신으로 되돌아오는 고리를 형성하여 자신의 화살표의 시점이자 종점이 될 때 이루어진 접힘의 생산물이다. 그런데 그 화살표의 동일성을 합성하는 데 관여하는 화살표의 수는 비결정적이다. 무엇이든 어떤 화살표를 합성하는 더 많은 화살표가 언제나 있을 수 있다. 이것이 주아얄이 '무한히 합성된'이라는 용어로 뜻하는 바이다. 그러므로 범주론에서 무엇이든 어떤 화살표의 고유한 동일성은 하나의 가정이지 토대가 아니다.[43]

바로 여기서 운동적 준범주에 관한 관념이 양자물리학의 대상들과 같은 비결정적 객체들의 현존을 서술하기 위한 더 일반적인 틀로서 도입된다. 이런 운동적 조작자의 네 가지 결과는 두드러질 뿐만 아니라 기묘하기도 하다.

첫째, 운동적 조작자는 객체 자체의 이른바 동일성이 훨씬 더 방대한 관계들의 세계의 매우 작은 영역일 따름임을 뜻한다. 모든 관계는 그 관계들 사이의 관계들을 갖는데, 이런 식으로 무한정 이어진다. 한 화살표의 동일성이 다른 한 화살표에 의해 확보된다면 어느 주어진 화살표에서 모두 '동등'하다고 여겨질 수 있을 화살표들에 대한 절대적 한계는 전혀 없다. 그런데 모든 화살표가 다양체라면 그 화살표의 동일성은 어디에서 비롯되는가?

범주론에서 이런 애매모호한 종류의 준객체들을 가리키는 수학적 용어는 '약한 동등성'이다. 그것은 어느 주어진 화살표와 동등한, 잠재적으로 방대한 관계들과 합성들이 완전히 규정되지도 않고 규정될 수도 없음을 뜻한다. 앞 장에서 우리는 매우 유사한 현상이 파인만의 다이어그램에서 어떻게 발생하는지를 이해했다. 비결정적 수량의 더 작은 움직임

---

42. Gangle, *Diagrammatic Immanence*, 89.

43. 이것은 "초한수적 합성"이라고 일컬어지는 것이다. "그것은 범주론에서 마치 무한히 많은 사상을 합성한 결과인 것처럼 작용하는 사상들에 관해 말하는 방식이다." 〈https://ncatlab.org/nlab/show/transfinite+composition〉(2021년 3월 접속)을 보라.

들이 현행의 다이어그램을 창출할 수 있었을 현행의 층위 아래에는 언제나 더 많은 다이어그램이 있다. 그런데 범주론의 화살표들이 동일하지 않다면 그것들은 객체들 사이의 관계들을 엄격히 결정하지 못한다.

범주론의 이 쟁점에 대한 나의 해석은 움직임과 사상이 정적인 위상학적 형태들로 환원될 수 없다는 것이다. 모든 수학적 객체에는 우리가 하나의 객체로 명확히 간주할 수 없는 더 깊은 차원이 존재한다. 사상 자체의 과정은 정적이지 않으며, 오히려 운동 중에 있다. 그렇기 때문에 나는 관계들이 형태학적으로 비결정적인 객체를 서술하기 위한, 운동적 준객체 같은 특정한 용어가 범주론에 있다면 유용할 것이라고 생각한다.

우리는 범주론에서 화살표를 정적인 것으로 간주할 필요가 없다. '정적'인 것으로 내가 뜻하는 바는 그것이 어느 수학자의 단일한 활동에서 독자적으로 존속한다는 것이다. 오히려 우리는 그것을 진행 중인 '준안정한' 수학적 행위에 의해 유지되는 가변적인 비결정적 관계로 간주할 수 있다. 그런데 비결정성은 비동일성과 같지 않다. 비결정성은 x도 아니고 x가 아닌 것도 아니다. 비결정성은 무모순율에서도 도출되지 않고 배중률에서도 도출되지 않는다. 이 법칙들은 우리가 반드시 수용할 필요는 없는 수학의 관행이다.

여기서 내가 준객체를 통해서 해석하고 있는 것처럼 화살표가 비결정적이라면, 그것은 모든 주어진 합성에서 그것이 사용되고 있는 방식과 동등할 수도 있고 동등하지 않을 수도 있다. 이것은 화살표들에 의해 창출되는 객체들 역시 비결정적임을 뜻한다. 범주론의 객체들은 고리를 형성하는 화살표들부터 반복되거나 '접힌'다. 그리고 이 화살표들은 고리를 형성하는 화살표들로 구성되어 있다. 비결정성은 오직 끊임없는 반복과 합성을 통해서만 엄밀히 '동일한' 것이 절대 되지 않은 채로 상대적으로 준안정하거나 또는 '약하게 동등한' 것이 된다.

그러므로 운동적 조작자는 화살표와 객체를 상위의 운동적 범주론에서 준객체로 변환시킨다. 화살표와 객체는 정적이지 않으며, 오히려 비결정적 과정의 움직이는 패턴들이다. 객체들 사이의 관계 역시 그것들이 준-화살표 흐름의 영역들이 될 때 변화하게 된다. 그래서 우리는 이산적인 객체들 사이의 사상 대신에 사상 자체의 비결정적 변화를 가진다. 사정이 이런 이유는 앞서 서술된 대로 화살표들이 무한히 합성되기 때문이다. 이런 까닭에 나는 그런 상황을 '위상학적'이라고 일컫지 않고 오히려 '운동적'이라고 일컫고 있다. 왜냐하면 비결정적인 것은 사상 자체의 움직임이기 때문이다.

운동적 조작자의 두 번째 중요한 결과는 화살표들 사이의 관계들이 매우 방대해져서 그것들을 서술하는 작업이 컴퓨터 기술과 수학자들의 도표화 능력의 한계에 부닥칠 수 있다는 것이다. 비결정적 범주는 계산할 시간과 움직임이 필요하다. 내 주장은 단지 모든 수학이 수학자의 작업을 필요로 한다는 것만이 아니다. 요점은 수학자들의 선택과 노동이 우리가 준객체에 관해 수학적으로 말할 수 있는 것과 관련이 있다는 것이다. 객체에 관한 범주적 서술에서 우리가 얼마나 깊은 층위로 파고드는지가 유의미한 방식으로 다이어그램을 형성한다. 예를 들어 어떤 n-차원 범주들은 한 수학자가 서술하는 데 평생이 걸릴 수 있다. 컴퓨터가 서술하는 데 수년이 걸릴 범주들도 있다. 어떤 상위의 키노스 범주에서 수학적 과정은 전통적 범주들과 달리 수학적 생산물을 형성하지만 그것과 동일하지는 않다.[44]

세 번째 결과는 모든 화살표가 우리가 동형사상적"인 것처럼 간주

44. 이 논점은 '시간상 변화하는 집합'으로서의 객체에 관한 맥 레인의 이론보다 훨씬 더 깊다. 화살표 자체의 운동적 비결정성은 본연의 이산적인 시간적 변이의 조건을 떠받친다. 객체는 순전히 비결정적인 변이이다. Mac Lane, *Categories for the Working Mathematician*, 402~4를 보라. "지표가 주어진 집합들의 쌍들 사이, 예를 들면 X0와 X1, Y0와 Y1 사이를 대응시키는 함수들이 객체들로서 현존하고, Xi에서 Yi로 이어지는 함수들의 어떤 쌍들은 사상들로서 현존한다."

할" 수 있는 다수의 다른 화살표로 합성된다는 것이다.[45] 여기서 고전적 범주론은 올바르게도 화살표들이 '동형사상적으로' 동일하다고 말하는데, 이는 모든 화살표가 무한정 합성되고, 다른 어떤 다이어그램에서 '동일한 것으로서' 여전히 기능할 수 있음을 뜻한다. 그런데 우리는 이런 동형사상을 엄격히 보증할 수 없다. 우리는 그것을 '마치' 그 수가 확정되지 않은 다수의 화살표가 '어떤' 화살표 f와 동등한 것'처럼' 사실상 사용할 수 있을 따름이다.

화살표의 비결정성의 네 번째이자 가장 심대한 결과는 그것이 범주론의 첫 번째 공리, 즉 합성의 공리를 변경한다는 것이다. 합성의 공리는 "'머리와 꼬리'가 만나는(즉, 동일한 객체가 f의 종점이자 g의 시점인) 어떤 두 개의 화살표 f와 g에 대해서도 f의 시점에서 g의 종점으로 가는, f와 g의 '합성'으로 일컬어지는 단 하나의 화살표가 있다"라고 말한다.[46]

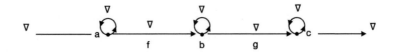

그림 17.3. 범주론의 비결정적 합성. 저자의 드로잉.

그런데 어떤 합성에서 단 '하나의 화살표'가 존재함은 반드시 참인 것은 아니다. 왜냐하면 모든 화살표가 무한정한 수의 다른 화살표와 객체로 합성될 수도 있기 때문이다. 화살표와 객체가 단지 준안정한 과정일 뿐이라면, 합성은 화살표가 '마치' 자신의 합성들과 동등하거나 또는

---

45. "연속변형성(homotopy)에 관한 관념들이 어쩌면 예상보다 더 일반적인데, 왜냐하면 모형 범주의 철학은 한 범주에서 '약한 동등성들'의 집합체, 즉 우리가 동형사상들인 것처럼 간주하기를 바라는 사상들의 집합체를 단적으로 규정하는 것이 연속변형성의 개념을 산출한다는 점을 보여주기 때문이다"(Omar Antolín Camarena, "A Whirlwind Tour of the World of (∞,1)-categories," 1).

46. Gangle, *Diagrammatic Immanence*, 89.

준-동등한 것'처럼' 생겨날 따름이다. 앞서 주장된 대로 이것은 실천적으로 수행될 수밖에 없으며, 그리고 그런 수행들은 결코 완전히 망라하여 나열될 수는 없다. 여기서 선택 공리 역시 앞의 장들에서 내가 논의한 이유로 인해 어긋난다. 달리 말해서 합성에는 우리가 운동지향 시각에서 다음과 같이 명확히 서술할 수 있을 더 근본적인 비결정성이 존재한다.

화살표는 그 방향과 수가 근본적으로 비결정적인 운동적 조작이다. 수학 실천을 통해서 우리는 이런 비결정성을 준안정한 동형사상으로 전개할 수 있다.

주름

범주론에서 나타나는 운동적 비결정성의 두 번째 현장은 그것의 객체들이다. 범주론은 객체를 관계들의 결절점이자 고리를 형성하는 화살표들의 생산물로 간주한다. 이것은 흐름의 주름으로서의 객체에 관한 운동적 이론과 정합적이다.

화살표가 비결정적이라면 객체도 비결정적이다. 객체가 비결정적이라면 우리는 내적으로 분화된 다수의 화살표에서 객체를 창출할 수 있을 것이다. 그런데 화살표들과 그 관계들의 수가 비결정적이라면 그것들은 우리가 인식하지 못하는 변환을 포함할 것이다. 우리가 객체들의 층위 아래로 깊이 파고들면 상황은 우리가 생각하는 것과 다를 것이다. 어떤 객체를 규정하는 것이 근본적으로 그것을 결정한다. 그것이 준객체와 관련된 통찰이다. 어떤 단일한 객체 a는 비결정적으로 다양체적이고 내적으로 '동형사상에 이르기까지' 가변적이다.

달리 말해서 전통적인 범주적 객체 지시자들 (a, b, c)는 전적으로 결정적인 것이 될 수는 없다. 결정적 객체는 더 근본적인 비결정적 조작자들 또는 사상들의 생산물이다. 모든 범주적 객체는 정적이고 자기동일적인 화살표로 규정되지 않고 오히려 고리들 또는 주름들의 끝없는 반복에 의해 규정되기에 객체는 내적으로 비결정적이다. 화살표와 객체를 비결정적인 것으로 해석함으로써 초래되는 결과는 형식주의적 '비결정성의 논리들' 또는 '모호한 객체들'에서의 결과와 다른데, 후자의 경우에 비결정적 객체는 '가능' 객체 또는 어떤 결정적인 논리적 조작자를 지닌 것으로 여겨진다.[47]

범주론이 매혹적인 이유는 그것의 논리 연산자(조작자)들이 모두 우리가 준안정한 동등한 것들로 간주할 수 있는 비결정적 화살표들이기 때문이다. 우리는 비결정적 화살표를 부정 연산자 ¬, 동등 연산자 =, 또는 존재 연산자 ∃ 같은 결정적 연산자로 간주할 수 있다. 그러므로 우리는 범주적 객체를 다음과 같이 해석할 수 있다.

화살표에 의해 창출되는 모든 객체에 대하여 그 객체의 비결정적 동일성이 존재한다. 우리는 수학 실천을 통해서 이런 비결정성을 준안정한 운동 패턴으로 전개할 수 있다.

장

범주론에서 나타나는 운동적 비결정성의 세 번째 현장은 공^空범주이다. 범주론은 애초에 모든 수학적 구조와 논리적 구조를 공리의 추가와 변형에 열려 있는 '공범주'로 간주한다. 나의 운동적 해석에 따르면 공범주 역시 비결정적이다.

공범주는 어떤 화살표도, 어떤 객체도 포함하지 않는다. 아무 화살표도 없는 공범주는 근대의 해석기하학과 양자론에서 제기된 균질한 공간의 탄성적 배경처럼 들린다. 텅 빈 범주적 '공간'은 마치 그것이 전적으로 선험적인 것처럼 들린다. 그런데 다이어그램 화살표가 수행적으로 수학적 현존과 동일하다면 이른바 '공범주'의 상정된 배경 현존보다 더 근본적인 어떤 활동 역시 존재해야 한다. 공범주 역시 구성되어야 한다.

---

47. P. F. Gibbins, "The Strange Modal Logic of Indeterminacy."

고등 범주론에서는 궁극적인 공범주가 전혀 없다. 모든 공범주는 또다른 공범주의 내부에 있을 것이다. 공범주는 아무 화살표도, 아무 객체도 없기에 비결정적인 수의 화살표와 객체가 잠복하여 있을 수 있다. '상위의' '준범주들'이 존재하는 것과 마찬가지로 상위의 준-공범주들도 존재한다.[48] 준범주의 현존은 절대적인 최상위 범주도 없고 모든 범주의 사전 배경도 없음을 뜻한다. 이것은 모든 공범주의 근거가 비결정적임을 뜻한다. 내가 보기에 우리는 각각의 공범주를 텅 빈 준범주들의 비결정성에서 내재적으로 구성해야 한다. 달리 표현하면 다음과 같다.

모든 공범주는 비결정적인 운동적 조작의 생산물이다. 범주는 한낱 배경에 불과한 것으로 가정되지 않으며, 오히려 어떤 궁극적인 토대도 없이 능동적으로 구성되어 생산된다.

결론

이 장에서 나는 객체에 관한 나의 운동적 철학과 정합적인 범주론의 세 가지 중요한 측면을 부각했다. 다음의 마지막 장에서 나는 혼돈 이론이 새로운 객체론에 이바지한 한 가지 중요한 논점에 대해 운동적 해석을 제시한다.

---

48. Clark Barwick, Emanuele Dotto, Saul Glasman, Denis Nardin and Jay Shah, "Parametrized Higher Category Theory and Higher Algebra," 4.

18장

현대 객체 III : 혼돈 이론

고리 객체론에 대한 세 번째 기여는 1970년대에 비선형 동역학계와 복잡계에 관한 연구, 즉 '혼돈 이론'과 더불어 출현했다. 200년 이상 동안 뉴턴 물리학은 거시 수준의 모든 물리적 과정에 대한 토대를 제공했다. 통계역학조차도 기체에서 이리저리 튀는 원자들과 같은, 뉴턴적 과정으로 추정되는 다수의 과정에 대한 우리의 무지를 다루는 방식일 따름이었다. 그 가정은 객체들이 모두 초기 조건을 알 수 있는 일반 방정식들을 따른다는 것이었다.

그런데 혼돈 이론은 어떤 객체가 움직이기 시작한 방식이나 또는 누군가가 그 객체를 측정한 방식의 초기 조건에서의 매우 작은 차이가 시간이 흐름에 따라 상당히 달라지는 결과를 낳을 수 있다는 사실을 보여주었다. 각각의 객체는 그것에 대한 정확한 예측을 불가능하게 하는 고유한 진전을 이행하는 것처럼 보인다. 그런데 객체들에 대한 정확한 궤적을 알 수 없는 이유는 정확한 초기 조건을 알 수 없기 때문이다. 내가 보기에 이것은 새로운 객체론에 필수적인 가르침이다.

이 장에서 나는 혼돈 이론에 대한 비결정론적 해석을 제시하고 싶다. 몇몇 혼돈 이론 해석은 초기 조건들의 객관적 집합이 존재하지만 우리가 알 수 없을 뿐이라고 말한다. 그렇지만 내가 보기에 우리는 부분적으로 양자 비결정성과 얽힘으로 인해 원칙상 무엇이든 어느 객체의 정확한 초기 조건을 알 수 없다. 그러므로 나는 객관적인 초기 조건을 가정할 이유도 없고 객체의 상태로부터 결정론적 움직임을 가정할 이유도 없다고 이해한다. 오히려 나는, 혼돈 이론 덕분에 우리는 각각의 객체가 시간이 흐름에 따라 동역학적 패턴을 산출하는 경향이 있는 특이한 궤적을, 우리가 미리 알 수 없는 궤적을 가진다는 사실을 깨닫게 된다고 믿는다.

상이한 거시적 규모들에 대한 운동 패턴들을 연구하는 것은 물리계들의 공통 면모들을 정확히 예측하지는 못하더라도, 우리가 그런 면모들을 이해하는 데 도움이 될 수 있다. 이 장에서 나는 사물의 초기 조건의 핵심에 자리하는 운동적 비결정성을 해석하는 것이 혼돈 이론과 전적으로 정합적일 뿐만 아니라, 혼돈 이론에 유익하기도 하다는 점을 보여주고자 한다.

혼돈 이론이란 무엇인가?

혼돈 이론의 초기 선구자 중 한 사람은 앙리 푸앵카레였다. 1880년대에 푸앵카레는, 지구와 달이 그것들의 공동 중력 중심을 도는 궤적을 성공적으로 모형화한 뉴턴의 '이체'二體 방정식을, 태양을 포함하는 '삼체'三體 문제에 적용하려고 시도했다.[1] 이체 방정식에서 우리는 한 물체를 정적인 것으로 간주하고 그 주위를 도는 나머지 한 물체를 하나의 닫힌 계로서 계산하기만 하면 되는데, 지구 주위를 도는 달의 공전처럼 말이다. 그 결과는 타원이다. 그런데 일단 제3의 물체를 방정식에 추가하면 우리는 더는 어떤 물체도 고정된 준거점으로 간주할 수 없게 된다. 왜냐하면 각 물체의 변화하는 중력이 나머지 두 물체에 끊임없이 영향을 미치기 때문이다. 시간이 흐름에 따라 매우 작은 이 변화들이 엄청난 결과를

---

1. Jules Henri Poincaré, "Sur le problème des trois corps et les équations de la dynamique. Divergence des séries de M. Lindstedt."

낳는다. 그러므로 해당 방정식은 끝없이 계속 다시 계산되어야 했다. 푸앵카레는 입력물의 작은 변화가 출력물의 작은 변화를 낳지 않기에 최종 해답이 불가능하다는 점을 간파했다. 삼체 문제를 모형화하는 데 필요한 방정식은 '비선형적'이었다.

비선형 방정식은 선형 방정식과 다르다. 수학에서 선형 방정식은 입력물의 합이 출력물의 합에 대응하는 방정식이다. 예를 들어 $y=x$의 경우에 $1+2 \to 1+2$다. 이것이 '선형' 방정식인 이유는 이 함수를 데카르트 평면 위에 그리면 직선을 얻게 되기 때문이다. 비선형 방정식은 입력물의 합이 출력물의 합에 대응하지 않는 방정식이다. 예를 들어 $y=x^2$을 생각하자. 만약 $x=3 (=1+2)$이라면 $y=3^2=9$이지 $(1^2+2^2=1+4=5)$가 아니다. 비선형 방정식을 그래프로 나타내면 곡선을 얻게 된다. 어떤 방정식에서 한 변량의 지수가 1보다 더 크다면 작은 입력물 변화가 언제나 작은 출력물 변화를 낳는 것은 아니다.

비선형 방정식을 계산할 때 우리는 한 객체가 여행할 경로를 그것이 이전에 여행한 방식에 의거하여 쉽게 외삽할 수 없다. 그 방정식은 물리적 조건이 변화할 때마다 거듭해서 계산되어야 한다. 예전의 수학자들과 물리학자들에게 이것은 너무나 노동-집약적인 작업이었고, 그리하여 그들은 선형적 근사를 선호하는 경향이 있었기에 난류와 마찰 같은 과정들을 무작위적인 것으로 간주하였다.

그런데 1970년대에 컴퓨터가 출현함에 따라 비선형 방정식은 수백만 번 반복해서 빠르게 계산되고 그래프로 그려질 수 있게 되었다. 물리학자들은 애초에 무작위적인 결과인 것처럼 보였던 것이 시간이 지남에 따라 뚜렷한 패턴을 산출하기 시작하는 현상을 관찰하고서 매우 놀랐다. 예를 들면 프랑스인 천문학자 미셸 에농은 컴퓨터를 사용하여 어떤 은하 중심 주위를 도는 행성의 궤도를 수백만 번 반복하여 계산했다. 처음에는 무작위적 움직임인 것처럼 보였던 것이 결코 동일하게 반복되지는 않는 주기적인 패턴인 것으로 판명되었다. 혼돈 이론에서 이런 패턴은 '끌개'라고 일컬어진다.

미국인 기상학자 에드워드 로렌츠는 컴퓨터로 날씨 모의실험을 하던 중에 유사한 패턴을 발견했다.[2] 로렌츠는 자신의 방정식들에서 초기 조건을 실수로 매우 작게 변화시킴으로써 날씨 패턴이 엄청나게 달라지는 결과가 초래됨을 알게 되었다. 폴란드 태생의 프랑스계 미국인 수학자 브누아 망델브로는 섬유 가격 데이터의 모든 규모에서 재귀하는 유사한 패턴들을 찾아내었다.[3] 망델브로는 이 새로운 종류의 객체들을 '프랙탈'이라고 일컬었다. 프랙탈은 그 불규칙성이 상이한 규모들에 걸쳐서 일정하거나 '자기유사적'인 객체이다[그림 18.1~18.4 참조]. 나무가 프랙탈인 이유는 더 큰 '가지'의 분기 패턴이 더 작은 가지와 잎의 줄무늬에서 반복하기 때문이다. 다른 사례들로는 코흐 눈송이, 멩거 스펀지, 강 삼각주, 번개 등이 있다.[4]

오스트레일리아인 물리학자 로버트 메이는 개체군 생물학에서 유사한 주기적 패턴들을 발견했다.

메이는 그 계가 자신의 출발점으로 돌아가는 데 걸리는 시간이 방정식의 어떤 임곗값들에서 두 배가 됨을 알아내었다[그림 18.5를 보라]. 여러 번의 주기 배증 사이클 후에 그의 모형 속 곤충 개체군은 실제 곤충 개체군처럼 무작위적으로 변화하였는데, 요컨대 원래 상태로 돌아가기 위한 어떤 예측 가능한 주기도 나타내지 않았다.[5]

---

2. Edward N. Lorenz, "Deterministic Non-periodic Flow."

3. Benoît Mandelbrot, "The Variation of Certain Speculative Prices."

4. Benoît Mandelbrot, *The Fractal Geometry of Nature*.

5. John P. Briggs and F. D. Peat, *Turbulent Mirror*, 60.

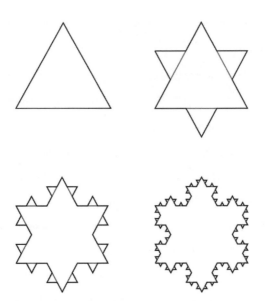

그림 18.1. 코흐 눈송이.
출처 : https://en.wikipedia.org/wiki/Koch_snowflake#/media/File:KochFlake.svg.

그림 18.2. 맹거 스펀지.
출처 : https://en.wikipedia.org/wiki/Menger_sponge#/media/File:Menger-Schwamm-farbig.png.

그림 18.3. 나무 프랙탈.
출처 : https://en.wikipedia.org/wiki/Fractal#/media/File:Simple_Fractals.png.

그림 18.4. 번개.
출처 : https://en.wikipedia.org/wiki/Lightning_injury#/media/File:Lightning3.jpg.

미국인 수학자 제임스 요크는 비선형 방정식들을 반복적으로 계산함으로써 그것들이 세 단계를 거쳐서 네 번째 '혼돈' 단계에 진입함을 발견했다.[6] 미국인 물리학자 로버트 쇼는 수도꼭지에서 떨어지는 물방울에서도 주기적인 끌개 패턴들을 발견했다. 우리는 물방울들 사이의 간격이 무작위적일 것이라고 생각할지도 모르지만, "그래프 위에 더욱더 많은 점이 찍힘에 따라 에농 끌개로 알려진 기묘한 끌개의 단면처럼 뚜렷하게 보이는 모양이 느닷없이 출현했다."[7]

단지 주기적인 끌개들 이외에, 벨기에계 프랑스인 물리학자 다비드 뤼엘은 유체 난류 패턴에서 세 개의 잇따른 주기적 끌개 후에 생겨나는, 그가 '기묘한' 끌개라고 일컬은 것을 후속적으로 서술했다. 이것은 요크가 "세 개의 주기는 혼돈을 수반한다"라고 말한 것이다. 세 번째 패턴은 단지 그 차원을 무한정 증가시키는 대신에 "스스로 갈라지기 시작한다! 그 표면"은 끌개를 막연히 둘러싸는 "(분수적) 차원의 공간으로 진입한다"라고 뤼엘은 주장했다.[8]

고전물리학자와 양자물리학자 들이 회의주의를 빈번하게 표출하는 상황 속에서 이 새로운 혼돈 이론가들은 다양한 분과학문에 걸쳐서 서로의 연구를 찾아내었다. 1977년에 최초로 개최된 학술회의에서 그들은 새로운 과학의 출현을 공식적으로 천명했다. 그런 학술회의와 과학을 가능하게 만든 가장 중요한 발전 중 하나는 미국인 물리학자 겸 수학자 미첼 파이겐바움이 모든 혼돈 현상이 공유하는 보편적인 수학적 패턴을 발견한 것이었다. 그 학술회의 주최자 중 한 사람인 조셉 포드는 이렇게 말했다. "미첼은 보편성을 목격했고 그것이 단계적으로 나아가는 방식을

---

6. T. Y. Li and J. A. Yorke, "Period Three Implies Chaos."

7. Briggs and Peat, *Turbulent Mirror*, 88.

8. 같은 책, 51. 뤼엘의 이론은 해리 스위니와 제리 골럽의 연구에 의해 실험적으로 입증되었다.

찾아내었으며 직관적으로 호소력이 있는, 혼돈에 이르는 방식을 도출했습니다. 이렇게 해서 우리는 모든 사람이 이해할 수 있는 명료한 모형을 최초로 갖게 되었습니다."9

이후의 절들에서 나는 혼돈 이론의 세 가지 측면, 즉 혼종성, 방행, 그리고 되먹임에 대한 비결정론적 해석을 제시하고 싶다.

혼종성

혼돈 이론은 모든 것을 설명하고자 하는 토대 과학 또는 보편 과학이 아니다. 혼돈 이론은 양자 세계에 관한 이론도 아니고 모든 수학적 논리에 관한 이론도 아니다. 오히려 혼돈 이론은 거시 세계에 관한 혼종 과학이다. 혼돈 이론은 다양한 과학에서 극도로 불균질한 현상들에 걸쳐 출현하는 패턴들을 연구한다.

혼돈 이론에는 객체들의 단독적 행동을 정확히 예측하는 보편 법칙이 전혀 없다. 오히려 혼돈 이론은 거시 과정들이 시간이 흐름에 따라 일련의 패턴으로 움직이는 경향을 서술한다. 미첼 파이겐바움은 모든 혼돈 과정이 공유하는 몇 가지 주기 배증 비를 식별함으로써 이런 과정들을 최초로 통합하는 이론을 제시했다.

파이겐바움은 이 다양한 계의 세부가 중요하지 않다는 것, 질서가 혼돈으로 붕괴하는 도중에 주기 배증이 하나의 공통 인자라는 것을 보여주었다. 그는 주기 배증 과정 동안 전환점들의 척도 비를 나타내는 몇 가지 보편적 수를 계산할 수 있었다. 파이겐바움은 어느 계가 거듭해서 자신에 작용할 때 그것이 척도를 따라 바로 이런 보편적 점들에서 변화를 나

---

9. James Gleick, *Chaos*, 184. [제임스 글릭, 『카오스』.]

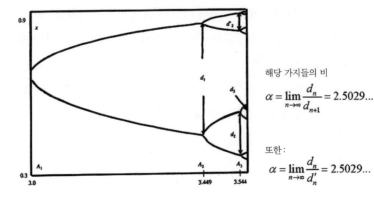

해당 가지들의 비

$$\alpha = \lim_{n \to \infty} \frac{d_n}{d_{n+1}} = 2.5029\ldots$$

또한:

$$\alpha = \lim_{n \to \infty} \frac{d_n}{d'_n} = 2.5029\ldots$$

그림 18.5. 파이겐바움 상수. 저자의 드로잉.

타낼 것임을 발견했다.[10]

파이겐바움은 과정들의 진전에서 나타나는 일반적인 경향을 식별했다. 그런데 객체의 초기 조건에 대한 정확한 측정은 여전히 불가능하다. 한 과정은 정확히 어디서 두 가지 다른 패턴으로 분기하는가? 그것은 초기 조건의 정확성에 전적으로 달려 있다. 파이겐바움은 이런 민감성을 무한대에 접근하는 극한의 수학적 형식으로 표현했다.

파이겐바움은 1950년대에 양자장 이론가들이 "무한대를 처리할 수 있는 양으로 변환"하기 위해 사용한 '재규격화'의 개념을 차용했다.[11] 양자장 이론가들 역시 혼돈 이론으로부터 자발적 '대칭 붕괴' 또는 주기 배증의 개념을 차용했다.[12] 재규격화의 실천 덕분에 그 두 과학은 모두 비결정적 과정에 대한 결정적 측정을 함으로써 사용 가능한 결과를 얻을 수 있게 되었다. 고전 비결정성과 양자 비결정성은 상이하더라도 말이다.

10. Briggs and Peat, *Turbulent Mirror*, 64.

11. Gleick, *Chaos*, 179. [글릭, 『카오스』.]

12. DeLanda, *Intensive Science and Virtual Philosophy*, 18~9. [데란다, 『강도의 과학과 잠재성의 철학』.]

일단 한 유한한 분기점이 실험적으로 측정되면 파이겐바움의 수학적 눈금잡기는 여타의 주기 배중 사이클들과 함께 일정한 비를 좇는다. 이렇게 해서 '파이겐바움 상수'는 1970년대에 양자물리학에서 표준 모형이 작동한 것과 마찬가지의 방식으로 작동했다. 그것은 다양한 분과학문의 과학자들이 이해하고 자신의 영역에 적용할 수 있는 우아하고 확실한 (재규격화된) 정량적 공식을 제공했다. "전 세계의 과학자들은 이 수들과 주기 배가에 관한 지식으로 무장함으로써 머지않아 곳곳에서 혼돈을 찾아내기 시작했다."[13]

혼돈적 객체는 고정된 본질도 아니고, 고정된 객체들 사이의 유사성 관계도 아니라 오히려 역동적인 운동 패턴이다.[14] 혼돈 이론은 객체를 기본 입자들의 외삽으로 간주하지 않으며, 오히려 반복의 과정으로 간주한다. 파이겐바움이 서술하는 대로,

> 물리학에는, 여러분이 세계를 이해하는 방식은 여러분이 정말로 근본적이라고 생각하는 소재를 이해할 때까지 그 구성요소들을 계속해서 분리하는 것이라는 근본적인 가정이 있다. 그다음에 여러분은 자신이 이해하지 못하는 여타의 것은 세부 내용이라고 가정한다. 그 가정은, 여러분이 순수한 상태에 있는 사물들을 살펴봄으로써 식별할 수 있는 소수의 원리가 존재하며 ─ 이것은 진정한 분석적 개념이다 ─ 그리고 아무튼 여러분이 더 지저분한 문제를 풀고 싶을 때 이 원리들을 더 복잡한 방식으로 결합한다는 것이다. 〔그런데 혼돈 이론〕은 사물들이 거듭해서 자신에 작용할 때 매우 다양한 체계에서 일어나는 일에 관한 일반적인 서술이다. 혼돈 이론은 문제에 관해 상이한 방식으로 생각할 것을 요구한다.[15]

---

13. Briggs and Peat, *Turbulent Mirror*, 64.
14. DeLanda, *Intensive Science and Virtual Philosophy*, 176, n. 57. [데란다, 『강도의 과학과 잠재성의 철학』.]

이렇게 해서 혼돈 이론은 많은 종류의 다양한 객체에 관한 혼종적인 과정지향적 서술로서 기능한다. 과학자들은 혼돈 이론의 패턴들을 거의 모든 과학 분과학문에 적용하였는데, 예컨대 기상학, 인류학, 사회학, 물리학, 환경과학, 컴퓨터과학, 공학, 경제학, 생물학, 생태학, 철학, 천체물리학, 정보 이론, 전산신경과학, 심리학 등에 적용하였다.

방행

혼돈적 객체는 방행적이거나 비결정적이다. 이런 비결정성은 양자 비결정성 및 범주적 비결정성과 관련되어 있지만 그 원인은 상이하다. 혼돈적 비결정성은 모든 거시 객체의 초기 조건을 완전히 정확하게 측정할 수 없는 불가능성이다. 내가 보기에 그 이유는 우리가 서술할 수 없는 객관적인 초기 조건이 존재하기 때문이 아니다. 그 이유는 초기 조건이 최소 층위에서는 양자 비결정성과 관련되어 있고, 최대 층위에서는 관찰자를 비롯하여 전체적으로 얽힌 우주와 관련되어 있기 때문이다.

더욱이 혼돈 이론에서 결정적 초기 조건이 전혀 없는 이유는 우리가 이산적이거나 정적이거나 또는 비관계적인 사물들을 다루고 있지 않기 때문이다. 우리는 거시적인 운동적 과정들을 다루고 있다. 이런 까닭에 그것들은 매우 '민감'하다. 또한 이런 까닭에 혼돈 이론에서는 어떤 고정된 확률 범위도 존재하지 않는다. 각각의 과정-객체의 궤적은 특이하고 관계적이다.

혼돈적 객체의 방행은 네 가지 상관된 주요 면모, 즉 (1) 초기 조건에의 민감성, (2) 점진적 결정, (3) 비가역성, 그리고 (4) 비국소성을 갖추고 있다.

---

15. Gleick, *Chaos*, 185. [제임스 글릭, 『카오스』.]

초기 조건

혼돈적 객체는 자신의 초기 조건에 민감한데, 왜냐하면 어떤 고정된 결정적 초기 조건의 집합이 전혀 없기 때문이다.[16] 우리가 운동 중인 어느 객체를 측정하거나 서술하는 방식은 그 객체가 미래에 움직이고 측정될 방식에 영향을 미친다.

혼돈적 객체는 작은 차이가 과정으로 되먹임되어서 처음의 유사한 과정들과 궁극적으로 두드러지게 달라지는 재귀적인 비선형적 과정이다. 이런 까닭에 자신의 날씨 모의실험에서 저장 공간을 절약하기 위해 0.506127를 기입하는 대신에 0.506을 기입했을 때 로렌츠는 수학적 객체의 초기 결정의 작은 변화가 불균형한 장기 효과를 미침을 발견했다. '초기 조건'의 결정들은 각각 특이하고 **근본적으로** 예측 불가능한 장기적 결과를 산출한다. 혼돈 이론은 결정론적 결과물들 또는 확률들의 총체에 대한 근대주의적 꿈 대신에 어떤 상이한 객체론에 이바지한다. 내가 해석하기에 혼돈 이론과 관련하여 필수적인 것은 모든 궤적이 특이하기에 우리가 초기 조건과 가능한 결과물들의 총체를 완전히 정확하게 알 수는 없다는 점이다.

러시아인 화학자 일리야 프리고진과 벨기에인 철학자 이자벨 스탕게르스가 서술하는 대로,

초기 조건이 무한정 정확히 인식된다면 하나의 궤적 서술이 여전히 이루어진다는 것은 참이다. 그런데 이것은 어떤 현실적 상황에도 해당하지 않는다. 컴퓨터를 사용하든 어떤 다른 수단을 사용하든 간에 실험을 수행할 때마다 우리는 초기 조건이 한정된 정도로 정확하게 주어지기에, 혼돈적 계의 경우에 시간 대칭의 붕괴가 초래되는 상황을 다루고 있

---

16. Robert Devaney, *An Introduction to Chaotic Dynamical Systems*.

다.[17]

객체의 초기 조건은 이산적이고 유한한 상태들의 총체가 아니다. 객체는 비국소적 관계들을 맺고 있는 창발적인 준안정한 과정이다. 객체의 초기 조건은 결정적이거나 이산적인 일단의 객체로 환원될 수 없다. 프리고진과 스탕게르스는 "어느 단일한 궤적의 초기 조건은 무한 집합 $\{u_n\}$ ($n = -\infty$에서 $+\infty$까지)에 해당한다. 그런데 현실 세계에서 우리는 유한한 창을 통해서 바라볼 수밖에 없다. 이것은 우리가 임의적이지만 한정된 수의 자릿수 u_n을 통제할 수 있음을 뜻한다"라고 주장했다.[18]

그런데 내가 보기에 우리는 이런 '무한성'을 이산적인 상태들의 집합으로 해석하지 말고 오히려 비결정적 과정으로 해석해야 한다. 한 사건의 확률은 $1/\infty$(즉, 0)이 아니다. 왜냐하면 무한대는 비결정성과 같지 않기 때문이다. 결국에는 초기 조건을 자세히 살펴보면 양자물리학의 진공 요동에 이르게 될 것이다. 혼돈 과학은 비결정적 움직임을 준안정한 객체로 점진적으로 형성한다.

점진적 결정

초기 조건의 객관적인 상태는 전혀 없고 오직 과정들만이 존재하기에 객체들은 점진적으로 결정된다. 초기 조건은 전혀 없고 단지 특이한 궤적들만 존재한다면, 사전에 현존하는 가능한 상태들의 전체 집합은 전혀 없다. 마누엘 데란다가 서술하는 대로,

실험자들은 어느 주어진 실험에서 적실한 것과 적실하지 않은 것을 점진

---

17. Ilya Prigogine and Isabelle Stengers, *The End of Certainty*, 105. [일리야 프리고진, 『확실성의 종말』.]

18. 같은 책, 101. [같은 책.]

적으로 판별한다. 달리 말해서 어떤 실험적 문제를 규정하는 중요한 것과 중요하지 않은 것의 분포는 누군가가 본질(또는 명료하고 뚜렷한 관념)을 파악하도록 되어 있는 방식으로 단박에 파악되지 않고, 오히려 회집체가 자신의 불균질한 구성요소들의 상호 조정을 통해서 안정화되면서 서서히 드러나게 된다…실험자의 신체 경험의 정동들은 배움이 생겨나고 신체화된 전문성이 축적되도록 기계와 모형, 물질적 과정 들의 정동들과 얽혀 있다.[19]

우리는 어떤 객체의 본성을 그것이 과정으로서 전개되기에 앞서 미리 알 수 없다. 초기 조건과 각각의 '단계'에서 그 객체의 움직임은 비결정적이지만 점진적으로 준안정한 경로를 좇는다. 측정은 모든 궤적 또는 확률을 연역하는 한 번의 사태가 아니다. "우리는 현실 세계에 거주하는 모든 불연속적인 개체를 점진적인 분화를 통해서 낳은 어떤 연속체를 구상해야 한다."[20]

이 방법은 러시아인 수학자 안드레이 마르코프가 사용한 방법과 유사하다. 객체의 새로운 운동 각각은 이전의 어떤 운동에 의해서도 결정되지 않으며, 오히려 바로 직전의 움직임과 비결정적으로 관련되어 있을 따름이다. 마르코프가 (결정적 집합과 객체 들의) 사슬에서 비롯된다고 말한 유한한 확률들은 오직 해당 객체 자체의 더 방행적인 움직임에 의거하여 출현할 수 있을 뿐이다.

비가역성

운동은 비가역적이다. 왜냐하면 운동은 방행적이거나 비결정적이기

---

19. DeLanda, *Intensive Science and Virtual Philosophy*, 172. [데란다, 『강도의 과학과 잠재성의 철학』.]
20. 같은 책, 72. [같은 책.]

때문이다. 각 객체의 움직임이 정말로 특이하다면 그것은 가역적일 수가 없다. 이것은 혼돈 이론의 핵심적인 열역학적 통찰이다. 프리고진에 따르면 가역성은 과학적 수학화의 관념론적 환상이다. 물질과 운동이 수동적이고 비창조적이라면 그것들은 전진하든 후진하든 간에 동일한 법칙들을 따를 수밖에 없다. 혼돈 이론은 무질서를 향한 대단히 높은 경향을 수반하는 열역학 제2법칙을 진지하게 여긴다.[21]

비가역성은 인간의 주관적인 관찰의 부작용에 불과한 것이 아니다. 우리가 엔트로피를 목격하는 이유는 우리가 엔트로피적 세계에서 살아가기 때문이다. 엔트로피는 자연이 자신에 행하는 무언가이다. 프리고진이 서술하는 대로 "이론적인 가역성은 어쨌든 유한히 정확하게 수행되는 측정의 가능성을 넘어서는, 고전역학 또는 양자역학에서의 이상화 조작으로부터 생겨난다. 우리가 관찰하는 비가역성은 관찰의 본성과 한계를 적절히 설명하는 이론들의 한 면모이다."[22]

수학적 가역성과 물리적 가역성은 완전한 지식을 가정하는 비현실적인 관점이다. 그런데 완전한 지식은 존재하지 않기에 알아야 할 총체적인 객관적 상황 역시 존재하지 않는다. 프랑스인 박식가 피에르-시몽 라플라스는, 우주 속 모든 물질의 위치와 운동량을 알고 있는 악령이 있다면 그것은 이 물질들의 과거와 미래를 결정론적으로 완전히 정확하게 알고 있으리라 추측했다. 내가 보기에 혼돈 이론은 이런 관념을 원칙적

---

21. "자연은 시간상 가역적인 과정들과 시간상 비가역적인 과정들을 모두 포함하지만, 비가역적 과정은 규칙이고 가역적 과정은 예외라고 말하는 것이 공정하다. 가역적 과정은 이상화한 것에 해당한다. 우리는 진자가 가역적으로 움직이게 하려면 마찰을 무시해야 한다. 그런 이상화는 문제가 있다. 왜냐하면 자연에는 절대적 공허가 전혀 없기 때문이다. 앞서 언급된 대로 시간상 가역적인 과정은 고전역학의 뉴턴 방정식과 양자역학의 슈뢰딩거 방정식의 경우처럼 시간 반전에 대하여 불변적인 운동 방정식에 의해 서술된다. 그런데 비가역적 과정의 경우에는 시간 대칭을 깨뜨리는 서술이 필요하다"(Prigogine and Stengers, *The End of Certainty*, 18) [프리고진, 『확실성의 종말』].
22. Ilya Prigogine, *From Being to Becoming*, 215. [일리야 프리고진, 『있음에서 됨으로』.]

으로 거부한다. 우리는 물질의 움직임을 그것의 비가역적인 점진적 결정에 앞서 미리 알 수가 없다. 물질의 움직임이 전개되기 전에 그것을 절대적으로 결정하는 법칙은 전혀 없다. 모든 객체는 자신의 특이한 '랴푸노프 시간' — 러시아인 수학자 알렉산드르 랴푸노프의 이름을 본떠서 명명된 시간 — 즉, "그 이후에는 주기성이 정말로 혼돈적인 것이 되는 시간"이 있다.

결정적 초기 조건이 전혀 없다면 결정적 최종 조건도 전혀 없다. 참으로 창발적인 과정과 패턴 들이 있을 따름이다. 혼돈 이론에 대한 나의 해석에 따르면 비결정성은 인식론적 무능력이 아니라 오히려 비가역적 엔트로피의 실제 과정이다.

비국소성

혼돈적 객체의 초기 조건이 비결정적인 이유 중 하나는 그것 역시 비국소적이기 때문이다. 운동 중인 객체의 궤적은 결정적이지도 않고 결정론적이지도 않다. 왜냐하면 그 궤적은 그것이 단지 한 영역을 이룰 뿐인 '푸앵카레 공명'으로 일컬어지는 더 큰 과정과 관련되어 있기 때문이다.[23] 프리고진이 서술하는 대로,

> 공명은 그것이 어느 주어진 지점 또는 시점에서 생겨나지 않는 한에서 국소적 사건이 아니다. 공명은 비국소적 서술을 수반하므로 뉴턴 동역학과 관련된 궤적 서술에 포함될 수 없다. 우리가 이해하게 되듯이 공명은 '무작위적 걸음'의 운동 또는 '브라운 운동'과 유사한 … 확산성 운동을 초래한다.[24]

---

23. Prigogine and Stengers, *The End of Certainty*, 112. [프리고진, 『확실성의 종말』.]
24. 같은 책, 42. [같은 책.]

'일시적인 상호작용'은 단 한 번만 맺어지는 관계이고 과학자들이 국소화된 분포 함수로 서술하는 관계이다. 한편으로 '지속적인 상호작용'은 계속해서 변화하고 대기 기상학의 경우처럼 비국소화된 분포 함수가 필요하다. 혼돈적 객체의 방행은 비국소적 과정들과 더불어 이런 지속적인 상호작용들에서 비롯된다. 예를 들면 쇼의 실험에서 밝혀진 대로 수도꼭지에서 떨어지는 물방울들의 간격 주기성은 순전히 국소적이거나 전체적인 결정론적 원인으로 환원될 수 없다. 각각의 물방울은 외부 수도관들과 도시 곳곳에서 이루어지는 다른 물 사용 활동을 통한 수압과 움직임의 비국소적 흐름의 일부이다.

국소적 패턴은 더 광범위한 비국소적 과정들에 속하는 영역이다. 프리고진과 스탕게르스가 서술하는 대로 "물질은 요동과 불안정성이 표준이 되는, 평형에서 멀리 떨어진 상태에 있을 때 새로운 특성을 획득한다. 물질은 더 '능동적'인 것이 된다."[25] 국소적 물질은 더 광범위한 비국소적 과정들과 끊임없이 상호작용할 때 더 능동적이고 창조적인 것이 된다. "'비결정론적 가설'은 불안정성과 혼돈에 관한 현대 이론의 자연적 결과물이다."[26]

[앞서 진술된 대로] 국소적 물질은 더 광범위한 비국소적 과정들과 끊임없이 상호작용할 때 더 능동적이고 창조적인 것이 되기에 우리는 두 가지 종류의 물리적 비결정성을 구분할 수 있다. 광속 이상의 유한한 속도로 전파하는 혼돈적 객체들의 고전적 층위에서 우리가 정확한 예측을 할 수 없는 이유는 그 계가 전체적으로 너무나 복잡하고 관계적이며 초기 조건에 너무나 민감하기 때문이다. 이것은 고전적 비결정성이다. 양자 층위에서 객체들이 비결정적인 이유는 그것들을 구성하는 장들의 요동

---

25. 같은 책, 65. [같은 책.]
26. 같은 책, 56. [같은 책.]

때문이다. 양자계는 고전계에 내재하기에 그것들은 당연히 어떤 사소하지 않은 관계를 맺고 있는 것처럼 보일 것이다. 프리고진과 그 밖의 사람들은 이 두 가지 형태의 비결정성 사이의 연속성을 옹호하는 주장 – 현재는 '양자 혼돈 이론'으로 일컬어지는 주장 – 을 펼쳤지만, 연구는 여전히 진행 중이다.[27]

되먹임

혼돈적 객체의 두 번째 두드러진 면모는 근본적으로 관계적이고 주기적인 본성이다. 혼돈적 객체는 본질적으로 운동의 구심적 패턴으로도 원심적 패턴으로도 장력적 패턴으로도 그리고 심지어 탄성적 패턴으로도 규정되지 않는다. 오히려 이 운동 패턴들은 모두 단지 국소적으로 안정한 구성체이거나 또는 물질의 방행적 움직임에 의해 산출된 주기적 패턴일 뿐이다. 혼돈적 객체는 본질도 아니고 영원히 안정한 구조도 아니다. 혼돈적 객체는 물질의 움직임에서 구성되는 고리, 주름, 또는 주기성이다. 객체는 끌개이거나 또는 동기화된 끌개들의 계열인데, 그것의 국소적 안정성은 혼돈적 운동 또는 방행적 운동을 향한 경향의 결과이다. 혼돈적 객체가 출현하고 흩어지는 이유는 그것의 방행적 운동에도 불구하고 그런 것이 아니라, 바로 그 방행적 운동 때문이다.

주기성

혼돈적 객체는 '조밀한 주기적 궤도들'에서 출현하는 과정이다. 두 가

---

27. "우리가 힐베르트 공간을 떠나야만 하는 물리적 이유는 어떤 전체론적인 비국소적 서술을 필요로 하는, 앞서 언급된 지속적인 상호작용의 문제와 관련되어 있다. 개별적 서술과 통계적 서술 사이의 동등성이 돌이킬 수 없게 파괴되고, 비가역성이 자연법칙에 편입되는 것은 오직 힐베르트 공간의 외부에서 그럴 뿐이다"(같은 책, 97[같은 책]).

지 운동 패턴이 아무리 다르더라도 결국 그것들은 상호작용하면서 국소적 안정성의 주기적 패턴으로 진입할 것이다. 혼돈 이론에서 이런 현상은 '결합된 진동'으로 일컬어진다. 두 개의 연결된 운동계가 상호작용하기 시작함에 따라 그것들은 상호 변환 또는 준안정한 동기화를 창출한다. 예를 들면 크리스티안 하위헌스는 두 개의 진자시계를 자기 방의 동일한 벽 위에 상이한 타이밍으로 설정했을 때, 시간이 흐름에 따라 그 두 시계가 벽과 마루의 진동을 통해서 흔들림을 동기화하기 시작함을 간파했다. 미국인 수학자 스티븐 스트로가츠는 생물학, 경제학, 양자물리학, 천체물리학, 수력학 등의 영역들에서 순환적 주기성과 자발적 동기화가 응용되는 사례들에 관하여 방대하게 서술하였다. 그는 이렇게 쓴다.

우주의 핵심에는 지속적이고 끊임없는 고동, 즉 동기화된 순환들의 소리가 자리하고 있다. 그것은 핵에서 우주까지 모든 규모에서 자연에 스며들어 있다. 매일 밤 말레이시아의 감조 하천들을 따라 수천 마리의 반딧불이가 어떤 지도자도 없이 또 환경으로부터의 어떤 신호도 없이 홍수림 지대에 모여들어서 다 같이 맞추어 빛을 낸다. 초전도체에서는 수조 개의 전자가 완전히 보조를 맞추어 행진함으로써 전기가 아무 저항도 받지 않은 채로 흐를 수 있게 된다. 태양계에서는 중력적 동기화 덕분에 거대한 바위가 소행성대를 벗어나서 지구를 향해 돌진할 수 있게 된다. 그런 유성의 가공할 만한 충격으로 인해 공룡이 멸종된 것으로 여겨진다. 우리의 신체도 율동적인 교향곡인데, 우리 심장에서 끊임없이 조율되는 수천 개 심장박동조절 세포의 작용에 의해 계속 살아있게 된다. 모든 경우에 이런 동기화의 위업들은 마치 자연이 질서를 지독히 갈구하는 것처럼 자발적으로 이루어진다.[28]

---

28. Strogatz, *Sync*, 1 [스트로가츠, 『동시성의 과학, 싱크 Sync』.]

주기성은 자연에서 자발적으로 생성되는 율동적 조율로, 인간의 과학에서 객체를 구성하는 실천을 규정하는 조율의 토대이다. 주기적 조율은 인간에게 고유한 것은 아니다.

혼돈적 객체는 물질의 고리, 간격, 또는 주름이다. 과학사는 네 가지 주요한 운동 패턴에 특권을 부여하였다. 혼돈 이론은 이 네 가지 패턴 각각을 '주기적 끌개'로 서술한다. '점 끌개'는 구심적 운동을 서술하고, '한계 순환 끌개'는 원심적 운동을 서술하고, '원환면 끌개'는 장력적 운동과 탄성적 운동을 서술하며, '혼돈 끌개'는 방행적 운동을 서술한다. 각각의 끌개를 더 자세히 살펴보자.

점 끌개

점 끌개는 객체가 어떤 단일한 점을 향해 움직일 때 출현한다[그림

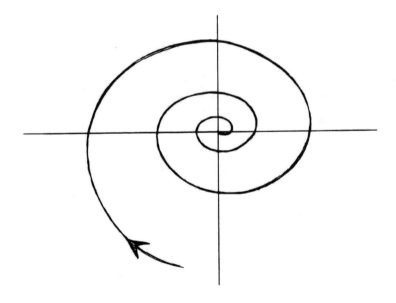

그림 18.6. 점 끌개. 출처 : Briggs and Peat, *Turbulent Mirror*, 36.

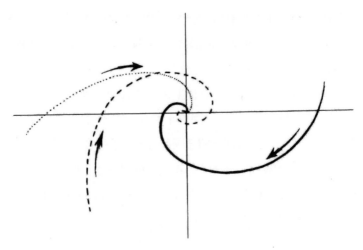

그림 18.7. 진자의 위상공간. 출처 : Briggs and Peat, Turbulent Mirror, 36.

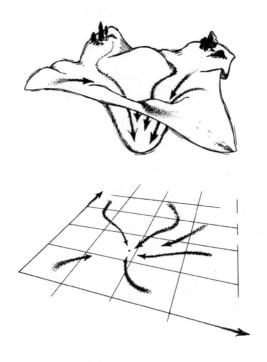

그림 18.8. 끌개 유역. 출처 : Briggs and Peat, *Turbulent Mirror*, 36.

18.6~7 참조]. 그것은 어떤 단일한 '끌개 유역'을 향해 나아가는 구심적 운동이다[그림 18.8 참조]. 예를 들면 땅의 배수구는 빗물을 구심적으로 끌어들이는 끌개 유역이다. 흔들리는 진자는 앞뒤로 움직이면서 중력과 공

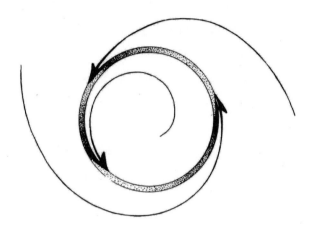

그림 18.9. 한계 순환 끌개. 출처 : Briggs and Peat, *Turbulent Mirror*, 37.

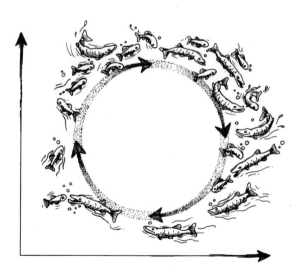

그림 18.10. 포식자–먹이 되먹임 순환. 출처 : Briggs and Peat, *Turbulent Mirror*, 38.

기의 동적 마찰로 느려지고 마침내 가장 낮은 에너지 지점에 멈추게 된
다[그림 18.7 참조].

한계 순환 끌개

시계의 무게추 메커니즘처럼 무언가가 진자를 계속해서 앞으로 밀치
면 진자는 정지 지점을 향해 가는 동시에 원심적으로 되돌아 움직일 것이
다[그림 18.9 참조]. "그 진자는 한 고정된 지점으로 끌려가기보다는 오히려
위상공간에서 어떤 순환적 경로를 향해 끌려간다. 이 경로는 한계 순환
또는 한계 순환 끌개라고 일컬어진다."[29]

그런 끌개들은 놀랍게도 운동의 교란에 대한 저항력이 있는데, 왜냐
하면 엔트로피적 점성과 외부 에너지의 입력 사이에 이루어지는 동역학
적 되먹임 때문이다. 포식자-먹이 순환에서 유사한 일이 발생한다[그림
18.10 참조]. (1) 송어 같은 먹이 원천이 풍부해진다. (2) 강꼬치고기 같은 포
식자 개체군이 증식하여 모든 먹이를 잡아먹는다. (3) 먹이가 부족해질
때 포식자 개체는 격감한다. (4) 마침내 먹이 원천이 재생되어 그 순환이
반복되지만 결코 정확히 동일한 방식으로 반복되지는 않는다. 한계 순환
은 완전한 순환이 아니라 오히려 비선형적인 방행적 과정에서 출현하는
객체이다.

원환면 끌개

원환면 끌개는 한계 순환의 주기성이 적어도 두 개의 자유도를 지닐
때 생겨난다. 이것은 두 개의 결합된 진동자 사이의 장력적 운동을 산출
한다. 예를 들면 우리가 진자의 현가장치suspension system를 느슨하게 하
여 진자가 앞뒤로 그리고 좌우로 움직이게 된다면, 그 운동의 범위 또는

---

29. Briggs and Peat, *Turbulent Mirror*, 37.

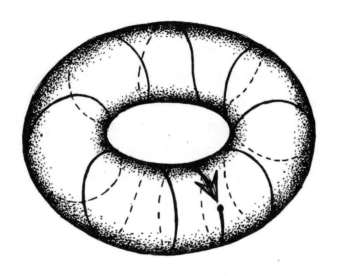

그림 18.11. 유리 원환면 끌개. 출처 : Briggs and Peat, *Turbulent Mirror*, 40.

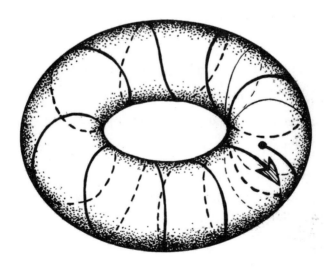

그림 18.12. 무리 원환면 끌개. 출처 : Briggs and Peat, *Turbulent Mirror*, 41.

'위상공간'은 원환면 또는 '도넛 모양'처럼 보일 것이다. 이들 결합된 진동
자가 1 대 2 같은 단순한 비 또는 고전적 비로 함께 움직인다면 원환면을

감싸는 나선들이 정확히 이어질 것이다[그림 18.11 참조].

그런데 진동수들의 비가 1/2, 1/3, 또는 1/4 같은 정확하고 단순한 비가 아니라 무리수의 비, 즉 √2처럼 무한한, 반복하지 않는 소수 표현을 낳는 분수 또는 비라고 가정하자. 그 경우에 운동은 원환면의 동일한 경로를 따라 결코 철저히 반복하지 않는다[그림 18.12 참조]. 그 운동은 '준주기적'이다. 그 계는 고정된 장력적 비 대신에 탄성적 운동을 나타내는데, 요컨대 원환면 계의 준안정한 매개변수들 내에서 팽창하고 수축한다. 준주기성은 특이한 궤적이 준안정한 진동계를 어떻게 창출할 수 있는지를 보여준다.

기묘한 끌개

기묘한 끌개는 객체의 움직임이 완전히 비非반복적이고 더는 원환면 또는 다차원적 원환면 패턴을 절대 따르지 않게 될 때 생겨난다. 위상공간은 현저히 발산하는 특이한 궤적들로 완전히 이루어지게 된다[그림 18.13 참조]. 예를 들어 폭풍우 속에서 강의 속도가 증가하면, 강 표면에 떨어지는 빗방울을 비롯하여 진동점들이 매우 다양해져서 모든 주기와 끌개가 난류 형태로 흩어지게 된다. 기묘한 끌개 또는 '혼돈적 끌개'가 여타의 끌개와 다른 이유는 그것이 어떤 안정한 주기도, 결정적 주기도 지니고 있지 않기 때문이다.

그런데 이런 난류는 한낱 질서와 안정한 끌개의 해체에 불과한 것이 아니다. 난류가 충분히 오랫동안 진행되면 그것은 앞서 언급된 끌개로 안정화된다. 혼돈은 질서의 실패가 아니라 질서의 원천이다. 혼돈 또는 방행은 운동 패턴에 내재하지만 잠시 뒤에 다소 안정화될 수 있다.[30] 마누

---

30. 1세기 로마 시인 루크레티우스가 믿은 대로 비결정적 클리나멘은 질서를 생성한다. Nail, *Lucretius I*을 보라.

엘 데란다가 서술하는 대로,

주지하다시피 이 〔위상〕공간에서 궤적들은 언제나 어떤 끌개에 점근적
으로 접근하는데, 즉 그것들은 그 끌개에 무한정 가까이 접근하지만 결
코 도달하지는 못한다. 이것은 세계 속 객체들의 실제 상태들을 나타내
는 궤적들과 달리 끌개들은 결코 현실화될 수 없음을 뜻한다. 왜냐하면
궤적의 어떤 점도 결코 끌개 자체에 도달할 수 없기 때문이다. 특이점이
란 어떤 계의 실제 상태를 전혀 나타내지 않고 단지 그 계의 장기적 경향
을 나타낼 뿐이라는 것은 바로 이런 의미에서다.[31]

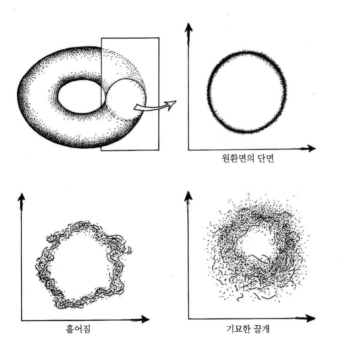

원환면의 단면

흩어짐

기묘한 끌개

그림 18.13. 기묘한 끌개. 출처 : Briggs and Peat, *Turbulent Mirror*, 46.

31. DeLanda, *Intensive Science and Virtual Philosophy*, 23. [데란다, 『강도의 과학과 잠재
성의 철학』.]

위상학적 혼합

위상학적 혼합은 혼돈적 객체의 세 번째 두드러진 면모를 보여준다. 위상학적 혼합이란 근사적으로 주기적인 어떤 운동 패턴도 모든 패턴으로부터 발산하는 경향을 가리킨다. 이것은 중요한 점이다. 혼돈적 객체는 어떤 단일한 유형의 끌개가 아니라 오히려 한 끌개에서 다른 한 끌개로의 연속적인 변환이다. 자신의 방행적 움직임 덕분에 고리 패턴으로 진입하고 다른 고리들로 분기함으로써, 혼돈적 객체는 이런 모든 고리를 풀어 헤칠 수 있게 된다. "섭동이 충분히 크다면 끌개들의 분포는 더는 구조적으로 안정하지 않게 되어서 변화하거나 다른 분포로 분기할 수 있을 것이다. 그런 분기 사건은 구조적 불안정성을 통한 한 벡터장의 위상학적으로 동등한 다른 한 벡터장으로의 연속적인 변형으로 규정된다."[32] 연기 고리들이 공기 중으로 서서히 흩어지는 상황을 상상하자. 시간이 흐름에 따라 그것들의 준안정한 패턴은 주위 공기와 점진적으로 뒤섞여서 매우 작은 연기 줄기들로 풀어 헤쳐진다.

위상학적 혼합은 현대의 고리 객체론에 상당한 영향을 미친다. 모든 혼돈적 객체가 어느 시점에 위상학적 혼합, 난류, 그리고 혼돈적 끌개를 향해 가는 경향이 있다면, 되먹임과 공명은 어떤 임의의 유한한 위상공간 또는 '토포스'에도 한정되지 않는다. 되먹임은 비국소적 과정의 일부이다.

이렇게 해서 객체에 관한 다른 사고방식이 요구된다. 우리는 객체를 경계가 있는 이산적인 사물로 간주하는 대신에, 다양한 끌개를 거쳐서 방행 상태로 다시 혼합되는 비국소적 과정으로 간주해야 한다. 달리 말해서 혼돈적 객체의 되먹임은 선재하는 객체들 사이에서 생겨나는 것이 결코 아니라 오히려 얽힌 물리계들의 전체론적 면모이다. 프리고진과 스탕게르스가 서술하는 대로,

---

32. 같은 곳.

고전 동역학은 어느 주어진 수의 입자를 추출하고 그것들의 운동을 개별적으로 고찰한다. 비가역성은 상호작용이 결코 멈춰지지 않을 때 생겨난다. 요컨대 동역학은 우리가 유한한 수의 분자를 개별적으로 고찰한다는 의미에서 환원주의적 관점이다. 비가역성은 우리가 다수의 입자로 추동되는 계들을 하나의 전체로 간주하는 더 전체론적인 접근법에서 출현한다.[33]

혼돈 이론에서는 고립된 객체가 전혀 없다. 더 광범위하게 얽힌 과정들의 영역들로서 접히고 흩어지는 고리 객체들이 존재할 따름이다.

운동적 혼돈

혼돈적 객체는 이산적인 단위체로도 고정된 궤적으로도 환원될 수 없다. 오히려 그것은 끌개 주위를 순환하고 고리를 형성하며 접히는 과정이다. 이 끌개들은 동기화하고 결합하여 결국에는 난류 상태가 된다. 이 장의 마지막 절에서 나는 나의 운동적 객체론이 어떻게 해서 앞서 전개된 혼돈 이론에 대한 비결정론적 해석과 정합적인지를 보여준다.

흐름

혼돈 이론의 초기 조건은 운동 중인 물질의 비결정적 흐름이다. 그런데 어떤 의미에서 초기 조건은 '초기'의 것도 아니고 '조건'도 아니다. 초기 조건이 초기의 것이 아닌 이유는 운동의 절대적 시작이 없기 때문이다. 초기 조건이 조건이 아닌 이유는 미래를 확실히 예측할 수 있는 이산적

---

33. Prigogine and Stengers, *The End of Certainty*, 114. [프리고진, 『확실성의 종말』.]

인 결정적 상태가 전혀 없기 때문이다.

실험 측정은 이런 비결정적 흐름에 개입하고 이것을 '재규격화'한다. 실험 측정은 어떤 유한한 최초 측정에서 초기 조건을 국소화함으로써 버라드가 일컫는 대로 "행위적 절단"을 수행한다.[34] 프리고진과 스탕게르스가 "무한대로 향하는 경향이 있는 항들은 [모두] 무의미하다"라고 말할 때, 그들은 이런 구성적 측정 행위의 본성에 관해 명시적이다. 그래서 프리고진과 스탕게르스는 "〔그것들〕을 통계적으로 서술할 때 이런 발산들을 제거한다."[35] 자연에는 무한대 같은 것은 존재하지 않지만, 파이겐바움의 경우처럼 혼돈 이론은 객체화할 수 없고 비결정적으로 민감한 물질 흐름을 대신하기 위해 정식적 표현들에 수학적 무한대 ― 유한한 답을 얻으려면 어딘가에서 절단되어야 한다 ― 를 사용한다.[36]

이런 까닭에 프리고진과 스탕게르스는 과학의 수행적 실천을 "자연과의 대담"이라고 서술한다.[37] 과학은 어떤 비객체적인 비결정적 흐름에 대한 특정한 측정에 의거하여 객체들의 장을 구성적으로 공-생산한다. 이것은 이 책에서 지금까지 내가 전개하고자 한 핵심 테제 중 하나이다. 객체들의 근거는 객체가 아니다. 과학은 기존 객체들을 발견하지 않으며 오히려 흐름으로부터 객체들을 직조하고 접는다. 이런 까닭에 자연은 과학 실천의 내재적 행위자로서 반응한다.

내가 보기에 혼돈 이론이 자연과의 대담을 계속 열린 채로 두기를 바란다면 그것은 객체들의 비객체적 조건을 인정할 뿐만 아니라, 이런 민감하고 반응적인 초기 조건을 창출할 때 공-구성하는 행위자로서의

---

34. Barad, *Meeting the Universe Halfway*, 148.
35. Prigogine and Stengers, *The End of Certainty*, 112. [프리고진, 『확실성의 종말』.]
36. 나는 이 흐름들이 "무의미하다"라는 프리고진과 스탕게르스의 의견에 동의하지 않는다. 나는 오히려 자연이란 의미 형성의 내재적 활동이라고 말하곤 한다.
37. Prigogine and Stengers, *The End of Certainty*, 153. [프리고진, 『확실성의 종말』.]

과학자의 역할도 인정해야 한다. 이것이 내가 운동적 조작자라고 일컫는 것이다.

실험 측정은 어떤 전체를 절단한 조각 같은 것이 아니다. 그것은 변환의 과정이다. 왜냐하면 측정과 조율은 자연의 흩어짐에 이바지하기 때문이다. 운동적 조작자들은 초기 조건을 점진적으로 결정하지만 망라하지는 못한다. 초기 조건은 가능한 출발점들의 전체 위상공간이 아니다. 과학자들은 비결정적 초기 조건의 흐름으로부터 위상공간에 대한 모형을 직조한다.

주름

혼돈적 객체는 비결정적 흐름에서 생겨난 준안정한 주름이다. 객체가 순환하고 반복함에 따라 그것의 더 광범위한 비국소적 관계들이 그것을 변화시킨다. 시간에 따른 이 작은 변화들은 엄청난 결과와 새로운 운동 패턴을 낳을 수 있다. 내가 해석하기에 이것은 '결정론적 혼돈'이 아니다. 혼돈 과학자들이 사용하는 비선형 방정식들과 알고리즘이 결정론적일지라도, 이것은 그들이 결정론적 과정들을 실제로 다루고 있음을 뜻하지는 않는다. 마찬가지로 장기적 예측 불가능성이라는 계시적인 수학적 결과는 비결정론적 해석과 정합적이다. 비결정성은 특이성과 예측 불가능성의 원천이다. 혼돈 이론은 비국소적 공명과 초기 조건의 비결정성을 재규격화함으로써 결정론적 근삿값을 제공한다.

내가 보기에 시간에 따른 비선형 방정식들의 지도를 그리기 위해 컴퓨터를 사용하는 것은 모든 결정적 초기 조건이 얼마나 특이한지 단적으로 보여주는 아름답고 계시적인 방법이다. 그것은 운동 중인 객체에 대하여 고전적인 비선형적 근사보다 훨씬 더 나은 근사이다. 그런데 자연은 혼돈 이론의 방정식들이 예측하는 모습과 정확히 닮은 것은 아니다. 왜냐하면 자연은 재규격화된 결정적 초기 조건으로 시작하지 않기 때문이다. 자연의 주름은 훨씬 더 비결정적이다. 예를 들면, 우리가 양치식물에서 목격한 자연적 프랙탈 패턴과 수학적 알고리즘에서 도출된, 양치식물처럼 보이는 정확한 패턴 사이에는 두드러진 차이가 있기 때문이다. 그두 패턴은 비선형적 근사보다 더 유사한 것처럼 보이지만, 그 둘이 다른이유는 자연적인 것은 비결정적으로 관계적인 반면에 수학적인 것은 결정론적이기 때문이다. 혼돈 이론의 결정론적 알고리즘은 반복될 때마다그 내용이 바뀌지만, 자연은 끊임없이 모든 것을 변화시킨다.

장

　혼돈적 객체는 위상공간을 가로질러 출현하고 움직인다. 혼돈 이론에서 위상공간은 그 속에서 끌개들이 출현하고 발산하며 위상학적으로혼합되는 가능한 행위들의 영역이다. 이런 위상공간은 내가 나의 운동적해석에서 '장'이라고 일컫는 것과 정합적이다. 장은 이산적인 상태들의 전체 영역이 아니라, 비결정적 초기 조건으로부터 직조된 준안정한 영역이다. 혼돈 이론에서 확률을 사용하는 것은 이런 민감한 비결정적 조건들의 국소적 위상공간으로의 재규격화에 의거하여 이루어진다. 혼돈 이론이 객체를 이산적인 개연적 상태로 간주한다면, 그것은 더 광범위한 비국소적 관계들의 장으로부터 객체들에 개입하거나 그것들을 직조함으로써만 그럴 뿐이다. 과학은 자연의 언어가 아니라 오히려 조율된 객체들의장이 공-창조하는 것이다.

　혼돈적 객체의 움직임은 자신의 과거 또는 초기 조건을 완전히 알지못한 채, 점진적 결정에 의해 예측 불가능한 미래를 향해 나아간다. 그런데 이런 과정에 대한 확률론적인 수학적 모형은 명시적으로 재규격화된다. 예를 들면 마르코프 확률 사슬은 (1) 어떤 가능한 선택지들의 닫힌집합, (2) 운동에 대한 엄밀히 선형적인 결정, 그리고 (3) 고립된 객체들에 대한 이산적인 상태들을 가정한다. 이 세 가지 가정은 모두 이산적인 측정이 초기 조건들과 그 국소적 공명의 비결정성을 재규격화했다는 것을 전제로 한다.

모든 확률의 장, 세기, 또는 분포는 점진적으로 결정된 것들일지라도 여전히 운동적 조작자에 의한 그 장의 구성적 결정을 필요로 한다. 운동적 조작자는 초기 조건에서 분리되어 있지 않으며 오히려 초기 조건을 공-구성한다.

객체에 관한 현대 이론들은 객체의 조건이 다른 객체들이 아니라 오히려 비결정적 과정들이라는 것을 보여준다. 이것은 과학이 객체들을 직조하기와 정렬하기를 그만두어야 함을 뜻하지는 않는다. 오히려 그것은 과학의 공-창조적 임무를 확언해야 한다. 이것이 내가 재규격화의 운동적 의미를 해석하는 방식이다. 그것은 객체의 비객체적 조건과 과학 노동의 창조적 활동을 명시적으로 인정하는 것이다. 객체화는 기존의 이산적인 객체들에 관한 총체적 지식과 관련되어 있지 않으며 오히려 비결정적 운동으로부터 직조된 새로운 객체들의 증식 및 전개와 관련되어 있다. 객체는 그것을 생산하는 운동적 조율 과정에 내재한다.

운동적 조작자가 객체의 구성과 연속적이라면, 그것 역시 자연의 실재적인 내재적 구성이다. 이런 의미에서 객체는 자연의 환원물이 아니고, 따라서 주체는 자연에서 분리될 수 없다. 주체는 곧 자연이다. 객체는 근본적으로 비국소적인 과정들의 점진적이고 준안정한 국소적 결정물이다. 이것이 지금까지 내가 고리 객체라는 관념으로 강조하고자 한 것이다.

결론

양자론, 범주론, 그리고 혼돈 이론은 모두 새로운 객체론에 대한 통찰에 이바지한다. 내가 보기에 이 이론들은 비결정적 움직임의 수위성을 어느 정도 인식한다. 그런데 또한 그것들은 이전의 네 가지 객체론의 혼종적 측면들을 포함한다. 특히 근대의 확률론적 객체론은 여전히 현업 과학자들 사이에서 지배적인 견해이다.

이 마지막 몇 개의 장에서 내가 공유하고 싶었던 핵심 관념은 이 세 가지 최신 과학이 이 책에서 논의된 네 가지 객체론 너머를 지향한다는 것이다. 그것들은 모두 비결정적 움직임의 수위성을 직접 대면하는데, 그 운동을 유효 방정식으로 재규격화하는 방법도 찾아냈지만 말이다.

나는 내가 알고 있는 한에서 세상이 객체들로 이루어져 있을 뿐만 아니라, 객체들이 정적이지도 않고 이산적이지도 않음을 보여주고자 하였다. 과학은 물질의 비결정적 흐름으로부터 준안정한 객체들을 공-창조하고 직조한다. 그렇다고 해서 자연이, 인간이 그러하다고 말하는 대로 현존하는 것은 아니다. 과학 실천에서 자연과 인간은 실제로 함께 작업한다. 재규격화 기법은 창조적 근사로서 실용적이고 유효할 수 있지만, 결정론, 인과율, 무작위성, 그리고 확률에 대한 형이상학적 믿음은 과학의 창조적 노력에 불필요하고 잠재적으로 위험하다. 왜냐하면 그것들은 물질의 창조적 비결정성 내에서 작동하기보다는 오히려 그것을 해명하려고 하기 때문이다.

나는 '운동적 조작자'라는 용어를, 인간에 의해 만들어지든 자연에 의해 만들어지든 둘 다에 의해 만들어지든 간에, 객체들의 이런 생성적 원천과 준안정한 질서의 과정들을 명명하는 한 가지 방식으로 사용했다. 마지막으로, 나의 주장은 운동적 객체론이 최근의 과학적 증거에 부합할 뿐만 아니라 희망컨대 과학을 자연에서 드러난 비결정적 운동의 수위성에 계속 민감하고 열려 있게 만들며, 그 운동을 해명하려는 형이상학적 시도에서 벗어나게 할 해석도 제시한다는 것이었다.

:: 결론

　오늘날에는 온갖 종류의 혼종 객체들이 우리를 둘러싸고 있다. 세계 전역에 걸친 객체들의 증식과 순환으로 인해 우리는 움직임과 객체의 본성 및 그 둘 사이의 관계를 재고할 수밖에 없다. 특히 양자론, 범주론, 그리고 혼돈 이론이라는 현대 과학들에 힘입어 우리는 객체들의 핵심에 자리하는 비결정적 움직임을 대면하게 된다. 이런 비결정성이 객체성과 그 한계의 원천이다.

　이 책에서 나는 객체들의 철학, 역사, 그리고 과학에 세 가지 주요한 기여를 하고자 하였다.

1편 운동적 객체

　내가 첫 번째로 이바지한 바는 객체를 정적이거나 이산적인 존재가 아니라 오히려 움직임의 과정으로 간주하자고 제안한 것이었다. 이것을 행하기 위해 나는 흐름, 주름, 그리고 장의 개념들을 제시했는데, 이는 실들이 한 조각의 천으로 직조되는 것처럼 과정이 준안정한 패턴들로 직조될 수 있을 방식에 관해 생각하는 데 도움이 될 것이다. 그 목표는 객체들의 비교적 안정한 외양과 재생산 가능성을 더 근본적인 과정들로부터 설명할 수 있는 방식을 보여주는 것이었다. 나는 이런 관념에 의거하여 수, 지식, 과학 실험, 그리고 관찰에 관한 과정 기반 이론을 제안했다.

2편 객체들의 역사

두 번째로 이바지한 바는 내가 1편의 개념적 틀을 사용하여 선사 시대에서 현재에 이르기까지 과학적 지식의 역사를 재해석한 것이었다. 이 역사로부터 나는 특정한 사람들이 네 가지 고유한 운동 패턴을 따르는 네 가지 주요한 객체 종류를 고안했음을 보여주고자 했다.

나는 선사 시대 동안 사람들이 구심적 운동 패턴을 따르는 서수적 객체들을 고안했음을 보여주었다. 고대 세계에서는 사람들이 원심적 운동을 갖춘 기수적 객체들을 고안했다. 중세 세계와 초기 근대 세계에서는 사람들이 장력적 운동 패턴을 사용하는 강도적 객체들을 고안했다. 마지막으로, 근대 세계의 과학자들은 탄성적 운동 패턴을 따르는, 내가 잠재적 객체라고 일컬은 것들을 고안했다. 이 역사적 시대들에서는 각각 한 가지씩 새로운 객체 종류가 발흥하여 지배적인 것이 되었다. 이전의 모든 객체 종류는 존속하면서 새로운 종류와 혼합되었다. 이 역사적 장들이 주요하게 이바지한 바는 객체의 종류가 단 하나만 있는 것은 아니라는 점과 객체가 불변하는 형상이 아니라 오히려 물질적 역사의 창발적 특성이라는 점을 보여준 것이었다.

3편 현대 객체

나의 객체론이 이바지한 바는 다섯 번째 종류의 '비결정적' 객체를 지향한 세 가지 주요한 현대 과학에 대한 해석을 제시한 것이었다. 게다가 나는 현대 객체들이 역사적 객체들의 네 가지 유형 모두의 측면들을 갖추고 있다고 주장했다.

현대 객체들을 이해하고 싶다면 우리는 그것들이 앞서 나타난 객체들의 역사와 구성적으로 뒤섞이는 방식을 이해해야 한다. 특히 나는 나의 운동적 객체론이 비결정론적 해석에 의거한 이 최근의 과학들에 부합함을 보여주고자 하였다. 이 장들이 주요하게 이바지한 바는 현대 과학을 결정론적이고 무작위적이며 확률론적인 것으로 간주하는 형이상학적 해석에 대하여 경고하면서 한 가지 대안 해석을 제시한 것이었다. 과학은 자연과 함께 비결정적 과정들을 우리가 지식이라고 일컫는 준안정한 객체와 패턴 들로 형성하는 공-창조적인 활동이라고 나는 주장했다.

한계

「서론」에서 나는 이 책의 한계 중 몇 가지를 언급했지만, 여기서 그 밖에 몇 가지 한계를 더 언급하고 싶다. 첫째, 나는 인간과 과학자들뿐만 아니라 모든 종류의 과정들이 객체들을 창출한다는 점을 분명히 하고 싶다. 우주는 인간과 아무 관계도 없는 온갖 종류의 객체들을 창조한다. 이 책은 과학에 의해 창조된 객체들의 역사에 한정되어 있다.

둘째, 그리고 어쩌면 가장 중요하게도, 이 책은 객체들의 운동적 구조들을 연구하는 데 철저히 한정되어 있다. 이 책에서 제기된 객체론은 서양 전통에서 나타난 과학 또는 모든 위대한 과학자의 완전한 역사가 아니다. 그것은 서양 과학을 연대기적으로, 비교적으로, 또는 체계적으로 제대로 다루는 척하지 않는다. 이 책 『객체란 무엇인가』의 독특한 점은 지식의 역사 내부에서 작동하는, 이전에는 감춰져 있었던 운동적 구조들에 집중한다는 점이다. 그것들은 지하에 묻힌 운동의 과학과 객체의 행위성을 드러낸다. 이런 과학의 운동적 과정 역사는 고체, 정역학, 선형 방정식, 그리고 입자의 역사에 의해 체계적으로 주변화되었고 차단되었다. 지금까지는 정적 객체의 과학이 지배했다. 나는 운동에 관한 탐구를 환원주의적 탐구에 한정시키지 않고, 오히려 과학의 현재 상태로 이어지는 대안적인 역사적 계보를 제시하는 것에 한정시켰다.

셋째, 『객체란 무엇인가』는 객체들의 지배적인 장들을 역사적으로 출현한 순서대로 각각 별개로 서술한다. 그런데 사실상 모든 장은 공존하고 이런저런 정도로 뒤섞인다. 각각의 역사 시기에 대하여 그런 모든 혼합물과 혼합 정도를 보여주는 것은 너무나 거대한 작업이기에 미래 연구를 위해 유보되어야 한다. 그러므로 이 책은 객체들이 두드러지게 되는 시기 동안 지배적인, 객체화의 분포를 고찰할 따름이다.

넷째, 현행 연구는 선사 시대에서 근동을 거쳐 근대 서유럽의 과학 실천에 이르기까지 특정한 하나의 지리-역사적 계보에 한정되어 있다. 이것은 결코 서양이 유일한 과학을 갖추고 있다거나 또는 최선의 과학을 갖추고 있다고 시사하지는 않는다. 오히려 서양 과학의 핵심에 자리하는 운동의 수위성을 밝혀내는 것은 과학을 고정된 본질과 자연법칙에 관한 점진적 연구로 간주하는 어떤 지배적인 개념들을 무효화시키는 나의 방식이다.

나는 이 역사의 은밀한, 물질적인 운동적 조건을 보여줌으로써 과학과 지식의 토대주의에 이의를 제기하고 싶다. 이 책이 지리적으로 한정된 이유는 서양의 우월성에 관한 어떤 관념 때문도 아니라, 순전히 저자의 언어적·문화적 한계와 지면의 실제적 한계 때문이다.

미래 방향들

또한 이런 한계에 대응하여 미래 연구가 수행될 수 있을 여러 영역이 있다. 첫째, 우리는 비인간 생물과 무생물이 갖춘 지식의 구조를 더 광범위하게 살펴봄으로써 그 프로젝트의 역사적 범위를 인간의 과학 너머로 확대할 수 있을 것이다. 객체들의 창조는 인간에게 한정되지 않는다.

둘째, 운동적 객체론은 사물의 물질적인 운동적 측면들을 고찰하는

데 관심이 있는 다른 객체론들에 대한 유용한 보완물일 수 있을 것이다.

셋째, 우리는 객체들의 핵심에 자리하는 운동적 비결정성이 각각의 역사적 시대를 지배하는 체제를 불안정화하고 뒷받침하는 데 언제나 어떤 역할을 수행한 방식을 보여줄 수 있을 것이다.

넷째, 우리는 이런 운동적 객체론의 지리적 범위를 동양 세계와 식민지 세계로 확대할 수 있을 것이다. 서양 과학이 이 다른 권역들의 영향과 활용 없이 그런 것이리라 가정하기는 어렵다. 나는 이 책에서 검토된 서양 과학의 역사가 기술적으로 부정확하지 않기를 바라지만, 그것은 결코 전모가 아니다 — 아무것도 결코 그럴 수 없다. 동양 세계와 식민지 세계는 서양과 나란히 진전된, 크고 작은 독자적인 역사적 시기와 기예들을 갖고 있는데, 그것들은 서양에 영향을 미치고 서양으로부터 영향을 받았다.

다섯째, 나는 종종 이 책에서 역사적 넓이를 위해 경험적 깊이를 희생하도록 강요받았다. 그런데 나는 훨씬 더 두꺼운 책을 쓰거나 더 엄격한 한계를 짓지 않고서는 둘 다를 가질 수 없었다. 그리하여 나는 많은 위대한 과학자와 다양한 종류의 지식을 생략할 수밖에 없었다. 내가 간신히 포함한 과학들도 축약되었다. 이 책은 여러 번의 편집을 거치기 전에는 지금보다 두 배 더 두꺼웠다. 후속적으로 우리는 여기서 소개된 운동적 방법을 따라서 여러 절을 더 자세히 전개할 수 있을 것이다.

무엇보다도 나는 독자들에게 이 책이, 또는 이 책의 어떤 부분들이 어딘가 다른 곳에 적용될 만큼 유익하게 여겨지기를 바란다. 희망컨대 이것은 객체에 관한 운동적 연구에의 더 지속적인 탐구의 시작일 따름이다.

:: 참고문헌

A.B., "Using Maths to Explain the Universe." *The Economist*, 2 July 2013, ⟨https://www.economist.com/prospero/2013/07/02/using-maths-to-explain-the-universe⟩에서 이용가능 (2021년 3월 4일 접속).

Aczel, Amir D., *Entanglement: The Unlikely Story of How Scientists, Mathematicians, and Philosophers Proved Einstein's Spookiest Theory* (New York: Plume, 2003). [아미르 D. 악젤, 『얽힘』, 김형도 옮김, 지식의풍경, 2007.]

Adorno, Theodor, *History and Freedom: Lectures 1964-1965*, trans. Rolf Tiedemann (New York: John Wiley and Sons, 2014).

Aristotle, *Prior Analytics*, trans. Robin Smith (Indianapolis: Hackett Publishing Company, 1989).

———, *Physics*, trans. R. P. Hardie and R. K. Gaye (New York: Dover, 2017). [아리스토텔레스, 『자연학』, 허지현 옮김, 허지현연구소, 2022.]

Avicenna, *The Healing* (Provo: Brigham Young University Press, 2005).

Bacon, Francis, *The New Organon* (Cambridge: Cambridge University Press, 2000). [프랜시스 베이컨, 『신기관: 자연의 해석과 인간의 자연 지배에 관한 잠언』, 진석용 옮김, 한길사, 2001.]

Badiou, Alain, *Mathematics of the Transcendental*, trans. A. J. Bartlett and Alex Ling (London: Bloomsbury, 2017).

Baird, Davis, *Thing Knowledge: A Philosophy of Scientific Instruments* (Berkeley: University of California Press, 2004).

Barad, Karen, *Meeting the Universe Halfway: Quantum Physics and the Entanglement of Matter and Meaning* (Durham: Duke University Press, 2007).

———, "Transmaterialities: Trans*/matter/realities and Queer Political Imaginings," *Glq: a Journal of Lesbian and Gay Studies*, vol. 21 (2015): 387~422.

Barwick, Clark, Emanuele Dotto, Saul Glasman, Denis Nardin and Jay Shah, "Parametrized Higher Category Theory and Higher Algebra: Exposé I – Elements of Parametrized Higher Category Theory," ⟨https://www.maths.ed.ac.uk/~cbarwick/papers/basics.pdf⟩에서 이용가능 (2021년 3월 4일 접속).

Battersby, Stephen, "It's Confirmed: Matter is Merely Vacuum Fluctuations," *New Scientist*, 20 November 2008, ⟨https://www.newscientist.com/article/dn16095-its-confirmed-matter-is-merely-vacuum-fluctuations/⟩에서 이용가능 (2021년 3월 4일 접속).

Bays, Timothy, *Reflections on Skolem's Paradox* (Ann Arbor: UMI Dissertation Services, 2002).

Beaumont, Peter B., "Border Cave - A Progress Report," *South African Journal of Science*, vol. 69 (1973): 41~6.

Beckmann, Petr, *A History of Pi* (New York: Barnes and Noble, 1993). [페트르 베크만, 『파이의 역사』, 박영훈 옮김, 경문사, 2021.]

Beekes, Robert and Lucien Beek, *Etymological Dictionary of Greek* (Leiden: Brill, 2010).

Benjamin, Walter, "Theses on the Philosophy of History," in *Illuminations: Essays and Reflections* (New York: Schocken Books, 1969), 253~64.

Bennett, Jane, *Vibrant Matter: A Political Ecology of Things* (Durham: Duke University Press, 2010). [제인 베넷, 『생동하는 물질: 사물에 대한 정치생태학』, 문성재 옮김, 현실문화, 2020.]

Bergson, Henri, *Time and Free Will*, trans. Frank Lubecki Pogson (New York : G. Allen, 1913).

_____, *Matter and Memory* (New York : Zone Books, 2005). [앙리 베르그손, 『물질과 기억』, 박종원 옮김, 아카넷, 2005.]

Berkeley, George, "Letter to Molyneux," in *The Works of George Berkeley, Bishop of Cloyne, Volume 8*, eds. A. Luce and T. Jessop (London : Nelson, 1956).

_____, *The Analyst : A Discourse Addressed to an Infidel Mathematician*, in *The Works of George Berkeley Bishop of Cloyne* (Nendeln : Kraus Reprint, 1979).

_____, *Philosophical Commentaries*, ed. G. Thomas (London : Garland, 1989).

Bernien, H., S. Schwartz, A. Keesling et al., "Probing Many-body Dynamics on a 51-atom Quantum Simulator," *Nature*, vol. 551 (2017) : 579~84.

Bernoulli, Daniel, "The Kinetic Theory of Gases," in *The World of Mathematics*, ed. James R. Newman (New York : Dover, 2000).

Bernoulli, Daniel and Johann Bernoulli, *Hydrodynamics, or Commentaries on Forces and Motions of Fluids* (1738) (New York : Dover, 1968).

Biggs, Norman, *Quite Right : The Story of Mathematics, Measurement, and Money* (Oxford : Oxford University Press, 2016).

Bloch, Maurice, "Why Religion is Nothing Special but is Central," *Philosophical Transactions of the Royal Society B*, vol. 363 (2008) : 2055~61.

_____, *In and Out of Each Other's Bodies : Theory of Mind, Evolution, Truth, and the Nature of the Social* (London : Paradigm, 2012).

Boyer, Carl B., *The History of the Calculus and Its Conceptual Development* (New York : Dover, 1959). [칼 B. 보이어, 『미분적분학사 : 그 개념의 발달』, 김경화 옮김, 교우사, 2004.]

Briggs, John P. and F. D. Peat, *Turbulent Mirror : An Illustrated Guide to Chaos Theory and the Science of Wholeness* (New York : Harper and Row, 2000).

Brown, William, "Cuneiform Lexical Lists," *Ancient History Encyclopedia*, last modified 5 May 2016, 〈https://www.ancient.eu/article/900/〉에서 이용가능 (2021년 3월 4일 접속).

Bub, Tanya and Jeffrey Bub, *Totally Random : Why Nobody Understands Quantum Mechanics (A Serious Comic on Entanglement)* (Princeton : Princeton University Press, 2018).

Bunt, Lucas, *Historical Roots of Elementary Mathematics* (New York : Dover, 2012).

Burshteĭn, Anatoliĭ, *Introduction to Thermodynamics and Kinetic Theory of Matter* (New York : Wiley, 1996).

Burton, David, *The History of Mathematics : An Introduction* (Boston : Irwin McGraw-Hill, 2011).

Butterfield, Jeremy and Nazim Bouatta, "Renormalization for Philosophers," *Poznan Studies in the Philosophy of the Sciences and the Humanities*, vol. 104 (2016) : 437~85.

Camarena, Omar Antolín, "A Whirlwind Tour of the World of $(\infty, 1)$-categories," 〈https://arxiv.org/pdf/1303.4669.pdf〉에서 이용가능 (2021년 3월 4일 접속).

Cantor, Georg, *Contributions to the Founding of the Theory of Transfinite Numbers* (New York : Dover, 1915).

Capella, Martianus, *Martianus Capella and the Seven Liberal Arts, vol. 2 : The Marriage of Philology and Mercury*, trans. William Stahl (New York : Columbia University Press, 1977).

Cardano, Girolamo, *The Book on Games of Chance : The 16th-Century Treatise on Probability*, trans. Sydney H. Gould (New York : Dover, 2016).

Carroll, Sean, *The Particle at the End of the Universe : How the Hunt for the Higgs Boson Leads Us to the Edge of a New World* (New York : Dutton, 2012).

_____, *The Big Picture : On the Origins of Life, Meaning, and the Universe Itself* (New York : Dutton, 2017). [숀 캐럴, 『빅 픽쳐 : 양자와 시공간, 생명의 기원까지 모든 것의 우주적 의미에 관하여』, 최가영 옮김, 글루온, 2019.]

_____, *Something Deeply Hidden : Quantum Worlds and the Emergence of Spacetime* (Boston : Dutton, 2019). [숀 캐럴, 『다세계 : 양자역학은 왜 평행우주에 수많은 내가 존재한다고 말할까』, 김영태 옮김, 프시케의숲, 2021.]

Cassirer, Ernst, "Kant und die moderne Mathematik (Mit Bezug auf Bertrand Russells und Louis Couturats Werke über die Prinzipien der Mathematik)," *Kant-studien*, vol. 12 (1907) : 1~49.

_____, *Substance and Function and Einstein's Theory of Relativity* (Mineola : Dover, 2003).

Cavaillès, Jean, "La pensée mathématique," in *Oeuvres complètes de philosophie des sciences* (Paris : Hermann, 1994), 593~630.

Cavalieri, Bonaventura, *Exercitationes Geometricae Sex* (1647) (Bononiæ : Typis Iacobi Montij, 1986).

Chapman, Erich G., Stephanie L. Moon, Jeffrey Wilusz and Jeffrey S. Kieft, "RNA Structures that Resist Degradation by Xrn1 Produce a Pathogenic Dengue Virus RNA," *eLife*, vol. 3 (2014), published online 1 April 2014, 〈https://elifesciences.org/articles/01892〉에서 이용가능 (2021년 3월 4일 접속).

Châtelet, Gilles, *Figuring Space : Philosophy, Mathematics and Physics* (Dordrecht : Springer, 2011).

Chaudhuri, T. K. and S. Paul, "Protein-misfolding Diseases and Chaperonebased Therapeutic Approaches," *The FEBS Journal*, vol. 273, no. 7 (2006) : 1331~49.

Chiti, F. and C. M. Dobson, "Protein Misfolding, Functional Amyloid, and Human Disease," *Annual Review of Biochemistry*, vol. 75 (2006) : 333~66.

Civil, Miguel, *Mesopotamian Lexicography* (Leiden : Brill, 2002).

Clagett, Marshall, *Giovanni Marliani and Late Medieval Physics* (New York : AMS Press, 1955).

_____, *The Science of Mechanics in the Middle Ages* (Madison : University of Wisconsin Press, 1980).

Clausius, Rudolf, "On the Nature of the Motion which We Call Heat" (1857), reprinted in Stephen Brush, *Kinetic Theory : The Nature of Gases and of Heat, Volume 1* (New York : Elsevier, 2013).

Clegg, Brian, *A Brief History of Infinity : The Quest to Think the Unthinkable* (London : Constable, 2003).

Close, Frank, *The Infinity Puzzle : The Personalities, Politics, and Extraordinary Science Behind the Higgs Boson* (Oxford : Oxford University Press, 2013).

Conner, Clifford, *A People's History of Science : Miners, Midwives, and Low Mechanicks* (New York : Nation Books, 2009). [클리퍼드 코너, 『과학의 민중사 : 과학 기술의 발전을 이끈 보통 사람들의 이야기』, 김명진·안성우·최형섭 옮김, 사이언스북스, 2014.]

Corfield, David, *Towards a Philosophy of Real Mathematics* (Cambridge : Cambridge University Press, 2003).

Dantzig, Tobias, *Number : The Language of Science* (New York : Plume, 2007). [토비아스 단치히, 『수의 황홀한 역사 : 수의 탄생에서 현대 수학 이론까지』, 심재관 옮김, 지식의숲, 2016.]

Darrigol, Olivier, *Worlds of Flow : A History of Hydrodynamics from the Bernoullis to Prandtl* (Oxford : Oxford University Press, 2009).

Daston, Lorraine and Elizabeth Lunbeck, *Histories of Scientific Observation* (Chicago : University of Chicago Press, 2011).

David, Florence N., *Games, Gods and Gambling: A History of Probability and Statistical Ideas* (Mineola: Dover, 1998).

Davies, C. J., "The Problem of Causality in Object-Oriented Ontology," *Open Philosophy*, vol. 2, no.1 (2019): 98~107.

Dedekind, Richard, *Essays on the Theory of Numbers: I. Continuity and Irrational Numbers, II. The Nature and Meaning of Numbers*, trans. Wooster Woodruff Beman (Chicago: Open Court, 1901).

———, *What Are Numbers and What Should They Be?*, eds. H. A. Pogorzelski, W. J. Ryan, and W. Snyder (Orono: Research Institute for Mathematics, 1995).

Dehaene, Stanislas, *The Number Sense: How the Mind Creates Mathematics* (Oxford: Oxford University Press, 2011).

DeLanda, Manuel, *Intensive Science and Virtual Philosophy* (New York: Bloomsbury, 2013). [마누엘 데란다, 『강도의 과학과 잠재성의 철학: 잠재성에서 현실성으로』, 김영범·이정우 옮김, 그린비, 2009.]

———, *Assemblage Theory* (Edinburgh: Edinburgh University Press, 2016).

Deleuze, Gilles, *Bergsonism*, trans. Barbara Habberjam and Hugh Tomlinson (New York: Zone Books, 2011). [질 들뢰즈, 『베르그손주의』, 김재인 옮김, 그린비, 2021.]

———, *Letters and Other Texts*, ed. David Lapoujade, trans. Ames Hodges (New York: Semiotext(e), 2020). [질 들뢰즈, 『들뢰즈 다양체: 편지와 청년기 저작, 그리고 알려지지 않은 텍스트들』, 서창현 옮김, 갈무리, 2022.]

Deleuze, Gilles and Félix Guattari, *A Thousand Plateaus: Capitalism and Schizophrenia*, trans. Brian Massumi (London: Continuum, 2008). [질 들뢰즈·펠릭스 가타리, 『천 개의 고원: 자본주의와 분열증 2』, 김재인 옮김, 새물결, 2001.]

Descartes, René, *The Philosophical Writings of Descartes, Vol. 1*, trans. and ed. John Cottingham, Robert Stoothoff and Dugald Murdoch (Cambridge: Cambridge University Press, 1985).

———, *Geometry of René Descartes*, trans. David E. Smith and Martha L. Latham (New York: Dover, 2012).

Devaney, Robert, *An Introduction to Chaotic Dynamical Systems* (Boulder: Chapman and Hall/CRC, 2018).

Dill, Ken A., and Justin L. MacCallum, "The Protein-Folding Problem, 50 Years On," *Science*, vol. 338, no. 6110 (2012): 1042~6.

Duffy, Simon, *Deleuze and the History of Mathematics: In Defence of the 'New'* (London: Bloomsbury, 2014).

Duhem, Pierre, *Medieval Cosmology: Theories of Infinity, Place, Time, Void, and the Plurality of Worlds* (Chicago: University of Chicago Press, 2011).

Dumont, Stephen D., "Godfrey of Fontaines and the Succession Theory of Forms at Paris in the Early Fourteenth Century," in *Philosophical Debates at Paris in the Early Fourteenth Century*, eds. Stephen Brown, Thomas Dewender and Theo Kobusch (Boston: Brill, 2009), 39~125.

Einstein, Albert, *Aether und Relativitätstheorie* (Berlin: Verlag von J. Springer, 1920). English trans. "Ether and the Theory of Relativity," ⟨http://www.history.mcs.st-andrews.ac.uk/Extras/Einstein_ether.html⟩ 에서 이용가능 (2021년 3월 4일 접속).

———, *Relativity: The Special and General Theory*, eds. Robert W. Lawson, Robert Geroch and David C. Cassidy (New York: Plume, 2006). [알베르트 아인슈타인, 『상대성의 특수이론과 일반이론』, 이주명 옮김, 필맥, 2012.]

Einstein, Albert, Hedwig Born and Max Born, *The Born-Einstein Letters: Correspondence between Albert Einstein and Max and Hedwig Born from 1916-1955, with Commentaries by Max Born* (New York: Walker, 1971). [알베르트 아인슈타인·막스 보른, 『아인슈타인-보른 서한집』, 박인순 옮김, 범양사, 2007.]

Faraday, Michael, "Thoughts on Ray-Vibrations," *Philosophical Magazine*, S.3, vol. 28, no. 188 (1846): 345~50, ⟨http://www.padrak.com/ine/FARADAY1.html⟩ 에서 이용가능 (2021년 3월 4일 접속).

Ferreiros, Jose and Domâinguez J. Ferreirâos, *Labyrinth of Thought: A History of Set Theory and Its Role in Modern Mathematics* (Basel: Birkhäuser Basel, 2007).

Feynman, Richard, *Feynman Lectures on Physics, Vol. I: The New Millennium Edition: Mainly Mechanics, Radiation, and Heat*, ed. Robert B. Leighton and Matthew Sands (New York: Perseus Hachette, 2011). [리처드 파인만, 『파인만의 물리학 강의 Volume 1』, 박병철 옮김, 승산, 2004.]

Fine, Arthur, "Do Correlations Need to be Explained?," in *Philosophical Consequences of Quantum Theory*, eds. J. Cushing and E. McMullin (Notre Dame: University of Notre Dame Press, 1989), 175~94.

Franklin, James, *The Science of Conjecture: Evidence and Probability Before Pascal* (Baltimore: Johns Hopkins University Press, 2015).

Fraassen, Bas van, "The Charybdis of Realism: Epistemological Implications of Bell's Inequality," *Synthese*, vol. 52 (1982): 25~38.

Frege, Gottlob, *The Foundations of Arithmetic: A Logico-Mathematical Enquiry into the Concept of Number* (Evanston: Northwestern University Press, 1999). [고트롭 프레게, 『산수의 기초』, 최원배·박준용 옮김, 아카넷, 2003.]

Galilei, Galileo, *Discoveries and Opinions of Galileo*, trans. Stillman Drake (New York: Doubleday, 1957).

――, *Dialogue Concerning the Two Chief World Systems: Ptolemaic and Copernican*, trans. Stillman Drake (Berkeley: University of California Press, 1962). [갈릴레오 갈릴레이, 『대화: 천동설과 지동설, 두 체계에 관하여』, 이무현 옮김, 사이언스북스, 2016.]

――, *Two New Sciences*, trans. Stillman Drake (Madison: University of Wisconsin Press, 1974). [갈릴레오 갈릴레이, 『새로운 두 과학: 고체의 강도와 낙하 법칙에 관하여』, 이무현 옮김, 사이언스북스, 2016.]

Gamble, Christopher N. and Thomas Nail, "Black Hole Materialism," *Rhizomes: Cultural Studies in Emerging Knowledge*, no. 36 (2020).

Gamble, Christopher N., Joshua S. Hanan and Thomas Nail, "What is New Materialism?" *Angelaki*, vol. 24, no. 6 (2019): 111~34.

Gangle, Rocco, *Diagrammatic Immanence: Category Theory and Philosophy* (Edinburgh: Edinburgh University Press, 2016).

Garcia, Tristan, *Form and Object: A Treatise on Things*, trans. Mark A. Ohm and Jon Cogburn (Edinburgh: Edinburgh University Press, 2014).

Gibbins, P. F., "The Strange Modal Logic of Indeterminacy," *Logique et Analyse*, NS, vol. 25, no. 100 (1982): 443~6, ⟨http://www.jstor.org/stable/44084046⟩ 에서 이용가능 (2021년 3월 4일 접속).

Gilder, Louisa, *The Age of Entanglement: When Quantum Physics Was Reborn* (New York: Alfred A. Knopf, 2009). [루이자 길더, 『얽힘의 시대: 대화로 재구성한 20세기 양자 물리학의 역사』, 노태복 옮김, 부키], 2012.]

Gimbutas, Marija, *The Living Goddess* (Berkeley: University of California Press, 2005).

Gleick, James, *Chaos: Making a New Science* (London: The Folio Society, 2015). [제임스 글릭, 『카오스』, 박래선 옮김, 동아시아, 2013.]

Graham, Daniel, *The Texts of Early Greek Philosophy: The Complete Fragments and Selected Testimonies of the Major Presocratics* (Cambridge: Cambridge University Press, 2010).

Gray, Jeremy, *Worlds Out of Nothing: A Course in the History of Geometry in the 19th Century* (London: Springer, 2007).

Hacking, Ian, *The Emergence of Probability* (Cambridge: Cambridge University Press, 2006).

Haraway, Donna, *Staying with the Trouble: Making Kin in the Chthulucene* (Durham: Duke University Press, 2016). [도나 해러웨이, 『트러블과 함께하기: 지식이 아니라 친척을 만들자』, 최유미 옮김, 마농지, 2021.]

Harman, Graham, *Tool-being: Heidegger and the Metaphysics of Objects* (New York: Open Court, 2002).

———, "On Vicarious Causation," *Collapse*, vol. II (2007): 187~221.

———, *Prince of Networks: Bruno Latour and Metaphysics* (Melbourne: re.press, 2009). [그레이엄 하먼, 『네트워크의 군주: 브뤼노 라투르와 객체지향 철학』, 김효진 옮김, 갈무리, 2019.]

———, *Quentin Meillassoux: Philosophy in the Making* (Edinburgh: Edinburgh University Press, 2011).

———, "Materialism is Not the Solution: On Matter, Form, and Mimesis," *The Nordic Journal of Aesthetics*, vol. 47 (2014): 94~110.

———, *Immaterialism: Objects and Social Theory* (Cambridge: Polity, 2016). [그레이엄 하먼, 『비유물론: 객체와 사회 이론』, 김효진 옮김, 갈무리, 2020.]

———, "Agential and Speculative Realism: Remarks on Barad's Ontology," *Rhizomes*, vol. 30 (2016), ⟨http://www.rhizomes.net/issue30/harman.html⟩에서 이용가능 (2021년 3월 4일 접속).

———, "Buildings Are Not Processes: A Disagreement with Latour and Yaneva," *Ardeth*, vol. 1, no. 9 (2017): 112~22.

Harman, Graham, Bruno Latour and Peter Erdely, *Prince and the Wolf: Latour and Harman at the LSE* (Lanham: Zero Books, 2011).

Hawking, Stephen, "Virtual Black Holes," *Physics Review D*, vol. 53 (1996): 3099~107.

———, *A Brief History of Time* (New York: Bantam Books, 2017).

Hegel, Georg W. F., *Hegel's Philosophy of Nature: Being Part Two of the Encyclopedia of the Philosophical Sciences (1830), Translated from Nicolin and Pöggeler's Edition (1959) by Arnold V. Miller, and from the Zusätze in Michelet's Text (1847)* (Oxford: Oxford University Press, 2007). [게오르그 빌헬름 프리드리히 헤겔, 『헤겔 자연철학 1·2: 철학적 학문의 백과사전 강요 제2부』, 박병기 옮김, 나남, 2008.]

———, *The Science of Logic* (Cambridge: Cambridge University Press, 2015). [게오르그 빌헬름 프리드리히 헤겔, 『헤겔의 논리학』, 천원배 옮김, 서문당, 2018.]

Hellman, Geoffrey, "Mathematical Pluralism: The Case of Smooth Infinitesimal Analysis," *Journal of Philosophical Logic*, vol. 35 (2006): 621~51, ⟨https://link.springer.com/content/pdf/10.1007%2Fs10992-006-9028-9.pdf⟩에서 이용가능 (2021년 3월 4일 접속).

Henson, Joe, "How Causal Is Quantum Mechanics?", talk given at New Directions in Physics Conference, Washington, DC, 2015, ⟨http://carnap.umd.edu/philphysics/hensonslides.pptx⟩에서 이용가능 (2021년 3월 4일 접속).

Holland, Peter, *The Quantum Theory of Motion: An Account of the Broglie-Bohm Causal Interpretation of Quantum Mechanics* (Cambridge: Cambridge University Press, 2004).

Howard, Don, "Holism, Separability and the Metaphysical Implications of the Bell Experiments," in *Philosophical Consequences of Bell's Theorem*, eds. J. Cushing and E. McMullin (Notre Dame : University of Notre Dame Press, 1989), 224~53.

Howie, David, *Interpreting Probability : Controversies and Developments in the Early Twentieth Century* (Cambridge : Cambridge University Press, 2007).

Huntington, Edward Vermilye and Georg Cantor, *The Continuum and Other Types of Serial Order : With an Introduction to Cantor's Transfinite Numbers* (New York : Dover, 1955).

Husserl, Edmund, *Philosophy of Arithmetic : Psychological and Logical Investigations with Supplementary Texts from 1887-1901*, trans. Dallas Willard (Dordrecht : Kluwer Academic, 2003).

Ifrah, Georges, *From One to Zero : A Universal History of Numbers* (New York : Penguin, 1988).

———, *The Universal History of Numbers : The Computer and the Information Revolution* (New York : Penguin, 2005).

Jammer, Max, *The Concepts of Force* (New York : Dover, 2012).

Jeffrey, Richard C., *Probability and the Art of Judgment* (Cambridge : Cambridge University Press, 1992).

Joyal, André, *The Theory of Quasi-Categories and its Applications*, ⟨http://mat.uab.cat/~kock/crm/hocat/advanced-course/Quadern45-2.pdf⟩ 에서 이용가능(2021년 3월 4일 접속).

Karpinski, Louis C. and Frank E. Robbins, eds., *Nicomachus of Gerasa : Introduction to Arithmetic*, trans. Martin L. D'Ooge (New York : Macmillin, 1926).

Kastner, Ruth, Stuart Kauffman and Michael Epperson, "Taking Heisenberg's Potentia Seriously," *International Journal of Quantum Foundations*, forthcoming, ⟨https://arxiv.org/abs/1709.03595⟩ 에서 이용가능(2021년 3월 4일 접속).

Kendrew, J. C., G. Bodo, H. M. Dintzis, R. G. Parrish, H. Wyckoff and D. C. Phillips, "A Three-dimensional Model of the Myoglobin Molecule Obtained by X-ray Analysis," *Nature*, vol. 181, no. 4610 (1958) : 662~6.

Kim, P. S. and R. L. Baldwin, "Intermediates in the Folding Reactions of Small Proteins," *Annual Review of Biochemistry*, vol. 59 (1990) : 631~60.

Kirby, Vicki, *Quantum Anthropologies : Life at Large* (Durham : Duke University Press, 2011).

Kivell, T. L. and D. Schmitt, "Independent Evolution of Knuckle-walking in African Apes Shows that Humans did not Evolve from a Knuckle-walking Ancestor," *Proceedings of the National Academy of Sciences of the United States of America*, vol. 106, no. 34 (2009) : 14241~6.

Kostro, Ludwik, *Einstein and the Ether* (Montreal : Apeiron, 2000).

Kramer, Samuel, *History Begins at Sumer* (Philadelphia : University of Pennsylvania Press, 1988).

Lagerlund, Henrik, *Encyclopedia of Medieval Philosophy : Philosophy between 500 and 1500*, vol. 1 (New York : Springer, 2014).

Latour, Bruno, "On the Partial Existence of Existing and Non-existing Objects," in *Biographies of Scientific Objects*, ed. Lorraine Daston (Chicago : University of Chicago Press, 2005).

———, *Reassembling the Social : An Introduction to Actor-Network-Theory* (Oxford: Oxford University Press, 2008).

———, "A Textbook Case Revisited - Knowledge as a Mode of Existence," in *The Handbook of Science and Technology Studies*, ed. Edward Hackett (Cambridge : MIT Press, 2008), 83~112.

Latour, Bruno and Albena Yaneva, " 'Give Me a Gun and I Will Make All Buildings Move' : An Ant's

View of Architecture," in *Explorations in Architecture : Teaching, Design, Research*, ed. R. Gesier (Basel : Birkhäuser Verlag, 2008), 80~9.

Lautman, Albert, *Mathematics, Ideas, and the Physical Real*, trans. Simon Duffy (London : Bloomsbury, 2011).

Lavoisier, Antoine-Laurent, *Elements of Chemistry in a new systematic order, containing all the modern discoveries*, trans. Robert Kerr (New York : Dover, 1789).

Leibniz, Gottfried W., *Opera Omnia*, ed. Louis Dutens (Geneva, 1768).

———, *Opera Philosophica* (Aalen : Scientia Verlag, 1974).

Lemke, Thomas, "Materialism Without Matter : the Recurrence of Subjectivism in Object-Oriented Ontology," *Distinktion*, vol. 18, no. 2 (2017) : 133~52.

———, "An Alternative Model of Politics? Prospects and Problems of Jane Bennett's Vital Materialism," *Theory, Culture & Society*, vol. 35, no. 6 (2018) : 31~54.

Leroi-Gourhan, André, *Gesture and Speech*, trans. Anna Bostock Berger (Cambridge : MIT Press, 1993).

Lévi-Strauss, Claude, *Myth and Meaning* (London : Routledge, 2014). [클로드 레비-스트로스, 『신화와의 미』, 임옥희 옮김, 이끌리오, 2000.]

Lewis-Williams, David, *The Mind in the Cave : Consciousness and the Origins of Art* (London : Thames and Hudson, 2002).

Li, T. Y. and J. A. Yorke, "Period Three Implies Chaos," *American Mathematical Monthly*, vol. 82, no. 10 (1975) : 985~92.

Liboff, Richard, *Kinetic Theory : Classical, Quantum, and Relativistic Descriptions* (New York : Springer, 2003).

Livio, Mario, *The Golden Ratio : The Story of Phi, the World's Most Astonishing Number* (New York : Broadway Books, 2002). [마리오 리비오, 『황금 비율의 진실 : 완벽을 창조하는 가장 아름다운 비율의 미스터리와 허구』, 권민 옮김, 공존, 2011.]

Long, Calvin T., *Elementary Introduction to Number Theory*, 2nd ed. (Lexington : D. C. Heath, 1972).

Lorenz, Edward N., "Deterministic Non-periodic Flow," *Journal of the Atmospheric Sciences*, vol. 20, no. 2 (1963) : 130~41.

Mac Lane, Saunders, *Categories for the Working Mathematician* (New York : Springer, 1998).

Mader, Mary Beth, "Whence Intensity? Deleuze and the Revival of a Concept," in *Gilles Deleuze and Metaphysics*, eds. Alain Beaulieu, Julia Sushytska and Edward Kazarian (Lanham : Lexington Books, 2014).

Maier, Annelise, and Steven D. Sargent, *On the Threshold of Exact Science : Selected Writings of Anneliese Meier on Late Medieval Natural Philosophy* (Philadelphia : University of Pennsylvania Press, 2016).

Mandelbrot, Benoît, "The Variation of Certain Speculative Prices," *Journal of Business*, vol. 36, no. 4 (1963) : 394~419.

———, *The Fractal Geometry of Nature* (New York : Macmillan, 1982).

Markina, Irina, "Potential Theory : The Origin and Applications," ⟨http://folk.uib.no/ima083/courses_files/potential.pdf⟩ 에서 이용가능 (2021년 3월 4일 접속).

Marshack, Alexander, *The Roots of Civilization : The Cognitive Beginnings of Man's First Art, Symbol and Notation* (Mount Kisco : Moyer Bell, 1991).

Marx, Karl, *Capital : Vol 1*, trans. Ben Fowkes (New York : Penguin 1976). [카를 마르크스, 『자본론 I-상·하』, 김수행 옮김, 비봉출판사, 2015.]

───, *Grundrisse : Foundations of the Critique of Political Economy*, trans. Martin Nicolaus (New York : Penguin, 2012). [칼 맑스, 『정치경제학 비판 요강 I·II·III』, 김호균 옮김, 그린비, 2007.]

Maxwell, James Clerk, "A Dynamical Theory of the Electromagnetic Field," *Philosophical Transactions of the Royal Society of London*, vol. 155 (1865) : 459~512.

───, *The Scientific Papers of James Clerk Maxwell : Vol. 2* (Mineola : Dover, 2003).

McLarty, Colin, "Two Constructivist Aspects of Category Theory," *Philosophia Scientiæ*, vol. 6 (2006) : 95~114, ⟨http://citeseerx.ist.psu.edu/viewdoc/download?doi=10.1.1.532.2855&rep=rep1&type=pdf⟩에서 이용가능 (2021년 3월 4일 접속).

Mermin, David, "Is the Moon There When Nobody Looks? Reality and the Quantum Theory," *Physics Today*, vol. 38, no. 4 (1985) : 38~47.

Merzbach, Uta C. and Carl B. Boyer, *A History of Mathematics* (Hoboken : Wiley, 2011). [칼 B. 보이어·유타 C. 메르츠바흐, 『수학의 역사 상·하』, 양영오·조윤동 옮김, 경문사, 2000.]

Mlodinow, Leonard, *Euclid's Window : The Story of Geometry from Parallel Lines to Hyperspace* (New York : The Free Press, 2001). [레너드 플로디노프, 『유클리드의 창 : 기하학 이야기』, 전대호 옮김, 까치, 2002.]

Murdin, Paul, *Full Meridian of Glory : Perilous Adventures in the Competition to Measure the Earth* (New York : Springer, 2008).

Nail, Thomas, *The Figure of the Migrant* (Stanford : Stanford University Press, 2015).

───, *Theory of the Border* (Oxford : Oxford University Press, 2016).

───, *Being and Motion* (Oxford : Oxford University Press, 2018). [토머스 네일, 『존재와 운동 : 움직임에 대한 철학의 역사』, 최일만 옮김, 앨피, 2021.]

───, *Lucretius I : An Ontology of Motion* (Edinburgh : Edinburgh University Press, 2018).

───, "The Ontology of Motion," *Qui Parle*, vol. 27, no. 1 (2018) : 47~76.

───, *Theory of the Image* (Oxford : Oxford University Press, 2019).

───, *Marx in Motion : A New Materialist Marxism* (Oxford : Oxford University Press, 2020).

───, *Lucretius II : An Ethics of Motion* (Edinburgh : Edinburgh University Press, 2020).

───, *Theory of the Earth* (Stanford : Stanford University Press, 2021).

───, *Lucretius III : A History of Motion* (Edinburgh : Edinburgh University Press, 2022).

Newton, Isaac, *A Treatise of the Method of Fluxions and Infinite Series : With Its Application to the Geometry of Curve Lines* (London : Printed for T. Woodman at Camden's Head in New Round Court in the Strand, 1737).

───, *Sir Isaac Newton's Mathematical Principles of Natural Philosophy and His System of the World*, trans. Andrew Motte and Florian Cajori (Berkeley : University of California Press, 1962).

Nissen, Hans-Jörg, Peter Damerow, Robert K. Englund and Paul Larsen, *Archaic Bookkeeping : Early Writing and Techniques of Economic Administration in the Ancient Near East* (Chicago : University of Chicago Press, 1993).

O'Connor, J. J. and E. F. Robertson, "James Clerk Maxwell," *School of Mathematics and Statistics, University of St Andrews*, archived from the original on 28 January 2011, ⟨http://www.groups.dcs.st-and.ac.uk/~history/Biographies/Maxwell.html⟩에서 이용가능 (2021년 3월 4일 접속).

Oresme, Nicole, *Nicole Oresme and the Medieval Geometry of Qualities and Motions. A Treatise on the*

Uniformity and Difformity of Intensities Known as Tractatus de Configurationibus Qualitatum et Motuum, ed. and trans. Marshall Clagett (Madison : University of Wisconsin Press, 1968).

Pearce, J. M. S., "Malpighi and the Discovery of Capillaries," *European Neurology*, vol. 58, no. 4 (2007) : 253~5.

Peirce, Charles S., *Collected Papers of Charles Sanders Peirce, Volume V : Pragmatism and Pragmaticism*, ed. Charles Hartshorne and Paul Weiss (Cambridge, : Belknap Press of Harvard University Press, 1965).

———, *Philosophical Writings of Peirce* (New York: Dover, 2012).

Pessin, Sarah, "Hebdomads : Boethius Meets the Neopythagoreans," *Journal of the History of Philosophy*, vol. 37, no. 1 (1999) : 29~48.

Petzinger, Genevieve Von, *The First Signs : Unlocking the Mysteries of the World's Oldest Symbols* (New York : Atria Press, 2017).

Pickering, Andrew, *The Mangle of Practice : Time, Agency and Science* (Chicago : University of Chicago Press, 1995).

Plutarch, *The Lives of the Noble Grecians and Romans*, trans. John Dryden and Arthur H. Clough (New York : Modern Library, 2000).

Poincaré, Jules Henri, "Sur le problème des trois corps et les équations de la dynamique. Divergence des séries de M. Lindstedt," *Acta Mathematica*, vol. 13 (1890) : 1~270.

Polkinghorne, John, *Quantum Theory : A Very Short Introduction* (Oxford : Oxford University Press, 2002).

Prigogine, Ilya, *From Being to Becoming : Time and Complexity in the Physical Sciences* (San Francisco : W. H. Freeman, 1980). [일리야 프리고진, 『있음에서 됨으로 : 시간의 의미와 물리과학』, 이철수 옮김, 민음사, 1994.]

Prigogine, Ilya and Isabelle Stengers, *The End of Certainty : Time, Chaos, and the New Laws of Nature* (New York : The Free Press, 1997). [일리야 프리고진, 『확실성의 종말 : 시간, 카오스, 그리고 자연 법칙』, 이덕환 옮김, 사이언스북스, 1997.]

———, *Order Out of Chaos : Man's New Dialogue with Nature* (London : Verso, 2017). [일리야 프리고진·이사벨 스텐저스, 『혼돈으로부터의 질서 : 인간과 자연의 새로운 대화』, 신국조 옮김, 자유아카데미, 2011.]

Robson, Keith, "Accounting Numbers as 'Inscription' : Action at a Distance and the Development of Accounting," *Accounting, Organizations and Society*, vol. 17, no. 7 (1992) : 685~708.

Rovelli, Carlo, "Loop Quantum Gravity," in *The Quantum World : Philosophical Debates on Quantum Physics*, eds. Bernard D'Espagnat and Hervé Zwirn (Cham : Springer, 2017), 279~94.

———, *Reality Is Not What It Seems : The Elementary Structure of Things*, trans. Simon Carnell and Erica Segre (New York : Penguin, 2017). [카를로 로벨리, 『보이는 세상은 실재가 아니다 : 카를로 로벨리의 존재론적 물리학 여행』, 김정훈 옮김, 쌤앤파커스, 2018.]

———, *Covariant Loop Quantum Gravity : An Elementary Introduction to Quantum Gravity and Spinfoam Theory* (Cambridge : Cambridge University Press 2020).

Rudman, Peter, *How Mathematics Happened : The First 50,000 Years* (Amherst : Prometheus Books, 2007). [피터 S. 루드만, 『수학의 탄생 : 이집트에서 그리스까지 시대를 초월한 수학적 사고방식의 비밀을 추적하다』, 김기웅 옮김, 살림Math, 2009.]

Russell, Bertrand, *The Principles of Mathematics* (1920) (London : George Allen and Unwin, 1964).

Salanskis, Jean-Michel, "Les mathématiques chez x avec x = Alain Badiou," in *Alain Badiou : Penser le multiple*, ed. C. Ramond (Paris : Harmattan, 2002).

Schmandt-Besserat, Denise, *Before Writing, Volume 1: From Counting to Cuneiform* (Austin : University of Texas Press, 1992).

⸻, *How Writing Came About* (Austin : University of Texas Press, 2006).

⸻, "The Earliest Precursor of Writing," in *Communication in History: Technology, Culture, Society*, 5th edn, eds. David Crowley and Paul Heyer (Boston : Pearson, 2007), 14~23.

Schrödinger, Erwin, "An Undulatory Theory of the Mechanics of Atoms and Molecules," *Physical Review*, vol. 28, no. 6 (1926) : 1049~70.

⸻, "Die gegenwärtige Situation in der Quantenmechanik," *Naturwissenschaften*, vol. 23 (1935) : 844~9.

Schwartz, David G, *Roll the Bones: The History of Gambling* (Las Vegas : Winchester Books, 2013). [데이비드 G. 슈워츠, 『도박의 역사: 카지노의 흥망성쇠가 드러내는 인간 욕망의 역사』, 홍혜미·김용근·이혁구 옮김, 글항아리, 2022.]

Serres, Michel, *The Birth of Physics* (Manchester : Clinamen Press, 2000).

Shackelford, Jole, *William Harvey and the Mechanics of the Heart* (Oxford : Great Neck Publishing, 2006).

Shaviro, Steven, "The Actual Volcano : Whitehead, Harman, and the Problem of Relations," in *The Speculative Turn: Continental Materialism and Realism*, eds. Levi R. Bryant, Nick Srnicek and Graham Harman (Melbourne : re.press, 2011), 279~90.

Shaw, Robert, *The Dripping Faucet as a Model Chaotic System* (Santa Cruz : Aerial Press, 1985).

Sheets-Johnstone, Maxine, *The Roots of Thinking* (Philadelphia : Temple University Press, 2010).

Shimony, Abner, "Bell's Theorem," *The Stanford Encyclopedia of Philosophy*, ed. Edward N. Zalta, 〈https://plato.stanford.edu/archives/fall2017/entries/bell-theorem/〉에서 이용가능 (2021년 3월 4일 접속).

Siegel, Ethan, "What is the Smallest Possible Distance in the Universe?", *Forbes Magazine*, 26 June 2019, 〈https://www.forbes.com/sites/startswithabang/2019/06/26/what-is-the-smallest-possible-distance-in-theuniverse/#7fdb98c548a1〉에서 이용가능 (2021년 3월 4일 접속).

Silverstein, Michael, "Metapragmatic Discourse and Metapragmatic Function," in *Reflexive Language: Reported Speech and Metapragmatics*, ed. John A. Lucy (Cambridge : Cambridge University Press, 1993), 33~58.

⸻, "Indexical Order and the Dialectics of Sociolinguistic Life," *Language and Communication*, vol. 23 (2003) : 193~229.

Smith, Pamela, *The Body of the Artisan: Art and Experience in the Scientific Revolution* (Chicago : University of Chicago Press, 2012).

Smolin, Lee, *The Trouble with Physics: The Rise of String Theory, the Fall of a Science, and What Comes Next* (London : Penguin, 2008).

⸻, *Three Roads to Quantum Gravity* (New York : Basic Books, 2017). [리 스몰린, 『양자 중력의 세 가지 길』, 김낙우 옮김, 사이언스북스, 2007.]

⸻, "Newtonian Gravity in Loop Quantum Gravity," *Perimeter Institute for Theoretical Physics*, 29 October 2018, 〈https://arxiv.org/pdf/1001.3668.pdf〉에서 이용가능 (2021년 3월 4일 접속).

Solère, Jean-Luc, "D'un commentaire l'autre : l'interaction entre philosophie et théologie au Moyen Age, dans le problème de l'intensification des formes," in *Le Commentaire entre tradition et innovation*, ed. M.-O. Goulet, coll. 'Bibliothè que d'histoire de la philosophie' nouvelle série (Paris : Vrin,

2000), 411~24.

Spinoza, Benedictus, *A Spinoza Reader: The Ethics and Other Works*, trans. E. M. Curley (Princeton: Princeton University Press, 1994). [B. 스피노자, 『에티카』, 황태연 옮김, 비홍출판사, 2014.]

Stachel, John, "Why Einstein Reinvented the Ether," *Physics World*, vol. 14, no. 6 (2001): 55~6.

Strogatz, Steven, *Sync: The Emerging Science of Spontaneous Order* (London: Penguin, 2004). [스티븐 스트로가츠, 『동시성의 과학, 싱크 Sync: 혼돈스런 자연과 일상에서 어떻게 질서가 발생하는가?』, 조현욱 옮김, 김영사, 2005.]

Susskind, Leonard, *The Black Hole War: My Battle with Stephen Hawking to Make the World Safe for Quantum Mechanics* (New York: Back Bay Books, 2009). [레너드 서스킨드, 『블랙홀 전쟁: 양자 역학과 물리학의 미래를 둘러싼 위대한 과학 논쟁』, 이종필 옮김, 사이언스북스, 2011.]

Sylla, Edith, "Medieval Concepts of the Latitude of Forms: The Oxford Calculators," *Archives d'histoire doctrinale et littéraire du moyen-age*, vol. 40, no. 251 (1973): 223~83.

Taylor, Carol A., "Close Encounters of a Critical Kind: A Diffractive Musing in Between New Material Feminism and Object-Oriented Ontology," *Cultural Studies*, vol. 16, no. 2 (2016): 201~12.

Taylor, Geoffrey I., "Stability of a Viscous Liquid Contained between Two Rotating Cylinders," *Phil. Trans. Royal Society A*, vol. 223, iss. 605~615 (1923): 289~343.

Tennesen, Michael, "More Animals Seem to Have Some Ability to Count: Counting May be Innate in Many Species," *Scientific American*, 1 September 2009, 〈https://www.scientificamerican.com/article/howanimals-have-the-ability-to-count/〉에서 이용가능 (2021년 3월 4일 접속).

t'Hooft, Gerard, "Virtual Black Holes and Space-time Structure," *Foundations of Physics*, vol. 48 (2018): 1134~49.

Tomlinson, Gary, *A Million Years of Music: The Emergence of Human Modernity* (New York: Zone Books, 2018).

Troelstra, A. S., "History of Constructivism in the 20th Century," 〈http://citeseerx.ist.psu.edu/viewdoc/download?doi=10.1.1.77.926&rep=rep1&type=pdf〉에서 이용가능 (2021년 3월 4일 접속).

Tudge, Colin, *The Secret Life of Trees: How They Live and Why They Matter* (London: The Folio Society, 2008).

Valleriani, Matteo, *Galileo Engineer* (New York: Springer, 2013).

Veldhuis, Niek, *History of the Cuneiform Lexical Tradition* (Münster: Ugarit-Verlag, 2014).

Vesperini, Pierre, *Lucrèce: Archéologie d'un classique européen* (Paris: Fayard, 2017).

Wheeler, John A. and Wojciech H. Zurek, eds., *Quantum Theory and Measurement* (Princeton: Princeton University Press, 1983).

Wilder, Raymond, *Evolution of Mathematical Concepts* (Mineola: Dover, 2013).

Woo, Marcus, "Quantum Machine Appears to Defy Universe's Push for Disorder," *Quanta*, 20 March 2019, 〈https://www.quantamagazine.org/quantum-scarring-appears-to-defy-universes-push-for-disorder-20190320/〉에서 이용가능 (2021년 3월 4일 접속).

Zalamea, Fernando, *Synthetic Philosophy of Contemporary Mathematics* (Falmouth: Urbanomic, 2012).

──, *Peirce's Continuum: A Methodological and Mathematical Approach*, 〈http://uberty.org/wp-content/uploads/2015/07/Zalamea-Peirces-Continuum.pdf〉에서 이용가능 (2021년 3월 4일 접속).

Zellini, Paolo, *A Brief History of Infinity* (London: Penguin, 2005).

Zilsel, Edgar, Robert S. Cohen, Wolfgang Krohn, Diederick Raven and Joseph Needham, *The Social Origins of Modern Science* (Dordrecht: Kluwer, 2003).

:: 용어 찾아보기

그래피즘(graphism) 126, 127

그리스(Greece) 21, 73, 142, 167, 173, 195~198, 208, 209, 214, 264, 270, 355

그리스어(Greek language) 188, 195~197, 214, 226, 251

그림문자 기호(pictographic sign) 163

그물(web) 371, 374, 376

글(writing) 94, 95, 105, 126, 150, 165, 180~182, 190, 214, 328, 377

기계적 실험법(mechanical experimentation) 252

기구(instrument) 122, 250~258, 260, 274

기록 객체(recording object) 94

기묘한 끌개(strange attractor) 392, 410, 411

기수(cardinal number) 57, 107, 111, 112, 116, 140, 141, 148, 149, 151, 153, 156, 162, 164, 165, 167, 183, 202, 206, 239, 299, 315

기수적 객체(cardinal object) 38, 137, 139~156, 158~161, 163~171, 173~177, 180, 186, 188, 189, 191~193, 199, 201~203, 205, 208, 210, 220, 223, 239, 241, 242, 244, 249, 260, 265, 308, 319, 325, 364, 420

기수적 계열(cardinal series) 153, 154, 223, 239, 260

기수적 셈(cardinal counting) 149, 160, 165, 172, 176

기압계(barometer) 235, 236

기체(gas) 27, 50, 60, 71, 236, 275, 279, 283~286, 293, 386

기체운동론(kinetic theory of gases) 275, 282, 283

기하학(geometry) 129, 197, 219, 221, 230, 243~245, 268, 303, 304, 306, 362, 384

『기하학 원론』(Elements of Geometry, 유클리드) 198

「기하학의 원리에 관하여」(On the Principles of Geometry) 304

기호(sign) 45, 117, 124~131, 136, 141, 144, 145, 163, 181, 248, 298, 301, 359, 374

끌개(attractor) 62, 65, 389, 392, 403, 405~413, 416

끌개 유역(basin of attraction) 45, 407

ㄴ

나무(tree) 45, 124, 127, 178, 194, 389, 391

나선(spiral) 49, 61, 113, 125, 128, 136, 153, 154, 241, 410

난류(turbulence) 29, 50~53, 338, 388, 392, 410, 412, 413

날씨 패턴(weather pattern) 389

내부작용(intra-action) 52, 340, 343, 348, 355, 372

네트워크(network) 24~27, 30, 60, 90, 94, 212, 342, 349, 365

논리(logic) 16, 23, 33, 84, 104, 105, 140, 154, 155, 176, 177, 184, 188~193, 195~197, 250, 251, 256, 265, 271, 274, 297~302, 311, 315, 362, 372, 377, 384, 393

『논리의 수학적 해석』(The Mathematical Analysis of Logic, 불) 299

농경(agriculture) 146, 158, 179

뇌(brain) 67, 81, 88~90, 107, 119~121, 130, 137, 152, 206

눈 속 이미지(entoptic image) 128

ㄷ

다각형성(polygonalism) 202, 210, 211

다대일 조율(many-to-one coordination) 269, 318

다양체(manifold) 116, 240, 272, 305, 306, 318, 361, 371, 379, 383

다이어그램(diagram) 63, 311, 343, 349, 366~368, 372, 373, 376, 379~382, 384

단백질 접힘(protein-folding) 86, 87

단순 토큰(plain token) 156~160

달(moon) 114, 131~135, 137, 145, 147, 181, 387

대수학(algebra) 327

대응(correspondence) 23, 115, 313, 315, 366

대출금(loan) 172

대칭 붕괴(symmetry breaking) 394

데카르트 좌표계(Cartesian coordinate system) 221, 245

도구(tool) 22, 92, 93, 114, 117~124, 126~128, 130~132, 134, 136, 144, 145, 158, 167, 188, 228, 235, 252, 253, 257, 258, 264, 361

도구 순서열(tool sequence) 132

도구 제작(tool making) 114, 117~123, 127, 136

도량형(metrology) 177, 183, 184

도시(city) 145, 146, 159, 168~171, 178, 180, 190, 193, 194, 198, 257, 402

돌기둥(stele) 181, 182